INVERSIONES SIMPLES, GRANDES RESULTADOS

INVERSIONES SIMPLES, GRANDES RESULTADOS

Aprende a construir riqueza en Estados Unidos, Canadá y desde el resto del mundo.

JORGE DÍAZ

leasecosts™

Inversiones Simples, Grandes Resultados
Publicado inicialmente en 2025 (revisión febrero 2026)

Producido por LeaseCosts Canada Inc.
Paperback ISBN: 978-1-7778636-6-1 | Hardcover ISBN: 978-1-7778636-8-5 | Ebook ISBN: 978-1-7778636-7-8

Jorge Díaz
3761 Rue Drolet, Montreal, QC
H2W 2L1
CANADA

Toda la información encontrada aquí, incluidas las ideas, opiniones, puntos de vista, predicciones, pronósticos, comentarios, sugerencias o selecciones de acciones, expresadas o implícitas aquí, son solo para fines informativos o educativos y no deben interpretarse como asesoramiento de inversión personal. Aunque se cree que la información proporcionada es precisa, puede incluir errores o inexactitudes.

No proporciono asesoramiento personal de inversión y no soy un asesor de inversiones con licencia cualificado. Soy un inversionista aficionado. Este libro refleja mis propias vistas, ideas y opiniones. No es una producción de mi empleador, ni está afiliado con ningún bróker/distribuidor o asesor de inversiones registrado. No te conozco, ni conozco tu situación o tus finanzas personales, por lo que no seré y no puedo ser responsable de ninguna acción que tomes como resultado de cualquier cosa que leas aquí. Este libro tiene fines exclusivamente educativos e informativos. Nada en él constituye asesoramiento legal, fiscal, financiero, contable o profesional. Las decisiones de inversión son responsabilidad exclusiva del lector. Realiza tu propia diligencia debida, o consulta a un asesor financiero licenciado o corredor antes de tomar cualquier decisión de inversión. Cualquier inversión, comercio, especulación o decisión tomada con base en cualquier información encontrada en este libro, expresada o implícita aquí, se comete bajo tu propio riesgo, financiero o de otro tipo. No se hacen representaciones o garantías con respecto a la exactitud o la integridad del contenido de este libro completo, incluidos los enlaces a otros sitios. Los enlaces proporcionados son mantenidos por sus respectivas organizaciones y ellos son los únicos responsables de su contenido. Toda la información presentada aquí se proporciona "tal cual", sin garantía de ningún tipo, expresada o implícita. Los datos, estadísticas, precios y ejemplos son válidos al momento de la publicación y pueden cambiar sin previo aviso. El Autor no garantiza la exactitud futura de la información presentada. Cualquier disputa legal relacionada con este libro estará sujeta a las leyes y tribunales de la provincia de Quebec, Canadá.

 Todos los rendimientos citados representan rendimientos pasados y no garantiza resultados futuros. El retorno de la inversión y el valor principal de una inversión fluctuarán, por lo que las acciones de un inversionista, al venderse o redimirse, pueden valer más o menos que el costo original. El rendimiento actual puede ser inferior o superior al rendimiento citado.

Todas las traducciones de las citas tomadas de obras en inglés han sido realizadas por el autor, salvo que se indique lo contrario.

Edición: Marty Halley.

Portada diseñada por Getcovers.

Dedicado a la tierra y al pueblo donde nací: Cuba.

Donde, durante muchas décadas, nos han prohibido construir riqueza, con el objetivo de mantenernos controlados.

TABLA DE CONTENIDO

DE QUÉ VA ESTE LIBRO...

Vivo en Canadá, pero mis raíces están lejos de aquí. Nací en Cuba, una isla que llevo en el alma: hermosa, cálida, llena de gente noble y soñadora, pero atrapada en un sistema que no deja espacio para el progreso individual. Me fui —como tantos otros antes y después de mí— buscando libertad y un futuro digno para mis hijos.

Crecí en un país donde la educación financiera era un tema que prácticamente nadie mencionaba o, peor aún, al que ni siquiera se le daba importancia. De hecho, el término "educación financiera" nunca lo había escuchado en mi vida. Es como si fuese otro idioma, algo en lo que ni siquiera se piensa o una cosa de otra dimensión. Para el pueblo de Cuba no existe ni acceso real a bancos modernos, ni crédito, ni inversiones, ni propiedad privada en el sentido más básico. Por un lado, porque todo es arbitrariamente volátil y cualquier día las autoridades te lo quitan. Por el otro, no es que a la gente no le gustaría aprender; es que el gobierno nunca ha ofrecido herramientas, ni opciones, ni incentivos a su población para propiciar el emprendimiento, acumular patrimonio o construir riqueza sencillamente porque, la intención de los gobernantes es que, el ciudadano común se empobrezca y dependa absolutamente del estado.

Por eso hoy, parado en el extremo norte del mapa de América, me encuentro escribiendo un libro sobre finanzas. Suena paradójico, pero para mí es totalmente lógico por dos razones: primero, porque es vital para los que no lo aprendimos de nuestros padres, tener un libro como este, donde alguien común y corriente explique cómo construir riqueza como si fuese una conversación en un banco de un parque. Siempre me ha fascinado escribir y muchos de estos temas, aparte de que me atraen, los he discutido regularmente con amigos durante años. Y la segunda razón, porque siento que —al menos para los lectores cubanos— el día en que podamos construir una Cuba verdaderamente próspera, la educación financiera nuestra y de nuestros hijos será un pilar esencial de ese proceso. No será la solución a todos los problemas, pero sí una herramienta poderosa que ahora mismo no tenemos a mano, incluso la mayoría de los que vivimos fuera de la isla. Aunque las enseñanzas de este libro no se puedan aplicar desde mi país natal, se lo dedico a todos los cubanos, sin importar donde estén —y, en general, a todos los latinoamericanos e hispanohablantes— que soñamos con la libertad y la prosperidad, tanto la nuestra como la de quienes nos rodean. Algún día, que está más cerca de lo que creemos, los cubanos también vamos a poder construir riqueza desde nuestra tierra.

Pues, básicamente, es por eso que mi historia de aprender sobre finanzas personales comenzó al llegar a Canadá. Cuando llegué, no tenía capital, ni trabajo, ni ahorros, ni ningún tipo de ventaja, más allá de cuatro meses de gastos bien apretados para establecerme con mi familia. Y, evidentemente, uno de mis mayores retos, por no decir el principal, fue aprender a moverme con eficiencia dentro de una sociedad capitalista de libre mercado. No se trataba solo de adaptarme a un idioma nuevo o a un clima diferente, sino de entender una manera de pensar completamente distinta, donde la educación financiera no es un lujo, sino una necesidad básica.

De pronto me encontré frente a un mundo de palabras que me sonaban ajenas: *cuentas de cheque, impuestos* —los famosos *taxes*—, *tasas de interés, préstamos, tarjetas de crédito, créditos fiscales, inversiones, cuentas de retiro*… Términos que me golpearon como una ola, uno tras otro, hasta que entendí que dominar ese lenguaje era tan importante como aprender inglés y francés.

Luego, con los años, viajé y pude explorar otras realidades. Tuve la oportunidad de recorrer varios países de América y Europa y me di cuenta de que, aunque cada lugar tiene su propia historia, en muchos de ellos la educación financiera tampoco ocupa un papel significativo. La inestabilidad económica, la inflación, la cultura y el acceso a herramientas de inversión —claramente todo en dependencia del lugar—, hacen que aprender sobre finanzas personales, también sea complicado. Incluso en los países más estables de cada región, la información y las oportunidades están lejos de lo que se ve mucho más en Estados Unidos y Canadá, donde el crédito, el ahorro y las inversiones son mucho más comunes en la vida cotidiana.

Y con esto no quiero decir que la mayoría de los canadienses dominen cómodamente esos términos o procesos. De hecho, durante mucho tiempo pensé que la mayoría de los canadienses tenían una sólida educación financiera y que el desubicado era yo pero, con el tiempo, descubrí que mi ignorancia no estaba tan lejos de la media.

Según un informe de *Statistics Canada* de 2019, más del 55% de los canadienses reconocen que necesitan mejorar su educación financiera.[1] Y no se trata solo de Canadá. En Estados Unidos, cerca del 73% de los americanos admiten lo mismo, según un reporte reciente de *Zippia.com.*[2] Lo curioso —y casi irónico— es que, a pesar de esas cifras, ambos países

figuran entre los más educados financieramente del mundo: Canadá ocupa el puesto número 4 y Estados Unidos el número 11, de acuerdo con *S&P Global*.[3] Y si esos son los mejores, imagina cómo estamos los demás.

Así que, regresando a la historia de mi llegada a Canadá, pues no me quedó otra que ponerme las pilas y comenzar a aprender. Y me tomó su tiempo ponerme al día con lo que consideré una de mis mayores prioridades, pero en ese proceso descubrí algo más: una verdadera pasión por el mundo de las finanzas. No solo se trataba de llenar un vacío con nuevos conocimientos, sino del placer genuino de entender cómo funciona el dinero, cómo se mueve, cómo crece. Empecé a estudiar apasionadamente, a leer por curiosidad y, sin darme cuenta, me fui adentrando en ese universo hasta toparme con una de sus ramas más fascinantes: **las inversiones**.

Durante mucho tiempo, "invertir" había sido para mí un concepto bastante limitado. Pensaba en cosas como montar un negocio local, comprar una casa para hacer Airbnb, abrir un restaurante o apoyar la idea de algún amigo. Incluso, por mi experiencia profesional, se me pasaba por la mente invertir en una empresa de software. Pero no mucho más. Mi campo de visión era estrecho, como el de muchos que ven el dinero solo como algo que se gasta o se guarda, pero no como una herramienta viva que puede trabajar por ti.

De la popular bolsa de valores tenía apenas una idea vaga, una noción lejana de algo reservado para millonarios, trajes elegantes y pantallas llenas de números verdes y rojos. En la práctica, nunca me imaginé que aquel mundo también podía ser mío. Pero eso fue hace muchos años...

Hoy puedo decir, sin exagerar, que una de las mejores decisiones de mi vida fue dedicar tiempo a estudiar sobre finanzas. A detenerme, enfocarme y darle prioridad a algo que, en un inicio, me parecía un mundo ajeno. Aprendí a administrar mi tiempo, a leer con propósito, a comprender, a avanzar paso a paso, hasta que finalmente me atreví a actuar. Y, después de años de constancia, de tropiezos y descubrimientos, entre muchas otras cosas, nació este libro.

La idea de escribirlo surge del deseo sincero de compartir lo que considero una habilidad esencial para quien aspira a prosperar. Así como aprender a conducir un auto te da independencia para moverte, o dominar el inglés te abre puertas en la vida canadiense o estadounidense, entender cómo usar la bolsa de valores para generar riqueza es, a mi modo de ver, una destreza tan práctica como necesaria. Cuando uno aprende a hacer que el dinero trabaje por uno, la vida empieza a moverse en otra dirección.

Saber invertir de manera simple en la bolsa y obtener buenos resultados de forma constante está, para mí, entre las habilidades más importantes que una persona puede desarrollar si desea construir riqueza pasivamente. Y no solo crearla, sino también preservarla. Como toda habilidad valiosa, quiero transmitirla a mis hijos, a mi familia, a mis amigos y, por supuesto, a ti, que ahora tienes este libro entre tus manos.

Este libro, que probablemente te tome menos de quince horas leer de principio a fin, puede convertirse en una de las mejores *inversiones* de tiempo que hagas en tu vida. Pero déjame aclararte algo desde ya: **este no es un libro para hacerte rico rápido**. Punto.

No es ese atajo mágico, ni el *hack* milagroso que promocionan los gurús de internet con un Lamborghini amarillo de fondo o bajándose de un jet privado mientras te dicen: "¡Únete a mi curso y serás millonario pronto!" No. Este libro no es esa promesa vacía que suena tentadora, pero que solo funciona —si acaso— para unos pocos.

Como dijo el legendario inversionista André Kostolany: "No puedo decirte cómo hacerte rico rápidamente. Solo puedo decirte cómo empobrecerte rápidamente: intentando hacerte rico rápidamente." Las fórmulas rápidas, si alguna vez funcionan, lo hacen solo al principio, beneficiando a los primeros en llegar. Después, cuando se masifican, se vuelven simples trampas disfrazadas de oportunidades. En ese punto ya no enriquecen a nadie, salvo a quienes venden los cursos para "aprender" el truco.

Y en el mundo de las inversiones, ese deseo natural que tenemos todos de ganar rápido es constantemente aprovechado por vendedores de "fórmulas" mientras que las soluciones más obvias son ignoradas a simple vista. Jeff Bezos, el fundador de Amazon —y orgulloso hijo adoptivo de un santiaguero que emigró de Cuba en 1962—, le preguntó una vez al legendario Warren Buffett: "Eres el segundo hombre más rico del mundo y, sin embargo, tu tesis de inversión es increíblemente simple. ¿Por qué otros no la siguen?" A lo que Buffett respondió con una sonrisa: "Porque nadie quiere hacerse rico lentamente."[4]

Este libro trata sobre inversiones simples. Inversiones que, con el paso de los años —y de los siglos—, han crecido de manera impresionante. Inversiones que hoy pueden ponerse en marcha en cuestión de segundos. Tan fáciles de ejecutar que puedes estar desayunando, en el trabajo, en un autobús, de viaje, o incluso acostado en la cama y, aun así, hacerlas sin esfuerzo.

Son inversiones tan sencillas que apenas requieren energía mental, sin importar si tu día ha sido tranquilo o estresante. Tan simples que el sentido común podría verlas como ridículamente básicas, pero en realidad son sólidas, efectivas y profundamente rentables. Inversiones con una liquidez enorme: puedes venderlas casi al instante si necesitas el dinero por una emergencia, a diferencia de una casa, un negocio, un lingote de oro o una obra de arte. Si todavía no las conoces, te aseguro que tarde o temprano lo harás.

En mi caso, son inversiones que han cambiado por completo la manera en que mi familia y muchos de mis amigos cercanos entendemos las finanzas personales. Nos han brindado estabilidad, libertad de decisión y la posibilidad de planificar el futuro con calma, sin depender únicamente del salario o de la suerte. Aun así, me sigue pareciendo increíble que algo tan poderoso sea tan poco conocido. No se enseña en las escuelas, no se conversa en familia y rara vez se comparte entre amigos. Es como si una herramienta diseñada para empoderar a la gente común hubiera permanecido oculta, justo frente a nosotros.

Este libro, en esencia, habla de eso: de inversiones simples que pueden ofrecer resultados extraordinarios. Y si por alguna razón decides cerrar estas páginas aquí mismo, al menos llévate esta idea: *invertir de forma regular en un fondo indexado ha hecho millonarias a millones de personas comunes, generación tras generación.* Y sí, leíste bien: "ha hecho millonarias a millones de personas".[5]

El concepto es tan simple, que te puedo dar el resumen completo de las más de trescientas páginas del libro en cuatro palabras: **comprar "el market" regularmente**. Listo.

A veces pienso que, si existiera una máquina del tiempo, viajaría directo a buscar a mi yo del pasado y le entregaría este libro en las manos: "Toma Jorge, léete esto y vas a entender cómo invertir sin complicarte la vida. Sigue leyendo cuanto libro se cruce en tu camino, pero comienza por este, por favor...", ya que, para mí, encontrarme finalmente con esta forma de invertir ha sido un antes y un después.

Me gusta compararlo a nivel personal con lo que ocurrió con los hermanos Wright (creadores del primer planeador) en Carolina del Norte, por allá por diciembre de 1903. Antes de que ellos lograran ese corto vuelo —de solo 12 segundos, a bordo de un armazón de madera cubierto con tela y sujetado por cables— volar para los seres humanos era imposible. Pero ellos lo lograron y a partir de ese día, la humanidad cambió para siempre.

Así mismo ocurre con la inversión en el *stock market:* al principio parece complicado, inaccesible, algo que es "para otros". Después, cuando lo entiendes, te preguntas cómo no lo descubriste antes. Pero bueno, viajar al pasado es solo un sueño y, además, este libro no es para mi "yo" del pasado. Es para ti. Para que lo que aprendas aquí se convierta en parte de tus habilidades para toda la vida, como aprender a leer, manejar o nadar. Aquí vas a aprender a crear riqueza en el mercado: bien, con inteligencia y con base en evidencia.

Léelo despacio, dobla las esquinas, señala las páginas importantes, resalta y circula lo que más te llame la atención, ponle marcadores, vuelve atrás. Tenlo en tu mesa de noche, en tu mochila o en tu escritorio, pero no lo dejes pasar, ya que algún día te enfrentarás a la necesidad de aprender sobre esto. Solo te deseo que ojalá este libro marque un antes y un después para ti, como aprender todo esto y, ponerlo posteriormente en práctica, lo hizo para mí.

Cómo leer este libro...

Para facilitar tu lectura —y también tus futuras consultas—, he dividido el libro en tres partes:

1. ¿Qué es el *stock market?*
2. Los índices del *stock market*
3. Inversiones simples en el *stock market*

Si nunca has invertido en la bolsa, la *Primera Parte: ¿Qué es el* stock marke*t?, será* esencial. Ahí conocerás los orígenes de la bolsa de valores, cómo funcionan los *stock exchanges*, qué son las acciones, sus dividendos, y cómo se puede invertir en ellos. También aprenderás los pasos necesarios para participar en el mercado y los diferentes tipos de cuentas que puedes abrir.

En la *Segunda Parte: Los índices del* stock market, exploraremos los principales indicadores que reflejan el pulso del mercado: el Dow Jones y el S&P 500, entre otros. Analizaremos cómo han evolucionado históricamente y entenderás el concepto más poderoso detrás de las inversiones simples: el interés compuesto.

Finalmente, en la *Tercera Parte: inversiones simples en el* stock market, descubriremos cómo productos de bajo costo, como los Exchange Traded Fund (ETF), te permiten invertir fácilmente en estructuras que replican a los grandes índices del mercado, abriendo así el camino hacia la creación de riqueza de manera sencilla y sostenida. También revisaremos estrategias para acelerar el crecimiento de tus inversiones y compararemos esta metodología con otras opciones más tradicionales, como el *real estate*, los negocios propios, el oro, las obras de arte y las criptomonedas.

Si hay un tema que ya domines, siéntete libre de avanzar o saltar secciones. Cada parte fue diseñada para ser independiente y consultable, de modo que puedas regresar a ella cuando necesites refrescar un concepto o repasar una idea.

Y si buscas un resumen práctico de las ideas principales, puedes dirigirte directamente a los tres últimos capítulos, ya que estos condensan las ideas clave del libro, aunque su comprensión depende de haber asimilado bien todos los fundamentos anteriores. Si necesitas recordar un concepto clave, una abreviatura, o el nombre de un producto financiero especifico, puedes dirigirte a las últimas páginas del libro, donde encontrarás un glosario de términos y abreviaturas.

Así que, ya seas un inversionista experimentado o alguien que apenas comienza, te invito a empezar desde la página uno. Este no es un libro de texto tradicional, ni un tratado técnico, ni una lista de teorías. Este libro es una historia que funciona como una guía práctica, pensada para que entiendas que **construir riqueza invirtiendo no es tan complicado como parece, y que puede volverse una herramienta muy poderosa en tu vida**.

Por eso, la mayoría de los lectores acaban diciendo: "¿Era solo esto? ¡Joder, si lo hubiese sabido antes!" Y déjame aclarar algo importante: nada de lo que leerás aquí es inventado por mí. Como decimos en Cuba: "esto no es muela". Cada dato, tabla, gráfico o producto está basado en fuentes reales, accesibles al público y debidamente referenciadas. Así podrás verificar, investigar y obtener la versión más reciente de la información cada vez que lo necesites.

En adición a esto y para que el aprendizaje sea más práctico, encontrarás dos tipos de señalizaciones a lo largo del libro:

Informaciones importantes

Bloques que destacan conceptos clave, datos complementarios o explicaciones útiles. Te servirán para ubicar rápidamente los puntos esenciales cuando uses el libro como referencia.

Acciones prácticas sugeridas

Pequeños pasos o ejercicios que te ayudarán a aplicar lo aprendido y a avanzar de forma concreta en tu camino de aprendizaje.

Al finalizar las tres partes, tendrás el conocimiento necesario para iniciar tus propias inversiones simples aprovechando el poder del interés compuesto, y así poder utilizar en tu favor, como dijo Warren Buffett, a la mayor máquina de creación de riqueza que jamás ha existido: **el *stock market***.

Comencemos, entonces, por entender sus orígenes…

"Lo más difícil del stock market es entender lo sencillo que es."

—André Kostolany

PRIMERA PARTE

¿QUÉ ES EL STOCK MARKET?

CAPÍTULO 1

EL STOCK MARKET Y LAS ACCIONES

"La bolsa de valores se ha convertido en la institución económica más importante del mundo moderno, no solo por su generación de riqueza, sino por su papel en la asignación de recursos y en dar forma al futuro de las industrias."

—Paul Samuelson

Es el año 1600. No hay electricidad, ni agua corriente en los hogares, ni calefacción central. En Europa, la gente se alumbra con velas o lámparas de aceite, y el agua se saca de pozos o fuentes comunales. Las calles son de tierra o adoquines, y muchas veces están llenas de fango y desperdicios ya que los sistemas de alcantarillado aún no existen.

El transporte depende de la fuerza humana y animal. Caballos, mulas y carretas son la base de los viajes y del comercio. Faltan siglos para los trenes, los automóviles o los aviones, y los viajes marítimos siguen siendo largos y peligrosos. Los barcos se mueven a vela y la comunicación es lenta: los mensajes viajan a caballo o por mar, y las cartas pueden tardar meses en llegar. Apenas un siglo antes, Cristóbal Colón había "descubierto" América y el hecho había dado inicio a una era de exploración y colonización que transformó el mundo.

En ese escenario global, cinco potencias europeas dominaban la expansión "en ultramar" —como le llamaban—: España, Portugal, Reino Unido, Francia y los Países Bajos. Cada una, con estrategias distintas, competía por rutas, territorios y recursos en África, América y Asia. Si lo fuésemos a vincular con el mundo de hoy, el imperio español dominaba gran parte de Centro y Sudamérica, explotando oro y plata a gran escala, además de territorios estratégicos en Asia, como Filipinas. Los portugueses controlaban rutas hacia África y Brasil, involucrándose en el comercio de especias y en prácticas de explotación humana que dieron origen a la tristemente célebre trata transatlántica de esclavos, uno de los capítulos más tristes de la historia moderna. En tercer lugar, los británicos estaban enfocados en consolidar su presencia en lo que es hoy los Estados Unidos y las Antillas, además de fortalecer su influencia en la India a través de compañías comerciales. Mientras tanto, los franceses expandían sus intereses en Canadá, el Caribe y partes de Asia, buscando también equilibrar el poder frente a sus rivales. Cada imperio avanzaba con estrategias diferentes, pero todos perseguían el mismo objetivo: riqueza, poder y acceso a mercados lejanos.

El quinto y último gran competidor europeo era la república de las Provincias Unidas Neerlandesas, el territorio que hoy conocemos como Países Bajos —popularmente llamado "Holanda", aunque este nombre solo corresponde a dos de sus provincias—, que impulsó una expansión comercial dinámica y altamente organizada. Su capital financiera, Ámsterdam, se convertiría en una ciudad vibrante, con su red de canales, su poder comercial y su creciente influencia internacional. Gracias al auge del comercio marítimo y a las nuevas rutas entre que conectaban los océanos del mundo, la ciudad se transformó en uno de los grandes centros financieros del planeta: la capital económica de la Edad de Oro neerlandesa. Era un imán para comerciantes, banqueros e inversionistas atraídos por los mercados de especias, telas y metales preciosos.

La Ámsterdam de 1600 era, para Europa, lo que *New York City* representa hoy para el mundo: un símbolo de modernidad, oportunidades y ambición. Y fue precisamente allí, en un entorno donde la libertad, la innovación comercial y la experimentación empresarial evolucionaban, que apareció uno de los avances financieros más importantes de la historia de la humanidad: **la primera bolsa de valores (en inglés "*stock market*"), en el año 1611**.

La Compañía Neerlandesa de las Indias Orientales

Con el auge del comercio marítimo y el interés por las rutas hacia Asia, las potencias europeas comenzaron a disputarse los contratos con los proveedores del Lejano Oriente. Como te mencionaba anteriormente, mientras España, Portugal, Reino Unido y Francia concentraban la mayoría de sus esfuerzos en las llamadas Indias Occidentales —el continente americano—, otros vieron en las Indias Orientales una oportunidad mucho más lucrativa, sobre todo por el control del comercio de especias. Sin embargo, los viajes eran largos, peligrosos y costosos. La piratería, las tormentas y las guerras entre rivales hacían casi imposible que los pequeños comerciantes operaran con seguridad.

Y es por esto que, para competir a gran escala, el gobierno de los Países Bajos decidió crear una entidad poderosa que concentrara recursos y redujera riesgos. Así, en 1602, fusionó varias empresas en una sola y le otorgó un monopolio exclusivo de comercio, transporte y distribución: la Compañía Neerlandesa de las Indias Orientales, conocida por sus siglas en neerlandés como VOC (*Vereenigde Oostindische Compagnie*). La VOC no solo dominó el comercio con Asia durante casi dos siglos, sino que se convirtió en el símbolo de la nueva era económica global. Operó desde 1602 hasta su quiebra el 31 de diciembre de 1799.[6]

¡Casi doscientos años! Un logro impresionante, sobre todo si pensamos que, hoy en día, casi ninguna de las grandes compañías modernas supera los 40 años de vida. Apple, Amazon, Google, Meta, Microsoft, Nvidia, Tesla, casi todas empezaron hace apenas unas décadas, muchas en garajes o con presupuestos mínimos.

i

Algunas de las compañías más longevas

Pocas compañías en la historia moderna han logrado sobrevivir tanto tiempo como la VOC, ya que apenas solo unas cuantas han alcanzado una longevidad comparable, como, por ejemplo:

- Colgate-Palmolive (Estados Unidos), fundada en 1806.
- Procter & Gamble (Estados Unidos), fundada en 1837.
- Nestlé (Suiza), fundada en 1867
- Johnson & Johnson (Estados Unidos), fundada en 1886.

Así que, volviendo a los orígenes de la VOC, su funcionamiento fue tan polémico como extraordinario. Desde su creación, operó casi al nivel de un estado independiente. Era, literalmente, una compañía con superpoderes —

del tipo que hoy sería totalmente ilegal—. Fue fundada mediante cartas patentes otorgadas por los Estados Generales de los Países Bajos, recibió derechos exclusivos y una autoridad sin precedentes: podía mantener su propia flota, su propio ejército, declarar guerras, fundar colonias y firmar tratados en nombre de la nación.

En la práctica, actuaba como un gobierno paralelo fuera del territorio neerlandés. En su apogeo, la VOC llegó a operar más de 150 barcos mercantes, 100 navíos de guerra y una fuerza laboral de 50,000 empleados, además de 10,000 soldados reclutados directamente por la compañía.[7] Por su tamaño, alcance y poder, era perfectamente comparable a las grandes corporaciones globales actuales, pero con una diferencia clave: también tenía autoridad política y militar. En su tiempo, fue básicamente la empresa más poderosa y valiosa del planeta.

No solo marcó un antes y un después en el comercio internacional, sino que también sentó las bases del sistema financiero moderno. Fue el primer ejemplo documentado de cómo muchas personas podían unir capital para financiar una empresa común, diversificando el riesgo colectivo y compartiendo las ganancias.

En esencia, fue el nacimiento de la inversión moderna: por primera vez, la gente podía poner su dinero a trabajar en lugar de arriesgar su vida. **La VOC pasaría a la historia como la primera corporación multinacional del mundo y, al mismo tiempo, como la primera empresa en emitir acciones al público**.

i

Las acciones de las compañías

Una acción, también conocida como *stock*, representa una parte legal de la propiedad de una empresa pública. Cuando una compañía se presenta en la bolsa, divide su valor total en pequeñas fracciones llamadas acciones que, a su vez, cualquier persona puede comprar. Y así, al adquirir una de ellas, te conviertes en copropietario legítimo de una parte de la empresa, con derecho a participar en sus beneficios, decisiones y crecimiento.

Esta emisión permitía que los ciudadanos comunes compraran "porciones" de la compañía y se convirtieran, instantáneamente, en socios legales de sus operaciones comerciales. Y, a través de esas acciones, los inversionistas podían beneficiarse de las ganancias generadas por la actividad de la empresa en las rutas con Asia, sin tener que embarcarse en los peligrosos viajes ni trabajar directamente para ella.

Cuando las *stocks* de la VOC se comenzaron a intercambiar entre comerciantes neerlandeses en 1611, se abrieron las puertas a la participación masiva en el comercio global y se sentaron las bases del mercado organizado de compraventa de acciones. Y, como puedes ver, aunque cualquiera pensaría que la bolsa —o el *market*, como me gusta llamarle— es un fenómeno reciente, el hecho es que existe hace más de 400 años. Comenzaría en Ámsterdam en el siglo XVII y pronto, decenas de empresas adoptarían el mismo modelo, por lo que muchas otras naciones comenzarían a crear sus propios espacios para facilitar sistemas similares: **los primeros mercados de valores del mundo.**

El New York Stock Exchange

Desde entonces, nuevos *markets* y compañías que emitían acciones fueron surgiendo a lo largo del tiempo y del mundo. Por ejemplo, par de siglos después, en Norteamérica, a finales de los 1700, un grupo de 24 comerciantes —los llamados *stock traders*— comenzó a reunirse a diario en Nueva York para intercambiar propiedades de empresas de la recién fundada nación de los Estados Unidos. Con el paso del tiempo, aquellas reuniones darían origen al New York Stock Exchange, popularmente conocido hoy en día como el NYSE.

En sus inicios, solo podían comerciar entre ellos y cobraban a los clientes una comisión del 0.25 % sobre el dinero invertido. Si alguien —digamos un cliente— les decía: "Inviérteme estos mil dólares en acciones de la Manhattan Company", el trader se convertía automáticamente en su agente o *stock broker*, tal y como los *real-estate brokers* o *insurance brokers* actuales.[8]

Para simplificar, si llegabas e invertías 1,000 USD, pagabas 25 USD adicionales de comisión y el *broker* ejecutaba la compra a tu nombre. Una vez hecha la transacción, el *broker* te entregaba un certificado de propiedad con las acciones adquiridas. Y para evitar estafas o ilegalidades, la operación se realizaba bajo la supervisión del NYSE, por lo que tanto la empresa como el New York Stock Exchange mantenían un registro oficial de los propietarios, garantizando los derechos de cada accionista incluso si se perdía el documento físico.

Para seguir el hilo del ejemplo, cuando la Manhattan Company se listó en la bolsa el 22 de abril de 1799, cada acción costaba 50 USD.[9] Con tu inversión de mil dólares, el *broker* habría comprado 20 acciones —20 × 50 USD—, cobrando por separado los 25 USD que le diste de comisión. En su entrada en la bolsa, la compañía emitió 40,000 acciones en total, lo que el valor total de todas las acciones la empresa en su conjunto era de 2 millones de dólares de la época. Para ponerlo en perspectiva, invertir 1,000 USD en 1799 equivale a hoy invertir 25,634 USD, si ajustamos la inflación desde ese entonces, según *OfficialData.org.*[10] Mil dólares en esa época era muchísimo dinero, por lo que muy pocas personas hubiesen podido invertir tanto, pero bueno, mi intención es sencillamente ejemplificar. Y como mismo 1,000 USD equivalen a más de 25 mil hoy, esas 40,000 acciones originales, que entonces sumaban 2 millones, representarían hoy más de 50 millones de dólares.

Pues con el tiempo, la "pequeña" compañía Manhattan Company —que comenzó como un pequeño banco en una joven Nueva York— se fusionó con otras instituciones y evolucionó hasta convertirse en lo que hoy conocemos como JPMorgan Chase: una corporación con casi 5,000 sucursales, 82 millones de clientes y un valor superior a 630 mil millones de dólares.[11] Es solo uno de los miles de ejemplos de compañías que han pasado desde entonces por ese legendario *market* el cual, con el paso de las décadas y la tecnología, poco a poco se fue desarrollando e integrando con el resto del mundo.

En 1866, por ejemplo, la llegada del telégrafo permitió que los precios del NYSE se actualizaran con Londres en apenas 20 minutos, en lugar de los 16 días que tardaban los barcos en llevar los mensajes, haciéndole más fácil a los inversionistas europeos invertir en Nueva York y viceversa. En 1878, se instalaron sus primeros teléfonos, y en 1886, pocas semanas antes de comenzar la construcción de la Torre Eiffel, el NYSE alcanzó un récord histórico: un millón de acciones vendidas en un solo día entre sus participantes.[12] Si hacemos un *fast forward* al día de hoy, nueve generaciones, dos guerras mundiales, decenas de revoluciones tecnológicas y múltiples recesiones económicas después —incluidas crisis globales como la del COVID-19—, el principio básico sigue siendo el mismo.

Mi propósito con esta introducción es ofrecerte una visión clara de cómo funcionaban los mercados hace más de dos siglos y cómo evolucionaron hasta convertirse en lo que son hoy. Es difícil ubicarse en el tiempo que esta maquinaria tiene funcionando, pero de que lleva siglos, sí que los lleva. El hecho es que mientras Napoleón libraba guerras por Europa, Simón Bolívar encendía la llama de la independencia en el norte de Sudamérica y José de San Martín hacía algo similar cruzando los Andes, en los Estados Unidos los inversionistas ya compraban y vendían acciones en el NYSE.

Fundación de otros *exchanges* populares

- Año 1724: Paris Stock Exchange (PAR)
- Año 1801: London Stock Exchange (LON)
- Año 1831: Bolsa de Madrid (BME)
- Año 1845: Bolsa de Valores de Río de Janeiro (BVRJ)
- Año 1861: Toronto Stock Exchange (TSX)

Hoy en día, el NYSE sigue siendo el mercado bursátil más grande del mundo. Miles de empresas modernas cotizan allí, con cerca de 1,000 *traders* presenciales cada día en el número 11 de Wall Street, justo en el corazón de Manhattan. Y a ellos se suman más de 100 millones de inversionistas individuales y 628,000 instituciones financieras conectadas en línea desde todos los rincones del planeta, según *Public.com*[13] y la Autoridad Reguladora de la Industria Financiera (FINRA, por sus siglas en inglés).[14]

Y desde ya, me gustaría aclararlo, aunque debes haberte llevado la idea cuando mencioné que, desde Londres, los inversionistas europeos se beneficiaron con la llegada del telégrafo: en el NYSE no operan solo ciudadanos estadounidenses. Cualquier persona en el mundo puede participar si cumple con ciertos requisitos, que explicaremos más adelante en el *Capítulo 2: ¿Cómo participar en el* market*?*. En este capítulo entenderás qué es exactamente una bolsa de valores, cuántas existen en el mundo y cuáles son los principios básicos que rigen su funcionamiento. Exploraremos además qué son las acciones, cómo se determina su valor y cómo contribuyen al valor total de una compañía.

Conceptos básicos de la bolsa de valores

Si ya conoces estos temas, puedes avanzar directamente a los capítulos siguientes.

Uno de mis métodos favoritos para explicar las bolsas de valores es el conversacional. En lugar de recurrir a definiciones técnicas, suelo basarme en las charlas que he tenido con mis hijos. Gracias a ellas, he podido traducir conceptos complejos a un lenguaje que incluso un adolescente de 14 años puede comprender. Y créeme, una vez que los fundamentos se comprenden bien, todo lo demás se vuelve mucho más fácil.

Comencemos entonces con la bolsa.

¿Qué es la bolsa de valores y que son las acciones?

Imagina que la bolsa de valores —el s*tock market*— funciona como un gran mercado donde las personas compran y venden pequeñas partes de empresas llamadas **acciones**. Pero no es un mercado caótico, como esos lugares donde la gente grita precios y cada uno hace lo que quiere. Aquí todo ocurre dentro de un sistema organizado, con reglas claras y supervisión constante para que nadie saque ventaja sobre los demás.

Es, más bien, como un estadio gigantesco, con reglas, árbitros y jugadores. Cada jugador representa a un participante del mercado: personas, bancos, empresas de inversión o fondos de pensión que administran el dinero de millones de personas. Los árbitros son las instituciones que supervisan que todos jueguen limpio, sin trampas y bajo las mismas condiciones.

Siguiendo el ejemplo de la Manhattan Company, si tú eres dueño de una acción y decides vendérmela por un precio acordado, entonces ambos nos convertimos en jugadores dentro de ese estadio financiero. Pero, como en cualquier juego organizado, no basta con entrar al terreno, hay reglas que debemos respetar.

Para poder intercambiar acciones bajo la supervisión de la bolsa, tanto tú como yo, aceptamos cumplir con ciertas normas que garantizan un entorno justo y seguro para todos los participantes. Te voy a mencionar solo algunos ejemplos para darte una idea general:

- **Verificación de identidad:** antes de operar por primera vez, ambos debemos registrarnos y confirmar nuestra identidad con documentos oficiales.

- **Libertad de participación:** nadie está obligado a comprar o vender. Tú puedes conservar tu acción durante años o venderla segundos después de adquirirla. Y yo solo puedo comprarla si la pones en venta. De otro modo, tengo que esperar.

- **Cumplimiento de ofertas:** si haces una oferta de compra o venta, debes cumplirla o cancelarla antes de que otro participante la acepte. Si ofrezco pagar, por ejemplo, 100 USD por una acción que otros normalmente venden a 50 USD y alguien acepta mi oferta de 100, pues la operación debe realizarse al precio que inicialmente propuse. No me puedo retractar si ya alguien aceptó.

- **Horario de operaciones:** el NYSE, por ejemplo, abre de lunes a viernes de 9:30 a 16:00 (hora del Este), excepto días feriados en los Estados Unidos.

Estas normas —y muchas otras— existen con un propósito claro: **crear un ambiente justo, seguro y eficiente** tanto para compradores y vendedores como para las empresas que cotizan en el mercado. Los *stock exchanges*, las instituciones encargadas de regular y ejecutar estas transacciones, se construyen sobre un principio fundamental: todas las operaciones deben ser transparentes y verificables.

Gracias a estas reglas, cada intercambio que ocurre dentro de un *exchange* está respaldado legalmente, y los participantes pueden confiar en que el sistema es justo y legítimo.

Stock exchange

Un *stock exchange* es un mercado especializado donde cientos, miles o incluso millones de personas intercambian títulos de propiedad de pequeñas fracciones de empresas, conocidos como acciones (*stocks*). Cada vez que se concreta una transacción (*trade*), el sistema registra el intercambio, notifica a la empresa quién es el nuevo propietario de sus acciones y asegura que el pago correspondiente llegue al vendedor, cerrando así el ciclo de compra y venta.

Así que, saltando desde los orígenes del NYSE y viajando un poco en el tiempo hasta la actualidad, podemos tomar como ejemplo al gigante tecnológico Apple Inc. Si tú o yo quisiéramos, ahora mismo, comprar acciones de Apple, lo primero sería identificar en qué estadio, perdón mercado, estas se negocian.

El mercado de acciones de Apple

Con una búsqueda rápida en Google lo encontramos: al escribir "apple stock" verás en los resultados un cuadro informativo con el logotipo de la manzana, una gráfica —verde o roja, según el día—, y una serie de números y fechas.[15] Junto al nombre de la compañía aparece el identificador:

NASDAQ: AAPL

Este formato, reconocido internacionalmente, indica el mercado (o *exchange*) y el símbolo de la acción (también conocido como *ticker*):

EXCHANGE: ACCIÓN

En este caso, significa que las acciones de Apple —identificadas como AAPL— se intercambian en el NASDAQ. Por lo tanto, si tú o yo quisiéramos comprar una participación en Apple, deberíamos hacerlo en ese *exchange*.

El mismo principio aplica para cualquier otra empresa que quieras encontrar: Google, Amazon, Netflix, Nestlé, Toyota… todas tienen su propio "estadio" donde se juegan sus acciones.

a

Buscar una acción en Google

Saber consultar el precio de una acción es una habilidad básica para cualquier inversionista. Puedes hacerlo fácilmente desde tu teléfono, computadora o cualquier dispositivo con internet.

Solo escribe en Google: *Apple stock* —o el nombre de la empresa que te interese— y verás la información más reciente de su cotización.

Ya ubicamos el lugar. Ahora, el siguiente paso es entrar y participar.

¿Cómo podemos participar en el mercado NASDAQ?

A diferencia de lo que solemos ver en las películas —salones llenos de gente en traje, pantallas gigantes y precios moviéndose sin parar— hoy participar en la bolsa es mucho más sencillo. Gracias al internet, las computadoras y los teléfonos inteligentes, la gran mayoría de las transacciones se realizan en línea, sin necesidad de estar físicamente en las instalaciones del *exchange*.

Esa imagen tradicional aún se conserva en el NYSE (al que le llaman popularmente "Wall Street"), donde algunos *brokers* siguen operando en persona. Pero el NASDAQ, donde se negocian las acciones de empresas como Apple, Microsoft o Google, marcó una nueva era.

Según su sitio conmemorativo, el NASDAQ (National Association of Securities Dealers Automated Quotations) se convirtió el 8 de febrero de 1971 en la primera bolsa de valores electrónica del mundo.[16] Gracias a las primeras computadoras de oficina, los bancos pudieron comenzar a ejecutar transacciones directamente desde sus computadoras de los años 70 —utilizando comandos en las terminales—. Fue la época dorada de empresas como IBM, Hewlett-Packard, Xerox, Microsoft y Apple, que impulsaron el uso global de la tecnología.

Y antes del NASDAQ, todas las compras y ventas de acciones se hacían por teléfono. Sí, literalmente. Le dabas tu dinero y tu autorización a un *stock broker* y lo llamabas para decirle: "Cómprame 100 acciones de Apple con la mitad, y 30 de Google con la otra. ¡Chao, nos vemos!" Y aclaro, esas compañías ni siquiera existían en ese entonces, pero sé que entiendes a qué me refiero. Y, aunque suene curioso, así funcionó durante casi un siglo. Antes del teléfono era por telegrama y antes, a caballo. Había que ir en persona al *broker*, darle el dinero, esperar que hiciera la compra y luego regresar por los certificados físicos —unos papeles elegantes que representaban tus acciones—. Hoy todo eso quedó atrás. Con los *online brokers* (los bancos en línea), cualquiera con una cuenta bancaria y conexión a internet puede invertir desde su casa, sin intermediarios.

En los Estados Unidos, bancos como Chase, Bank of America, TD Bank, Wells Fargo o Citibank ofrecen plataformas integradas para comprar acciones directamente. Aquí en Canadá, los grandes bancos —RBC, Scotiabank, TD, BMO, CIBC, entre otros—hacen lo mismo. Y en muchos otros países, los bancos nacionales y regionales también permiten a sus clientes participar en los mercados internacionales.

i

Cómo se participa en "el *market*" en el siglo XXI

Resumiendo todo lo anterior: una vez que sabes que las acciones de Apple se intercambian en el NASDAQ, el proceso para invertir es increíblemente sencillo.
Desde la plataforma en línea de tu banco —o incluso desde su aplicación móvil bancaria— solo tienes que: **seleccionar la acción** que quieres comprar en su respectivo mercado y **realizar la compra con un clic**, indicando cuántas acciones deseas adquirir.

Listo. Invertir en el mercado hoy en día es tan simple como comprar un producto en Amazon.

El proceso es simple: una vez que accedes a tu banco, solo tienes que abrir una cuenta de inversión, igual que abrirías una cuenta de cheques o de ahorros. Y listo, ya puedes operar en el mercado. Más adelante, en el siguiente capítulo, veremos este paso con más detalle.

En la práctica, participar en el *market* es mucho más sencillo de lo que muchos imaginan. Yo mismo, cuando llegué a Canadá, ni siquiera lo consideraba una posibilidad. Y, sin embargo, hoy me sigue sorprendiendo lo fácil que es hacerlo.

Hablemos entonces sobre las compañías.

Existen miles y miles de compañías en el market

Bueno, decenas de miles, para ser exactos. Cada día se compran y venden miles de millones de acciones de empresas en cientos de mercados de valores alrededor del mundo.

¿Recuerdas el ejemplo del "estadio" la sección anterior? Pues los *stock exchanges* como el NYSE y el NASDAQ son como "pequeños terrenos" dentro de ese gran estadio que es el *stock market.* Pues según el sitio *TradingHours.com,*[17] existen más de mil *stock exchanges* y en ellos se negocian miles de compañías de todos los sectores de la economía. Solo para que tengas una idea, de acuerdo con Statista.com, estos son los *exchanges* más grandes del mundo en 2024, ordenados por tamaño:[18]

- NYSE: New York Stock Exchange, **Estados Unidos**
- NASDAQ, **Estados Unidos**
- Euronext, **Europa**
- Japan Exchange Group, **Japón**
- Shanghai Stock Exchange, **China**
- National Stock Exchange of India, **India**
- Shenzhen Stock Exchange, **China**
- Hong Kong Exchanges, **Hong Kong**
- LSE: London Stock Exchange, **Reino Unido**
- TSX: Toronto Stock Exchange, **Canadá**
- Saudi Stock Exchange (Tadawul), **Arabia Saudita**
- Deutsche Boerse AG, **Alemania**
- Nasdaq Nordic and Baltics, **Finlandia, Suecia, Noruega, Islandia, Dinamarca, Estonia, Latvia y Lituanua**
- Taiwan Stock Exchange, **Taiwán**
- Korea Exchange, **Corea del Sur**

- SIX Swiss Exchange, **Suiza**
- ASX: Australian Securities Exchange, **Australia**

Y aunque estos son los principales, hay muchos más. Más adelante en este capítulo veremos cómo se mide qué tan "grande" es un mercado bursátil pero, por ahora, basta con saber que este es el mapa global donde se mueven las acciones.

Invertir en el *stock market* o en el *market*

El término *stock market* (la bolsa o mercado de valores) se utiliza para referirse al conjunto de todos los mercados bursátiles del mundo, es decir, todos los *stock exchanges* donde se compran y venden acciones.

Cuando decimos "invertir en la bolsa de valores", en realidad hablamos de participar en ese gran sistema global, el *stock market*, que reúne a miles de empresas de distintos países y sectores.

En otras palabras, es simplemente participar en alguno —o en varios— de esos mercados, comprando una pequeña parte de una empresa con la expectativa de que su valor crezca con el tiempo y tener un buen resultado.

Volviendo a la cuestión de "existen miles y miles de compañías", veamos algunos ejemplos conocidos y en qué *stock exchange* se venden sus "pedacitos".

En la Tabla 1.1 de la página siguiente encontrarás un resumen con varias empresas populares, a qué se dedican y algunos de sus productos o servicios más reconocidos. Mi propósito, al mostrarte esta variedad, es que entiendas que **la bolsa de valores no es un fenómeno exclusivo de Estados Unidos, sino un sistema global** en el que participan empresas de todos los rincones del planeta.

Nombre de la compañía	***Stock exchange* al que pertenece**	**Productos/Servicios (ejemplos)**
Coca-Cola Company	NYSE	Bebidas y refrescos (Coca-Cola, Fanta)
Microsoft Corporation	NASDAQ	Software y servicios en la nube (Windows, Office)
McDonald's Corporation	NYSE	Comida rápida y franquicias (Big Mac, McNuggets)
L'Oréal	Euronext	Cosméticos y belleza (Garnier, Maybelline)
Boeing Company	NYSE	Aeronáutica y aviación (aviones comerciales, helicópteros)
Airbus SE	Euronext	Aeronáutica y aviación (aviones comerciales, helicópteros)
Toyota Motor Corporation	Japan Exchange Group	Automóviles e innovación (Corolla, Prius)
PetroChina	Shanghai Stock Exchange	Energía, petróleo y gas (gasolina, productos petroquímicos)
Royal Bank of Canada	TSX Group	Servicios financieros y bancarios (tarjetas RBC, seguros)
Siemens AG	Deutsche Boerse AG	Electrónica e ingeniería (turbinas, trenes)
TSMC (Taiwan Semiconductor)	Taiwan Stock Exchange	Semiconductores y tecnología avanzada (microchips, procesadores)
Samsung Electronics	Korea Exchange	Tecnología y dispositivos electrónicos (Samsung Galaxy, televisores)
Nestlé S.A.	SIX Swiss Exchange	Alimentación y bebidas (Nescafé, KitKat)

Tabla 1.1: Algunas de las compañías más grandes del mundo junto al mercado en que se compran/venden sus acciones y ejemplos de sus productos o servicios más conocidos. Fuente: CompanieMarketCap.[19]

De acuerdo con el informe más reciente de *World-Exchanges.org*, **existen más de 58,000 compañías públicas** que se cotizan en bolsas de todo el mundo.[20] Y aquí vale la pena hacer una pausa: ¿Qué significa exactamente que una compañía sea "pública"?

Una compañía pública es aquella cuya propiedad —o *ownership*, como se dice en inglés— está legalmente disponible al público a través de un *stock exchange*. En otras palabras, cualquiera puede comprar una pequeña parte de ella adquiriendo acciones.

Por el contrario, una compañía privada no cotiza en bolsa y, por lo tanto, sus acciones no están disponibles en los mercados públicos. Eso no significa que no puedan venderse o comprarse, sino que esas transacciones ocurren de manera directa entre inversionistas y propietarios, sin la supervisión de un *stock exchange*.

Esta última diferencia es fundamental: no todas las empresas del mundo "cotizan" en bolsa, y las que no lo hacen solo pueden recibir inversiones mediante acuerdos privados. Mientras que, las públicas son aquellas que cotizan en una o más bolsas de valores y cuyas acciones pueden ser compradas por cualquier persona. Veamos algunos ejemplos:

Compañías públicas

Como vimos anteriormente, son las que cotizan en una o más bolsas de valores y sus acciones pueden ser compradas por cualquier persona.

- Ejemplos: Apple, Google, Microsoft, Boeing, Airbus…
- En total, más de 58,000 compañías se cotizan actualmente en los mercados, incluyendo las de la tabla anterior.

Compañías privadas

Las que no cotizan en bolsa y cuyas acciones no están disponibles al público. Ejemplos típicos:

- Un pequeño restaurante familiar.
- Una clínica privada o un grupo médico.
- Cualquier tipo de negocio local o regional que no participe en un *stock exchange*.

Y quiero aclarar, aún sin cotizar en bolsa, existen empresas privadas enormes que mueven miles de millones de dólares pero, aun así sus propietarios prefieren mantenerlas privadas. Veamos algunos ejemplos:

- Publix Super Markets (Estados Unidos). Cuenta con más de 250,000 empleados y 1,300 supermercados, según *Forbes*. A pesar de su tamaño, no cotiza en bolsa como sí lo hacen Walmart o Costco, empresas de similar envergadura.[21]

- Huawei (China). Más de 190,000 empleados en 170 países. Es el principal fabricante de smartphones en China, con más de 900 millones de usuarios activos, de acuerdo con *Forbes*.[22] Solo para comparar, Apple cuenta con 1,240 millones de iPhones activos en el mundo y unos 161,000 empleados, según *NASDAQ.com*.[23]

- X.com (Estados Unidos). Conocido originalmente como Twitter, fue una empresa pública entre 2013 y 2022. Ese año, Elon Musk compró la mayoría de las acciones —en parte con préstamos— la retiró de la bolsa recomprando, a precio de mercado, todas las acciones que tenían los inversionistas por el mundo y la convirtió nuevamente en una compañía privada.[24]

Pues sí, el mundo está lleno de empresas públicas y privadas: gigantescas, medianas, pequeñas. Algunas nacen, crecen, intentan sobrevivir, fallan, triunfan, se reinventan, rompen el mercado y luego viene otra y la rompe de nuevo con innovación.

Pues sí, aparte del ejemplo inicial de Apple, existen muchos miles más de compañías. La popular empresa detrás del iPhone, además de ser una marca muy conocida a la cual me voy a referir varias veces a lo largo del libro, es perfecta para ilustrar cómo funciona el *stock market* porque, en este momento, figura entre las tres compañías más grandes del mundo. Veamos ahora qué es lo que la hace una compañía "grande".

Tamaño de las compañías y de los *exchanges*

Como mencionaba al inicio de este capítulo, el NYSE y el NASDAQ son los *stock exchanges* más grandes del mundo. Sin embargo, lo que determina su tamaño no es el edificio, ni la cantidad de operaciones diarias, sino las compañías que cotizan en ellos. En otras palabras: son las empresas que los conforman las que hacen que esos mercados sean grandes o pequeños.

El tamaño de una compañía se conoce como su ***market cap***, abreviatura del inglés *market capitalization*, y no es más que la "capitalización bursátil" o "capitalización en el mercado". También se le conoce como el "tamaño capital" o el "valor total de la compañía".

Este valor se calcula de una forma muy sencilla:

market cap = número total de acciones × precio actual de cada acción

---

Por ejemplo, si una compañía tiene 100 acciones en total y cada una se vende en el mercado a $2.00, entonces el valor total de la empresa sería de $200, aunque no se vendan todas a la vez. **Ese valor total se estima a partir del precio al que se están vendiendo las acciones.**

Por lo tanto, si yo soy propietario de 85 de las 100 acciones existentes, no las quiero vender, pero los participantes del mercado se venden las 15 restantes entre ellos constantemente a $2.00, significa que, el valor de las acciones que ellos se venden más las que yo tengo, en su totalidad, valen $200.

Valor de 1 acción en el mercado	**Número total de acciones existentes**	**Multiplicados = Valor total de la compañía**
$2.00	100	$200.00

Así de simple: el valor total de la compañía (su *market cap*) es la multiplicación del número de acciones que existen por el precio de una acción en el mercado.

El *market cap* permite rápidamente comprender a las empresas en la bolsa.

Debido a la importancia en el mundo de las inversiones, este será uno de los términos que más utilizaremos a lo largo del libro.

Por ejemplo: *el market cap de Apple el 31 de octubre de 2024 era de $3.436 billones USD.*

Nota importante: a lo largo del libro, cuando mencione "billones" y "miles de millones", me estaré refiriendo a lo que en inglés se conoce como "*trillions*" y "*billions*" respectivamente.

Para no complicarnos demasiado —ya que profundizaremos en esto en el siguiente capítulo—, definamos que **el "valor de una acción" es simplemente el precio al que ocurren las ventas**. Es el punto exacto en el que los compradores y los vendedores constantemente llegan a un acuerdo.

Para simplificarlo en un simple ejemplo: yo ofrezco vender una acción a $2.00, alguien acepta pagar ese precio, y el *stock exchange* registra la transacción. A partir de ese momento, yo recibo los dos dólares, y la otra persona, la propiedad legal de la acción.

Ahora, si un vendedor pide $2.50 por una acción y un comprador solo ofrece $1.50, la operación no se ejecuta. En ese caso, se puede "estimar" que el precio real estaría cerca de los $2.00 —el punto medio—, pero el precio no se considera real hasta que la transacción sucede. Recuerda siempre ese escenario: tanto vendedores como compradores pueden aspirar a vender o a comprar a precios soñados, pero si realmente no hay nadie del otro lado dispuesto a cerrar la operación, esa cifra no tiene valor alguno en el mercado.

Precio de una acción/stock
Precio al cual un vendedor y un comprador ejecutan una transacción. Es el punto de consenso entre ambas partes.

Ejemplo: *El precio de "NASDAQ:AAPL" (Apple Inc.) el 31 de octubre de 2024, a la hora de cierre (4:00 pm EST), era de $225.91.*

Mientras los mercados están cerrados, los precios simplemente no cambian. Por eso, durante los fines de semana o los días feriados, las cotizaciones permanecen estáticas, incluso si ocurren eventos importantes que podrían influir en las empresas.

Eventualmente, cuando los *stock exchanges* vuelven a abrir, todas esas noticias y expectativas se reflejan en los nuevos precios del mercado, a medida que compradores y vendedores ajustan sus acuerdos a diferentes niveles.

Por el momento mantengamos todo simple, ya que el objetivo es entender el cálculo básico del *market cap* de una empresa pública. Así que, siguiendo con nuestro ejemplo de Apple —a la cual me referiré por su identificador de bolsa: AAPL—, según los datos de *NASDAQ.com*:[25]

Valor de 1 stock de AAPL (oct. 31, 2024)	Número total de acciones existentes	Multiplicados = Valor total de la compañía
$225.91	15,213,967,261	$3,436,987,343,932.51

En otras palabras, 3.436 billones de dólares estadounidenses. Sí, Apple es —al momento de escribir estas líneas— la compañía más valiosa del planeta. Y como podrás imaginar, si los precios varían constantemente, pues el *market cap* también lo hace. Son esas gráficas que ves subir y bajar en las noticias, las aplicaciones de finanzas en el teléfono o los titulares que dicen: "¡Apple sube un +3% luego del nuevo reporte de venta!"

Ahora, el por qué de esa variación —y por qué adelantarse a estas noticias y vencer en el *market* es tan difícil— lo explicaremos más a fondo en el *Capítulo 9: ¿Por qué es tan difícil vencer al* market? Solo quiero, antes de llegar allí, que analicemos cómo un cambio en el precio puede —o no— afectar el valor total de una compañía.

El impacto del precio en el *market cap*

Siguiendo con los números de Apple, supongamos que decido vender mis acciones —en lugar de los $225.91 USD, el valor hipotético que tendrían el día de hoy— a más del doble por el increíble valor de $500 USD. Y supongamos también que alguien acepta pagar ese precio. El *exchange*, en este caso NASDAQ, transfiere las acciones al nuevo propietario y me deposita en mi cuenta los $500 por cada acción.

¿Significa esto que las acciones de Apple *ahora "valen" todas $500 USD y que el* market cap *de la empresa aumentó?*

En teoría, sí... pero en la práctica, no. Una transacción aislada, fuera del rango habitual en el que miles de participantes operan, no cambia realmente el valor total de la compañía, aunque siga siendo una operación legítima. Para que una variación tenga impacto real, debe existir un volumen considerable de transacciones en un corto período de tiempo, especialmente en las grandes empresas.

> **i**
>
> **Volumen de un *stock***
>
> Cantidad de acciones que se venden o compran en un solo día. Cuando hay poco volumen, los precios se mueven lentamente, pero cuando hay mucho volumen, pueden cambiar incluso ¡varias veces por segundo!

Es por esto que es común que los *stock exchanges* se protejan contra movimientos manipulativos de precios, ya que ejemplos como el mio de vender al doble previo acuerdo con otra persona, puede ser interpretado como un intento de manipular la percepción de otros participantes y crear pánico. Solo se reconoce un nuevo precio como "público" si una gran cantidad de participantes comienza a comprar y vender a niveles similares.

En resumen: el market cap se mueve solo si hay volumen suficiente. Siguiendo una vez más con el ejemplo de *Apple*, durante la escritura de este capítulo, el volumen promedio diario de AAPL es de 49 millones de acciones vendidas por día, según *NASDAQ.com*.[26] ¡Cuarenta y nueve millones de acciones transferidas en un solo día! Si lo multiplico por el precio promedio de cada acción, significa que cerca de 11 mil millones de dólares se movieron de un lado para otro entre todos esos inversionistas entre 9:30 de la mañana y las 4 de la tarde en cada día que el mercado está abierto.

En otras palabras, es el consenso colectivo de muchos participantes lo que realmente define el *market cap* de una compañía y, a la vez, es precisamente porque miles de personas coinciden regularmente en precios de compra y venta, que el *stock market* funciona. **Por eso al *market* se le conoce como un fenómeno: los mecanismos están creados y regulados pero, sin operaciones humanas, simplemente no existe el mercado.**

Así, el *market cap* varía constantemente, pero sigue siendo la unidad de medida más útil para conocer el valor total de una compañía. Y como mismo sucede con las empresas, es con el *exchange*: el valor total de un *stock exchange* es la suma del *market cap* de todas las empresas que se cotizan en él. Y es esto lo que explica por qué los *exchanges* norteamericanos son los más grandes del mundo: las compañías más valiosas —Apple, Microsoft, Amazon, Nvidia, Google— están todas listadas ahí.

A continuación, en la Tabla 1.2 de la página siguiente, puedes ver el top 10 de las compañías más valiosas del planeta, según *CompaniesMarketCap.com*, un sitio especializado que monitorea en tiempo real el valor de las acciones de miles de empresas y las organiza por su *market cap*.

Compañía	***Ticker***	***Market cap***	**País**
Apple	AAPL	$3.434 billones	Estados Unidos
Nvidia	NVDA	$3.431 billones	Estados Unidos
Microsoft	MSFT	$3.100 billones	Estados Unidos
Amazon	AMZN	$2.072 billones	Estados Unidos
Alphabet (Google)	GOOG	$2.028 billones	Estados Unidos
Saudi Aramco	2222.SR	$1.802 billones	Arabia Saudita
Meta Platforms	META	$1.411 billones	Estados Unidos
Tesla	TSLA	$1.131 billones	Estados Unidos
Berkshire Hathaway	BRK-B	$1.027 billones	Estados Unidos
TSMC	TSM	$985.85 mil mill.	Taiwán

Tabla 1.2: Top 10 de las compañías más grandes del mundo al 31 de octubre de 2024. Ocho de ellas pertenecen a Estados Unidos, mientras que la #6 y la #10 provienen de Arabia Saudita y Taiwán, respectivamente. Fuente: CompanieMarketCap.[27]

Hasta el 31 de octubre de 2024, el **NYSE contaba con 2,184 compañías listadas que sumaban $30.147 billones** de dólares en valor total, mientras que el **NASDAQ tenía 3,293 compañías registradas con un valor combinado de casi $28.9 billones**.[28] Ambos, sumados, son comparables con el tamaño total de la economía estadounidense.

Para ponerlo en perspectiva:

- La suma del NYSE y el NASDAQ equivale a aproximadamente **$59 billones de dólares**.
- El valor total de todo el mercado inmobiliario de los Estados Unidos (todo el *real estate*: casas, edificios, oficinas, centros comerciales…) ronda los **$43 billones**.[29]
- El PIB estadounidense de 2023 fue de **$27.967 billones**.[30]

Los *stock exchanges*, en conjunto, son tan colosales que rivalizan con el valor de todos los bienes inmuebles y con la producción económica del país más rico del mundo.

Tener una idea general de las compañías y de los lugares donde se cotizan es fundamental para comprender cómo funciona el *stock market.* No se trata de memorizar nombres o cifras, sino de desarrollar la capacidad de investigar y orientarte cada vez que lo necesites. A continuación, te propongo un par de ejercicios que te ayudarán a ubicarte cada vez que quieras conocer más sobre una empresa en particular.

a

Investiga qué compañías, que conoces o te generan curiosidad, cotizan en bolsa.

Haz una búsqueda en Google como "Starbucks stock" o "Nintendo stock", por mencionar dos ejemplos, e identifica en qué mercado se cotizan.

En mi caso, siempre me llamó la atención descubrir dónde estaban registradas empresas que marcaron mi curiosidad desde niño: Nestlé, Nintendo, las compañías aeronáuticas como Boeing y Airbus, y en el mundo de la tecnología, gigantes como Microsoft, Apple, Samsung y LG.

a

Explora las compañías más grandes.

Visita el sitio *"Companies Market Cap"* y explora la lista de las compañías públicas más grandes del mundo. Observa cuáles tienen presencia cerca de donde vives o en los productos y servicios que usas a diario.

Companies Market Cap
https://companiesmarketcap.com

Aquí, en Canadá, por ejemplo, abundan franquicias de empresas norteamericanas como Amazon (#4 del mundo), Walmart (#13), Costco (#25), Home Depot (#22), McDonald's (#53) y Shell (#62). Pero también existen muchas compañías locales canadienses —e incluso de otros países— que compiten directamente con ellas. Y, por supuesto, están los grandes de la tecnología, muchos de ellos ubicados en el top 20 de la lista.

Todas las posiciones que he mencionado anteriormente, para cada compañía, seguramente ya habrán cambiado en el momento en que leas estas líneas, ya sea un mes, un año o incluso un solo día después, eso forma parte del ciclo natural de las empresas en el mercado de valores. Un ciclo que comenzó en 1611 y que continúa vivo mientras exista el capitalismo. A lo largo del planeta, las compañías nacen, crecen, se transforman, se contraen y, eventualmente —ya sea tras un año o dos siglos—, terminan cerrando sus puertas. Pero lo más importante es que, durante esos ciclos, mientras las empresas operan, innovan y cambian el mundo, tanto los grandes inversionistas como los individuos comunes —como tú y como yo— tenemos la oportunidad de participar. Ser parte de ese movimiento global, aunque sea con una pequeña acción, es también formar parte de la historia económica moderna.

Te invito ahora a pasar al siguiente capítulo, donde vamos a descubrir cuáles son los pasos que necesitamos dar para comenzar a participar activamente en el *stock market*.

Resumen del Capítulo

- El *stock market* existe hace más de 400 años y desde los años 70 del siglo pasado es posible participar electrónicamente. No es exclusivo para grandes inversionistas, cualquier persona puede hacerlo hoy desde su teléfono o computadora.

- Existen más de 58,000 compañías públicas listadas en docenas de *stock exchanges* alrededor del mundo.

- El *market cap* representa la suma total del valor de todas las acciones de una empresa.

- Los *stock exchanges* más grandes del mundo son el NYSE, el NASDAQ y el Euronext, por el valor capital de las empresas que alojan.

CAPÍTULO 2

¿CÓMO PARTICIPAR EN EL MARKET?

"A lo largo del tiempo, invertir en el stock market ha sido la mayor máquina de generación de riqueza jamás creada."

—Warren Buffett

Anne Scheiber nació en 1893 en *Brooklyn, Nueva York*, en una época en que las oportunidades para las mujeres eran limitadas, especialmente en el ámbito laboral y financiero. El derecho al voto femenino era un hecho reciente y parcial; además, existían restricciones legales y sociales que impedían a las mujeres administrar sus finanzas o invertir sin la autorización de un hombre.

Se graduó en Derecho y aprobó el examen del bar de Washington, pero la discriminación de género le cerró las puertas en su profesión. Terminó trabajando como auditora en el *Servicio de Impuestos Internos* de los Estados Unidos (conocido como IRS, por *Internal Revenue Service*) en 1920, donde, pese a su esfuerzo, nunca recibió ascensos ni reconocimiento. Se jubiló en 1944 en el mismo puesto en que comenzó, con un salario que nunca superó los $4,000 anuales.

Al retirarse, Anne contaba con apenas $5,000 en ahorros y una pensión de $3,150 al año. Imagínate jubilarte a los 51 años con el 75% de tu salario anual y un ahorro de emergencia de un año y un poquito, como reserva. Eso era todo su respaldo financiero.

Sin embargo, su historia cambió radicalmente cuando decidió comenzar a invertir. Durante su trabajo como auditora, había observado un patrón muy repetido a lo largo de los expedientes que caían en su buró: las grandes fortunas no se construían con efectivo, sino con acciones. Aquellos que acumulaban riqueza lo hacían comprando y manteniendo participaciones en compañías públicas durante años.

Así que, sin estudios formales en finanzas, Anne comenzó a estudiar el stock market por su cuenta. Su método era simple y disciplinado: invertía en empresas conocidas, con prestigio comercial sólido y un historial de crecimiento estable. Nada de apuestas arriesgadas.

Según su *stock broker* William Fay: "La señora Scheiber primero invirtió en estudios de Hollywood, como Universal y Paramount, y luego amplió su portafolio con gigantes como Coca-Cola, PepsiCo, la farmacéutica Bristol-Myers Squibb y otras cien empresas de primer nivel".[31]

Esencialmente, en las décadas posteriores a la Segunda Guerra Mundial, eran las industrias de manufactura, automóviles, electrodomésticos, farmacéuticas y químicas las que ocupaban los primeros tamaños en *market cap* del *stock market*. Anne agarraba su teléfono, llamaba regularmente a su *broker* y le indicaba qué hacer. Su filosofía era sencilla: **comprar acciones de empresas estables, en diversas industrias, reinvertir las ganancias y mantener las inversiones a largo plazo**. Esa estrategia, de forma repetitiva, le permitió ir acumulando *stocks* año tras año.

En adición a este hábito regular, Anne llevaba un estilo de vida extremadamente frugal, algo muy común entre quienes habían vivido las heridas económicas de la Gran Depresión de los años 30, de la cual hablaremos más adelante. Ella vivía únicamente de su pensión y de los pagos ocasionales de la Seguridad Social. Rentaba un pequeño apartamento en Manhattan, vestía con sencillez y evitaba los lujos. Cada dólar adicional que podía ahorrar lo destinaba a comprar más acciones. Y así lo hizo durante cinco décadas. Mantuvo una disciplina inquebrantable, reinvirtiendo dividendos y evitando cualquier gasto innecesario.

A la larga, su constancia fue recompensada. Al momento de su muerte, en 1995, Anne Scheiber dejó un legado tan inesperado como admirable: una fortuna valorada en 22 millones de dólares. En un gesto de generosidad que la definiría para la posteridad, donó casi la totalidad de esa suma a la New York Yeshiva University, con el objetivo de financiar becas para mujeres jóvenes y estudiantes judíos interesados en carreras de derecho y medicina. Anne nunca había estudiado allí, ni tenía relación alguna con la institución, pero consideraba que su éxito debía servir para abrir puertas a otros. "Cuando vi el testamento, mi mente explotó", recordaría Norman Lamm, presidente de Yeshiva University. "Esta mujer se ha convertido en una leyenda de la noche a la mañana, y su nombre vivirá por generaciones."[32]

Aun así y, a pesar de encontrarse probablemente dentro del top 0.001% de los inversionistas más exitosos del mundo —es decir, con mejores resultados que el otro 99.999% restante—, Anne Scheiber no figura en los libros más populares de finanzas ni en los listados de Wall Street. Su historia permanece en los márgenes de la literatura financiera moderna, mencionada solo en análisis no oficiales y estudios académicos que la ubican entre los diez inversionistas con mayores retornos de la historia. Todo eso, sin haber trabajado jamás como profesional del sector.[33]

Morgan Housel, autor del *bestseller The Psychology of Money*, y uno de mis escritores favoritos, lo resumió de forma brillante en una entrevista: "¿Puedes imaginar un mundo donde alguien que no fue a la escuela de medicina, y no tiene ninguna formación médica, terminara en el top 10% de los cirujanos cardíacos del mundo? Eso nunca sucedería. Sería imposible de considerar. Pero sí sucede en el mundo de las inversiones."[34]

La reflexión de Housel captura la esencia de lo extraordinario en la historia de Anne: su éxito no provino del acceso a poder invertir, ni del privilegio, ni del conocimiento técnico, sino de la paciencia, la disciplina y la constancia. Tres virtudes que, en el mundo financiero, siguen siendo mucho más raras que cualquier otra cosa.

Esta historia es solo una entre miles de ejemplos de ciudadanos comunes que, con constancia y estrategia, lograron construir riqueza a través de la bolsa de valores. Anne, en esencia, participó en el *stock market* de manera disciplinada y metódica. Sin ser una especialista en finanzas, aprovechó la oportunidad de convertirse en accionista de múltiples compañías, guiándose únicamente por su criterio personal y su sentido común.

Dicho esto, es importante aclarar algo fundamental: **invertir en el *stock market* no es un derecho universal**. No se trata de un derecho fundamental garantizado que tenemos todos al nacer, como lo es la libertad de expresión o la igualdad ante la ley. **Es un privilegio y a la vez una oportunidad para aquellos que cumplen determinados requisitos legales y financieros**.

Requisitos legales

Participar en la bolsa de valores implica cumplir con las normativas vigentes de cada país. Por ejemplo, se debe ser mayor de edad, contar con un estatus legal reconocido y abrir una cuenta en una entidad financiera o contar con un "*broker*" con la capacidad de ofrecer este acceso a sus clientes.

Requisitos de acceso a capital

Más allá de lo legal, también se necesita disponer de capital para invertir. Aunque las plataformas modernas han reducido las barreras de entrada, la realidad es que la capacidad económica sigue determinando el nivel de participación que cada persona puede asumir.

Así que, aunque no entraremos en los detalles específicos de cada región —ya que las regulaciones y procesos varían considerablemente de un país a otro—, abordaremos la participación en el *stock market* desde una perspectiva general. Siempre lo vamos a ver desde el punto de vista de un ciudadano común: **mayor de edad, legalmente habilitado para aceptar las condiciones del mercado y con la posibilidad de destinar una parte de su capital con la intención de invertirlo con el propósito de obtener ganancias**.

Si nunca has participado en el *stock market*, este capítulo es, literalmente, el lugar ideal para comprender cómo se hace. En el capítulo anterior, vimos qué es el *market*, qué se intercambia en él y la magnitud colosal que este representa a nivel global. Ahora daremos el siguiente paso: entender cómo se participa realmente. En otras palabras: conocer qué se necesita hacer para poder, legalmente, comprar o vender una acción.

Y para llegar ahí, debemos comenzar por lo más básico. Los tipos de cuentas que normalmente ofrecen los bancos, conocidas como cuentas bancarias tradicionales: las *chequing* (cuentas corrientes) y las *savings* (cuentas de ahorro).

Cuentas chequing y savings

Si actualmente eres cliente de algún banco, es muy probable que tengas al menos una cuenta *chequing* a tu nombre. Este tipo de cuenta es la más común y práctica dentro del sistema bancario, ya que permite realizar operaciones cotidianas como:

- Recibir y enviar transferencias de dinero.
- Realizar pagos con la tarjeta de débito asociada.
- Emitir o depositar cheques.
- Automatizar pagos preautorizados (como el pago de la renta, la hipoteca, servicios o membresías).

En resumen, las cuentas *chequing* están diseñadas para mover dinero en efectivo, ya sea para gastos diarios o pagos recurrentes. Si ya tienes una relación con un banco, es casi seguro que al menos una de tus cuentas sea de este tipo.

Ahora, en el contexto del tema que estamos tratando —las inversiones—, una cuenta *chequing* solo refleja efectivo digital: puede mostrar $1.00, $50.00, $499.85 o incluso un saldo en cero, pero lo que contiene es únicamente dinero líquido.

Cuenta *chequing*

Cuenta bancaria generalmente asociada a una tarjeta de débito y/o cheques, que permite mover dinero con facilidad. Es conocida en el mundo hispanohablante como "cuenta corriente" y es la cuenta que usamos día a día para operar dinero.

Del otro lado, las cuentas *savings* —también conocidas como cuentas de ahorro— son el segundo tipo de cuenta más común. Su propósito principal es mantener una cantidad de dinero separada de las operaciones diarias que se realizan desde la cuenta *chequing*. Sirven para guardar dinero con un objetivo más específico o de mediano plazo.

Su uso más habitual incluye:

- Ahorrar para comprar un vehículo.
- Reservar fondos para uno o varios viajes.
- Mantener un fondo de emergencia.
- Guardar dinero en otras monedas (CAD, EUR, USD…).

- Separar una cantidad destinada a futuras inversiones.
- Obtener una pequeña ganancia en forma de intereses.

Al igual que las *chequing*, por lo general estas cuentas son accesibles desde la aplicación móvil del banco, la interfaz web e incluso desde cajeros automáticos, aunque las operaciones con ellas suelen ser menos frecuentes.

Cuenta *savings*

Cuenta bancaria, generalmente utilizada para acumular y ahorrar dinero. Su acceso es intencionalmente más reducido con el propósito de desmotivar el acceso regular a esta e incentivar el ahorro.

Otra cualidad más en común con las cuentas *chequing* es que las cuentas *savings* también contienen exclusivamente dinero en efectivo, aunque en algunos casos este puede mantenerse en monedas internacionales, distintas a la local —por ejemplo, CAD, USD o EUR—. Sin embargo, y a pesar de esa posibilidad, su naturaleza sigue siendo la misma: contener dinero líquido.

Quizás te preguntes, ¿por qué tanta insistencia en el tipo de contenido que "se aloja" dentro de cada cuenta? Bien, la razón es simple: en este punto nos preparamos para dar el salto hacia un tipo de cuenta completamente distinto. Una cuenta que no solo puede contener dinero, sino también tus inversiones. Esa cuenta es la cuenta *broker* —mejor nombre, imposible—.

La cuenta *broker*

Las cuentas *broker* (en inglés *broker account*) son un tipo especial de cuenta financiera que tiene la capacidad de almacenar tanto dinero en efectivo como títulos de propiedad. Y si hay una sola idea que debes recordar de esta sección, es esta: **además de efectivo, una cuenta *broker* puede contener una gran variedad de activos financieros, incluyendo acciones de compañías.**

Ese "además", al principio de la oración, es lo que la hace diferente de una cuenta bancaria tradicional. Mientras una *chequing* o una *savings* solo pueden contener dinero líquido, una cuenta *broker* actúa como un contenedor de valor más amplio, donde el efectivo y las inversiones pueden coexistir.

Para entenderlo mejor, imaginemos una situación de la vida real. Supongamos que tienes una caja fuerte moderna en casa, de esas que salen en Amazon con tecnología a prueba de incendios, inundaciones, con sistemas antirrobo y con una alarma inteligente. En ella podrías guardar documentos, dinero en efectivo y títulos de propiedad. De manera similar, una cuenta *broker* cumple el mismo propósito en el mundo financiero, el cual es proteger y organizar bienes de valor, tanto en forma de dinero líquido como de instrumentos de inversión. Veamos un ejemplo:

Dinero en efectivo

El dinero en efectivo es, sencillamente eso. Es *cash*. Ya sea en billetes o monedas, puede almacenarse sin complicaciones dentro de la caja fuerte. Si depositas, digamos unos $1,500 y la dejas cerrada durante un año, dos o diez, al abrirla encontrarás exactamente la misma cantidad.

El dinero en efectivo no crece ni disminuye por sí mismo, sino que permanece ahí, protegido y estático. En una cuenta *broker* sucede algo similar, ya que el dinero depositado en ella se mantiene disponible, generalmente sin generar ganancias o intereses, hasta que se decide invertirlo.

Veamos ahora la variante de los títulos de propiedad.

Títulos de propiedad

Ahora bien, además del dinero en efectivo, en una caja fuerte también podríamos guardar documentos importantes. Entre ellos, los títulos de propiedad, que son papeles oficiales que certifican legalmente que algo nos pertenece. No se trata del objeto físico —la casa, el auto o el terreno—, sino del documento que demuestra legalmente que ese “algo” pertenece a nosotros.

Estos títulos pueden clasificarse en dos grandes grupos:

- **Propiedad inmobiliaria** (*real estate*): que incluye casas, terrenos o edificios.
- **Propiedad mobiliaria**: como vehículos, embarcaciones, casas rodantes, obras de arte o una joya.

Este concepto es clave porque, en el mundo financiero, los títulos de propiedad funcionan de forma similar a las acciones dentro de una cuenta *broker*: ambos son pruebas legales de propiedad, pero en lugar de un bien físico, lo que se posee es una parte de una empresa.

Pero antes de ir ahí, tomemos por ejemplo algo más tangible, como el título de propiedad de una casa. Vamos con otra situación hipotética: imagina que acabo de firmar la compra de una vivienda en Florida por el precio promedio del estado, unos $390,000, según el más reciente reporte de *Zillow.com* (diciembre de 2024).[35] Acabo de salir del proceso ante el notario y el vendedor, con toda la documentación oficial firmada y registrada. Ya la casa es legalmente mía, por lo que en mis manos tengo el título de propiedad, que incluye varios documentos legales:

- El contrato de compra-venta (conocido como *purchase agreement*).
- El título de propiedad (llamado *deed*).
- Y el informe del título (*title report*).

En todos ellos figura mi nombre como nuevo propietario, junto con los detalles formales de la transacción. Básicamente, este conjunto de documentos constituye la prueba legal inmediata de que soy el dueño legítimo de esa propiedad.

Además, una Compañía de Títulos (empresa que actúa como intermediaria legal en la transacción) registra el cambio de propietario en el Registro del Título del Condado (conocido como County Recorder Title Registration). De esta manera, incluso, si pierdo mis documentos originales, esta entidad puede emitir una copia certificada que mantiene mi nombre como propietario legal del inmueble. En resumen: tengo mi copia del documento legal y la ciudad conserva la suya. **Ambas registran lo mismo: yo soy el nuevo dueño de la casa.**

Aunque todavía no me haya mudado físicamente a la nueva propiedad —ya sea que planee vivir en ella o rentarla a un inquilino—, mi título de propiedad garantiza legalmente que la casa me pertenece.

El valor de mi caja fuerte

Pues al salir de mi firma, a donde primero voy es a mi caja fuerte. Mi intención es guardar el nuevo documento de propiedad en un lugar seguro y qué mejor lugar que junto a los $1,500 en efectivo del ejemplo anterior.

Una vez cerrada la caja, su contenido es el siguiente:

- Efectivo: $1,500
- Título de propiedad de la casa en Florida: $390,000

En total, podría decir que **el valor combinado de todo lo que contiene mi caja fuerte asciende a $391,500**.

Ahora bien, con el paso del tiempo, ese valor total no necesariamente permanece fijo. Si la zona donde se encuentra la propiedad empieza a desarrollarse —por ejemplo, se abren nuevos negocios, escuelas o servicios—, el valor de mi casa puede aumentar.

Supongamos —nuevamente— que pasa de valer $390,000 a $450,000. Automáticamente, el valor total de mi caja fuerte también sube a $451,500, manteniéndose los $1,500 en efectivo y reflejando el nuevo valor de mercado del título de propiedad. De igual forma, si el precio promedio de las casas en la zona cae y las ofertas que recibo por mi propiedad rondan los $350,000, puedo decir que el valor de mercado del contenido total de mi caja fuerte ha bajado a $351,500.

Nada ha cambiado físicamente dentro de la caja: sigue conteniendo los mismos documentos y los mismos $1,500 en efectivo. Lo único que varía es el valor de mercado de los bienes representados por esos documentos. **En las cuentas *broker* ocurre exactamente lo mismo, solo que en un entorno completamente digital y bajo la custodia de una entidad financiera autorizada y rigurosamente regulada.**

La diferencia principal radica en que, en lugar de guardar títulos de propiedades inmobiliarias (como los que conoce y registra el condado), la cuenta *broker* almacena títulos de propiedad de compañías públicas —las acciones—, registradas y reconocidas por las propias compañías, los *exchanges* y las autoridades del mercado financiero. Puesto de otra manera, mientras un condado valida legalmente quién es dueño de cada casa, el *stock exchange* certifica ante la ley quién es propietario de cada acción.

Títulos de propiedad de acciones de compañías

Saltando entonces ya al contexto de la cuenta broker: si tengo 10 títulos de propiedad de acciones de AAPL, tanto Apple Inc. (la empresa emisora) como NASDAQ —el *stock exchange* donde se compran y venden esas acciones— registran oficialmente que esas 10 acciones se encuentran en mi cuenta y están legalmente bajo mi propiedad.

El valor total de mi cuenta *broker* será entonces la suma de todo el dinero en efectivo disponible (en este caso, supongamos que es $0) más el valor de mercado de esas 10 acciones de AAPL.

Si compré esos títulos el 31 de octubre de 2024, cuando el precio de cada acción era de $225.91 USD, el valor total de mi cuenta para esa fecha sería de $2,259.10 USD, como se muestra en la siguiente tabla:

Valor de 1 *stock* de AAPL (oct. 31, 2024)	**Total de *stocks* en la cuenta *broker***	**Valor total de los títulos de propiedad en mi cuenta**
$225.91	10	$2,259.10

Tabla 2.1: Ejemplo de valor total de una cuenta broker *que contiene 10 acciones de AAPL al cierre del día 31 de octubre de 2024.*

Pero ¿qué sucede a medida que pasa el tiempo? Aunque no compres ni vendas nada, el valor de tu cuenta evidentemente va a variar. Tal y como el precio de una propiedad en el mercado inmobiliario puede subir o bajar con el tiempo —afectando el valor total de mi caja—, las variaciones en el precio de mercado de las acciones de AAPL también modifican el valor total del contenido de mi cuenta *broker*. La única diferencia es que el banco me actualiza el valor de la cuenta automáticamente a partir del precio de mercado y veo como el valor total fluctúa, mientras que en mi casa hipotética de Florida, nadie viene a tocarme la puerta cada 5 minutos, todos los días para decirme "Te pago $400,000 por tu casa".

Por ejemplo, al cierre del 26 de diciembre de 2024, cada acción de AAPL se cotizaba en $259.02 USD, es decir, $33.11 más que el día en que fueron adquiridas. Si multiplicamos ese incremento por las 10 acciones, el aumento total del valor de la cuenta es de +$331.10 USD, alcanzando un valor de $2,590.20 USD, como se muestra a continuación:

Valor de 1 *stock* de AAPL (dic. 26, 2024)	**Total de *stocks* en la cuenta *broker***	**Valor total de los títulos de propiedad en mi cuenta**
$259.02	10	$2,590.20

Tabla 2.2: Ejemplo de valor total de una Cuenta broker que contiene 10 acciones de AAPL al cierre del día 26 de diciembre de 2024.

Y es así como el valor de una cuenta *broker* fluctúa diariamente, incluso sin que compres o vendas nada —cada segundo, de hecho, si lo miras fijamente mientras el mercado está abierto—. El simple movimiento del precio de las acciones dentro de ella hace que tu "inversión" gane o pierda valor, de la misma manera que lentamente cambia el precio de tu casa, dependiendo del mercado.

Básicamente, así es como funcionan las cuentas *broker*: pueden contener dinero en efectivo y, al mismo tiempo, títulos de propiedad de acciones. El valor total de la cuenta varía constantemente según los cambios de precio de esas acciones en el mercado. En otras palabras, **la cuenta *broker* es la herramienta que nos permite participar activamente en el *stock market*,** convirtiéndose en el puente entre nuestro dinero y las compañías en las que decidimos invertir.

Veamos ahora, cómo obtener una.

Abriendo y operando una cuenta broker

¡Bueno, listo! ¡Me decidí! Quiero invertir —digamos— unos $2,500.00 USD en acciones de AAPL, como en el ejemplo de la sección anterior, con la intención de hacer crecer mi dinero a largo plazo. Si ya tienes una cuenta *broker* abierta, puedes ir directamente al Paso #2. Pero si no, necesitas comenzar desde el Paso #1, ya que solo con una cuenta existente podrás realizar tus inversiones.

Esta apertura se realiza una sola vez —o, más precisamente, una vez por cada cuenta *broker* que necesites crear. Menciono esto porque hay quien tiene una principal, otra para retiro, otra para los fondos de estudios... Pero bueno, al menos una.

Paso #1: Abrir la cuenta broker

Abrir una cuenta *broker* es un proceso sencillo y rápido, muy similar a abrir una cuenta *chequing* o *savings*. En la mayoría de los casos, puedes hacerlo en línea con tu banco actual, completando un formulario digital y firmando algunos documentos de manera electrónica. En caso de que tu banco no ofrezca esa opción en línea, también puedes hacerlo de forma presencial en una sucursal.

Ahora, cuando menciono "tu banco actual", me refiero a las principales instituciones financieras de tu país, ya que no todos los bancos ofrecen cuentas *broker*. Por eso, si el tuyo no lo hace, deberás elegir otro que sí incluya este servicio entre sus productos.

Entidades financieras reguladas

Ahora, al hablar de bancos que "ofrecen el servicio de cuenta *broker*", me refiero, literalmente, a instituciones autorizadas y reguladas por los organismos oficiales encargados de supervisar el acceso y la participación en los *stock exchanges*.

Estas instituciones —también conocidas como entidades financieras reguladas— cumplen con normas estrictas que garantizan que la participación en el *stock market* sea segura, transparente y conforme a la ley. La buena noticia es que existen cientos de entidades financieras reguladas en todo el mundo que permiten abrir una cuenta *broker*.

Como las regulaciones varían según el país, lo ideal es consultar directamente a la entidad reguladora oficial de tu región para conocer cuáles instituciones están habilitadas. En Estados Unidos, por ejemplo, los bancos más grandes del país ofrecen el servicio de apertura de cuentas *broker*, siempre bajo la supervisión de las respectivas agencias gubernamentales competentes.

Hasta enero de 2025, entre las entidades que cumplen estos requisitos se encuentran: **Chase, Bank of America, TD Bank, Wells Fargo** y **Citibank**, entre otras.[36] Esto significa que cientos de millones de clientes de estos bancos pueden abrir fácilmente una cuenta *broker* y asociarla directamente a su perfil bancario personal.

De forma similar, en Canadá, los millones de clientes de los principales bancos también pueden abrir cuentas *broker*, sabiendo que estas instituciones —hasta enero de 2025— figuran en la lista de miembros regulados por los organismos oficiales de la industria financiera. Entre ellas se encuentran: **Royal Bank of Canada (RBC), Toronto-Dominion Bank (TD), Scotiabank, Bank of Montreal (BMO), National Bank of Canada, CIBC, Questrade** y **Wealthsimple**.[37]

Ahora, otro punto importante al elegir dónde abrir tu cuenta es fijarte en las comisiones que hay que pagar por operación. Las comisiones son simplemente los costos que cobra la institución cada vez que compras o vendes algo dentro de tu cuenta, por lo que lo ideal es buscar un *broker* o una entidad que no cobre comisión por operación, o que estas sean muy bajas. Esto hace que tu dinero se use para comprar exactamente lo que tú quieres y no se quede en gastos innecesarios. No necesitas volverte experto buscando, ya que bastará con comparar unos pocos proveedores y elegir el que te permita invertir sin pagar demasiado por cada movimiento.

En Estados Unidos, por ejemplo, los más conocidos para empezar con cero comisiones son **Charles Schwab, Fidelity, Vanguard y Robinhood**, todos con procesos simples para abrir cuenta y comenzar a invertir.[38] En Canadá, buenas alternativas son **Questrade, Wealthsimple** y **TD Easy Trade**, los cuales también permiten comenzar con cantidades pequeñas y mantener los costos de invertir bien bajos desde el primer día.[39]

i

Principales entidades reguladoras

Si deseas profundizar un poco más sobre este tema, en la sección de anexos de este libro encontrarás información detallada sobre las principales entidades reguladoras tanto en Estados Unidos como en Canadá.

Para el resto de los países, lo ideal es contactar directamente a las entidades financieras nacionales o visitar los sitios oficiales de sus autoridades reguladoras para conocer qué instituciones están autorizadas a ofrecer servicios de inversión. En la mayoría de los casos, descubrirás que abrir una cuenta *broker* es un proceso mucho más sencillo de lo que parece.

Abriendo la cuenta broker con mi propio banco

Pues bien, ya la tengo desde hace muchos años, pero voy con la intención de explicarlo, supongamos que decido abrir una nueva cuenta *broker* directamente con mi banco actual, el cual pertenece a los principales tanto en Canadá como en Estados Unidos: TD Canada Trust o TD Bank, respectivamente. Desde mi banco "en línea", inicio el proceso de solicitud para crear una nueva cuenta *broker* dentro de TD Easy Trade, la opción en la cual no cobran comisiones por comprar acciones. Al hacerlo dentro de mi perfil principal, el sistema ya reconoce mi identidad y asocia automáticamente la nueva cuenta con mi expediente de cliente.

Durante este paso, es habitual que el banco solicite firmar digitalmente los documentos y aceptar los términos y condiciones de uso de la cuenta *broker*. Como mencioné antes, el "papeleo" es prácticamente el mismo que el de una cuenta *chequing* o *savings*. Por lo tanto, puedes esperar un proceso muy similar al que seguiste cuando abriste tu primera cuenta bancaria: rápido, guiado por el sistema y con confirmación inmediata una vez completado.

Apertura de cuenta broker de forma presencial

Aunque muchos bancos modernos ofrecen el servicio de apertura de cuentas 100 % en línea, en algunos casos podrías necesitar programar una cita presencial para completar el proceso.

Esto depende de las políticas de cada banco, del país donde residas y de si ya eres un cliente o no. Cada caso tiene sus particularidades pero, en general, el procedimiento sigue siendo igual de sencillo.

Además, durante el proceso de apertura, deberás leer y aceptar una serie de documentos oficiales de "Términos y Condiciones" relacionados con los principales *stock exchanges* de tu región.

En mi caso, en Canadá, es habitual aceptar los términos de los siguientes:

- Toronto Stock Exchange (TSX) – Términos y condiciones.
- New York Stock Exchange (NYSE) – Términos y condiciones.
- National Association of Securities Dealers Automated Quotations (NASDAQ) – Términos y condiciones.

Cada uno de estos *exchanges* posee sus propias normas de participación, las cuales son establecidas por las entidades que los administran y luego presentadas, oficialmente, por los bancos a sus clientes. Por ejemplo, el Toronto Stock Exchange (TSX) define los Términos y Condiciones que todos los participantes deben cumplir, y delegan a las instituciones financieras —como TD Canada Trust— la responsabilidad de que cada cliente los lea y los acepte de forma digital. Estas condiciones son obligatorias, por lo que **no aceptarlas descalifica automáticamente al cliente de participar en ese *stock exchange*.** Así que es obligatorio para todos los que quieran involucrarse en los partidos que se juegan en cada uno de esos "estadios".

Por lo tanto, al abrir una nueva cuenta, las plataformas bancarias en línea presentan los documentos y la interfaz que permiten a los clientes leer y aceptar todas las condiciones necesarias para poder entrar. Y ya, una vez aceptadas y verificadas —y asumiendo que cumplo con las demás condiciones legales—, la cuenta *broker* queda oficialmente abierta y disponible para operar.

Pues listo, ya tengo mi cuenta *broker* con mi banco.

Paso #2: Transferir fondos hacia la cuenta broker

Una vez abierta la cuenta, llega el momento de agregar fondos para comenzar a operarla. Tal como mencionábamos al inicio de este capítulo, el acceso a "algún" capital es el segundo de los requisitos fundamentales, ya que necesitamos dinero disponible para invertir desde nuestra nueva cuenta *broker*.

i

Transferencias de efectivo entre cuentas

Transferir fondos hacia la cuenta *broker* funciona exactamente igual que mover dinero entre una *chequing* y una *savings,* o viceversa.

Los fondos se debitan de una cuenta y se depositan en la otra de forma casi instantánea a través del banco en línea o su aplicación móvil.

Así que, suponiendo que abro la *app* de TD, selecciono el monto a transferir, pongo la *broker* como la cuenta de destino y le doy al botón **"Transferir"**. A partir de este punto, mi cuenta *broker* muestra un balance de $2,500.00, lo que significa que el valor total del contenido de la cuenta equivale exactamente a esa cifra. Y ya sabes, si decido dejar ese dinero en efectivo durante meses, sin realizar ninguna operación, seguirá siendo el mismo monto inicial: $2,500.

El siguiente paso es precisamente el propósito de haber abierto la cuenta *broker* y transferido los fondos: ¡A comprar acciones!

Paso #3: Comprar acciones y comenzar a invertir

Antes de explicar cómo comprar un *stock*, es importante entender quién se encarga de registrar todas las operaciones de compra y venta realizadas desde la cuenta *broker*: la Depository Trust & Clearing Corporation (DTCC).

Fundada en 1973 en los Estados Unidos, la DTCC fue creada con el objetivo de reducir costos y mejorar la eficiencia en el registro y liquidación de transacciones en los *exchanges*.[40] Cada vez que se compra o se vende una acción, es la DTCC —junto con sus subsidiarias— quien ejecuta y concilia el intercambio: el dinero fluye hacia un lado y el título de propiedad hacia el otro. Es gracias a esta infraestructura que, desde una cuenta *broker* en TD Canada Trust en Canadá es posible comprar acciones que previamente estaban registradas, digamos en una cuenta *broker* de Bank of America en los Estados Unidos.

La DTCC se encarga de realizar esa compensación internacional de forma segura y estandarizada. Además, la entidad mantiene un registro centralizado de millones de acciones emitidas por las compañías públicas, garantizando que cada título esté asociado a una cuenta específica. Esto significa que Apple, por ejemplo, no sabe en tiempo real quién posee cada acción. La información del propietario está registrada entre la DTCC y el banco custodio —tu banco—. Lo que Apple sí hace es acceder a esos registros de manera formal y sistemática, pero solo cuando es necesario a nivel corporativo.

En esencia, la DTCC custodia más de 87 billones de dólares en títulos de propiedad, tanto emitidos en los Estados Unidos como en más de 131 países y territorios que utilizan sus sistemas. Te podrás imaginar que, una institución de tal magnitud y relevancia, está estrictamente regulada. Organismos como la Securities and Exchange Commission (SEC) y el Sistema de la Reserva Federal de los Estados Unidos (del inglés Federal Reserve System) supervisan y regulan a la DTCC y a todas sus subsidiarias de forma constante, asegurando que los procesos de compensación y liquidación de los *stock exchanges* funcionen con precisión y transparencia.

Todo esto que te he explicado es importante porque, aunque probablemente más nunca vuelvas a escuchar el nombre Depository Trust & Clearing Corporation, debes saber que cada vez que compras una acción, interviene una red de instituciones que certifican, registran y garantizan legalmente esa operación. Comprar un *stock* desde una cuenta *broker* puede parecer un acto simple —un par de clics en una aplicación—, pero detrás de ese simple gesto existe una operación tecnológica compleja, altamente regulada y perfeccionada durante décadas con el propósito de proteger al inversionista y mantener la integridad del *stock market.*

Iniciando una orden de compra desde un ordenador

Vamos entonces directo al grano. Si estoy utilizando la interfaz web o la *app* de mi banco, pues comprar acciones es simple. Es ridículamente simple, fácil de realizar y ocurre casi instantáneamente. Así que, continuando el ejemplo de los pasos anteriores, voy a comprar *stocks* con dinero en efectivo desde una computadora utilizando mi cuenta *broker*. Y recuerda, en el justo momento antes de que ocurra la compra, mi cuenta contiene exclusivamente mis $2,500 dólares iniciales:

Supongamos entonces que es ese jueves 24 de octubre de 2024. Son las 10:15 a.m., justo un rato después de la apertura del mercado que ocurrió a las 9:30 a.m. Es entonces que decido comprar 10 acciones de Apple (AAPL), que en este preciso momento se están cotizando a $225.91 por acción.

Ingreso a la interfaz de mi banco y, justo dentro de mi cuenta *broker*, selecciono "**Buy**" o "**Comprar**". El sistema me pide algunos datos básicos: el símbolo de la acción —"NASDAQ:AAPL" en este caso—, la cantidad de acciones —selecciono "10"— y después selecciono una orden "a precio de mercado". Conocida como *market order*, es la forma más sencilla de comprar o vender. Es como decirle al *broker* que quiero que la compra se ejecute de inmediato, al precio actual que se está vendiendo en el *market.*

Posteriormente presiono **"Confirmar"** y, en cuestión de segundos —literalmente casi siempre entre 1 y 3 segundos—, mi banco transmite la orden al NASDAQ, donde se ejecuta la transacción. En un pestañazo, de mis $2,500.00 originales, aproximadamente $2,259.10 —10 acciones × $225.91— pasan de ser dinero en efectivo a convertirse en títulos de propiedad de Apple Inc. a mi nombre. Los restantes $240.90 que no se utilizaron, permanecen como balance disponible en la cuenta.

En otras palabras, la cuenta *broker*, que hace un instante tenía exclusivamente dinero en efectivo, ahora contiene 10 acciones de una compañía pública: **soy oficialmente accionista**.

Paso #4: Soy un inversionista, por lo que ya mis acciones suben y bajan de valor

Y, aunque este no es un paso de participación directa, siempre me gusta mencionarlo porque, de alguna forma, es el método más habitual mediante el cual participarás en el *market*: **la participación pasiva.**

La participación pasiva no es más que el hecho de ser propietario de *stocks* y decidir, intencionalmente, no venderlos, sino mantenerlos con una visión de largo plazo y que estos aumenten su valor, claro. Así que, con el propósito de explicar cómo se participa pasivamente en el *stock market* y, al mismo tiempo presentar otro ejemplo de cómo el mercado funciona, el siguiente caso es mi favorito:

Simulemos que el stock market es un juego de mesa

Imagina que estás sentado en una mesa con otros dos amigos, al estilo de un juego de Monopolio clásico, pero en lugar del juego del señor del sombrero, va a ser un juego inventado por mi: se llama "la pequeña bolsa de 3 acciones de Apple". Cada uno de los jugadores comienza con una acción de AAPL impresa en un papel y mil dólares en efectivo —de papelito de Monopolio—. El valor de mercado inicial de la acción es de $225.91. Sobre la mesa, una pequeña bocina transmite una conversación en vivo entre el CEO de Apple, Tim Cook, y un periodista financiero. Supongamos que es una entrevista exclusiva, transmitida únicamente para los tres participantes de la mesa.

A su vez, una cuarta persona —que no juega, pero supervisa todo— actúa como árbitro de la negociación. A la vez, este tipo de juez escribe en el medio de la mesa, el valor inicial de $225.91 para cada acción. El juego funciona así: los tres participantes pueden comprar o vender sus acciones entre sí, a medida que escuchan las noticias y anuncios que Tim Cook va revelando durante la entrevista. Cada vez que eso suceda, el árbitro va a borrar el número del medio de la mesa y va a escribir el precio al que se realizó la operación más reciente.

Tú, sin embargo, has decidido no hacer nada: no vender, no comprar, simplemente observar. **Asumiendo un papel de inversionista a largo plazo, vamos a asumir que tu intención es no participar de forma activa**. Tu rol sencillamente se basa en esperar mientras observas cómo las decisiones y reacciones de los otros dos van modificando el "precio de mercado" sobre la mesa. Para dar inicio al juego, la cuarta persona estira el brazo y presiona *play* a la bocina.

Entonces comienza la entretenida e interesante entrevista. Luego de unos minutos de conversación, a partir de una buena noticia sobre "Nuevas características para los iPhones", uno de los otros dos participantes dice: "Me parece una excelente noticia lo que acabo de escuchar. Quiero acumular acciones de Apple para venderlas luego. Compro a $225.91." (el cual es precio de mercado actual). Básicamente, esto equivale a crear una orden de compra.

Al estar la oferta sobre la mesa y, dado que todos los presentes perciben la noticia como positiva, el otro participante interviene: "Pienso que ese precio es de antes del anuncio de los nuevos iPhones... Yo estaría dispuesto a aceptar tu oferta si fuese por unos $10 dólares más ($235.91). Y así, aparece una nueva orden de venta.

Ambos participantes tienen una idea del precio al que el otro estaría dispuesto a realizar una transacción, y el mercado comienza a funcionar: hay oferta, hay demanda, pero aún no hay un acuerdo. Mientras los dos no coincidan en un precio, el valor de mercado de la acción sigue siendo el mismo del inicio: *$225.91*. El árbitro del juego —quien representa al *stock exchange*— simplemente espera a encontrar dos órdenes compatibles para registrar una transacción. Por el momento, el precio de la acción no se mueve.

Unos minutos después, la entrevista da un giro: "(...) Los costos de producción de los nuevos teléfonos iPhone serán un 10 % más elevados, y esto podría afectar las ventas.", por lo que esta nueva información cambia el ánimo de la mesa.

Ambos participantes retiran sus ofertas iniciales, y el que originalmente quería comprar ahora reconsidera su posición: "Compro a $220.91." —cinco dólares menos que el precio de mercado— A lo que el otro jugador, con no muchos deseos de quedarse aguantando la acción y pensando a la vez que es un precio justo, de acuerdo con las nuevas noticias, responde rápidamente: "Te acepto esa orden."

En ese momento, el árbitro —nuestro equivalente al sistema de conciliación del mercado— ejecuta la transacción. Utilizando sus manos y no las de los participantes, transfiere el dinero de un lado y la acción del otro, para luego anunciar públicamente el nuevo precio de AAPL: $220.91.

Ese nuevo valor no cambia tu cantidad de acciones, pero sí cambia el precio al cual podrías venderlas si decidieras hacerlo. En tu caso, que participas de forma pasiva, simplemente posees una acción que, en este instante, el mercado valora en $220.91.

En esencia, así funciona la participación pasiva en el *market*. Por un lado, **los participantes activos compran y venden constantemente**, reaccionando a noticias, rumores o expectativas. Por el otro, **los inversionistas pasivos simplemente observan cómo esas decisiones colectivas influyen en el valor de sus acciones, pero mantienen su enfoque en el largo plazo**, sin dejarse llevar por las fluctuaciones momentáneas. Al final, el precio de una acción puede moverse cada minuto, pero su valor real —el que se consolida con el tiempo— se construye a lo largo de años de crecimiento, innovación y resultados. Es por eso que quería agregar un paso específico relacionado con la perspectiva del inversionista, el cual, aunque no participa de forma activa, de alguna forma, si lo hace porque está, literalmente, invirtiendo.

Ahora, dicho esto, no significa que un inversionista mantenga sus *stocks* para siempre. Claro que, eventualmente, puede vender —a conveniencia— aquellas acciones que considere necesarias o estratégicas de dejar ir.

Paso #5: Vendiendo un stock y recibiendo dinero en efectivo

Este paso es, esencialmente, el opuesto del *Paso #3: Comprar acciones y comenzar a invertir*. Veamos, a continuación, muy similar al que vimos en la compra, un ejemplo de cómo se puede vender.

Con el propósito de utilizar datos más frescos, supongamos entonces que es viernes 24 de octubre de 2025. Ha transcurrido un año desde que me hice inversionista de Apple, el valor de las acciones ha mejorado en más de un +15% en el *market*. Estoy decidido y quiero hacer efectivas mis ganancias:

"Son las 10:30 a.m., justo una hora después de la apertura del mercado. He estado siguiendo el comportamiento de mis 10 acciones de Apple (AAPL), que compré hace 12 meses por $225.91 cada una. Hoy, al revisar mi Cuenta broker, noto que el precio actual de AAPL es de $259.02 por acción. Es entonces que decido venderlas."

Tal y como al comprar, ingreso nuevamente a la interfaz de mi banco y, dentro de mi cuenta *broker*, selecciono la opción "**Sell**" o "**Vender**". El sistema me solicita nuevamente los mismos datos básicos: el símbolo del *stock* —selecciono nuevamente "NASDAQ:AAPL", ya que tal vez pudiera tener otras acciones en la cuenta—, luego la cantidad de acciones a vender —10— y el tipo de orden.

De vuelta, elijo una *market order*, porque quiero que la venta se ejecute de inmediato, al precio actual de las órdenes de compra existentes en el mercado. Una vez confirmada la orden, el sistema la envía directamente al mercado, donde una contraparte —que puede estar perfectamente en Europa, Asia o al doblar de mi casa— compra mis acciones a $259.02 cada una. En cuestión de segundos, mis 10 acciones "salen" de la cuenta, y el dinero equivalente —$2,590.20— aparece como efectivo disponible en mi saldo de la cuenta *broker*.

La ganancia es simple de calcular: la diferencia entre el precio de venta actual y el precio de compra original, o unos $33.11 por acción. Mi ganancia es de $331.10, cuando lo calculo por las 10 unidades vendidas. Pues, al vender un *stock,* las acciones "salen" de mi cuenta *broker* y son transferidas digitalmente al nuevo propietario, mientras que el dinero correspondiente a la venta se deposita instantáneamente en mi cuenta como efectivo disponible. Es literalmente como el ejemplo del juego de mesa que vimos en la sección anterior: el *stock exchange* se encarga de conectar a un vendedor con un comprador y de darle a cada cual su respectiva parte del acuerdo.

Ahora, muy importante: la ejecución de una orden de venta, al igual que la de compra, solo ocurre si tú lo ordenas. Los sistemas de las instituciones financieras reguladas no están legalmente autorizados para ejecutar operaciones sin el consentimiento directo del titular, a menos que hayas otorgado permisos especiales o estés realizando operaciones avanzadas como las automatizadas o apalancadas. En resumen: si no das la orden, tus títulos de propiedad amanecerán cada mañana en tu cuenta, exactamente donde los dejaste.

Así de simple es participar en el market

En esencia, participar en el *market* se resume en tres acciones muy simples: **comprar, vender e invertir.** Compras cuando decides adquirir propiedad de una compañía, vendes cuando consideras conveniente obtener de vuelta tu dinero —idealmente con una ganancia—, e inviertes esperando, mientras permites que el tiempo y el crecimiento de las empresas trabajen a tu favor.

Y como ya conoces, así ha funcionado durante cientos de años. En sus inicios todo se manejaba en papel, en un ambiente exclusivo y reservado para unos pocos. Afortunadamente, con el paso del tiempo los gobiernos democráticos se enfocaron en transformarlo en una oportunidad accesible y masificada a nivel global, al punto de que hoy podemos participar, potencialmente, desde cualquier lugar del planeta. Y es gracias a estas transformaciones, que han llevado siglos en implementarse, personas comunes —como Anne Scheiber— han logrado construir riqueza a lo largo de las décadas. Todo a partir de un primer paso fundamental: **abrir una cuenta *broker*.**

Luego de que des ese primer paso, así de simple es participar: con cada compra, cada venta y cada período de espera, estás actuando como un verdadero inversionista a medida que te depositan las ganancias que se reparten entre los dueños.

Espera… ¿no te había dicho que cada tres meses, mientras seas accionista de Apple, te van a depositar dinero en efectivo en tu cuenta *broker*?

Bueno, te lo explico entonces en el próximo capítulo.

Resumen del capítulo

- Participar en los mercados de valores es hoy un proceso sencillo, rápido y accesible, gracias a que las principales entidades financieras del mundo permiten hacerlo de forma completamente digital.

- Las cuentas *broker* son la puerta de entrada al *stock market*, a través de ellas, cualquier persona puede comprar, vender o mantener acciones de compañías públicas desde una misma plataforma. Pueden contener tanto dinero en efectivo como títulos de propiedad de acciones, cuyo valor varía constantemente según los movimientos del mercado.

• La participación en los mercados está regulada por instituciones financieras y organismos oficiales que garantizan la transparencia y seguridad de las operaciones.

• En esencia, invertir en el *stock market* consiste en adquirir y mantener acciones dentro de tu cuenta, con la expectativa de que estas aumenten su valor con el tiempo y generen dividendos como resultado del crecimiento de las compañías.

(a) **Explora qué entidades financieras reguladas de tu país permiten la apertura de cuentas *broker***

En este capítulo mencioné algunas de las principales entidades de Estados Unidos y Canadá que ofrecen el servicio de apertura de cuentas *broker*. En esos casos, consulta directamente la página oficial de tu banco para conocer los requisitos y el proceso legal para abrir una.

Si te encuentras en Latinoamérica o Europa, realiza una búsqueda sencilla entre tus instituciones financieras locales. Por ejemplo, términos clave como "cuenta *broker* México" o "cuenta de inversión España" pueden darte, de inmediato, una idea clara de las alternativas disponibles en tu país.

CAPÍTULO 3

LOS DIVIDENDOS

"Nunca dependas de una única fuente de ingresos. Invierte de manera que te permita obtener también ganancias a través de dividendos y distribuciones."

—Warren Buffett

Hace casi un siglo, el mundo vivió una de las crisis económicas más devastadoras de su historia. A partir de 1929, y durante toda la década de los 30, los efectos del colapso financiero en Estados Unidos se extendieron como una onda expansiva por todo el planeta. Esta época no solo cambió el curso de la economía, sino que también sentó las bases del sistema financiero y social que hoy damos por sentado.

Pero ¿qué fue exactamente lo que ocurrió? ¿cómo es que, en ese entonces, el sistema financiero más fuerte del mundo colapsó en cuestión de días?

Todo comenzó, de hecho, en el *stock market*...

Durante los años 20, en el eufórico periodo de posguerra tras la Gran Guerra de 1914 a 1918 —que todavía se conocía así, pues el término "Primera Guerra Mundial" solo aparecería dos décadas después— el entusiasmo colectivo se disparó. En los Estados Unidos era la década del jazz, la publicidad moderna, el consumo masivo y la fe absoluta en el progreso, y en medio de ese clima, muchas personas —no solo grandes empresarios, sino también trabajadores comunes— empezaron a invertir en acciones, muchas veces pidiendo dinero prestado para hacerlo. El concepto de invertir en el *market,* utilizando dinero prestado, se volvió extremadamente popular y la mayoría confiaba ciegamente en que los precios subirían por siempre.

Uno de los ejemplos más emblemáticos es el de Radio Corporation of America (RCA), la compañía tecnológica más prometedora de la época —sí, la del logotipo con los dos perritos dálmatas—. En aquellos años, si conversabas con un amigo o un conocido, era muy común hablar de los radios: eran el equivalente a la inteligencia artificial de hoy. Representaban el auge de la tecnología, la innovación y "el futuro".

Como mismo hoy ChatGPT se ha vuelto casi obligatorio de usar —y prácticamente todo el mundo lo "quema durísimo", como diríamos en Cuba a las cosas que se utilizan masivamente—, la radio en los años 20 era una revolución tecnológica que permitía a cientos de miles de personas acceder de forma instantánea a la información. Pues bien, durante ese período, las acciones de RCA pasaron de valer alrededor de 11 dólares en 1924 a más de 500 dólares en 1929.[41] En otras palabras, cada dólar invertido en 1924 se multiplicó por 45 en apenas cinco años. ¡Wow! Sencillamente, crecimientos como ese alimentaron la ilusión de que era posible enriquecerse rápidamente, por lo que miles de inversionistas minoristas se lanzaron al mercado comprando acciones a crédito, convencidos de que los precios jamás caerían.

Y RCA no fue el único caso. Montgomery Ward, una cadena de tiendas por catálogo —algo así como un Amazon de hoy, pero en formato impreso—, vio el valor de sus acciones multiplicarse por cinco entre 1927 y 1929.[42] General Motors, que lideraba la revolución del automóvil, también atrajo a miles de inversionistas, elevando su cotización en bolsa más de 10 veces en apenas ocho años.[43] Incluso compañías completamente nuevas o con poca rentabilidad —como algunas ferroviarias, energéticas o fabricantes de electrodomésticos— se beneficiaban del entusiasmo colectivo. Si no estabas invirtiendo, estabas "detrás de la bola".

Lo más llamativo es que, lo que realmente atraía a los inversionistas no era la solidez de las empresas, sino la creencia de que los precios seguirían subiendo sin freno. Reinaba la mentalidad del "compro hoy para vender más caro mañana y luego pido más dinero prestado para comprar más", alimentado a su vez por rumores, titulares de periódicos, inversionistas extranjeros y, sobre todo, por el miedo a quedarse fuera de "la gran oportunidad".

Lo que muchos no veían en aquel momento era que, buena parte del movimiento del mercado, no se debía al valor real de las empresas, sino a maniobras cuidadosamente orquestadas por operadores como Jesse Livermore. En su libro *1929: Inside the Greatest Crash in Wall Street*

History, Andrew Ross describe como, a través de los famosos *pools* —piscinas de acciones organizadas entre grupos élites de inversionistas— coordinaban la compra masiva de ciertas acciones para inflar artificialmente su precio, mientras difundían rumores favorables en periódicos, cafés financieros y oficinas de corretaje. El público, confiado y entusiasmado, acudía a comprar justo cuando los operadores —incluido el propio Livermore— comenzaban a vender de golpe ("quitar el tapón de la piscina" le decían, del inglés *pull the plug*), obteniendo ganancias rápidas y dejando a miles de pequeños inversionistas atrapados y con acciones sobrevaloradas que, pronto, se desplomarían. Era un juego peligroso en el que unos pocos manipulaban el entusiasmo de la multitud, alimentando una ola de especulación que parecía no tener fin.[44]

A todo esto, se sumaba un entorno prácticamente sin regulación. El NYSE funcionaba como una especie de "tierra de nadie" donde cada *broker*, banco o especulador operaba según sus propias reglas. No existían límites reales a la utilización de préstamos para comprar acciones: cualquiera podía comprar *stocks* poniendo apenas una fracción del dinero y pidiendo el resto prestado, muchas veces prestado por el mismo especulador que quería que el precio subiera. Era común invertir con diez veces el capital disponible —llegabas al banco con $1,000 y tu *broker* te prestaba unos $9,000 más para que te fueras a casa con $10,000 en acciones—, o incluso más, lo que convertía cada movimiento del mercado en una montaña rusa amplificada. En ese vacío de controles, los especuladores más astutos aprovechaban todos los huecos posibles, desde inflar precios con compras coordinadas hasta hundir empresas enteras con ventas agresivas de acciones. El público, arrastrado por titulares de periódicos optimistas y por la sensación de que todo subía sin fin, se endeudaba para participar de la fiesta sin entender el riesgo real que asumía. El mercado era una locura literal, sí, pero sostenido sobre una base de dinero prestado que hacía que cualquier sacudida —por pequeña que fuese— pudiera convertirse en un desastre monumental.

Hasta que, en octubre de 1929, luego de varias semanas de precios estables o con pequeñas caídas, el momento llegó. La burbuja de la confianza se rompió y millones de personas, presas del pánico, comenzaron a vender sus acciones, todos al mismo tiempo, temiendo perderlo todo. El resultado fue una caída abrupta en los precios y una reacción en cadena que reventó una gigantesca burbuja de valores inflados, sostenida por cantidades colosales de dinero prestado y, aún más, dinero prestado. Así comenzó el efecto dominó que arrastraría a bancos, empresas, familias y gobiernos a una de las peores crisis económicas de la historia moderna.

El efecto dominó

El *stock market* estaba interconectado con toda la economía real. No es que era una entidad flotante y sin vínculo a las compañías, las cuales, al ver caer el valor de sus acciones, perdieron acceso al crédito y a los préstamos. Al no poder financiarse, comenzaron a cerrar empresas, negocios, comercios, fábricas y, como resultado, a despedir sus trabajadores. Y esos trabajadores, al perder sus trabajos, no podían pagar sus hipotecas a los mismos bancos. Por otro lado, los bancos, que también habían invertido en la bolsa con los depósitos de sus clientes o lo habían prestado para comprar acciones, empezaron a quebrar por falta de efectivo. Como no existía ningún tipo de seguro para los depósitos bancarios, cuando una entidad cerraba, las personas perdían todo el dinero que tenían en sus cuentas, sin posibilidad alguna de recuperarlo. Cerca de 9,000 bancos irían a banca rota, evaporando más de 7 mil millones de dólares en ahorros de toda una vida de millones de personas.[45] Y para muchos de aquellos que habían invertido utilizando solo un 10% y el resto prestado, pasaron en días de ser personas adineradas a estar completamente hundidos en deuda. No era solo que tus $10,000 originales invertidos ahora no casi valían nada, sino que, de la noche a la mañana, debías $90,000 al *broker*.

En su libro de 1970 *Hard Times: An Oral History of the Great Depression*, el escritor Studs Terkel compila docenas de testimonios de personas que vivieron en carne propia los efectos de la crisis. Uno de los relatos más que más se me pegó fue el de John Hersch, quien recordaba: "(...) Yo tenía cerca de $3,000 en el *stock market* (alrededor de $56,347 en dólares de 2025) y era todo mi dinero. Al caer, solo me quedaron $62, perdiendo el 98%. (...) Y en ese entonces todo el mundo estaba en el *stock market*, pudiera pagarlo o no. Los chicos que limpiaban zapatos, las camareras de los restaurantes y los capitalistas (...) Era un sueño loco de hacerse rico rápido."[46]

Y así, el miedo se expandió rápidamente: empresas quebradas, millones sin empleo, bancos cerrando, familias sin ahorros… La onda expansiva no tardó en cruzar el Atlántico y alcanzar a Europa, Canadá y América Latina. Por ejemplo, si hubieses sido un pequeño agricultor en Argentina que exportaba trigo o carne hacia Europa o Estados Unidos, de repente te encontrabas sin compradores. Las exportaciones se desplomaban y, sin ingresos, estabas obligado a despedir trabajadores y reducir tu producción. En Canadá, según datos de Statistics Canada, la industria maderera cayó casi un -62% en los primeros años de la crisis, principalmente, porque los constructores estadounidenses dejaron de comprar materiales.[47]

A pesar de que en las décadas de 1920 y 1930 el mundo era muy distinto al actual, ya existía una interconexión económica considerable. Por eso, cuando la economía estadounidense se frenó, las importaciones disminuyeron, las inversiones extranjeras se detuvieron y miles de contratos internacionales fueron cancelados. Esta ruptura en la cadena de suministros afectó tanto a los países industrializados como a los agrícolas y exportadores, provocando una crisis global sincronizada. No solo colapsó el comercio: también se desplomó la confianza, y el mundo entero comenzó a retraerse económica y socialmente. Y duraría años…

Para 1933, la tasa de desempleo en Estados Unidos alcanzó el 24.9% de la población en edad laboral, lo que equivalía a unos 12.8 millones de personas sin trabajo.[48] Solo para tener una referencia: hoy, según el reporte de abril de 2025 del U.S. Bureau of Labor Statistics, la tasa de desempleo ronda el 4.2%.[49] En aquel entonces, además, no existían ni los programas de seguridad social ni el seguro de desempleo que hoy conocemos, por lo que millones de familias quedaron completamente desamparadas. Y tampoco olvidar que las cuentas de ahorro, en gran medida, se habían evaporado.

Ahora bien, ¿qué significa realmente 24.9% de desempleo y sin ningún programa de ayuda del gobierno? Veámoslo con un sencillo ejemplo: Imagina que vives en una zona residencial donde, en tu larga calle, hay un total de 25 casas —12 de un lado y 13 del otro—. Si asumimos un promedio de 2 adultos por vivienda, en edad laboral y excluyendo a los menores de edad, eso nos da unas 50 personas en edad laboral, incluyéndote a ti. Con una tasa de desempleo actual de 4.2%, podríamos decir que solo dos de tus vecinos estarían sin trabajo. Aun así, hoy esas personas recibirían algún tipo de asistencia temporal del gobierno —ya sea seguro de desempleo o programas de ayuda social— mientras buscan un nuevo trabajo. Pero en 1933, con una tasa de casi 25%, la situación era completamente diferente: Al menos 13 de tus 50 vecinos —es decir, uno de cada cuatro— estarían sin empleo y sin ninguna fuente de ingresos. Ningún seguro, ninguna asistencia, nada. Y eso no es todo. Los 37 vecinos restantes, —los "afortunados"— que aún conservaran su empleo, estarían ganando alrededor de un 42.5% menos que cuatro años antes. Por ejemplo —y utilizando cifras de salarios actuales— si el salario promedio de tu calle en 1929 era de $60,000 al año, en 1933 esos mismos trabajadores estarían ganando aproximadamente $34,000.

En un contexto similar hoy, ya que mencioné el ejemplo de los salarios, imagina algo equivalente: de repente, uno de cada cuatro de tus vecinos pierde su empleo y los que aún conservan el suyo ven reducido su salario casi a la mitad. El efecto sería inmediato. Las salidas a restaurantes, las vacaciones en familia, las renovaciones del hogar, el nuevo iPhone, incluso las suscripciones de *streaming* se convertirían en lujos. Las calles se verían más vacías, los centros comerciales tendrían menos movimiento y la conversación entre amigos dejaría de girar en torno a viajes o proyectos, para centrarse en cómo "aguantar el mes" y lo difícil que es encontrar trabajo.

Cuando la economía se frena a ese nivel, no solo baja el consumo, también se apaga el ánimo colectivo. El impacto se siente en todas partes —en el barrio, el condado, el estado y, finalmente, a nivel nacional. Los negocios reducen horarios, los vecinos se vuelven más cautelosos con cada gasto y el optimismo, poco a poco, se desvanece.

La escasez de empleo se propagó por todas partes durante los años 30 y no solo afectó a Estados Unidos. En Canadá, la tasa de desempleo alcanzó el 30% de la población laboral.[50] En Italia, rondó el 25%,[51] y en Alemania llegó a picos del 34%.[52] El desempleo masivo se volvió un fenómeno global, extendiendo la desesperación y el malestar social por todo el planeta.

Toda esta situación, año tras año —aunque llegando a su punto más crudo en 1933— creó las bases para que el creciente descontento popular a nivel mundial y la pérdida de fe en el capitalismo dieran lugar a la proliferación de doctrinas radicales. Y en este punto tal vez tengas ya una idea de en qué dirección me estoy metiendo: en países como Alemania e Italia, el colapso económico, el desempleo masivo, sumado a la humillación nacional tras la Gran Guerra, crearon el terreno perfecto para que ideologías extremistas ganaran apoyo popular. En Alemania, el Partido Nacionalsocialista Alemán de los Trabajadores —conocido como el Partido Nazi— supo canalizar el resentimiento social, el miedo al comunismo y el nacionalismo exacerbado para llegar al poder bajo el liderazgo de Adolf Hitler. De forma paralela, en Italia, el Partido Nacional Fascista, encabezado por Benito Mussolini, y que ya se había instalado en el poder desde 1922, proponiendo un modelo autoritario y ultranacionalista, afianzaría su totalitarismo.

Ambos movimientos encontraron legitimidad a través del sufrimiento económico y la desesperanza colectiva, transformando en muy poco tiempo a dos sistemas políticos democráticos en dictaduras totalitarias. Lo que comenzó como una crisis financiera se convirtió en una crisis de valores, de sistemas y de instituciones.

El mundo estaba entrando en una de las etapas más sombrías de su historia moderna, y todo había comenzado por una burbuja especulativa en el *stock market*. Y, aunque no es tan conocido, en Estados Unidos también hubo un impacto ideológico significativo. El Partido Comunista de los Estados Unidos (CPUSA) creció con fuerza durante la Gran Depresión. A principios de los años 30 contaba con unos 7,500 miembros, y hacia finales de la década ya sumaban alrededor de 55,000, según datos del The Gilder Lehrman Institute of American History.[53] Aunque esa cifra pueda parecer pequeña en un país de 150 millones de habitantes, las ideas comunistas ganaron simpatizantes entre muchos estadounidenses, quienes veían en ellas una respuesta posible al colapso del sistema capitalista. El partido seguía la línea del Comintern —la Internacional Comunista dirigida desde Moscú por Stalin—, que buscaba unificar los movimientos comunistas bajo una misma estrategia global.

Afortunadamente, el CPUSA no alcanzó poder político relevante a nivel nacional, pero el solo hecho de que ideologías extremistas ganaran terreno en países tan desarrollados como Alemania e Italia demuestra cuán profundo fue el impacto de la crisis.

Una euforia de inversión desmedida, basada en la creencia de que las acciones nunca caerían, había desencadenado un efecto dominó que arrastró al mundo, apenas una década después, hacia la Segunda Guerra Mundial. La Gran Depresión fue, en efecto, un "terremoto financiero" global, cuyas ondas sísmicas alteraron radicalmente el curso del siglo XX. Las consecuencias fueron tan profundas que obligaron a gobiernos e instituciones a repensar desde cero el funcionamiento del sistema económico.

En los Estados Unidos, surgieron entidades clave que marcaron un antes y un después en la historia financiera moderna. En 1934, se creó la Securities and Exchange Commission (SEC) —la cual abordé en el capítulo anterior— con el propósito de regular los mercados de valores, proteger a los inversionistas y prevenir tanto el fraude como la manipulación del mercado. Un año antes, en 1933, se había fundado la Federal Deposit Insurance Corporation (FDIC), destinada a asegurar los depósitos bancarios y restaurar la confianza en el sistema financiero tras la oleada de quiebras bancarias.

A nivel social, el Social Security Act de 1935 introdujo dos pilares que hoy son fundamentales en la mayoría de las economías modernas: la seguridad social para los jubilados (el famoso Social Security) y el seguro de desempleo (Unemployment Insurance), diseñado para brindar apoyo económico temporal a quienes perdían su trabajo sin culpa propia.

Todas estas medidas tenían como propósito de evitar que una crisis de semejante magnitud volviera a repetirse, y no fueron tomadas solamente en los Estados Unidos. A lo largo del mundo, otros países adoptaron políticas similares de seguridad social, supervisión financiera y regulación estatal. De esa manera, el vínculo entre ciudadanos, mercados y gobiernos se transformó profundamente, dando origen al sistema económico moderno que hoy conocemos.

Tanto las experiencias personales como las de los círculos familiares cercanos hicieron que los años 30 dejaran una marca profunda en los hábitos de consumo, ahorro, endeudamiento e incluso en la forma de percibir el futuro de las generaciones que la sufrieron. Como vimos al inicio del capítulo anterior, era muy común que personas como Anne Scheiber, aun con un portafolio valorado en millones, mantuvieran un estilo de vida austero y discreto. En sus hábitos de inversiones, Anne era obviamente la excepción; pero en sus hábitos de consumo, su comportamiento era definitivamente la regla.

Las generaciones actuales, por suerte, no vivimos la Gran Depresión o algo que se le acerque. Y ojalá —cruzo los dedos— nunca tengamos que vivir algo parecido. Somos más que afortunados por eso, y es completamente natural que el pesimismo sobre el futuro no forme parte sólida de nuestra manera de pensar, especialmente al tomar decisiones financieras. Hoy vivimos en un contexto muy distinto.

Estamos dispuestos a asumir más riesgos con el dinero que las generaciones pasadas, en parte porque los mercados laborales, las oportunidades de crecimiento y el acceso a la información son mucho más amplios y accesibles a todos. Son ventajas enormes que, muchas veces, damos por sentadas. Y si a esto le sumamos el reciente boom de influencers mostrando autos de lujo, los "lambos", los jets privados y prometiendo fórmulas mágicas para enriquecerse rápidamente, ya tenemos la receta perfecta para la ilusión de prosperidad. El único "pequeño" detalle es que la inmensa mayoría de quienes siguen esos métodos o compran esos cursos no obtienen ganancias reales, ni siquiera pequeñas.

Y sí, suena tentador probar un método nuevo, y luego otro, y otro más, buscando el atajo hacia la riqueza. Pero una y otra vez ignoramos lo evidente: los métodos probados, los que realmente funcionan, ya existen y están al alcance de todos. Métodos como el utilizado por uno de los hombres más ricos del planeta y, a su vez, el inversionista más exitoso de la historia de la humanidad, son ignorados porque, como dice el mismo Warren Buffett: "(...) nadie quiere hacerse rico lentamente."

El inversionista más exitoso de la historia

Warren Buffett nació en Omaha, Nebraska, en 1930, justo en los inicios de la Gran Depresión. Y sí, hace ya más de 90 años —94, para ser exactos—. Pues resulta curioso que alguien nacido en un período tan crudo figure hoy entre las cinco personas más adineradas del planeta, en una lista donde la edad promedio de los 2,500 billonarios ronda apenas los 59 años, según el Forbes 2022 Billionaire Data.[54]

La extraordinaria fortuna de Buffett, estimada en 133 mil millones de dólares en diciembre de 2024, según Forbes[55], se concentra principalmente en una sola compañía: Berkshire Hathaway, de la cual Buffett posee aproximadamente el 14% de las acciones, según un informe oficial presentado ante la SEC en 2024.[56]

Si recuerdas del *Capítulo 1*, en la Tabla 1.2: Top 10 de las compañías más grandes del mundo, Berkshire Hathaway ocupa el noveno puesto a nivel global en *market cap*. Con más de un billón de dólares en valor capital, la empresa debe su gigantesco tamaño no a la producción de bienes o servicios, sino **a su capacidad para invertir de forma constante y disciplinada en grandes compañías públicas**. Durante casi seis décadas bajo la dirección de Buffett, Berkshire Hathaway ha encarnado un principio simple pero poderoso: crecer invirtiendo con paciencia. El resultado es ese asombroso valor actual, construido un paso a la vez, a lo largo de los años.

En su carta anual de 2018 a los accionistas de Berkshire Hathaway, Buffett recordó los inicios de su carrera con una anécdota entrañable: "(...) En 1942, a los 11 años, compré mis primeras tres acciones en la bolsa por un total de $114.75 que había logrado ahorrar desde los seis años. Lo que compré fueron tres unidades de Cities Services. Me había convertido en un capitalista, y se sentía genial (...)".[57] En aquel entonces, Cities Services era una empresa pública de energía y gas, y esos $114.75 de 1942 utilizados por Buffett equivaldrían hoy a unos $2,258 dólares, ajustados por inflación.

Al igual que Anne Scheiber, Warren Buffett llegó a donde está por una razón sencilla: **lleva más de medio siglo invirtiendo en el *stock market*, con una paciencia y disciplina admirable**. A diferencia de muchos inversionistas que apuestan para obtener ganancias rápidas, Buffett ha comprado acciones, durante décadas, de compañías con modelos de negocio sólidos, ingresos predecibles y una política corporativa estable de repartición de ganancias entre los accionistas.

Un ejemplo emblemático es Coca-Cola, una de sus inversiones más icónicas. Resulta que Berkshire Hathaway compró acciones de Coca-Cola a finales de los años 80 por alrededor de 1.3 mil millones de dólares ($1,300,000,000), y hoy en día solo en pagos anuales de dividendos recibe más de 800 millones ($800,000,000), sin contar el aumento del valor de las acciones, que han crecido más de +1,400% desde principios de los 90. Buffett nunca ha vendido esas acciones. Prefiere mantenerlas, disfrutar de los dividendos y dejar que el crecimiento a largo plazo haga su trabajo.

Y no es algo particular que hizo con Coca-Cola. De hecho, uno de los aspectos más interesantes de su filosofía es que rara vez vende. **Para Buffett, los dividendos representan una forma de participar en las ganancias sin tener que desprenderse de la inversión.** A la vez, su propia empresa, Berkshire Hathaway, no paga dividendos a los accionistas, ya que la compañía utiliza sus ganancias para reinvertirlas en nuevas adquisiciones o expandir las inversiones existentes, creando un ciclo de crecimiento continuo.

Y aunque Buffett no invierte exclusivamente en compañías que distribuyen dividendos, entender cómo funcionan estos pagos es esencial: al igual que contribuyeron a multiplicar su fortuna, pueden también convertirse en un motor silencioso pero poderoso para hacer crecer la tuya.

Warren Buffett

A lo largo de este libro encontrarás múltiples referencias a frases y ejemplos de Warren Buffett, debido al impacto positivo que ha tenido su filosofía de inversión y su constante labor de educación hacia nuevas generaciones de inversionistas.

Los dividendos/distribuciones

Los dividendos —también conocidos como distribuciones— son uno de los pilares fundamentales del *stock market*. En términos simples, **un dividendo es una distribución de ganancias que una empresa realiza entre sus accionistas**, de forma proporcional a la cantidad de acciones que cada uno posee.

¿Por qué sucede esto? Recuerda que las compañías —ya sean locales, nacionales o internacionales— generan ingresos a través de la venta de productos o la prestación de servicios. Una vez que esos ingresos cubren todos los costos operativos (materia prima, salarios, impuestos, licencias, etc.), el dinero que queda se considera ganancia neta.

¿Y qué hacen las empresas con esas ganancias? Existen múltiples opciones, entre ellas:

- Contratar nuevos empleados o mejorar los salarios.
- Pagar deudas y reducir pasivos financieros.
- Incrementar la inversión en *marketing* o expansión de clientes.
- Desarrollar nuevos productos o servicios.
- Mejorar su infraestructura o tecnología.
- Adquirir otras compañías estratégicamente.
- O, en muchos casos, repartir una parte de estas ganancias entre sus accionistas en forma de dividendos.

Una vez que la empresa ha cumplido con todas sus prioridades —operativas, financieras y estratégicas—, el dinero que queda disponible se distribuye entre los dueños. Y sí, aunque poseas una sola acción, eres legalmente reconocido como propietario de esa fracción de la compañía, por lo que te corresponde recibir la parte proporcional de las ganancias destinadas a reparto. Esa cantidad se calcula *dividiendo el monto* total a distribuir *entre el número total de acciones* emitidas por la empresa entre absolutamente todos sus propietarios. Si la empresa tiene 100,000 acciones y necesita repartir $25,000, pues entonces a cada acción le corresponden veinticinco centavos ($0.25).

Los dividendos se expresan por unidad de acción

Los dividendos se calculan por acción. Por ejemplo, si una empresa anuncia una distribución de $0.25 por acción, significa que cada accionista recibirá $0.25 por cada unidad que posea. Quien tenga 2 acciones recibirá $0.50, mientras que quien posea 100 acciones recibirá $25.00.

Para comprender cómo ocurre este proceso, llamemos nuevamente a nuestra empresa de ejemplo —Apple, "pase, por favor"— y analicemos su distribución de dividendos durante todo el año 2024 y parte de 2025, según los datos oficiales publicados en *NASDAQ.com*.[58]

En la Tabla 3.1 de la página siguiente se presenta el calendario de pagos de Apple Inc., donde cada fecha corresponde al momento en que la empresa transfirió los dividendos a los accionistas. Exactamente, al día siguiente, cada uno de esos montos apareció automáticamente depositado en las cuentas *broker* de cada uno de los propietarios de acciones, en dependencia de cuantas acciones tenía cada uno.

Fecha de pago a los propietarios	Dividendo por unidad de stock
11 / agosto / 2025	$0.26
12 / mayo / 2025	$0.26
13 / febrero / 2025	$0.25
14 / noviembre / 2024	$0.25
15 / agosto /2024	$0.25
16 / mayo / 2024	$0.25
15 / febrero / 2024	$0.24

Tabla 3.1: Distribución de dividendos para el año 2024 de Apple Inc. Fuente: Nasdaq AAPL Stock.[59]

Estos calendarios son publicados con antelación por las compañías, ya que las entidades reguladoras del mercado les exigen anunciarlo al menos 10 días antes de la fecha de pago. No obstante, para los inversionistas que mantienen sus acciones a largo plazo, el proceso es completamente automático y pasivo: **el depósito simplemente aparece reflejado en su cuenta *broker* en la fecha correspondiente**, sin necesidad de ninguna intervención por parte del propietario.

¿Qué sucede exactamente cuando el dividendo se paga?

Aunque este proceso parezca tan simple como "recibir dinero", en realidad implica un movimiento contable —de contabilidad— preciso y regulado. Cuando una empresa paga dividendos, el dinero sale de sus cuentas bancarias y pasa directamente a las cuentas de los accionistas, por lo que el valor de la empresa se reduce. Este es uno de los temas más incomprendidos del mundo de los dividendos, así que los próximos párrafos no tienen otra intención que aclarar ese detalle. Te explico con un ejemplo:

Si una empresa va a distribuir $3 por acción, en el momento exacto en que se ejecuta el pago, cada acción pierde $3 de valor. Esto ocurre porque esos tres dólares ya no pertenecen a la empresa —ahora están en manos de sus propietarios—, por lo tanto, el valor de mercado de la acción se ajusta automáticamente para reflejar la salida de fondos.

En la Tabla 3.2, a partir de utilizar datos hipotéticos en torno a los $3 recién mencionados, se puede observar cómo el contenido de una cuenta *broker* —que contiene solo 1 acción de la empresa "A"— cambia de un día para otro. Tras la fecha de pago, el monto del dividendo aparece depositado en efectivo, mientras que el valor de la acción se ajusta ligeramente hacia abajo para reflejar la distribución.

14 de noviembre (**día antes de recibir el dividendo**)	15 de noviembre (**día en que se recibe el dividendo**)
1 acción de STOCK A (con un valor de mercado de **$100**) **+ $0** en efectivo	1 acción de STOCK A (con un valor de mercado de **$97**) **+ $3.00** en efectivo
Valor total de la cuenta: **$100.00**	Valor total de la cuenta: **$100.00**

Tabla 3.2: En el caso hipotético en el que la compañía "STOCK A" decide distribuir $3.00 por cada acción emitida, al día siguiente de la emisión el valor de las acciones cae de forma proporcional, mientras que el efectivo es depositado directamente en las cuentas de cada propietario. El valor total de la cuenta se mantiene.

Ahora bien, en la práctica, el proceso no ocurre literalmente "de un día para otro". El ejemplo anterior fue solo ilustrativo para mostrar la idea de que el valor de la acción se ajusta proporcionalmente.

En la vida real, entre la fecha en que el dividendo "sale" de la compañía —la llamada fecha ex-dividendo— y la fecha en que el dinero se deposita en las cuentas del *broker* —conocida como fecha de pago— suele pasar alrededor de una semana. Y en adición a esto, otro aspecto importante: el dividendo lo recibe el inversionista que poseía la acción el día antes de la fecha ex-dividendo, sin importar si decide venderla después.

Las cuatro fechas clave de un dividendo

Cuando una empresa paga dividendos, hay cuatro fechas relevantes:

- **Declaración** (*declaration date*): el día que la empresa anuncia oficialmente el dividendo.

- **Ex-dividendo** (*ex-dividend date*): si compras antes de esta fecha, recibes el pago, pero si compras el mismo día o después, no lo recibes. Lo recibe el dueño anterior.

- **Registro** (*record date*): la empresa confirma quiénes eran dueños de las acciones antes de la fecha ex-dividendo.

- **Pago** (*Payment date*): es cuando el dividendo se deposita en la cuenta del inversionista.

En resumen: solo quienes poseen las acciones antes de la fecha ex-dividendo reciben el dividendo.

Veamos ahora un ejemplo real. Supongamos que Apple anuncia un nuevo dividendo de $1.00 por acción. Según el número total de acciones emitidas hasta octubre de 2024, la compañía tiene 15,213,967,261 acciones en circulación —más de 15 mil millones—, por lo que Apple debe disponer de al menos esa misma cantidad de dólares ($1 por acción) en sus reservas de efectivo para poder realizar el pago anunciado a todos sus accionistas. Entonces, un inversionista con 100 acciones de Apple recibiría $100 directamente en su cuenta *broker* en la fecha de pago establecida. El depósito se realiza de forma automática, sin que el propietario tenga que hacer nada.

Ahora, tomemos el caso específico del propio Tim Cook, CEO de Apple, quien posee 3,280,052 acciones de la compañía, según un reciente reporte de *The Street*.[60] En este caso, el dividendo de $1.00 por acción le generaría un depósito de $3,280,052, distribuidos respectivamente entre las distintas cuentas donde mantiene sus posiciones, suponiendo que no sea todo en una única cuenta *broker*. En este caso, tanto Tim Cook como los accionistas que poseen solo una acción, son tratados exactamente igual y el valor de mercado de las acciones se reduce proporcionalmente al dólar distribuido.

Ahora, es importante comprender, y enfatizo en esto, que este pago no representa una ganancia "nueva", sino un traspaso de valor: **el dinero pasa de las reservas de Apple a los bolsillos de sus accionistas**. Por eso, en la fecha ex-dividendo —el día a partir del cual los nuevos compradores ya no tienen derecho al dividendo declarado—, el precio de la acción se ajusta automáticamente hacia abajo en una cantidad similar al dividendo pagado.

Siguiendo el ejemplo anterior, si las acciones de Apple cotizaban a $190.00 antes del pago, es probable que abran al día siguiente alrededor de $189.00, reflejando la salida del dólar por acción entregado a los inversionistas. En otras palabras, el accionista no gana valor inmediato adicional: simplemente una parte de su inversión pasa de estar en forma de propiedad (acciones) a estar en forma de efectivo. De esta manera, parte del crecimiento de la inversión se vuelve tangible y medible, ya que podemos observar cómo el valor generado por la empresa se materializa en dinero real dentro de la cuenta *broker*.

Y precisamente, a partir de este punto del libro, es que podemos analizar el concepto de "retorno" o "ganancia" que genera una inversión.

Retorno de inversión

El concepto de retorno de inversión es la base de la razón principal por la cual estás leyendo este libro. Del inglés *Return on Investment* (en adelante **ROI**), **el retorno representa el porcentaje de ganancia que se obtiene sobre el capital invertido**. Es, en esencia, la medida más directa para evaluar si una inversión dio ganancias o no. Este ROI es universalmente calculado de forma porcentual, precisamente para comparar distintos tipos de inversiones bajo un mismo estándar.

Veamos un ejemplo sencillo: si compras una casa en $250,000 dólares con el propósito de invertir y luego la vendes en $275,000, la ganancia neta es de $25,000. Esa ganancia equivale a un 10% de retorno sobre tu inversión inicial, ya que los $25,000 representan una décima parte del monto original.

A este tipo de ganancia se le conoce como **ganancia de capital**, y no se limita únicamente a lo que es el *real estate*. Puede provenir de cualquier activo de capital, como terrenos, obras de arte, objetos de colección, criptomonedas o acciones del *stock market*. En el caso de las acciones, sucede algo muy similar: si compras una acción a cierto precio y luego la vendes a un valor más alto, obtienes una ganancia de capital. Sin embargo, las acciones tienen una particularidad adicional y es justamente lo que hemos venido analizando en este capítulo: los dividendos.

Supongamos que compras una acción de Apple a $250, y seis meses después la vendes a $275. La ganancia de $25 sería tu ganancia de capital. Pero, además, durante ese período también recibes dos pagos de dividendos. Si tomamos los valores de la Tabla 3.1 —dos depósitos de $0.25 cada uno durante el año 2024—, tu ganancia total sería de $25.50.

En este caso, el ROI de la inversión original sería de +10% considerando solo la **ganancia de capital**, y de +10.2% **al incluir los dividendos**.

El retorno de inversión (ROI).

A partir de este punto, cada vez que hablemos del "retorno", retorno de inversión o simplemente ROI, estaremos refiriéndonos a la combinación entre la ganancia de capital y los dividendos recibidos.

Grandes y reconocidas compañías como Walmart, Costco, Coca-Cola, PepsiCo, McDonald's, TD Bank o JPMorgan Chase, por mencionar solo algunas, son ejemplos clásicos de empresas que reparten dividendos consistentes a sus accionistas. Incluso compañías centenarias como Johnson & Johnson o Colgate-Palmolive han mantenido una política de distribución continua durante más de 130 años, sin interrupciones.

En todos estos casos, el ROI acumulado a lo largo de las décadas ha sido el resultado de una combinación sólida entre el crecimiento del valor de sus acciones y el flujo constante de dividendos. Y lo cierto es que los dividendos —y las decisiones que tomemos a partir de recibirlos— tienen la capacidad de generar un impacto aún mayor en el ROI que una inversión puede alcanzar con el paso del tiempo.

La diferencia que hacen los dividendos

Quiero regresar al caso de Coca-Cola, una de las empresas más conocidas del mundo y de las favoritas de Buffett. Esta compañía es un ejemplo casi perfecto del poder del tiempo, la reinversión y los dividendos.

Pues resulta que, de acuerdo con la data del sitio *Dividend Channel*, que mantiene una base de datos histórica desde los años 90 hasta la actualidad, los resultados de una inversión inicial de $10,000 USD en acciones de Coca-Cola el 1.º de enero de 1995 habrían sido los siguientes hasta el 16 de octubre de 2025:[61]

Escenario 1: Solo apreciación del precio de la acción

En este caso, el valor se calculó únicamente con base en el crecimiento del precio de la acción, sin incluir ningún dividendo recibido. Aunque la cuenta *broker* hubiese recibido automáticamente cada dividendo durante los 30 años es importante ilustrar este escenario porque permite diferenciar dos cosas: la primera es entender el impacto real de los dividendos frente a la pura apreciación del capital. Este primer caso representa un retorno compuesto por 100% de apreciación en el precio de la acción y 0% de dividendos, lo cual nos da una base clara de comparación.

La segunda, igualmente importante, es que la mayoría de las gráficas de precios de acciones no incluyen los dividendos. Esto suele generar una de las confusiones más comunes entre inversionistas principiantes: al observar un crecimiento aparentemente bajo en la gráfica de una empresa a lo largo de muchos años, se tiende a ignorar los dividendos que esa misma empresa ha estado pagando consistentemente durante todo ese tiempo. Por eso, **siempre es fundamental revisar el historial de distribuciones de dividendos** antes de asumir que el retorno total se limita a lo que muestra el gráfico de precios.

Veamos entonces el resultado en el cual solamente contamos para el ROI el valor que ganaron las acciones:

Inversión original en 1995	Valor total en octubre de 2025 (sin dividendos)	Retorno de inversión
$10,000	$53,685.46	+436%

En este primer escenario, el inversionista que compró $10,000 en acciones de Coca-Cola en 1995 y simplemente las mantuvo hasta octubre de 2025, sin contar los dividendos, habría visto crecer su inversión hasta $53,685.46, un ROI del +436%.

Escenario 2: Incluyendo dividendos cobrados

En este segundo caso, se adicionan los dividendos acumulados durante las tres décadas al ROI. Es decir, el inversionista recibió cada pago a lo largo de los años en efectivo y lo mantuvo en la cuenta *broker*.

Inversión original en 1995	Valor total en octubre de 2025 (con dividendos)	Retorno de inversión
$10,000	$58,543.23	+484%

Aunque la diferencia pueda parecer pequeña a simple vista, esos dividendos acumulados representan casi $5,000 dólares adicionales al valor de la inversión final, elevando el total hasta $58,543.23, una suma equivalente a un ROI del +484%.

Y veamos ahora el tercer y último escenario, el más poderoso de todos: aquel en el que **el inversionista utiliza el dinero recibido en dividendos para comprar más acciones** de la misma compañía.

Escenario 3 — Reinvirtiendo los dividendos

Conocido en el mundo de las inversiones como DRIP (del inglés *Dividend Re-Investment Program*), este método consiste simplemente en reinvertir automáticamente cada dividendo recibido en nuevas acciones de la misma empresa. Cada nueva acción adquirida, a su vez, comenzará a generar sus propios dividendos, creando un efecto de crecimiento extra que acelera el crecimiento de la inversión con el paso del tiempo.

Aplicando esta estrategia de reinversión continua a lo largo de las tres décadas analizadas, el resultado habría sido sorprendente: cerca de $28,000 dólares adicionales con respecto al escenario anterior, alcanzando un valor total aproximado de $86,549.32, lo que equivale a un retorno del +766%.

Inversión original en 1995	Valor total en octubre de 2025 (utilizando los dividendos para comprar más acciones de KO)	Retorno de inversión
$10,000	$86,549.32	+766%

En otras palabras, los mismos $10,000 invertidos originalmente se habrían multiplicado por 8.65X y si esa inversión inicial hubiese sido de $100,000, el valor final rondaría los $865,000 dólares. En resumen, **la diferencia entre los tres escenarios no está en haber invertido más dinero, sino en haber dejado que el tiempo y la reinversión hicieran su trabajo.**

En mi caso, acostumbro a recibir dividendos cuatro veces al año: a inicios de enero, abril, julio y octubre. Es por eso que esas fechas se me han vuelto una especie de recordatorio natural para revisar las páginas oficiales de mis inversiones y verificar cuándo estará disponible el efectivo. Luego, el día siguiente a la fecha de pago, una vez que el mercado está abierto, entro a mi cuenta del *broker* y reinvierto esos dividendos para comprar más unidades, generalmente de los mismos activos. Es un hábito sencillo, casi rutinario, pero con un impacto enorme a largo plazo.

Hasta aquí hemos visto cómo los dividendos pueden transformar completamente el retorno de una inversión a largo plazo, especialmente cuando se reinvierten. Sin embargo, hay algo que debes saber: no todas las compañías siguen esta filosofía.

Compañías que no distribuyen dividendos

El único escenario donde esta combinación —crecimiento de capital más dividendos— no ocurre, o al menos no en su totalidad, es con aquellas empresas que no reparten dividendos. Y sí, existen grandes corporaciones que intencionalmente deciden no distribuir sus ganancias entre los accionistas, optando en cambio por reinvertirlas dentro de la propia empresa para acelerar su crecimiento y aumentar su valor futuro.

Como mencionaba anteriormente, aunque la distribución de dividendos es una de las formas más tradicionales de recompensar a los inversionistas, muchas compañías públicas eligen no hacerlo. La razón principal es que sus equipos directivos —liderados por los CEO y la junta de accionistas—

prefieren utilizar las ganancias netas para financiar nuevos proyectos, innovaciones o adquisiciones estratégicas, en lugar de repartirlas.

Ahora, esto no significa que el ROI sea menor en estos casos. Cuando una empresa decide no repartir dividendos, lo que busca es incrementar el valor de sus acciones a través de la reinversión de sus propias ganancias, beneficiando así a los accionistas, pero de una forma indirecta. Además, al conservar efectivo dentro de la compañía, esta puede afrontar imprevistos financieros, adquirir otras empresas o financiar nuevos proyectos estratégicos sin necesidad de recurrir a préstamos o emitir deuda. Vendría a ser algo así como que el ROI para esas acciones es 100% apreciación capital y 0% en cuanto a las distribuciones.

Por otra parte, muchas empresas jóvenes —y cuando digo jóvenes, pueden tener perfectamente entre 20 y 30 años de existencia— suelen priorizar consolidar su modelo de negocio y estabilizar sus operaciones antes de comprometerse con pagos regulares a los accionistas. En la mayoría de estos casos, la ausencia de dividendos no refleja debilidad, sino una visión a largo plazo, donde la prioridad es el crecimiento sostenido y el fortalecimiento interno.

Veamos algunos ejemplos que, probablemente, no te resulten nada desconocidos:

- **Amazon**: Desde que fue pública en 1997, Amazon nunca ha pagado dividendos. En su lugar, destinó sus ganancias a expandir sus operaciones, mejorar su infraestructura tecnológica, desarrollar su red logística para Prime y adquirir empresas estratégicas que consolidaron su dominio global.

- **Google**: La gigante empresa del buscador tampoco ha distribuido, jamás, dividendos de forma regular. Ha preferido reinvertir sus ingresos en innovación y adquisición de activos clave, como YouTube, Waze, DoubleClick y Waymo. Estas decisiones han generado retornos multimillonarios que fortalecieron su posición como una de las empresas más valiosas del planeta y el crecimiento capital del valor de las acciones ha sido envidiable.

- **Meta**: Durante gran parte de su historia, el antiguo Facebook no pagó dividendos a sus accionistas. Al igual que Google, la empresa priorizó reinvertir sus ganancias en innovación y adquisiciones estratégicas, como Instagram, WhatsApp y Oculus. Estas decisiones resultaron en retornos excepcionales para los inversionistas, validando su estrategia de crecimiento. Fue recién en 2024 que Meta anunció el pago de su primer dividendo en la historia, marcando un cambio importante en su política financiera.

- **Tesla**: La empresa disruptiva de los autos eléctricos tampoco reparte dividendos. Elon Musk ha reiterado en múltiples ocasiones que la compañía prefiere reinvertir cada dólar en expansión, innovación y producción, enfocándose en aumentar la eficiencia, desarrollar nuevas tecnologías y construir más *Gigafactories* alrededor del mundo. Su objetivo no es repartir ganancias, sino acelerar el crecimiento exponencial de la empresa.

- **Berkshire Hathaway**: Y, volviendo al caso de Warren Buffett, su legendario conglomerado es famoso por no pagar dividendos, a pesar de ser uno de los más rentables del planeta. Aunque no es una empresa tecnológica —de hecho, su sitio web parece detenido en los años noventa, si puedes pásale un ojo—,[62] Berkshire Hathaway acumula enormes reservas de efectivo que Buffett y su equipo reinvierten estratégicamente. Prefieren mantener liquidez hasta identificar oportunidades atractivas de inversión, comprando acciones de compañías subvaloradas o negocios completos cuando el mercado ofrece precios ventajosos.

En resumen, los **dividendos son un componente clave del retorno de inversión y una pieza fundamental de las ganancias** que obtenemos al participar en el *stock market*. Recibir estos ingresos adicionales de forma regular en nuestras cuentas *broker* representa una parte esencial del crecimiento de nuestras inversiones, y contribuye en gran medida a la simplicidad del ingreso pasivo que estas generan con el tiempo.
Ahora bien, esto no significa que las compañías que distribuyen dividendos sean más sólidas o rentables que aquellas que no lo hacen.

Los dividendos no hacen a una compañía mejor que otra

Y, del mismo modo, quiero aclarar que tampoco ocurre lo contrario. En su estudio "La irrelevancia de los dividendos", Benjamin Felix demuestra que la cantidad de dividendos que reparte una empresa no guarda ninguna relación directa con su potencial de crecimiento futuro. Es decir, **una empresa puede pagar dividendos elevados y aun así tener un desempeño inferior a otra que no los distribuya, y viceversa.**[63]

Esta idea no contradice en absoluto la estrategia de inversión de Warren Buffett. Aunque al inicio del capítulo mencionamos la enorme importancia que los dividendos han tenido en el crecimiento de su fortuna, no son el único factor que determina su éxito. De hecho, muchas de las compañías en las que Buffett invirtió con gran acierto no repartían dividendos, entre ellas Amazon, Apple —solo hasta hace poco—, Verisign, Sirius XM y T-Mobile US.

En definitiva, **los dividendos recibidos hoy —o en el pasado— no garantizan resultados futuros**. Distribuirlos es una decisión ejecutiva basada en los resultados financieros previos y no en las expectativas por venir. Por eso, podemos encontrar empresas extraordinarias tanto entre las que pagan dividendos —dígase Costco, Walmart, Apple o Coca-Cola— como también entre las que no los distribuyen —Google, Meta o Amazon— y, aun así, todas han ofrecido grandes retornos a largo plazo siguiendo caminos distintos hacia el mismo objetivo: crear valor para sus accionistas.

Los retornos de inversión no son un premio inmediato

Y aquí quiero volver al inicio del capítulo, porque la enseñanza más valiosa no está en las cifras, sino en *cómo invertimos*. Todos los números presentados desde la página 1 hasta esta, sin importar la compañía, la época, el sector de la industria o su origen —por muy extraordinarios y llamativos que parezcan— comparten un elemento particular: **el paso del tiempo**. Los retornos extraordinarios, las avalanchas de dividendos y el crecimiento sostenido de las empresas que hemos analizado no surgieron de la nada. Son el resultado de la paciencia durante los ciclos largos de desarrollo, que contrasta enormemente con la adrenalina especulativa con la que se invertía en los años 1920.

Las generaciones que vieron cómo sus familias lo perdían todo en la Gran Depresión aprendieron, lamentablemente a través de la experiencia directa, que la paciencia marca la diferencia entre construir riqueza y destruirla. Entendieron que la riqueza genuina no se materializa de un día para otro, sino que se acumula gradualmente, durante años —y, en muchos casos, múltiples décadas— de disciplina y constancia. **El retorno de inversión, ya sea por la apreciación capital de las acciones o por los dividendos, no es un premio inmediato**, sino el resultado natural de haber esperado pacientemente. En cambio, hoy en día se vive con mucha urgencia, notificaciones constantes, influencers que nos llaman a seguir "sus pasos" para obtener resultados instantáneos y andamos a la caza de la última tendencia. Y siempre que los veo, me viene a la mente Buffett, cuando en otra de sus cartas a los inversionistas, pero esta vez en 1985 —el año en que nací, por cierto—, decía que: "No importa cuán grande sea el talento o el esfuerzo, hay cosas que simplemente requieren tiempo. No se puede lograr que nazca un bebé en un mes reuniendo a nueve mujeres embarazadas."[64]

Hasta este punto del libro —donde concluimos la primera parte— hemos recorrido los principios fundamentales del *stock market*, entendiendo cómo funciona y qué necesitamos para participar en él. También exploramos en detalle el papel de los dividendos, cómo se distribuyen siguiendo los calendarios oficiales de cada empresa y cómo estos ingresos llegan de manera regular a nuestras cuentas *broker*, convirtiéndose en una fuente esencial de crecimiento. Por último, abordamos el concepto general que simplifica la comparación de resultados entre diferentes inversiones, que se popularmente se le conoce como el ROI. Con todo esto en mente, ya tienes una visión clara del funcionamiento general del mercado y del enorme universo de miles de compañías disponibles para invertir.

Así que, probablemente, ahora te estés haciendo la pregunta que se cae de la mata: "¿En qué compañías invierto?" "¿Cómo puedo comenzar a hacer algo similar a lo que lograron Warren Buffett o Anne Scheiber?"

Pues bien, la respuesta a esas preguntas nos lleva directamente a la segunda parte, donde exploraremos una de las ideas más revolucionarias del mundo financiero moderno: "*Los índices del stock market*". Afinca tus manos al libro que vas a descubrir cómo estos índices transformaron la manera de invertir y cómo pasaron de ser una simple herramienta técnica a convertirse en la columna vertebral de las estrategias más inteligentes y exitosas del mercado.

Resumen del Capítulo

- Al recibir un dividendo, cada acción de la compañía se reduce en una cantidad proporcional al dividendo emitido por acción, ya que el dinero sale de sus reservas de efectivo.

- El Retorno de inversión (ROI) es la medida porcentual que refleja qué tan bien o mal ha progresado una inversión en relación con su capital inicial.

- En este libro, siempre que se hable de ROI, se incluye tanto la ganancia de capital (aumento en el valor de las acciones) como los dividendos distribuidos por estas.

- Reinvertir los dividendos (estrategia conocida como DRIP) puede aumentar significativamente el ROI a lo largo del tiempo, ya que genera un efecto de crecimiento compuesto.

- Los dividendos son importantes porque forman parte del ROI, pero no deben ser el único criterio al decidir en qué invertir, puesto que reflejan ganancias pasadas, no futuras.

- Existen compañías que no reparten dividendos porque prefieren reinvertir sus ganancias para impulsar su crecimiento; esto no las hace mejores ni peores, simplemente adoptan estrategias distintas para generar valor a largo plazo.

a

Explorando los dividendos de Apple y Coca-Cola

Si ejecutamos una búsqueda en Google por "apple dividendos" y por "coca-cola dividendos", entre los primeros resultados aparecen respectivamente las páginas oficiales de cada compañía. Te dejo igualmente un link directo a cada una, por lo que puedes acceder también a ambas direcciones y explorar los calendarios de distribuciones de sus últimos períodos.

Dividend History | Apple Investor Relations https://investor.apple.com/dividend-history/default.aspx	
Dividends. The Coca-Cola Company https://investors.coca-colacompany.com/stock-info/dividends	

"En el mundo de las inversiones,
el índice es tu mejor amigo"

—Benjamín Graham

SEGUNDA PARTE

LOS ÍNDICES DEL STOCK MARKET

CAPÍTULO 4

EL ORIGEN DE LOS ÍNDICES

"El conocimiento es la clave para tomar decisiones financieras inteligentes. No inviertas en lo que no entiendes."

—Warren Buffett

Demos ahora un salto en el tiempo hacia los Estados Unidos de mediados del siglo XIX, alrededor de los años 1850. Para ubicarnos: ya habían transcurrido más de setenta años desde la Declaración de Independencia, las locomotoras de vapor representaban la cúspide de la tecnología mundial y, por las noches, las velas seguían siendo la principal fuente de iluminación en los hogares. Aunque hoy nos separan más de 170 años de aquella época, ambas comparten un contexto fundamental: eran tiempos marcados por cambios tecnológicos aceleradísimos.

Hoy vivimos la ola de la inteligencia artificial, la carrera por la computación cuántica, las investigaciones que buscan vacunas contra el cáncer y el desarrollo de vehículos autónomos o incluso voladores, por mencionar solo algunos ejemplos. Pues, a mediados del siglo XIX, algo similar estaba en marcha. El mundo se encontraba a pocas décadas de avances que redefinirían la vida moderna: trenes cada vez más rápidos, los primeros automóviles, la llegada de la electricidad a las ciudades y, poco después, los primeros pasos de la aviación. Todo esto comenzaba a gestarse en laboratorios, talleres y ferias industriales, incluso si el público de la época aún no alcanzaba a imaginar su impacto.

En el año 1851, se encontraba la joven nación norteamericana, en pleno período de expansión y transformación, impulsado por la fiebre del oro en

California y el acelerado desarrollo de infraestructura. Miles de kilómetros de ferrocarriles y carreteras se construían para conectar el vasto territorio, mientras las recientes adquisiciones de tierra tras la guerra con México y el creciente debate sobre la esclavitud encendían tensiones entre los estados del norte y del sur —conflicto que, una década más tarde, desembocaría en la Guerra Civil estadounidense (1861–1865).

Pues ese mismo año, en la pequeña ciudad de Sterling, Connecticut, digamos que casi a mitad de camino entre Boston y Nueva York, nacía Charles Henry Dow, quien, con el tiempo, se convertiría en uno de los periodistas financieros más influyentes del mundo y en el hombre que transformaría para siempre la manera en que entendemos y observamos el *stock market*.

Originario de una familia de clase media, Charles Dow mostró desde joven un gran interés por comprender el funcionamiento del dinero y las empresas. Durante su juventud desempeñó diversos trabajos que le ayudaron a desarrollar un talento notable para la redacción y la comunicación. Uno de sus primeros empleos fue como reportero en el *Springfield Daily Republican*, un periódico local de Massachusetts, donde escribió sobre economía y negocios. Esa experiencia le permitió comprender cómo los cambios económicos influían directamente en la vida cotidiana de las personas.

Para Dow, estudiar los mercados y encontrar una forma más clara y comprensible de comunicar sus movimientos se convirtió en una verdadera misión. Con esa idea en mente, se mudó a Nueva York, el corazón financiero de Estados Unidos, y comenzó a trabajar como reportero especializado en Wall Street, en un ambiente donde la información financiera se mezclaba con rumores, favoritismos y especulación a niveles bien locos. Algunos periódicos incluso intentaban manipular a los inversionistas novatos para que compraran lo que a ellos les convenía.

A finales de la década de 1870, Dow conoció a Edward Davis Jones, un economista brillante y muy observador que compartía su pasión por el análisis financiero riguroso. Ambos coincidieron escribiendo para el *Providence Evening Press* en Rhode Island y eventualmente notaron que, profesionalmente, los unía algo más que el oficio: **una firme convicción de que los inversionistas necesitaban una fuente de noticias honesta e independiente**.

En aquella época era común que los periodistas financieros aceptaran sobornos para publicar artículos que inflaran el valor de determinadas acciones. Dow y Jones, sin embargo, se negaban a seguir esa práctica. Estaban convencidos de que Wall Street necesitaba más transparencia, no tanta propaganda.[65]

Fue entonces en 1882, que Charles Dow y Edward Jones dieron un paso decisivo: fundaron Dow Jones & Company, con la misión de ofrecer información financiera honesta, imparcial y accesible tanto para los grandes inversionistas como para el público común. Desde una pequeña oficina en Nueva York, los dos emprendedores, junto con su socio Charles Bergstresser, comenzaron a distribuir un boletín diario titulado *Customer's Afternoon Letter*. En él, resumían los principales movimientos del mercado, las noticias económicas más relevantes y sus análisis sobre el comportamiento de las empresas.

Ese modesto boletín —escrito a mano y entregado por mensajeros a los *stock traders*— evolucionaría con el tiempo hasta convertirse en el legendario *The Wall Street Journal* que conocemos hoy, uno de los periódicos financieros más influyentes del mundo.

Dow, en base a sus estudios imparciales sobre las principales compañías del NYSE, creía firmemente que los movimientos generales del mercado reflejaban las tendencias económicas del país y, para demostrarlo, diseñó una herramienta que resumiera el comportamiento en conjunto de las principales empresas industriales estadounidenses. Así, **el 26 de mayo de 1896, publicó por primera vez el Dow Jones Industrial Average (DJIA)**, un índice —literalmente un número— que representaba el promedio matemático del precio de las acciones de 12 compañías líderes en sectores como el ferrocarril, el gas, el azúcar y el tabaco.[66] Estas empresas representaban la columna vertebral de la economía estadounidense y resumían, en conjunto, la fuerza industrial del país.

Para diseñar el índice, Dow y Jones seleccionaron cuidadosamente esas compañías a partir de las más influyentes y consolidadas del NYSE, priorizando aquellas con mayor estabilidad y volumen de transacciones. A esta selección se le conoce como la composición del índice —o *holdings*, en inglés—, y su propósito era lograr resumir todo en un solo número (o índice).

En aquel momento, alrededor de 300 compañías cotizaban públicamente, pero los fundadores del DJIA seleccionaron cuidadosamente solo 12. Su objetivo no era reflejar la totalidad del mercado, sino monitorear a los líderes. Para ello, organizaron las empresas según el precio de sus acciones y las trataron como si el índice fuera una sola entidad, cuyo valor resultaba del promedio simple de los precios de cada una.

La Tabla 4.1 muestra las 12 compañías originales que dieron forma al Dow Jones Industrial Average, junto con su año original de fundación y su situación actual, más de 125 años después de su creación:

Compañía	**Año de fundada**	**Estado actual** *(luego de 125 años de creado el DJIA)*
American Cotton Oil Company	1889	Aún existe como parte de Unilever.
American Sugar Refining Company	1891	Aún existe como Domino Foods, Inc.
American Tobacco Company	1890	Disuelta en 1911.
Chicago Gas Company	1849	Adquirida por WEC Energy Group en 2015.
Distilling & Cattle Feeding Company	1870	Adquirida por otra compañía en 2004.
General Electric	1892	Aún existe, removida del DJIA en 2018
Laclede Gas Company	1857	Aún existe como Spire Inc, removida del DJIA en 1899.
National Lead Company	1772	Renombrada como NL Industries, aún existe, aunque removida del DJIA en 1899.
North American Company	1890	Disuelta en la década de 1940.
Tennessee Coal, Iron and Railroad Company	1852	Adquirida por U.S. Steel en 1907 y removida del DJIA en 1991.
U.S. Leather Company	1893	Disuelta en 1952.
United States Rubber Company	1892	Fusionada y adquirida por Michelin en 1990.

Tabla 4.1: Lista de los 12 holdings/compañías originales de la creación del DJIA. Fuente: Stacker.[67]

El índice era simple en su concepción, pero revolucionario en su impacto. **Imagina poder observar un solo número, y que en cuestión de segundos este refleje el comportamiento general de todo el stock market**. Antes de su creación, los inversionistas tenían que analizar decenas o incluso cientos de compañías de forma individual, comparando los cambios de precio del día anterior para intentar comprender si el mercado "iba bien" o "iba mal".

> **Holdings = componentes = empresas = compañías**
>
> De ahora en adelante, cada vez que me refiera a los componentes de un índice, estaré hablando específicamente de las compañías que este contiene —es decir, las piezas que lo componen internamente—.

Dow y Jones cambiaron eso para siempre. Definieron un número promedio que resumía el movimiento colectivo de las principales acciones del país, ofreciendo una visión clara, inmediata y estandarizada del pulso económico de la nación. Y aquel número inicial, el primer día que el Dow Jones Industrial Average se hizo público, **el 26 de mayo de 1896, fue 40.94**.

Veamos cómo llegaron exactamente a ese valor.

Calculando el "Dow Jones Industrial Average"

Charles Dow y Edward Jones utilizaron la matemática para traducir el movimiento de muchas empresas en un solo número. Podríamos compararlo con el concepto moderno de **la sensación térmica en meteorología**: en lugar de analizar uno por uno factores como la temperatura, la humedad, el viento o la presión atmosférica, tenemos un solo valor que nos ofrece una idea inmediata de cómo se siente el clima.

El DJIA funciona de forma muy similar. Es una medida que refleja lo que está ocurriendo en el mercado —o al menos en el grupo de empresas que lo componen—. Para calcularlo, **Dow simplemente sumó los precios de las acciones seleccionadas y los dividió entre el número total de compañías**. Un promedio matemático de toda la vida, pero hecho para representar la "temperatura económica" del país.

Creemos un índice bien sencillo

Para entenderlo mejor, hagamos un pequeño experimento. Aunque el DJIA original se basaba en 12 empresas del sector industrial —de ahí el *industrial* en su nombre—, simplifiquemos el ejemplo con solo tres compañías tecnológicas hipotéticas: Stock AAA, Stock BBB y Stock CCC, con precios por acción de $45.00, $60.00 y $5.00 respectivamente. A este nuevo índice de ejemplo, lo vamos a llamar el *Jorge Díaz Tecno Average*, ya que va a seguir solamente a compañías de tecnología.

Pues ahora, le voy a asignar unos precios hipotéticos a cada acción y entonces, a partir de esos valores de mercado, el índice estaría representado como en la Tabla 4.2.

Compañía	Precio por acción	% en el índice	Sector del *market*
Stock AAA	$45.00	40.91%	Tecnología
Stock BBB	$60.00	54.55%	Tecnología
Stock CCC	$5.00	4.54%	Tecnología

Tabla 4.2: Representación de las acciones contenidas en el índice de ejemplo utilizado en esta sección. Cada acción representa un peso proporcional dentro del índice en función de su precio.

El campo "% en el índice" indica el peso que tiene cada acción dentro del total de la suma de precios de las tres compañías. Las acciones con precios más altos ocupan una mayor proporción dentro del índice, mientras que las de menor precio tienen un peso reducido.

Por ejemplo, Stock CCC, al valer solo $5.00, representa apenas una fracción del total, en contraste con las otras dos acciones, cuyos precios son significativamente superiores, ya que rondan los 45-60 dólares cada una.

Visualmente, en forma de gráfico circular, el resultado puede verse en la Figura 4.3. Esta ilustración permite observar claramente la proporción que representa cada acción dentro del índice y nos va a ayudar a entender cómo las variaciones en los precios individuales alteran su peso relativo.

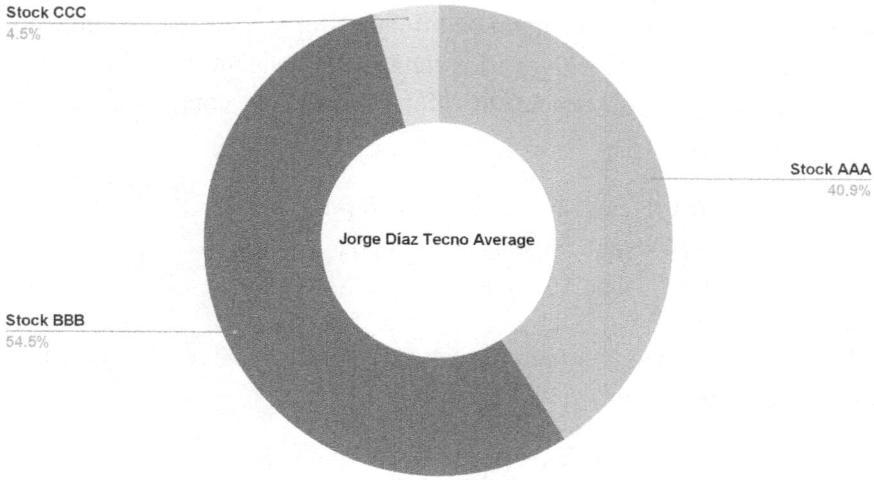

Figura 4.3: Representación visual del peso porcentual de cada acción en el índice de ejemplo. Si te fijas bien, puedes notar que Stock CCC *representa muy poco, mientras que las compañías con acciones más caras representan una mayor porción en el índice.*

Comencemos entonces con las variaciones. Supongamos que en el primer día de observación las tres compañías cotizan a los siguientes precios:

- Stock AAA: $45
- Stock BBB: $60
- Stock CCC: $5

Podemos entonces calcular el promedio de precios de la siguiente manera:

$$\frac{45 + 60 + 5}{3} = 36.67$$

Por lo tanto, el "valor" inicial de nuestro índice Jorge Díaz Tecno Average sería 36.67. Este número, aunque se origina del precio, no representa exactamente los dólares, sino un valor de referencia que refleja el comportamiento en conjunto de las tres compañías. **Pero si el DJIA, es matemáticamente el promedio del "precio" de los líderes industriales.**

Así que, regresando al ejemplo de mi índice hipotético, al día siguiente, cuando el mercado abre y los precios cambian, supongamos que los nuevos valores a los que los participantes del mercado los comercian son los siguientes:

- Stock AAA: cae $4.50 hasta $40.50 (-10%)
- Stock BBB: sube $6.50 hasta $66.50 (+10%)
- Stock CCC: sube $5.00 hasta $10.00 (+100%)

Y como los precios varían constantemente, pues el índice también se ajusta. Recalculemoslo:

$$\frac{40.50 + 66.50 + 10}{3} = 39.00$$

Mi nuevo valor para el índice es de 39.00, frente a los 36.67 del día anterior, lo que representa un incremento de +6.35%, por lo que puedo decir rápidamente, solo con ver esa variación que, entre las tres empresas, hubo su ligera mejoría.

De esta manera, el titular del día en nuestro periódico sería algo así como: "Debido a variaciones positivas en los precios de las compañías que componen el índice, el Jorge Díaz Tecno Average cerró la jornada con un aumento de +6.35% respecto al día anterior." Y a su vez, con el objetivo de, visualmente representar el comportamiento del índice, pudiéramos entonces agregar una gráfica como la representada en la Figura 4.4.

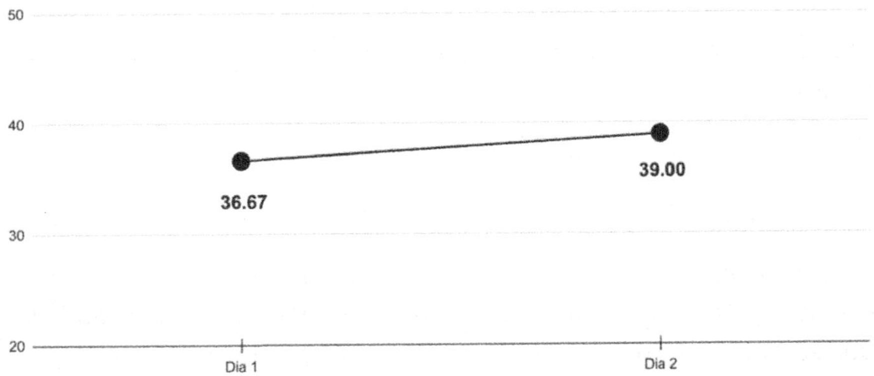

Figura 4.4: Representación visual del movimiento hipotético del índice Jorge Díaz Tecno Average utilizado en el ejemplo anterior.

Este mismo principio es el que aplicaron Dow y Jones. Aunque al inicio su metodología fue criticada por ser "demasiado simple", pronto demostró su enorme utilidad como termómetro del mercado y de la economía en general. El DJIA no solo permitió a los inversionistas entender mejor las fluctuaciones del entorno financiero, sino que, acercó al público común al mundo de las inversiones, convirtiéndose con el tiempo en una referencia universal para medir la salud económica de los Estados Unidos desde dentro y también desde otros países.

El DJIA pasaría a la historia como el más famoso y utilizado, pero no el único gran legado de Dow Jones & Company. De hecho, desde 1884 y bastante tiempo antes de la creación del DJIA, había nacido el Dow Jones Transportation Average (DJTA), considerado el primer índice bursátil del mundo.[68] Aunque por años fue conocido entre los lectores del *Customer's Afternoon Letter*, es el aprendizaje en base al DJTA lo que realmente impulsa a Dow y Jones a popularizar el posterior DJIA.

De forma similar al "industrial", el índice de "transporte" estaba compuesto originalmente por 20 compañías, en su mayoría ferrocarriles, y con el tiempo incorporaría aerolíneas y empresas de transporte por carretera. En ambos, todas las selecciones de compañías eran realizadas personalmente por Charles Dow y Edward Jones, mientras se enfocaban en garantizar la mayor estabilidad posible del índice, ya que querían siempre evitar que la inclusión o eliminación de empresas provocara variaciones innecesarias en su comportamiento general. Imagínate el escenario de "sacar a una empresa que vale $50 por acción y entrar a otra que vale $500". De un día para otro, el índice da un salto que confunde a los inversionistas y genera dudas sobre su fiabilidad. Un escenario a evitar a toda costa.

Es por esto que, durante los primeros años del DJIA, reemplazar alguna de las 12 empresas originales era algo muy poco común. Sin embargo, con el paso de las décadas y el creciente protagonismo del índice, fue necesario realizar ajustes ocasionales para reflejar mejor la evolución económica de Estados Unidos. No existía un calendario fijo para estas revisiones, se efectuaban solo cuando los cambios en la economía así lo justificaban.

El primer —y único— gran ajuste ocurrió en 1928, cuando, bajo la dirección del equipo editorial del *Wall Street Journal*, el índice se amplió para incluir 30 empresas, número que se mantiene hasta la actualidad. En adición a esto, y debido a la eventual diversificación económica de las empresas en el mercado, se decidió no limitarlo exclusivamente a compañías industriales, aunque si se mantuvo intencionalmente su nombre original. Lamentablemente, Charles Dow y Edward Jones —fallecidos en 1902 y 1920 respectivamente— no llegarían a presenciar el enorme impacto global de la herramienta que habían creado.

Pero la visión de ambos seguiría inspirando nuevos proyectos dentro de su propia compañía. Ese mismo año surgiría el Dow Jones Utility Average (DJUA), centrado en empresas de servicios públicos —gas, agua y electricidad—, con un total de 15 *holdings*.[69] Seis años más tarde, en 1934, se publicaría el Dow Jones Composite Average (DJCA), un indicador que combinaba los tres grandes índices anteriores —el "industrial", el de transporte y el de las utilidades— para ofrecer una visión más completa del mercado. Popularmente conocido como DJCA-65, reunía las 30 empresas del índice industrial, las 20 del transporte y las 15 del sector de servicios públicos, sumando un total de 65 compañías representativas de la economía estadounidense.

El crecimiento del índice a lo largo del tiempo

Durante los primeros treinta años de existencia del "Dow", como se puede apreciar en la Figura 4.5 —en la página siguiente—, el índice atravesó un período lleno de profundas transformaciones históricas. A pesar de los altibajos provocados por acontecimientos tan significativos como la creación del Sistema de la Reserva Federal en 1913, la Primera Guerra Mundial (1914–1918), la epidemia de gripe española de 1918 y el *boom* de la revolución industrial moderna en los Estados Unidos, el índice logró mantener una tendencia de crecimiento sostenido.

Durante ese tiempo, el DJIA creció más de cinco veces respecto a su valor inicial de mayo de 1896. Para enero de 1928, había alcanzado un nivel histórico de 226.17 puntos, reflejando la consolidación económica y el ascenso industrial del país antes de la llegada de la Gran Depresión.

Si lo recuerdas del capítulo pasado, el desplome financiero que comenzó a finales de 1929 haría trizas a la economía y a los inversionistas, por lo que el Dow lo reflejaría claramente. Del pico máximo en septiembre de ese año hasta lo que llamarían "el fondo" en el año 1932, el índice perdería el 87% de su valor, alcanzando 41 puntos —casi su número inicial— luego de existir por 36 años.[70] Aquel periodo marcaría el inicio de una nueva era para el índice, que sobreviviría también a la Segunda Guerra Mundial, a crisis financieras, innovaciones tecnológicas y expansiones globales sin precedentes. Cada caída, cada recuperación y cada récord alcanzado serían testigos del progreso industrial, la resiliencia económica y la capacidad de adaptación de los mercados.

Figura 4.5: Dow Jones Industrial Average desde 1896 hasta 1928, en el año en que pasa de contener 12 empresas para abarcar un total de 30. A finales del año siguiente, comenzaría la caída conocida como el período de la Gran Depresión. Fuente: Macrotrends[71] *y MeasuringWorth.*[72]

Hoy en día, en cada sitio web de finanzas, en cada análisis financiero y en cada canal de noticias, está de alguna forma mencionado el "Dow Jones". Desde su valor original de 40.94 en su primer día —el 26 de mayo de 1896—, **el DJIA ha crecido hasta superar los 42,000 puntos**, según su valor el 1.º de noviembre de 2024, más de 128 años después de su creación. Como se puede apreciar en la Figura 4.6 de la siguiente página, este crecimiento refleja el extraordinario desarrollo industrial y económico de los Estados Unidos desde finales del siglo XIX hasta la actualidad. Si lo fuésemos a mirar desde la perspectiva matemática, **el índice se ha multiplicado más de 1,026 veces, lo que equivale a un crecimiento promedio aproximado de +5.56%, año tras año**.

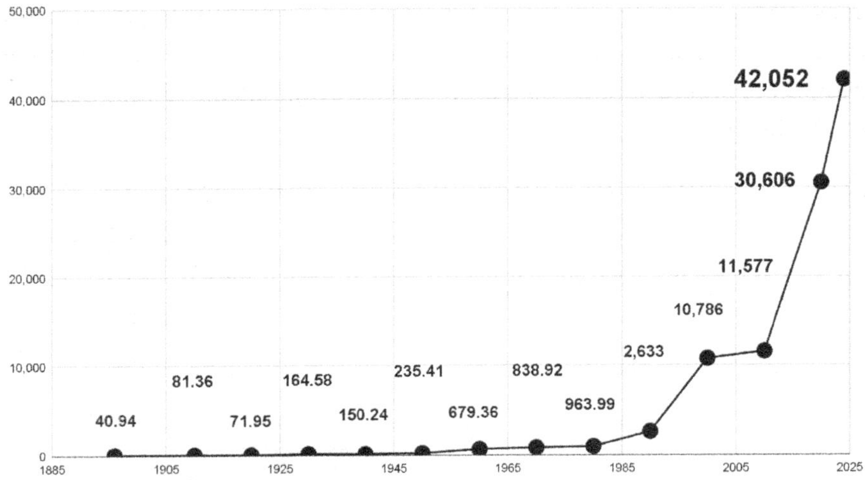

Figura 4.6: Dow Jones Industrial Average (DJIA) desde 1896 hasta 2024, separado por décadas (1900, 1910, 1920... hasta noviembre 1 de 2024). Fuente: Macrotrends.[73]

Su movimiento diario refleja optimismo o incertidumbre, crecimiento o desaceleración, y por eso se ha convertido en uno de los indicadores más seguidos del planeta. Actualmente, tanto la selección de sus compañías como la administración general del índice están a cargo de un comité perteneciente a S&P Dow Jones Indices LLC, una empresa conjunta entre S&P Global, CME Group y News Corp, las cuales adquirieron la aún existente Dow Jones & Company en el año 2007, asegurando la continuidad del índice bajo una gestión profesional y alineada con los estándares modernos del mercado financiero.[74]

El DJIA en la actualidad

En la Tabla 4.7 encontrarás, ordenadas por precio —y por lo tanto también por su peso dentro del índice—, las 30 acciones que actualmente componen el Dow Jones Industrial Average. En la última columna incluí además el sector al que pertenece cada compañía y aquí, me gustaría aclarar: cada empresa, al comenzar en la bolsa, debe registrar oficialmente su sector principal, aunque en la práctica muchas operan en múltiples industrias al mismo tiempo.

Compañía	Precio por acción	% en el índice	Sector del market
UnitedHealth Group	$596.69	8.96%	Salud
Goldman Sachs Group	$595.98	8.95%	Financieras
Microsoft Corp.	$420.18	6.31%	Tecnología
Caterpillar Inc.	$416.88	6.26%	Industriales
Home Depot Inc.	$388.37	5.83%	Consumo Discrecional
Amgen Inc.	$321.79	4.83%	Salud
Visa Inc.	$307.40	4.62%	Financieras
Salesforce Inc.	$306.90	4.61%	Tecnología
American Express Co.	$295.16	4.43%	Financieras
McDonald s Corp.	$294.00	4.42%	Consumo Discrecional
The Travelers Cos	$253.95	3.81%	Financieras
JPMorgan Chase Co.	$247.06	3.71%	Financieras
Apple Inc.	$222.72	3.34%	Tecnología
Honeywell International	$216.40	3.25%	Industriales
IBM	$213.60	3.21%	Tecnología
Amazon.com Inc.	$207.09	3.11%	Consumo Discrecional
Procter & Gamble Co.	$161.05	2.42%	Bienes de Consumo Básico
Johnson & Johnson Co.	$157.88	2.37%	Salud
Chevron Corp.	$157.72	2.37%	Energía
Boeing Co.	$147.16	2.21%	Industriales
3M Co.	$133.92	2.01%	Industriales
Merck & Co. Inc.	$100.73	1.51%	Salud
Walt Disney Co.	$98.89	1.49%	Servicios de Comunicación
Walmart Inc.	$83.44	1.25%	Bienes de Consumo Básico
Nike Inc.	$75.32	1.13%	Consumo Discrecional
Coca Cola Co.	$63.70	0.96%	Bienes de Consumo Básico
Cisco Systems Inc.	$57.87	0.87%	Tecnología
Dow Inc.	$48.35	0.73%	Materiales
Verizon Comms.	$41.16	0.62%	Servicios de Comunicación
Intel Corp.	$25.05	0.38%	Tecnología

Tabla 4.7 (página anterior): Holdings *del DJIA al 6 de noviembre de 2024. En fondo gris, las compañías más popularmente conocidas. Fuente: State Street.*[75]

Como te mencionaba antes de la tabla, cada empresa originalmente se registra bajo un solo sector, aunque en la práctica sus servicios pueden evolucionar con el tiempo y efectivamente abarcar varios a la vez. Por ejemplo, Amazon es mundialmente conocida como una empresa de comercio electrónico, pero hoy ese es solo uno de sus tantos modelos de negocio. Una gran parte de sus ganancias proviene realmente de otros segmentos como Amazon Web Services (AWS) —su división de computadoras en la nube—, publicidad digital y servicios de suscripción como Amazon Prime. De hecho, estos tres segmentos combinados casi generan más ingresos y beneficios que su negocio tradicional de ventas minoristas en línea.[76]

Sin embargo, a efectos de categorización dentro de los mercados financieros, aún si superan las ventas de las tiendas, lo más probable es que Amazon siga siendo clasificada en el sector de "Consumo Discrecional" porque sus operaciones originales y estructura comercial aún se sostienen, en gran medida, sobre una plataforma de ventas al consumidor.

Nombres comunes en las compañías públicas

En el mundo corporativo es muy común que los nombres de las compañías incluyan sufijos como "Inc.", "Corp.", "Co.", "LLC", "Ltd." o "Group". Estos no forman parte del "nombre comercial" —el nombre con el que se conoce públicamente la marca —, sino que indican la estructura legal bajo la cual está registrada la empresa.

Estos sufijos no afectan la identidad de la empresa en la bolsa ni su símbolo en la bolsa, pero son parte de su denominación formal en documentos legales. Cuando me refiera a Apple, Apple Inc. o APPL, esencialmente estoy hablando de la misma entidad.

Y hablando de las tablas, pienso que estas resultan muy prácticas para conocer al detalle cada uno de los *holdings* del índice pero, visualmente, es realmente en una gráfica donde obtenemos una percepción clara de su estructura. En la Figura 4.8 podemos observar que, literalmente, los 8 *holdings* más pesados del DJIA representan aproximadamente el 50% del índice —lo que vendría a ser la mitad derecha del gráfico con forma de *pie*—.

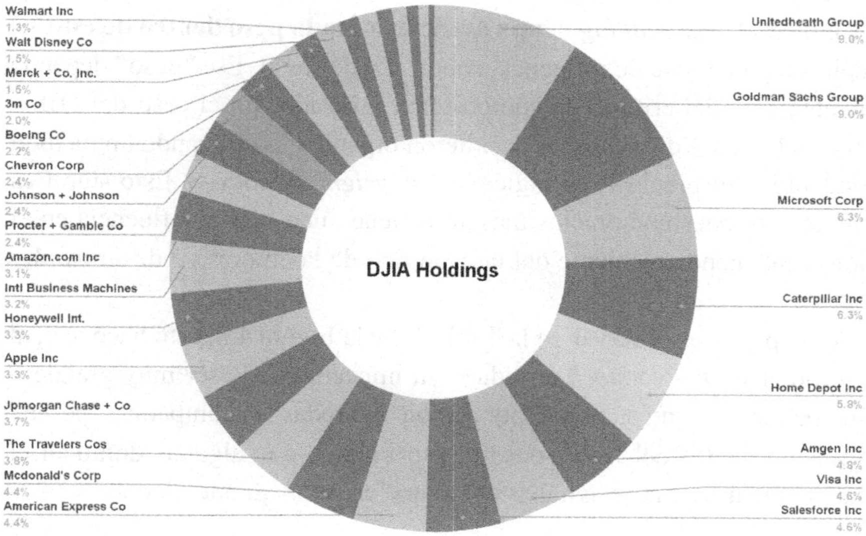

Figura 4.8: Principales holdings *del* DJIA. *Los primeros 8* holdings *(a la derecha) representan el 50% del índice.*

De la misma manera que en mi ejemplo inicial del hipotético *Jorge Díaz Tecno Average*, esto significa que no todas las compañías tienen el mismo impacto en el índice. Un pequeño movimiento en el precio de una de las acciones más costosas puede influir mucho más en el valor total del Dow Jones que movimientos similares de otras compañías de menor peso.

Por ejemplo:

- Microsoft, con aproximadamente 6.31% del índice, es uno de los *holdings* más influyentes debido a su precio de $420.18 por acción.
- Intel, en cambio, solo representa alrededor de 0.38% ya que sus acciones cuestan unos $25.05.

Entonces, asumiendo que todas las demás acciones permanecen sin cambios, al subir el precio de Microsoft en un +10%, el DJIA aumentaría proporcionalmente alrededor de +0.631% en su valor. Para que Intel genere ese mismo impacto en el índice, tendría que subir aproximadamente +166% —casi triplicar su valor—. Este ejemplo ilustra claramente cómo el peso porcentual dentro del índice determina la influencia real de cada compañía sobre el DJIA.

Y este es un punto clave para comprender correctamente cómo funcionan los índices. **Cada *holding* ocupa un determinado peso dentro de este**, es decir, un porcentaje de influencia sobre su valor total. Ese "peso" depende directamente del criterio de composición utilizado. En el caso del DJIA, Charles Dow y Edward Jones decidieron organizarlo utilizando un método ponderado por precio —en inglés, *price-weighted index*—. Esto significa que, las acciones con precios más altos tienen una mayor influencia en el índice, independientemente del tamaño real de la empresa o de su *market cap*.

Como pudimos observar en la Tabla 4.7 y la Figura 4.8, esto hace que, al incorporar un nuevo *stock* al índice, su impacto puede ser muy grande o muy pequeño según su precio por acción. No todas las compañías "pesan" lo mismo dentro del Dow Jones y esto implica que algunas dominan el índice, mientras otras están más como que en un "segundo plano".

Ahora, desde el punto de vista sectorial, en la Figura 4.9 —en la página siguiente— se muestran justamente los mismos 30 *holdings* del DJIA, pero agrupados por sectores económicos. Es decir, es el mismo índice, solo que visto desde otra perspectiva: no empresa por empresa, sino analizando qué sectores representan mayor participación dentro del DJIA. Por ejemplo, tomemos el sector de Tecnología, que representa el 18.7% del DJIA. Las empresas clasificadas dentro de este sector son Microsoft, Salesforce, Apple, IBM, Cisco e Intel. Si sumamos el "peso" de estas seis compañías dentro del índice, obtenemos el porcentaje total que la tecnología ocupa en el Dow Jones.

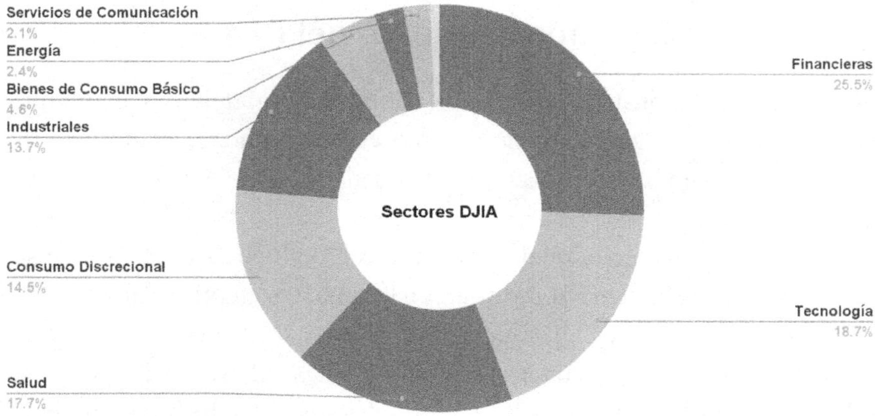

Figura 4.9: Sectores económicos del DJIA. *Fuente: State Street*[77]

Comprender los sectores dentro de un índice es fundamental porque revela qué tan expuesto está a determinadas áreas de la economía. En el caso del DJIA, se puede observar que ningún sector domina en exceso, lo que lo convierte en un índice relativamente equilibrado y variado. Ahora, esto no ocurre por casualidad, sino que es una estrategia deliberada diseñada por S&P Dow Jones Indices LLC para reducir riesgos, una práctica ampliamente conocida en el mundo financiero como diversificación. En palabras simples, se evita depender demasiado de un solo sector económico para que el índice sea más estable ante eventuales crisis puntuales.

Hasta este punto del capítulo, podemos resumir todo lo analizado con una idea clara: el Dow Jones Industrial Average, creado en 1896, está compuesto actualmente por 30 compañías seleccionadas por un comité especializado con el objetivo de representar, de la manera más fiel posible, el tejido productivo de Estados Unidos. El peso de cada empresa dentro del índice está determinado por el precio de su acción, razón por la cual el DJIA es considerado un *price-weighted index* y desde su creación se ha multiplicado más de mil veces.

Listo. Pues, con esto entendido, podemos avanzar a la siguiente pregunta clave: ¿Qué puedes esperar cada vez que escuches hablar del *Dow*?

El comportamiento del DJIA

El Dow Jones Industrial Average es una referencia global. Y ahora que ya conoces qué es, qué contiene y cómo está constituido, ya no será un número vacío para ti, ya que siempre te dirá algo sobre el pulso económico del momento.

Cada acontecimiento global —económico, político, social, o incluso sanitario— tiene el potencial de influir en las grandes empresas que forman parte del Dow Jones. Crisis geopolíticas, pandemias, elecciones presidenciales, guerras comerciales, decisiones de bancos centrales, inflación o noticias empresariales importantes, todo puede mover el Dow, ya que todo puede afectar las expectativas de los inversionistas que invierten en las compañías que el índice mide. Y cuando estos reaccionan comprando o vendiendo acciones, el índice sube o baja en cuestión de segundos.

Veamos algunos ejemplos recientes que lo ilustran:

- "El Dow se desploma más de 600 puntos tras el voto del Brexit, con pérdidas estimadas en $2.1 mil millones" por ABC News, el 24 de junio de 2016.[78]

- "El Dow pierde casi 3,000 puntos a medida que la caída del Coronavirus continúa" por CNBC, el 15 de marzo de 2020.[79]

- "Dow Jones se desploma 650 puntos luego del ataque de Rusia a Ucrania" por NASDAQ.com, el 24 de febrero de 2022.[80]

- "El Dow se dispara 1,300 puntos luego de que Trump se llevará la elección del 2024 frente a Harris" por Marketwatch, el 6 de noviembre de 2024.[81]

- "El Dow cae en picada 1,600 puntos (...) debido a las tarifas de Trump" por CNBC, el 3 de abril de 2025.[82]

- "El Dow Jones se desploma otros 2.200 puntos mientras el caos de las tarifas sacude los mercados" por CNN, el 4 de abril de 2025.[83]

Cada uno de estos movimientos no es más que una reacción inmediata del mercado ante la realidad o la percepción de lo que puede pasar en la economía. Por eso se dice que el *Dow Jones* no es solo un número: es un termómetro de confianza, miedo y expectativas.

En ese sentido, la historia del DJIA nos deja una lección clave: hacer simple lo complejo no solo es posible, sino poderoso. Charles Dow y Edward Jones no inventaron las finanzas ni la economía, pero cambiaron la forma en que el mundo las entiende. Es como cuando nació internet y el conocimiento del mundo entero comenzó a estar al alcance de todos. No cambió la información, pero sí transformó radicalmente la manera de acceder a ella. De una forma similar, el DJIA no modifica al mercado, pero transforma nuestra capacidad de verlo, resumirlo y entenderlo. Lo que antes era un caos de datos dispersos, de empresas y cifras imposibles de procesar al mismo tiempo, se convirtió en una observación clara, directa y reveladora: en un simple número.

Pero a medida que el Dow Jones se adentró en el siglo XX, no lo hizo solo. Su historia de éxito, en conjunto con el crecimiento del *market* y la aparición de nuevas industrias impulsaron la necesidad de crear índices más amplios, más representativos y con metodologías más actualizadas. Y fue precisamente en ese contexto de evolución financiera que nació el índice más influyente y utilizado del mundo actual: el S&P 500.

Veámoslo en el próximo capítulo.

Resumen del Capítulo

- El Dow Jones Industrial Average (DJIA) es uno de los índices financieros más antiguos y uno de los más influyentes en la historia de los mercados.

- Fue creado en 1896 por Charles Dow y Edward Jones con el objetivo de simplificar la comprensión del comportamiento del mercado.

- Su metodología es *price-weighted index*, ya que el peso de cada empresa en el índice depende del precio de su respectiva acción.

- El DJIA ha demostrado ser un reflejo del crecimiento económico de Estados Unidos por más de un siglo.

- A lo largo de más de 128 años, el DJIA ha evidenciado un crecimiento excepcional, pasando de 40.94 puntos en 1896 a más de 42,000 puntos en 2024, lo que representa un crecimiento promedio aproximado de +5.56% anual.

a

Realiza una búsqueda en Google del valor actual del "Dow Jones" y noticias relacionadas

Realiza una búsqueda en Google para "djia" o "dow jones"

Explora los resultados y desplázate hacia abajo a la sección de noticias para que veas como los eventos más recientes están influyendo en el movimiento del índice.

CAPÍTULO 5

STANDARD & POOR'S Y EL S&P 500

"Cuando observas el S&P 500, estás viendo esencialmente una muestra representativa de las empresas estadounidenses. Es un reflejo poderoso del éxito empresarial y de la fortaleza de la economía de los Estados Unidos."

—Robert Shiller

Manhattan, esa islita hoy famosa por Broadway, Wall Street, Central Park y más de 300 rascacielos por encima de los 150 metros de altura, a principios del siglo XVII estaba muy lejos de ser el símbolo del capitalismo global que conocemos hoy. En aquel entonces, era una tupida región de bosques y ríos, habitada por pueblos nativos, que despertaría el interés comercial de las potencias europeas, sobre todo el del gobierno de las Provincias Unidas Neerlandesas.

Como vimos en el primer capítulo, durante esa época los neerlandeses vivían un auge económico sin precedentes, gracias al comercio marítimo y a su poderosa red de comercio internacional. Su gran motor financiero era la Compañía Neerlandesa de las Indias Orientales —recordarás también a la gigantesca VOC— la cual había sido recientemente establecida principalmente para enfocarse en el comercio con Asia, aunque no exclusivamente en ese continente.

Pues en 1609, el explorador inglés Henry Hudson, a bordo del barco Halve Maen al servicio de la VOC, navegó por el río que lleva hoy su nombre y llegó hasta la isla de Manhattan. Sus informes sobre el enorme potencial comercial de la zona —en especial para el lucrativo comercio de pieles— convencerían a las Provincias Unidas de establecer allí un punto estratégico de intercambio.

Es por esto que, tiempo después, en 1624, se fundó oficialmente el asentamiento neerlandés en la isla, bautizado como Nueva Ámsterdam.[84] Gracias a su ubicación privilegiada, con acceso directo al océano Atlántico y a rutas fluviales, rápidamente se convirtió en un centro comercial clave en Norteamérica. Sin embargo, la presencia neerlandesa no duraría ni dos generaciones. En 1664, los británicos —quienes hacía solo 10 años habían estado en conflictos bélicos con los neerlandeses en Europa y pronto iniciarían otra guerra más— llegaron con 4 barcos y 400 soldados para tomar el control pacíficamente y rebautizar el lugar como *New York*, en honor al Duque de York.

Y aunque el dominio neerlandés fue relativamente breve, dejó una huella profunda en la futura ciudad: nombres de calles como Harlem (Haarlem), Brooklyn (Breukelen) o Staten Island (Staten Eylandt) son herencias directas de aquel período. Además, el espíritu mercantil, la apertura cultural y la tolerancia religiosa que caracterizaron a Nueva Ámsterdam se mantuvieron como rasgos fundamentales del ADN de los habitantes de Nueva York. Como dato histórico poco conocido, fueron bancos neerlandeses quienes financiaron al naciente gobierno de los Estados Unidos poco después de su independencia. Entre 1782 y 1794, el país recibió préstamos equivalentes a más de 22 mil millones de dólares actuales, algo que fue decisivo para que la joven nación pudiera estabilizar su economía, construir infraestructura y sentar las bases de su sistema financiero. Irónicamente, la nación que años más tarde se convertiría en la mayor potencia económica del mundo comenzó su camino, nada más y nada menos que, endeudándose con Europa.[85]

Con el paso del tiempo, Nueva York se transformó en lo que hoy conocemos: una gigantesca metrópolis que es una incubadora increíble de cultura, comercio y finanzas. Su carácter cosmopolita no solo atrajo a comerciantes y visitantes del mundo entero, sino también a soñadores, emprendedores e inversionistas que, generación tras generación, encontraron allí un lugar para intentar algo más grande. Y quizá por eso, entre historia, oportunidades y mitos, Nueva York se ganó un sitio particular en el imaginario colectivo, ya que es esa ciudad que millones sueñan con pisar al menos una vez en la vida.

Y no lo digo solo por historia o por lo que cuentan los libros; lo digo también porque lo he sentido en carne propia. Debido a la cercanía con Montreal, donde vivo desde hace más de una década, pasar por Nueva York se ha convertido casi en una tradición familiar. Casi todos los años, por una razón u otra, terminamos dando una vuelta por la ciudad que nunca duerme. Y fue precisamente en uno de esos viajes que viví una de esas experiencias que se quedan guardadas en la memoria para siempre.

En 2018 asistí a un concierto de uno de mis cantantes favoritos en el City Winery, un pub íntimo y acogedor en Lower Manhattan. Esa noche tocó Carlos Varela, probablemente uno de los músicos cubanos más queridos y respetados de mi generación. No se presentaba en la zona de Nueva York, Nueva Jersey o Toronto desde hacía años, así que aquel concierto tuvo el sabor de un reencuentro, ya que la última vez que lo había visto había sido en La Habana por allá por el 2008. Fue de esas noches que se sienten bien profundo, que desde que empiezan no paran de moverte el piso. Una experiencia única.

En fin, meses después me enteraría que aquel local, el City Winery, cerraría sus puertas para mudarse unos dos kilómetros más al norte, un poco más cerca del río Hudson.[86] Yo no lo sabía en ese momento, pero esa ubicación del antiguo local, guardaba una historia mucho más grande de lo que imaginé. Lo curioso es que, años después, mientras preparaba este libro, descubrí algo que me dejó frío y fue que justo en la esquina opuesta del antiguo City Winery, en el número 200 de la Varick Street, se fundó en el año 1906 una empresa que cambiaría la historia de las finanzas para siempre: **la Standard Statistics Company**.[87]

Pero antes de ir directamente a la Standard Statistics, necesito hacer una pausa *express* —sin café, lamentablemente— para aclarar algo vital, ya que necesito explicarte qué cosa es **un bono**.

Este libro que estás leyendo, trata sobre las acciones de las compañías públicas, pero es muy difícil referirse a la historia de los mercados capitales sin hacer, como mínimo, una ligera referencia a lo que son bonos.

Una pausa sobre los bonos

A diferencia de las acciones, **los bonos han sido, durante siglos, la inversión preferida de gobiernos, bancos y grandes empresas**. Conocerlos es importante porque, junto con las acciones, forman las dos grandes columnas del mundo de las inversiones modernas. Para que tengas una idea de que tan grandes son, según un reporte de 2024 de la Securities Industry and Financial Markets Association, si sumamos todo los *market cap* de todas las compañías públicas existentes en el mundo, llegamos a un total de 126.7 billones de dólares en acciones. Si hacemos lo mismo con el mercado total de bonos, el número global para el mismo año asciende a 145.1 billones.[88] Básicamente, el tamaño capital del mercado de bonos es aproximadamente un 15% más grande que el de las acciones. Entonces, si estamos hablando también de un activo de inversión ¿qué es un bono?

Pues un bono funciona de manera diferente a una acción, pero ambos se compran en el *market.* Su diferencia fundamental radica en que:

- Cuando compras un *stock*, **te conviertes en propietario** de una parte de una empresa. Tu ganancia depende del crecimiento de esa empresa y de los dividendos que esta pueda repartir.

- Cuando compras un bono, no eres dueño de nada nuevo. En este caso **actúas como prestamista**, ya que le estás prestando dinero a un gobierno (federal, estatal o municipal) o a una empresa, y a cambio recibes intereses periódicos durante un plazo previamente determinado.

En otras palabras, mientras las acciones dependen del desempeño del negocio y del estado de ánimo del mercado, los bonos son acuerdos financieros con pagos definidos durante un periodo, más parecidos a un contrato que a una apuesta. Te los explico:

Aprendiendo sobre bonos con mis hijos

El siguiente ejemplo no es una situación real pero, pensándolo bien, voy un día de estos a tener que ponerla en práctica con mis hijos. Supongamos que queremos ir a la heladería que está al doblar de mi casa, pero mi esposa y yo decidimos aprovechar la oportunidad para enseñarle a nuestros hijos cómo funciona un bono. Pues le pido a mi hija que agarre $10 de su alcancía de cerdito y que me los preste durante un mes, bajo el acuerdo de que cada semana yo le pago $1 de interés por el préstamo. Repito: ella me presta $10, los utilizo para los helados, le pago $1 cada viernes —lo que vendría a ser el interés— y en un mes le devuelvo el préstamo original completo. Total, los va a tener "improductivos" durante meses en la alcancía.

Mi intención es motivarla a que me preste y a su vez, ella acepta porque piensa: "mi papá no me va a salir con que se quedó sin dinero y no me puede pagar. Un amiguito de la escuela, tal vez, pero no mi papá". Por lo que, en términos de "riesgo" a que las cosas salgan, yo debo cumplir el contrato, porque no debo fallar en los pagos de intereses mientras que alguien en quien ella no confíe tanto sería más riesgoso de prestarle.

Pues, continuando con el ejemplo, supongamos que, para hacerlo más real, agarro unos lápices de colores y le firmo a mi hija un pequeño papel bien bonito donde indico la fecha de hoy, cuanto fue que me prestó, qué días del mes le voy a pagar cada interés y que día le devuelvo todo. A su vez, todo esto ocurre frente a la supervisión de mi esposa, que funcionará como árbitro o, mejor dicho, "entidad reguladora", para asegurarse que todo se haga apropiadamente. **Ese es mi bono.**

Ahora, supongamos que después de la primera semana mi hija, a partir de una situación inesperada, no tiene otra opción que recuperar sus $10 para comprar unos materiales de la escuela. Yo no se los puedo devolver todavía, ya que ambos hicimos un contrato —el bono— el cual no puede ser alterado, por lo que su única alternativa es buscar a alguien que se lo compre. Y es aquí donde ella, le "vende" el contrato a su hermano mayor: él le entrega los $10 a ella, ahora él es quien se queda con el papelito y se convierte en mi nuevo prestamista. Desde ese momento, cada vez que llega el día de pago, yo simplemente pregunto: "¿Quién tiene mi bono?" y quien tenga el papel y solo frente a los ojos del árbitro, recibe el dólar de interés semanal. Ya después, al final del mes y en la fecha acordada, le devuelvo los $10 y el bono "expira", por lo que se lo paso a la "entidad reguladora" para que lo destruya frente a todos nosotros y lo tire a la basura.

En números simples: **mi hija ganó $1 por haber mantenido el bono la primera semana y recuperó sus $10 cuando se los vendió a su hermano. Mi hijo, que mantuvo el bono las tres semanas restantes, ganó $3 en intereses. Y yo, gracias a ese préstamo familiar, pude comprar los helados en el momento sin tener que usar mi propio dinero. Todos nos beneficiamos**: mis hijos aprendieron una lección financiera real, cada uno obtuvo una pequeña ganancia a cambio de prestar dinero, y yo pude realizar mi operación gracias a que alguien estuvo dispuesto a financiarla temporalmente. Esa es la esencia de los bonos: **todas las partes obtienen algo de valor**.

Y así como mi pequeña operación de los helados necesitó un préstamo temporal, las grandes empresas hacen exactamente lo mismo, pero a una escala gigantesca. Cuando compañías como Apple necesitan invertir miles de millones para desarrollar un nuevo chip, construir centros de datos o lanzar una nueva línea de productos, no le tocan la puerta a un banco específico a pedir un préstamo tradicional. En lugar de eso, emiten bonos y los ponen a disposición del público en la bolsa. Y es ahí, donde cualquier inversionista —desde bancos o fondos de inversión gigantes hasta personas comunes como tú y yo— puede comprar esos bonos. Es el mismo mecanismo de mi historia, solo que con números astronómicos y con una empresa que prefirió financiarse directamente con el mercado en lugar de con un solo prestamista.

Y poniéndonos del otro lado ¿te imaginas conocer que tu banco le prestó, absolutamente todo el dinero que tenía disponible a una sola empresa? Los bancos también necesitan diversificar las operaciones que hacen con sus reservas de efectivo y es ahí donde los bonos resuelven un gran problema, tanto para los bancos como para las empresas: Cada deuda está sustentada de forma diversa por múltiples inversionistas y a la vez, cada inversionista también diversifica entre la cantidad de empresas a las que les presta su dinero.

Es por eso que invertir en bonos en la bolsa, funciona exactamente igual, ya que se pueden comprar tal y como se compran acciones. Durante su tiempo de validez, se reciben los pagos y al finalizar ese período —conocido como fecha de vencimiento o *maturity*— recibes de vuelta el 100% del dinero que prestaste, que también se conoce como capital o valor principal. Es decir, el bono "vive" un tiempo en tu cuenta *broker* generándote intereses, y el día que vence, simplemente desaparece porque ya cumplió su ciclo, devolviéndote tu dinero más el ingreso en intereses acordado. **Es como recibir depósitos regulares parecidos a "dividendos" y el día de vencimiento, la unidad completa se convierte en dinero efectivo**, como si se hubiese vendido sola.

También existen índices de bonos

Así como existen índices de acciones como el Dow Jones o el S&P 500, también existen índices de bonos que agrupan distintos tipos de deuda emitida por gobiernos y empresas.

Y una aclaración final: tal y como pudiste ver en el ejemplo de mis hijos y la heladería, los bonos también se pueden vender antes de su vencimiento. Si en algún momento necesitas recuperar tu dinero antes de tiempo, no tienes que esperar hasta el final, puedes poner tu orden de venta del bono en el mercado y a otro inversionista. El precio al que logres venderlo dependerá de diferentes factores, pero lo importante es aclarar que estos son tan líquidos como las acciones, ya que se compran y se venden igual que las acciones y cada compañía sabe a qué cuenta *broker* tiene que hacerle los pagos regulares.

Pero, si este libro es sobre las acciones ¿por qué este desvío temporal hacia los bonos?

¿Qué tienen entonces que ver los bonos con Standard Statistics?

Muchísimo, de hecho, porque el verdadero problema para los inversionistas a principio del siglo XX no era comprar bonos, sino saber a qué empresas prestarle dinero sin correr demasiado riesgo de que nunca les devolvieran el préstamo original.

Así que hagamos otro viaje en el tiempo, pero esta vez un poco más corto, solo hasta la Nueva York del año 1906. Una época en la que los automóviles apenas comenzaban a circular por las calles el progreso industrial estaba transformando la vida cotidiana, y cada nuevo invento parecía abrir una puerta más al futuro. El DJIA ya se medía desde hacía unos 10 años y se comentaba de sus movimientos en los periódicos, la electricidad empezaba a iluminar hogares y los cables de teléfono comenzaba a colarse en las casas, acortando las distancias como nunca antes se había visto. En el *market* nuevas empresas salían a bolsa, los grandes ferrocarriles dominaban el comercio nacional, el acero y el petróleo impulsaban fortunas, y los bancos competían por financiar, a través de bonos, la siguiente gran expansión americana. Wall Street estaba saturado con *brokers*, analistas improvisados y rumores constantes, lo que lo hacía un ecosistema vibrante, lleno de ambición, pero también profundamente desigual en acceso a información confiable.

Desde la perspectiva de desarrollo financiero, es como si la Nueva York de 1900 fuese un caldo de cultivo similar al que fue Ámsterdam a principios de los años 1600, que en aquel entonces daría lugar a la emisión de las acciones públicas de la VOC. Por cierto, muy acertado el nombre original de Nueva Ámsterdam en 1624… increíble lo de los neerlandeses (risas). Pues, así como mismo aquella "primera" Ámsterdam sentó las bases de un mercado para el ciudadano común, esta "segunda" también buscaría darle orden a su caótico crecimiento financiero.

Durante sus primeros años, Standard Statistics se dedicó principalmente a recopilar información financiera básica y a analizar los bonos de las empresas. Su misión se centró en clasificar y organizar datos que, hasta entonces, estaban dispersos, opacos y, en muchos casos, incompletos. Y si lo pensamos bien, esto no es muy diferente a lo que Charles Dow y Edward Jones habían hecho unas décadas antes con el Dow Jones Industrial Average. Mientras el DJIA resumía el comportamiento del mercado en un solo número, Standard Statistics buscaba explicar quién estaba realmente detrás de esas empresas y si estas eran financieramente sólidas o no. La compañía comenzó a publicar boletines periódicos y manuales especializados donde resumían la situación financiera de cientos de empresas. Eran documentos que funcionaban como una especie de informe resumido (lo que en inglés le llaman *digest*) para inversionistas que incluían listados de bonos, evaluaciones de riesgo, historial crediticio y notas explicativas que ayudaban a entender, de un vistazo, la solidez de cada entidad emisora del bono. En una época en la que obtener información confiable podía tomar días —o requería contactos privilegiados— estos reportes se convirtieron en herramientas valiosísimas para bancos, *brokers* y para cualquier persona que intentara navegar el creciente universo de invertir en bonos.

Pero el verdadero punto de inflexión llegaría en la década de 1920. Inspirados por otra empresa del sector, Poor's Publishing —con la cual cruzarían caminos más adelante—, Standard Statistics introdujo algo revolucionario para el mundo financiero: **un sistema formal de calificación de bonos**, utilizando una escala que iba desde AAA (máxima calidad crediticia) hasta D (bono en impago o default). Ese sistema, aún vigente el día de hoy, cambiaría para siempre la forma de evaluar el riesgo financiero, ya que, antes de eso, invertir en bonos era como navegar a ciegas. Uno tenía que confiar en rumores, reputación o intuición. A partir de entonces, con una sola letra —AAA, BBB, o incluso una temida C— ya era posible medir cuán riesgoso era prestarle dinero a una empresa o gobierno.

Si una empresa mostraba retrasos o señales de inestabilidad, su calificación descendía de inmediato; y si atravesaba problemas financieros serios, la escala continuaba ajustándose hasta reflejar ese deterioro, dejando claro para cualquier inversionista —con una simple letra— el nivel real de riesgo que estaba asumiendo. Siguiendo el ejemplo anterior de los helados, para mi hija yo hubiese sido algo así como un AAA, mientras que un amiguito de la escuela, que pudiera olvidar hacer un pago semanal de interés o sencillamente decidir no devolver el dinero, perfectamente sería un C.

En otras palabras, Standard Statistics ayudó a responder LA pregunta clave del mundo de los bonos: "Entre todas las empresas que existen, ¿a cuál le puedo prestar mi dinero con el menor riesgo posible de perderlo?"

En una de sus frases más recordadas, el banquero e inversionista J.P. Morgan diría: "En cuestiones de inversión, la certeza es el mejor aliado del inversionista. Conocer la solvencia de una empresa aporta confianza y previene errores de juicio."

Y precisamente eso fue lo que hizo Standard Statistics: aportar certeza. La compañía se enfocó en calificar la solvencia financiera de empresas y gobiernos, es decir, su capacidad para pagar sus deudas en tiempo y forma, a partir de una sencilla escala, por lo que aquella innovación cambió por completo la manera en que se evaluaba el riesgo y marcó un antes y un después en la historia de las inversiones. No era una opinión, era una calificación numérica, definida a partir de una serie de patrones y completamente pública. El sistema se adoptó tan rápido que el propio mercado terminó convirtiéndolo en el estándar de referencia.

Y es por esto que, impulsada en gran medida por esa reputación de rigor y confiabilidad, Standard Statistics terminaría dando el siguiente paso lógico para una compañía de su tipo cuando, par de años más tarde, decidió crear su propio índice del mercado, dando lugar a la semilla de lo que más tarde se convertiría en el S&P 500.

Standard Statistics & Poor's Publishing

La historia del S&P 500 comenzó en 1923, cuando Standard Statistics lanzó **un índice llamado Composite Index para rastrear el rendimiento de 233 empresas estadounidenses.**[89] A diferencia del Dow Jones Industrial Average, que daba peso a cada acción según su precio, este nuevo índice introdujo una metodología innovadora: **el peso por *market cap***, el cual recordarás del *Capítulo 1*.

En otras palabras, cada empresa ocupaba dentro del índice un peso proporcional a su tamaño real en el mercado. Las compañías más grandes tenían más influencia, no porque sus acciones costaran más, sino por la suma de todas sus acciones. Las más pequeñas, aunque con menos peso, seguían incluidas para ofrecer una representación más fiel del panorama económico general. Y hacía total sentido, ya que una empresa con decenas de miles de trabajadores y docenas de industrias era, proporcionalmente, más influyente en la economía y el mercado que una de menor escala, independientemente del precio al que se cotizaran sus acciones.

Esta estructura hacía que el índice reflejara mejor la verdadera dimensión de los sectores dentro de la economía. En lugar de que el valor de una sola acción extremadamente cara distorsionara el resultado total, el Standard Composite Index ofrecía una imagen equilibrada del conjunto de las 233.

Inicialmente, el índice se actualizaba una vez por semana, según las variaciones del valor total de las empresas que lo componían, pero a medida que los mercados se modernizaron, Standard Statistics comenzó a actualizar los precios a diario, abriendo el camino hacia la versión moderna de lo que hoy en día es el índice más seguido del mundo.

Poor's Publishing

Mientras todo esto sucedía, otra empresa avanzaba en el mismo camino, pero desde otra dirección. Se trataba de Poor's Publishing, una compañía con casi un siglo de ventaja histórica.

Fundada a mediados del siglo XIX por Henry Varnum Poor, analista financiero y prolífico autor, Poor's Publishing nació con un propósito similar: organizar información confiable sobre empresas para ayudar a los inversionistas a tomar decisiones más inteligentes. Pero su enfoque inicial no estaba en los bonos, sino exclusivamente en los ferrocarriles, que en aquella época eran el equivalente a lo que hoy son gigantes tecnológicos como Apple, Microsoft o Nvidia. Poor's Publishing se centraba exclusivamente en empresas revolucionarias que movían la economía y empujaban la frontera del progreso.

En 1860, décadas antes de la aparición de Standard Statistics —que sería como decir hoy en día "en los años '80" —, Poor publicó su obra más influyente: *Manual of the Railroads of the United States*, un libro monumental que recopilaba datos financieros detallados sobre las compañías ferroviarias del país. Este manual se actualizaba cada año y se convirtió rápidamente en la referencia obligatoria para banqueros, empresarios e inversionistas que necesitaban información confiable en una época donde la transparencia financiera era casi inexistente.

Hoy en día, cualquier persona puede entrar a internet y en segundos encontrar reportes financieros, análisis históricos y proyecciones sobre cualquier empresa pública. Pero hace más de 150 años no existía absolutamente nada, pero ni remotamente parecido. Empresas como Poor's Publishing, Standard Statistics, y Dow Jones Corporation sobresalían como las principales fuentes serias y estructuradas de información financiera del país. Sus publicaciones impresas eran, literalmente, las herramientas que sostenían a Wall Street.

Henry Varnum Poor moriría en 1905, pero su legado continuaría. Con el tiempo, Poor's Publishing incluiría información sobre otros sectores de la economía y ampliaría su alcance. En 1916, lanzaría su propio sistema de calificación de bonos, el cual a la larga no resultó popular, pero como mencionaba en la sección anterior, Standard Statistics replicaría la idea y lo adaptaría a sus audiencias, por lo que lograría establecerlo exitosamente.

Esa coincidencia de misión —organizar información financiera para el público inversionista—, junto con la complementariedad de servicios entre ambas compañías (una especializada en análisis de bonos y otra en análisis empresarial) hicieron inevitable la unión. **En 1941, Standard Statistics y Poor's Publishing se fusionaron oficialmente**, dando lugar a Standard & Poor's, conocida mundialmente hoy como S&P Global.[90]

Para ese entonces, el índice que manejaba la compañía se llamaba Composite Index, una versión temprana de lo que luego sería el S&P 500. Sin embargo, tenía una gran limitación: no representaba el mercado en tiempo real, sino una vez al día y, adicionalmente, se actualizaba solo de forma periódica y reflejaba mayormente empresas industriales, dejando fuera a gran cantidad de sectores que ya comenzaban a ganar peso en la economía estadounidense.

Así que eventualmente, todo cambió en 1957 con la llegada de la computación, cuando apareció la tecnología que permitía calcular y actualizar el índice durante la jornada del mercado. Gracias al uso de computadoras tempranas que funcionaban con tarjetas perforadas —las abuelas de las computadoras modernas—, Standard & Poor's logró hacer algo nunca antes visto: mostrar el pulso del mercado casi que en tiempo real, tal y como si estuviésemos viendo un monitor cardíaco de un paciente.

Y así nació oficialmente **el S&P 500, un índice compuesto por las 500 empresas más grandes y significativas de los Estados Unidos**, seleccionadas para reflejar el desempeño real del mercado en su conjunto. Su valor inicial fue de 42.10 puntos, una cifra que marcaría el comienzo del índice más seguido del mundo moderno. Desde ese momento, el S&P 500 empezó a computarse varias veces al día y a publicarse con alta frecuencia, lo que lo convirtió rápidamente en una herramienta esencial para inversionistas, economistas, bancos, gobiernos y prácticamente cualquier persona interesada en entender los mercados.

Popularización del S&P 500

Cuando el S&P 500 adoptó su forma moderna en 1957, los Estados Unidos contaban con alrededor de 950 compañías listadas en sus *exchanges* y cerca de 4,000 *brokers* registrados, según el reporte anual de la Securities and Exchange Commission de ese mismo año.[91] El índice, sin embargo, no intentaba incluir a todas las empresas del mercado, sino solo a las quinientas más grandes y representativas. Por eso nació con una estructura muy concreta:

- 425 compañías industriales
- 15 compañías ferroviarias
- 60 empresas de servicios públicos

Con el tiempo, esta composición iría cambiando para reflejar mejor la realidad económica y la evolución de las industrias del país. Ahora, este proceso de reemplazo no ocurría por casualidad ni de manera improvisada. Desde su creación, el índice fue diseñado con reglas claras que exigían mantener siempre a las compañías más grandes y representativas del país. La rotación —unas 20 entradas y 20 salidas al año en sus primeras décadas— no obedecía a un objetivo numérico, sino que era el resultado natural del crecimiento, las fusiones, las adquisiciones y los cambios estructurales en la economía estadounidense. **En otras palabras, fue un**

mecanismo planificado en su diseño, pero orgánico en su funcionamiento.

Un ejemplo temprano muestra claramente cómo la rotación del S&P 500 respondía tanto a su diseño como al movimiento natural de la economía. En 1961, Xerox —impulsada por el éxito revolucionario de su fotocopiadora Xerox 914 y que aún hoy en día es una empresa líder global en equipos de impresión— fue incluida en el índice tras cumplir los criterios de tamaño, crecimiento e impacto económico. Su entrada desplazó a empresas industriales tradicionales que habían perdido relevancia.[92]

Y aquí viene un dato clave que explica por qué el S&P 500 comenzó a imponerse como referencia frente a otros índices: **desde su creación, las 500 compañías que lo conformaban representaban entre el 85% y 90% del valor total del *stock market* estadounidense**. Es decir, aunque existían otras 450 compañías adicionales en la bolsa, entre todas ellas juntas apenas sumaban entre 10% y 15% del tamaño total. Dicho de otra manera: el S&P 500 era prácticamente el mercado completo condensado en un solo índice.

Al igual que el DJIA, y de hecho, en paralelo desde 1923, el S&P 500 ha sido testigo y protagonista de todos los grandes eventos económicos: la Gran Depresión, la Segunda Guerra Mundial, la expansión industrial de los Estados Unidos en los años 60, colapso del mercado en 1987, la burbuja tecnológica del 2000, la crisis financiera del 2008 y la pandemia mundial del 2020. En resumen: observando una gráfica de sus movimientos, se puede leer, al detalle, la historia económica de los Estados Unidos… pero con números.

Hoy en día, el S&P 500 representa aproximadamente el 87% del tamaño total del mercado estadounidense —aún cuando existen aproximadamente 3,000 compañías públicas— y está distribuido entre todos los sectores relevantes: tecnología, salud, finanzas, energía, consumo, telecomunicaciones, industria y más, lo que lo convierte en el índice más representativo y utilizado del mundo. Ahora, para entender el peso histórico de sus componentes, vale la pena echar un vistazo a su primera "alineación titular", como se diría en el football.

Para el año 1957, en la Tabla 5.1 se pueden observar las 10 compañías más grandes del S&P 500:[93]

Compañía	Ranking en 1957	Estado actual de la compañía
American Telephone & Telegraph	1	Renombrada a AT&T en 1994
Standard Oil of New Jersey	2	Renombrada a Exxon-Mobil en 1999
General Motors	3	Aún existe
E. I. du Pont de Nemours and Company	4	Aún existe
General Electric	5	Aún existe
Gulf Oil	6	Renombrada a Chevron-Texaco desde 2001.
Union Carbide & Carbon	7	Renombrada a Dow Chemical en 2001.
Texas Co	8	Fusionada con Chevron en 2001.
US Steel	9	Renombrada a Marathon Oil en el 2000.
Standard Oil of California	10	Fusionada a con Texas Co y renombrada a Chevron-Texaco en 2001.

Figura 5.1: Top 10 de las compañías en el S&P 500 en el año 1957. Fuente: University of Pennsylvania.

En aquel entonces, el petróleo, la telefonía y el acero eran los sectores fundamentales del mercado, mientras que hoy, casi 70 años después, son otros. El S&P 500 lo único que ha hecho todas estas décadas, sencillamente, es "medir" a las más grandes. Posteriormente, en 1976, con el crecimiento del sector financiero y el auge de nuevas industrias, el índice fue nuevamente reestructurado. Pasó de su modelo original industrializado a una composición mucho más diversificada:

- 400 empresas industriales
- 40 empresas de servicios públicos
- 40 empresas financieras
- 20 empresas de transporte (ya no solo ferrocarriles)

Y el 6 de abril de 1988 se eliminó definitivamente la asignación fija por sectores dentro del S&P 500. A partir de ese momento, el índice dejó de limitar cuántas empresas podían pertenecer a cada industria y pasó a funcionar de manera completamente orgánica: **si una empresa entra o sale**

del índice, la distribución sectorial se ajusta sola, sin la más mínima intervención manual. Esto permitió que el índice evolucionara con mayor libertad y que reflejara con más precisión la realidad económica del mercado. Y es esta la versión del S&P 500 que tenemos hoy. No hay barreras de entrada o salida entre los sectores o las compañías. Si las 500 más grandes son todas tecnológicas, pues el índice lo tiene que reflejar. De lo contrario, si son de energía, igual lo tiene que hacer. Y si son diversos, obviamente también. Es el mercado quien tiene la última palabra.

Es por esto que, con el paso del tiempo, **muy pocos de los sectores y compañías originales del índice han logrado mantenerse**. Y no es casualidad, sino parte de la selección natural de los mercados financieros. De hecho, según un reporte reciente de S&P Global, entre el año 1995 y el 2021, el índice tuvo 715 entradas y 711 salidas de empresas, promediando unas 27 adiciones y substracciones anuales durante las casi tres décadas.[94] Las empresas simplemente nacen, crecen, algunas dominan y muchas desaparecen. Competir y sobrevivir en el mercado no es nada fácil, ni siquiera cuando formas parte del Top 500 de Estados Unidos.

De hecho, como comprenderemos más adelante en el *Capítulo 9: ¿Por qué es tan difícil vencer al Market?*, **la permanencia promedio de una empresa dentro del S&P 500 es de solo 18 años**.[95] Y aclaro que no me estoy refiriendo para nada al Top 10, sino al Top 500.

Después de ese tiempo, lo más común es que las compañías públicas:

- Sean absorbidas por una empresa más grande,
- se fusionen con otra (lo que se conoce como *merger*) o,
- simplemente desaparezcan por quiebra o irrelevancia económica.

Como diría cualquier empresario con cicatrices de batalla: "*business is hard*". Siempre lo ha sido, pero a esos niveles —donde compiten gigantes— es despiadado. Rob Arnott, un prestigioso inversionista y analista financiero estadounidense, se referiría de forma magistral a este proceso natural del capitalismo de la siguiente manera: "Siempre hay algo disruptivo. Esa es la naturaleza de la evolución de una economía capitalista saludable, pero a los disruptores también les llegan sus disruptores. Y sucede a menudo. Pasó con los ferrocarriles, con el teléfono, con la radio y la televisión, con los automóviles. Pasó con las computadoras… se llega a un punto en el que hay un puñado de empresas que son vistas como los disruptores dominantes. Todas tienen precios como si todas fueran a ganar, pero compiten entre sí, por lo que no todas ganarán."[96]

En esencia: "*Disruptors get disrupted*".

A continuación, veremos un ejemplo claro de esta evolución natural del mercado: el Top 10 de compañías del S&P 500 al inicio de cada década, desde 1980 hasta hoy, según datos de Dividend Growth Investor. Este simple recorrido muestra cómo cambian los gigantes del mercado y cómo ninguno reina para siempre.

Década de 1980 – Dominio energético y telecomunicaciones

Compañía	Ranking	Valor total de la compañía (en millones)	% del índice
Int'l Bus. Machines	1	$39,604.00	4.27%
American Tel & Tel	2	$35,676.00	3.85%
Exxon Corp	3	$34,856.00	3.76%
Stand'd Oil, Indiana	4	$23,365.00	2.52%
Schlumberger, Ltd	5	$22,331.00	2.41%
Shell Oil	6	$17,990.00	1.94%
Mobil Corp	7	$17,163.00	1.85%
Standard Oil of Cal	8	$17,020.00	1.84%
Atlantic Richfield	9	$15,030.00	1.62%
General Electric	10	$13,883.00	1.50%
Las otras 490 compañías	11 - 500	$92,749,414.52	74.44%

Figura 5.1: Top 10 de las compañías en el S&P 500 el 31 de diciembre de 1980. Fuente: Dividend Growth Investor.[97]

Los primeros años de la década de 1980 muestran un S&P 500 dominado por empresas de energía y telecomunicaciones. De hecho, siete de las diez primeras compañías pertenecían al sector energético, un reflejo del peso económico del petróleo en la era posterior a la crisis energética de los años '70. El mundo giraba alrededor del crudo, ya que era la base del transporte, la industria y la infraestructura. Todo lo importante dependía de él.

Mientras tanto, empresas como IBM encabezaban la lista como representantes del incipiente sector tecnológico aunque, en ese momento, la tecnología todavía no era vista como el gran motor económico que conocemos hoy. La industria seguía enfocada en sectores tradicionales, principalmente en producir energía y desarrollar infraestructura.

Hoy, mirando hacia atrás, puede parecer obvio pensar en Microsoft o Apple como futuros gigantes, pero en 1980, eran apenas proyectos jóvenes acabados de salir de sus respectivos garajes y convenciendo al mundo de que las computadoras algún día serían parte de la vida cotidiana. Nadie —ni siquiera Steve Jobs o Bill Gates— imaginaba que llegarían a estar algún día en lo más alto del S&P 500.

Década de 1990 – Diversificación y primeros cambios estructurales

Compañía	Ranking	Valor total de la compañía (en millones)	% del índice
Int'l Bus. Machines	1	$64,529.00	2.95%
Exxon Corp	2	$64,490.00	2.94%
General Electric	3	$50,341.00	2.30%
Philip Morris Cos	4	$47,892.00	2.19%
Royal Dutch Petrol	5	$42,146.00	1.92%
Bristol-Myers Squibb	6	$35,219.00	1.61%
Merck & Co	7	$34,814.00	1.59%
Wal-Mart Stores	8	$34,262.00	1.56%
American Tel & Tel	9	$32,804.00	1.50%
Coca-Cola Co	10	$31,051.00	1.42%
Las otras 490 compañías	11 - 500	$218,742,372.88	80.02%

Figura 5.2: Top 10 de las compañías en el S&P 500 el 31 de diciembre de 1990. Fuente: Dividend Growth Investor.[98]

Luego de que Standard & Poor's eliminara las restricciones por sectores en 1988, el índice comenzó a adaptarse mejor a la evolución real de la economía estadounidense. Entrando en los 90, el S&P 500 evidenció el primer gran reacomodo: el sector energético perdió fuerza y ganaron protagonismo los sectores de consumo masivo, salud y tecnología.

IBM mantuvo el liderazgo, pero aparecieron nuevos nombres como Merck y Bristol-Myers Squibb, señal de que el sector salud comenzaba a tomar un rol estratégico en la economía. Por su parte, Wal-Mart y Coca-Cola consolidaron el ascenso del consumo masivo y el crecimiento de la clase media estadounidense.

En esencia, la economía comenzó a modernizarse. Los servicios cobraron más relevancia y el país se movió de una economía basada en manufactura pesada a otra basada en consumo, finanzas y tecnología.

Década del 2000 – La llegada oficial de la era tecnológica

Compañía	Ranking	Valor total de la compañía (en millones)	% del índice
General Electric	1	$474,929.00	4.07%
Exxon Mobil	2	$302,185.00	2.59%
Pfizer, Inc	3	$290,216.00	2.49%
Citigroup Inc	4	$287,331.00	2.46%
Cisco Systems	5	$275,291.00	2.36%
Wal-Mart Stores	6	$237,269.00	2.03%
Microsoft Corp	7	$231,264.00	1.98%
Amer Intl Group	8	$229,422.00	1.97%
Merck & Co	9	$215,900.00	1.85%
Intel Corp	10	$202,304.00	1.73%
Las otras 490 compañías	11 - 500	$1,166,901,719.90	76.47%

Figura 5.3: Top 10 de las compañías en el S&P 500 el 31 de diciembre del 2000. Fuente: Dividend Growth Investor.[99]

Al comenzar el nuevo milenio, la transformación tecnológica deja de ser una promesa y se convierte en realidad. Tres empresas tecnológicas —Cisco Systems, Microsoft e Intel— entraron al Top 10 por primera vez y el internet dejó de ser un experimento universitario: ya vivía en las casas. Windows dominaba los escritorios, el buscador de Google comenzaba a comerse el mundo, aunque Yahoo era el buscador que la gente más utilizaba. Conectarse desde las casas con un *modem dial-up* usando AOL era parte de la rutina diaria en los Estados Unidos.

Los sectores, tanto como financiero y de consumo, también se fortalecieron con Citigroup y Wal-Mart dentro del top. Exxon siguió resistiendo en el podio, pero ya se veía claro que el petróleo de la nueva economía sería la información.

La burbuja tecnológica del año 2000 —el famoso Dot-com— estaba justo a la vuelta de la esquina y el capitalismo se preparaba para una dosis de realidad, ya que los precios de las compañías tecnológicas estaban bien lejos de la realidad con acciones como las de Cisco, Intel y Microsoft, por mencionar algunas, que eventualmente caerían como un saco de papas. Aunque no al nivel de la Gran Depresión de los años 30 que fue a lo largo de todas las empresas del mercado, las acciones del sector de tecnología caerían más de -50% en menos de un año arrastrando fortunas de especuladores y de inversionistas, mientras que el resto de los sectores crecería hasta un +35%.[100]

Década de 2010 – Resurrección postcrisis Dot-com y consolidación tecnológica

Compañía	Ranking	Valor total de la compañía (en millones)	% del índice
Exxon Mobil	1	$368,712.00	3.08%
Apple Inc	2	$295,887.00	2.47%
Microsoft Corp	3	$238,785.00	2.00%
Berkshire Hathaway Inc.	4	$198,034.00	1.66%
General Electric	5	$194,875.00	1.63%
Wal-Mart Stores	6	$192,098.00	1.61%
Google Inc	7	$189,937.00	1.59%
Chevron Corp	8	$183,634.00	1.54%
Intl Bus. Machines	9	$182,329.00	1.52%
Procter & Gamble	10	$180,072.00	1.51%
Las otras 490 compañías	11 - 500	$1,197,116,883.12	81.39%

Figura 5.4: Top 10 de las compañías en el S&P 500 el 31 de diciembre de 2010. Fuente: Dividend Growth Investor.[101]

La primera década del siglo XXI no fue sencilla para los mercados financieros. La Gran Recesión de 2008 —provocada por la crisis hipotecaria en Estados Unidos— sacudió al mundo y dejó a gran parte del sector financiero en terapia intensiva. Pero, como había pasado otras veces en la historia, el mercado se recuperó, y cuando lo hizo, ya era otro.

En 2010, las empresas tecnológicas ya habían dejado de ser la promesa del futuro para convertirse en motores reales de crecimiento económico del presente. Apple ascendió al puesto número 2 del S&P 500 y Microsoft al número 3. Google (renombrada luego como Alphabet) entró por primera vez en el Top 10 y Exxon Mobil todavía logra defender la cima, pero ya se notan señales claras del cambio: la energía empezó a ceder terreno y la tecnología volvió a tomar impulso, lo que ya esta vez con solidez.

En este período la economía se empezó a digitalizar con seriedad, los *smartphones* substituyeron a las computadoras de escritorio, el comercio electrónico comenzó a desplazar a las tiendas físicas y la nube se comenzó a convertir en la nueva infraestructura del planeta.

Década de 2020 – La era absoluta de las gigantes tecnológicas

Compañía	Ranking	Valor total de la compañía (en millones)	% del índice
Apple Inc.	1	$2,255,970.00	6.80%
Microsoft Corporation	2	$1,681,610.00	5.07%
Amazon.com, Inc.	3	$1,634,170.00	4.93%
Facebook, Inc. Class A	4	$656,668.00	1.98%
Tesla Inc	5	$668,905.00	2.02%
Alphabet Inc. Class A	6	$526,920.00	1.59%
Alphabet Inc. Class C	7	$577,888.00	1.74%
Berkshire Hathaway Inc.	8	$317,883.00	0.96%
Johnson & Johnson	9	$414,310.00	1.25%
JPMorgan Chase & Co.	10	$387,335.00	1.17%
Las otras 490 compañías	11 - 500	$3,317,602,941.18	72.49%

Figura 5.5: Top 10 de las compañías en el S&P 500 el 31 de diciembre de 2020. Fuente: Dividend Growth Investor.[102]

Llegamos al 2020 y no hace falta mucha imaginación para notar la transformación, ya que lo tenemos bastante fresco. El Top 10 del S&P 500 estaba completamente dominado por empresas tecnológicas —Apple, Microsoft, Amazon, Alphabet— y también por compañías que revolucionaron sus industrias, como Tesla, que combinaba energía y transporte, y Meta, en el terreno de las redes sociales. El peso de estas empresas dentro del índice ya no solo es grande: es histórico.

Para 2020, justo en medio de la pandemia de COVID-19, la economía mundial se detuvo, excepto internet. Mientras las acciones de aerolíneas, hoteles y restaurantes caían en picada, las grandes tecnológicas multiplicaban ingresos. La humanidad entera se refugió en la nube: trabajo remoto, clases online, entretenimiento digital, compras desde casa... y el S&P 500 simplemente reflejó al detalle cómo el dinero siguió a la tecnología. En otras palabras: la economía ya no estaba mayoritariamente impulsada por recursos físicos como el petróleo o el acero, sino por datos, *software* y plataformas digitales.

El S&P 500 hoy

Hasta el 6 de noviembre de 2024, el S&P 500 alcanzaría una capitalización total de 50.49 billones de dólares ($50,497,858,840,000), resultado de sumar el *market cap* de las 500 compañías que lo componen.[103] Su valor como índice se sitúa en 5,929.04 puntos, lo que significa que **se ha multiplicado más de 880 veces desde 1957, generando un crecimiento promedio anual aproximado de +10.50%**. Dicho de otra forma: ha sido, durante casi siete décadas, una máquina de progreso financiero.

Con respecto a diciembre de 2020, la composición del índice apenas ha cambiado ya que la transformación tecnológica de los últimos años ha sido bestial. Empresas como Apple, Microsoft, Google y Amazon permanecen sólidas en el Top 10, pero ahora comparten el protagonismo con compañías que lideran la revolución de la inteligencia artificial y los semiconductores, como Nvidia y Broadcom. Meta Platforms y Tesla también se mantienen entre los primeros lugares, demostrando el impacto persistente de las redes sociales y el avance hacia energías más limpias de los vehículos eléctricos, mientras que el sector energético tradicional continúa perdiendo relevancia dentro del índice.

En la Figura 5.2 podemos observar la participación proporcional de las 10 compañías más grandes del S&P 500 al cierre de noviembre de 2024. Es, literalmente, "la foto" de las empresas más influyentes del mercado estadounidense de la actualidad.

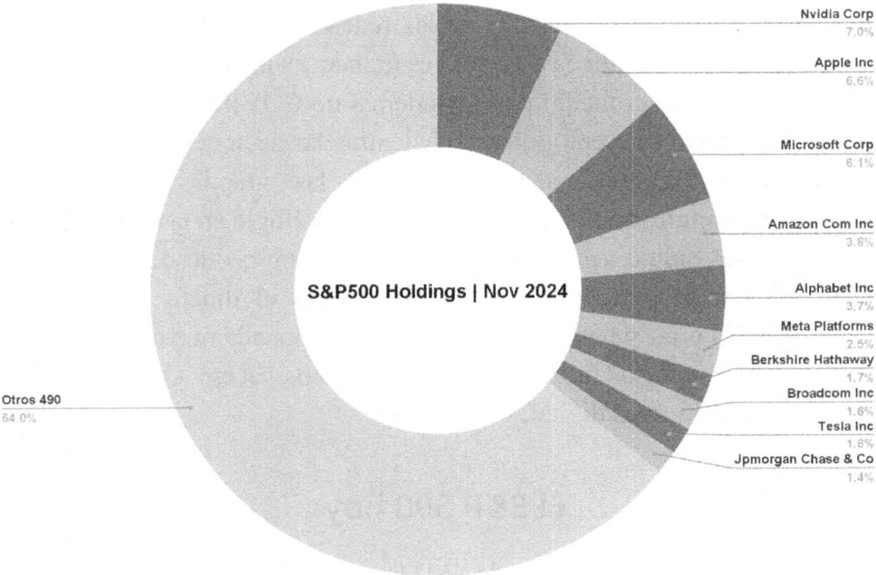

Figura 5.2: Top 10 S&P 500 – 6 de noviembre de 2024. Market cap total de $50.49 billones. Fuente: BlackRock.[104]

Por otro lado, en la página siguiente, la Figura 5.3 muestra la distribución por sectores del índice, donde se observa que la tecnología representa casi un tercio del total del S&P 500, lo cual confirma su papel dominante en la economía global actual. Sin embargo, el resto del índice se encuentra bastante equilibrado entre sectores como salud, finanzas, consumo, comunicaciones e industria, cada uno aportando entre 8% y 13% aproximadamente.

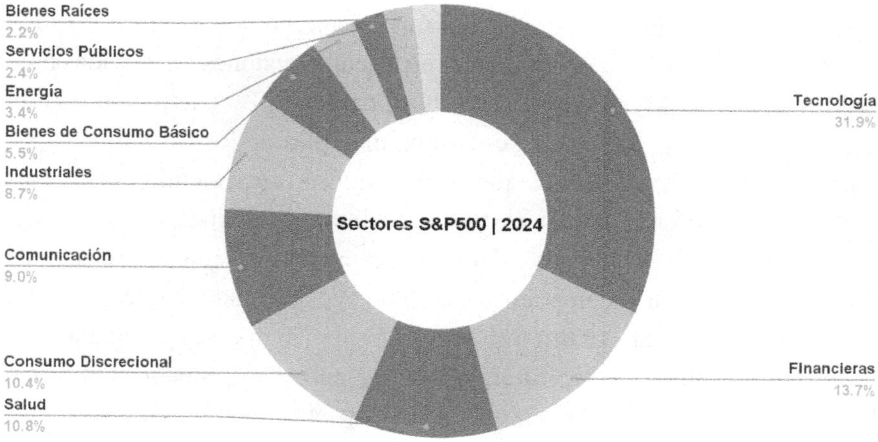

Figura 5.3: Sectores del S&P 500 – 6 de noviembre de 2024. Fuente: BlackRock.[105]

Como hemos visto a lo largo de esta sección, la rotación dentro del S&P 500 es continua, pero lenta. Y aunque la hemos visto ocurrir específicamente entre las primeras 10, también sucede entre las otras 490 compañías que lo integran: varían sus tamaños constantemente, a medida que entra una, sale otra y, continuamente, sectores que antes dominaron —como energía o telecomunicaciones— han cedido protagonismo a la tecnología y al consumo digital. Esto sucede porque el índice no es un museo de empresas históricas, sino un reflejo vivo del capitalismo estadounidense, diseñado para incluir siempre a las compañías más grandes y relevantes de cada momento.

En esencia, aunque el S&P 500 fue creado para medir "lo mismo" a lo largo del tiempo —que no son más que las 500 empresas más representativas del mercado—, **su única constante es el cambio,** ya que ni las empresas, ni los sectores, ni los líderes, ni su peso relativo permanecen iguales. **Todo se renueva, todo se ajusta y todo evoluciona**.

La única constante es el cambio

Sir John Templeton, un legendario inversionista británico conocido por su disciplina y visión a largo plazo, lo expresó con una frase que ha sobrevivido intacta al paso de las décadas: "Las cuatro palabras más peligrosas en la inversión son: 'Esta vez es diferente'."[106]

En el mundo de las inversiones, esa frase se usa como una advertencia y, generalmente, cuando alguien intenta justificar decisiones arriesgadas bajo la idea de que "eso era antes, pero ahora pasa..." —y completan con un argumento—. Y sí, casi siempre termina mal, porque los mercados —por más modernos y tecnológicos que sean— siguen obedeciendo las mismas reglas básicas: oferta, demanda, psicología humana y tiempo.

Por eso existen los índices, porque necesitamos una unidad de medida fiable para observar y comparar los cambios del mercado. El S&P 500 no intenta adivinar el futuro ni apostar por empresas "ganadoras". **Simplemente mide la realidad, y lo hace con disciplina matemática**. Hoy mide el top 500. Mañana medirá el top 500. Sean cuales sean esas empresas y sin sentimentalismo, sabemos cuáles son hoy, pero es imposible saber cuáles serán mañana.

Una pequeña reflexión histórica

Imagina que viene alguien del futuro —digamos que del 2050— y te dice: "Apple, Microsoft, Google, Amazon, Netflix, Nvidia... todas y cada una de esas empresas no están en el top 10 del S&P500. Son otras."

¿Le creerías? Espera, no me respondas todavía.

Primero, hagamos el mismo ejercicio, pero nosotros en el presente. Imaginemos que pudiéramos viajar al año 1980, llevarnos las tablas anteriores y le dijéramos a un grupo de inversionistas que las compañías petroleras —que en ese momento dominaban el mundo— no serían buenas inversiones a largo plazo. Seguramente nos mirarían como locos. No sería evidente, ni obvio y mucho menos creíble. En 1980, el petróleo movía al mundo y la tecnología apenas daba sus primeros pasos.

Cómo convencer a alguien de esa época que:

- tres de las diez empresas más grandes del mundo desaparecerían del mapa y,
- que las otras siete no serían capaces de ganarle al crecimiento del S&P 500 en las siguientes décadas.

Solo hoy nos parece lógico, porque lo vemos en retrospectiva. Pero en su momento no lo era. Lo mismo ocurre con nosotros ahora. Regresemos, entonces, al presente. Volvamos al momento actual y hagámonos las mismas preguntas:

- *¿Cuáles serán las empresas dominantes en los próximos 10, 20 o 30 años?*
- *¿Qué sectores moverán la economía del futuro?*
- *¿Quiénes estarán en el top del S&P 500 dentro de tres décadas?*

La respuesta es simple y honesta: **nadie lo sabe**. Lo único que sí sabemos —porque la historia lo ha demostrado una y otra vez— es que el Top 10 de hoy no será el Top 10 de mañana, y lo mismo aplica para las otras 490 compañías que integran el índice. Dentro de 30 o 40 años, el liderazgo habrá cambiado completamente. Siempre ha sido así y seguirá siéndolo. Esa es la naturaleza de las empresas en el capitalismo: se crean, se destruyen y se transforman. Y eso, a su vez, hace muy difícil tener la capacidad de escoger con antelación a las que van a ganar.

¿Por qué es tan difícil escoger acciones ganadoras?

Uno de los estudios más influyentes de la era moderna del *stock market*, publicado en 2017 por Hendrik Bessembinder, profesor de finanzas en la State University of Arizona, analiza el retorno de inversión de más de 26,000 empresas de los Estados Unidos a lo largo de casi 90 años de historia bursátil. Sus conclusiones son, literalmente, un golpe de realidad para cualquiera que crea que puede "ganarle al mercado" escogiendo acciones individuales.[107]

El resultado clave del estudio fue que **solo el 4% de todas las empresas que han cotizado en bolsa han sido responsables de prácticamente todas las ganancias** acumuladas del mercado a lo largo de la historia. El otro 96% tuvo un desempeño muy por debajo de ese selecto grupo. Eso quiere decir que 19 de cada 20:

- crecieron poco o nada,
- sobrevivieron raspando o,
- desaparecieron por quiebras, fusiones, adquisiciones o por simplemente perder relevancia en su industria.

Este estudio dejó algo clarísimo: el mercado avanza gracias a una minoría extraordinaria de empresas capaces de innovar, escalar globalmente y adaptarse a los cambios. Y es por eso que, historias como estas:

- Apple, que comenzó en un garaje.
- Microsoft, que nació con un software para un computador olvidado en la historia.
- Amazon, que empezó vendiendo libros usados.
- Nvidia, que fabricaba tarjetas gráficas para videojuegos.
- Google, un proyecto universitario para ordenar páginas web.

Se nos graban y es fácil comprender por qué hoy todas son gigantes. Pero en sus inicios nadie apostaba por ellas. No era obvio. No era evidente. Y por eso todas son la excepción, en lugar de la regla. Elegir acciones individuales es increíblemente difícil. Para ganar consistentemente, habría que ser capaz de identificar qué empresas pertenecen a ese 4% que moverá el mercado en las próximas décadas. Y eso, estadísticamente, es muy difícil. De hecho, incluso los profesionales —y me refiero a analistas, gestores de fondos y hasta bancos de inversión con millones en recursos— fallan constantemente intentando predecir cuales serán esas compañías.

Es precisamente aquí donde entran los índices del mercado, los cuales, aunque surgieron como respuesta lógica para intentar comprender un fenómeno menor se han convertido en **herramientas poderosas para analizar y comprender sectores completos, regiones económicas y, en su máxima expresión, economías enteras**.

Con el paso de los años, estas herramientas evolucionaron desde simples listas de empresas que producen un número, hasta sofisticados mecanismos matemáticos que permiten medir el movimiento de miles de compañías en tiempo real. Y ese desarrollo metodológico alcanzó un punto clave en 2007, cuando dos de los índices más influyentes del mundo terminaron bajo el mismo techo.

S&P Dow Jones Indices LLC

En 2007, S&P Global —en sociedad con CME Group y News Corp, dos grandes conglomerados bursátiles y de comunicación financiera respectivamente— adquirió Dow Jones & Company, la histórica empresa fundada a finales del siglo XIX por Charles Dow y Edward Jones. Esta adquisición no fue un simple movimiento corporativo y realmente significó el punto de convergencia entre los dos índices más reconocidos del planeta, el S&P 500 y el DJIA. A partir de este punto, ambos quedaron bajo la administración de un mismo comité editorial dentro de la nueva compañía S&P Dow Jones Indices LLC.

Hoy, esta organización administra más de 830,000 índices alrededor del mundo.[108] Sí, leíste bien: **ochocientos treinta mil**. Índices de acciones, índices de bonos, índices por sectores, por micro-sectores, por micro-micro-sectores, índices globales, índices de materias primas, índices de criptomonedas... hasta índices personalizados para investigación académica o estrategias de inversión avanzadas. Ofrecen incluso un servicio de creación de índices el cual es accesible bajo determinados planes de pago.

Sin embargo, no hay que confundirse: la mayoría de esos índices son técnicos y de uso interno. Para los inversionistas de a pie —es decir, para ti, para mí y los millones de inversionistas individuales— solo un puñado de ellos tiene verdadera relevancia práctica. Entre los más importantes se encuentran los que ya conoces:

- DJIA: el histórico Dow Jones Industrial Average, creado en 1896, compuesto por 30 compañías de los Estados Unidos y ponderado por precio.

- S&P 500: el índice más grande e influyente del mundo, compuesto por las 500 compañías más grandes de los Estados Unidos según su tamaño capital (*market cap*).

- TMI (S&P Total Market Index): como su nombre indica, es el índice que cubre el mercado total de los Estados Unidos, incluyendo grandes, medianas, pequeñas y microempresas públicas. Al 6 de noviembre de 2024, incluía 3,988 compañías.[109] Sería algo así como un "S&P 3988", lo que no se le llama por el número de *holdings* ya que este varía regularmente.

Así que, utilizando el mismo sistema de clasificación anterior —donde en cada uno te menciono nombre, cobertura y tamaño— podemos comenzar a ver, desde una vista de águila, el resto de los índices más conocidos del mundo. Tal y como S&P y Dow Jones construyeron sus propios índices, otras instituciones alrededor del mundo también desarrollaron herramientas similares para medir y estudiar sus mercados.

Otras instituciones que producen índices

Hasta ahora hemos recorrido la historia del Dow Jones y del S&P 500, pero es importante entender que el mundo de los "grandes" índices no termina allí. A medida que los mercados crecieron y se globalizaron, otras instituciones también comenzaron a diseñar sus propios índices para medir economías, sectores, regiones y estilos de inversión específicos. El resultado fue un ecosistema financiero mucho más amplio, donde múltiples índices complementan la visión del mercado estadounidense y el global.

A continuación y, bien resumido, veamos las principales instituciones administradoras de índices a nivel mundial:

NASDAQ Inc.

El NASDAQ, introducido previamente en el *Capítulo 1*, nació en 1971 como el primer *stock exchange* electrónico del mundo. Con el paso del tiempo, dejó de ser solo una bolsa de valores para convertirse también en una autoridad en medición de mercados, desarrollando índices que hoy son referencia mundial.

Sus índices más conocidos son:

- NASDAQ Composite: incluye más de 3,700 empresas listadas en la bolsa NASDAQ y está ponderado por *market cap*. Aunque es un índice diversificado, tiene una fuerte presencia del sector tecnológico. Desde 1971 es considerado el mejor termómetro del rendimiento de las empresas de innovación en Estados Unidos.

- Nasdaq-100: reúne solo a las 100 compañías no financieras más grandes del NASDAQ, también ponderadas por *market cap*. Este índice concentra a gigantes tecnológicos como Apple, Microsoft, Nvidia y Tesla, y es muy utilizado para analizar el comportamiento de empresas de alto crecimiento. Existe desde 1985.

MSCI (Morgan Stanley Capital International)

MSCI es otra de las instituciones más influyentes del mundo en análisis financiero global. Desde su fundación en 1968, su misión ha sido medir los mercados internacionales de manera consistente y comparativa. Sus índices más populares son fundamentales para inversionistas que invierten fuera de los Estados Unidos.

Sus principales índices son:

- MSCI World Index: compuesto por 1,397 empresas de gran y mediana capitalización de 23 países desarrollados (como Estados Unidos, Japón, Canadá, Francia o Reino Unido).[110] Cubre aproximadamente el 85% del mercado bursátil de cada país incluido y es el índice global más utilizado para medir a todas las economías desarrolladas en su conjunto.

- MSCI Emerging Markets Index: reúne 1,253 empresas de 24 mercados emergentes como China, India, Brasil, Taiwán y Corea del Sur.[111] También representa alrededor del 85% de la capitalización total de esos mercados y es el índice estándar para medir el crecimiento de economías en desarrollo.

- MSCI EAFE Index: enfocado en mercados desarrollados fuera de Norteamérica. Incluye empresas de Europa, Australasia y el Lejano Oriente (como Japón, Reino Unido, Francia, Alemania y Suiza). Suele contener alrededor de 450 compañías y es el índice internacional más utilizado por inversionistas estadounidenses que les interesa medir lo que ocurre fuera de los Estados Unidos y Canadá.[112]

CRSP

El *Center for Research in Security Prices* (CRSP) es una institución estadounidense vinculada a la University of Chicago. Desde su creación en 1960, se ha ganado un enorme prestigio en el mundo académico y financiero debido a que fue una de las primeras organizaciones en recopilar datos históricos confiables de precios y retornos de inversión de acciones. Durante décadas, investigadores y economistas han utilizado sus bases de datos para estudiar el comportamiento real del mercado bursátil. Desde

2011 comenzaron a desarrollar una serie de índices propios, que hoy son ampliamente utilizados, especialmente en estrategias de inversión de largo plazo. Su índice más popular es el US Total Market:

- CRSP US Total Market Index: mide prácticamente todo el mercado de los Estados Unidos, incluyendo empresas grandes, medianas, pequeñas e incluso microempresas, ya que reúne más de 4,000 compañías y busca representar el 100% del mercado estadounidense. Es muy similar al S&P Total Market Index, ya que ambos persiguen el mismo objetivo.[113]

FTSE

El Financial Times Stock Exchange Group (FTSE) es una organización británica conocida mundialmente por la creación de índices bursátiles. Sus raíces se remontan a las publicaciones del periódico *Financial Times*, pero fue oficialmente fundada en 1995 en una colaboración con el London Stock Exchange Group (LSEG), que hoy continúa administrando sus índices.

Sus dos índices más importantes son:

- FTSE 100 Index: lanzado en 1984, agrupa las 100 empresas más grandes de la Bolsa de Londres y representa cerca del 81% del mercado británico. Es el principal indicador económico del Reino Unido, equivalente al S&P 500 en los Estados Unidos.[114]

- FTSE All-Share Index: combina todas las empresas del mercado principal de Londres, sin importar su tamaño. Hasta noviembre de 2024 incluía 554 compañías, representando más del 98% de la capitalización del mercado del Reino Unido. Se usa como referencia del rendimiento general del mercado británico.[115]

Russell

La Frank Russell Company, fundada en 1936 en Tacoma, Washington, comenzó como una pequeña firma de asesoría financiera, pero fue creciendo con los años y su mayor contribución llegó en 1984, cuando creó una familia de índices diseñada para clasificar el mercado estadounidense por tamaños de empresas.[116]

Sus principales índices son:

- Russell 1000 Index: incluye las 1,000 empresas más grandes de los Estados Unidos por *market cap*, representando aproximadamente el 92% del mercado total. Se utiliza para medir el desempeño de grandes corporaciones.[117] Sería algo así como el S&P 1000.

- Russell 2000 Index: mide las 2,000 empresas siguientes del mercado, es decir, compañías de pequeño *market cap*. Es el índice más seguido del mundo para analizar el comportamiento de los pequeños negocios estadounidenses, ya que cubre lo que vendría a ser gran parte de lo que le falta al S&P 500 para medir el mercado completo.[118]

- Russell 3000 Index: combina los dos anteriores para capturar a casi todo el mercado estadounidense hasta las 3,000 primeras empresas, abarcando aproximadamente el 98% del total del mercado.[119]

Como nota aparte, desde 2014, la familia Russell pasó a formar parte del London Stock Exchange Group y actualmente es administrada bajo la marca FTSE Russell, la cual combina todos los índices que independientemente manejaban FSTE y Russell por separado, más otros miles de índices a nivel global.[120]

Como resultado de todas estas entidades vistas anteriormente, y de forma similar a la que analizamos los movimientos del Dow, el surgimiento de tantas familias de índices alrededor del mundo demuestra una realidad clave: cada economía, cada región y cada sector se comportan de forma diferente ante los mismos eventos globales, y son los índices los que nos permiten medir exactamente eso.

El valor de los índices en momentos de incertidumbre

Un buen ejemplo reciente lo vivimos en 2020 con la pandemia de COVID-19. En cuestión de semanas, las bolsas del mundo experimentaron una caída histórica, pero no todas reaccionaron igual. Por ejemplo:

- En los Estados Unidos (S&P 500 y Nasdaq-100): el valor del S&P 500 cayó más de 34% entre febrero y marzo de 2020. Sin embargo, liderado por empresas tecnológicas, no solo se recuperó en menos de 6 meses, sino que alcanzó nuevos máximos históricos en 2020 y 2021.

- En Reino Unido (FTSE): el índice de empresas británicas retrocedió numéricamente más de 33% y tardó mucho más en recuperarse debido a un crecimiento más lento y mayor dependencia de sectores tradicionales como energía y servicios financieros.

- En los mercados emergentes (MSCI Emerging Markets): los números cayeron más de 30%, pero su recuperación fue desigual. China repuntó rápido gracias a su sector manufacturero, mientras que países como Brasil o India tardaron significativamente más.

- Mientras tanto, dentro de Estados Unidos, índices como el Russell 2000, que agrupa empresas pequeñas y medianas, tardaron más tiempo en recuperarse, evidenciando que no todos los segmentos del mercado reaccionan igual. Los pequeños negocios se la vieron mucho más difícil que los más grandes durante la pandemia.

Los índices **no solo miden el mercado, sino que permiten compararlo, entenderlo y ponerlo en contexto**. Cuando sucede algo grande en el mundo, los índices cuentan la historia de cómo ese evento afectó de manera diferente a cada región y economía.

Es por eso que el impacto de Standard & Poor's, en paralelo con Dow Jones Corporation, han jugado un papel tan relevante en el mundo de la inversión moderna. Nos dieron las herramientas para medir la realidad financiera y, a la larga, los índices son mucho más que el lenguaje común del mercado global.

Lo curioso es que siempre hubo montones empresas, mercados y fluctuaciones, lo que nadie hacía era medirlos. Desde la Compañía Neerlandesa de las Indias Orientales, en el siglo XVII, ya existía el concepto de inversión pública. Pero pasarían casi tres siglos hasta que Charles Dow y Edward Jones comenzaran a medir el comportamiento del mercado de forma sistemática.

Hasta este punto del libro, creo que ya podemos ver un patrón que se está formando: aunque el mercado está compuesto por miles de empresas, los índices nos permiten observar el comportamiento de estas como un todo. Índices, los cuales instituciones enormes han pasado décadas estudiando —por país, sector y tamaño— y los resultados son impresionantes. Y entre todos ellos, hay uno que sobresale por su capacidad de crecimiento: el S&P 500. **Un índice que ha multiplicado colectivamente su valor más de 880 veces desde 1957**, lo que se traduce en un crecimiento promedio anual cercano al +10.50%.

Y ahora, desde la perspectiva de alguien que quiere invertir y que tiene este libro en sus manos, al ver ese crecimiento tan potente, despierta la duda más natural de todas: ¿Cómo obtener ese crecimiento sin tener que escoger empresas ni adivinar quién será la próxima gran ganadora? Si ese grupo de 500 acciones ha crecido tanto, la intuición nos dice que invertir "en ese grupo" debería darnos acceso a ese mismo crecimiento. Y es aquí donde aparece uno de los malentendidos más comunes en el mundo de las finanzas, debido a que **no se puede invertir en el índice S&P 500**.

Un índice no es algo en lo que puedas invertir

Los índices del mercado son solo una medida, una referencia. Es como un termómetro: te dice si sube o baja la temperatura, pero no puedes "utilizarlo" para cambiarle la temperatura a otro objeto. Te muestra lo que está ocurriendo con algo, pero no afecta a ese algo ni influye en su comportamiento. De la misma manera, el S&P 500 es un número estadístico que refleja cómo se mueven esas 500 empresas en su conjunto. No es una empresa, ni un producto, ni un vehículo financiero. No tiene oficinas, ni empleados, ni forma de comprarlo. Es simplemente un número y su función es medir.

Pero no te desanimes, esta aclaración que acabo de hacer es meramente una explicación técnica. Claro que sí existe una forma de invertir de manera que tu inversión sea lo más parecida posible al índice. Y para comprenderlo mejor, vamos al ejemplo de una receta de cocina:

Supongamos que el índice es una receta —en constante cambio—: te dice qué ingredientes (empresas) lleva y en qué proporción (peso porcentual), pero no podemos comernos la receta. Lo que sí podemos hacer es cocinar un plato que siga esa receta al pie de la letra. Y eso es exactamente lo que ocurre en las inversiones: **no puedes invertir en el índice, pero sí en**

productos financieros que lo replican fielmente. Esos productos toman, hasta el más mínimo detalle, la "receta" del S&P 500 y la convierten en algo real que los inversionistas de todo el mundo pueden comprar.

Y si ya te estás preguntando en cuál es ese producto, la respuesta es sencilla: los ETF (de su nombre *Exchange Traded Funds*), la obra de arte financiera que permite a cualquier persona invertir de manera automática en las empresas que componen un índice, sin necesidad de comprar acciones una por una ni intentar adivinar el futuro. Con dos capítulos completamente dedicados a estos, te vas a dar gusto conociendo con lujo de detalle cómo funcionan los ETF, su estructura y cuáles puedes utilizar para invertir desde ya, pero antes de entrar en ellos, necesitamos entender primero por qué funciona esta estrategia.

Necesitamos explorar qué es lo que hace que, con el paso del tiempo, una inversión aparentemente pequeña pueda convertirse en algo enorme. Ese principio silencioso, que opera todos los días sin que lo veamos, es la octava maravilla del mundo, según un popular físico alemán que no se peinaba mucho, y es conocida como: **el interés compuesto**. El motor real detrás del crecimiento de cualquier inversión bien mantenida. Ya este no será un desvió *express* —sino uno un poco más largo— pero definitivamente es una parada que te va a ser vital conocer como inversionista.

Ese será el tema del próximo capítulo.

Resumen del Capítulo

- El S&P 500, uno de los índices más importantes del mundo, comenzó a medirse en 1923 y hoy está compuesto por las 500 empresas más grandes de los Estados Unidos. Es la referencia número uno del mercado en el mundo.

- Actualmente, el S&P 500 concentra alrededor del 87% del valor total de todas las empresas que cotizan en los mercados públicos de los Estados Unidos.

- El promedio de permanencia de una empresa dentro del S&P 500 es de 18 años, lo que demuestra que la rotación empresarial es constante: los líderes cambian con el tiempo.

- Los índices bursátiles más utilizados para medir el mercado son el S&P

500, el Dow Jones Industrial Average (DJIA) y el Nasdaq-100. Mientras que instituciones como MSCI, FTSE, Russell, CRSP y Nasdaq han desarrollado índices adicionales que permiten analizar distintas regiones, sectores y tamaños de empresas a nivel global.

- No es posible invertir directamente en un índice, porque un índice es solo un número que mide el mercado. Lo que sí se puede hacer es invertir en productos financieros diseñados para replicarlos, como veremos más adelante.

Realiza una búsqueda en Google del valor actual del S&P 500

Escribe simplemente "sp500" en Google.

Verás un gráfico similar al de las acciones de compañías, identificado como "INDEXSP: .INX". Esta es la forma más común de consultar el valor actual del índice.

Accede a la página oficial de S&P Global para el índice S&P 500

S&P 500® | S&P Global
https://www.spglobal.com/spdji/es/indices/equity/sp-500

En la gráfica presentada por S&P Global, cambia los períodos de tiempo (1, 3, 5 y 10 años) para explorar cómo han sido los crecimientos anuales promedio del índice en cada rango de tiempo.

CAPÍTULO 6

EL INTERÉS COMPUESTO

"El interés compuesto es la octava maravilla del mundo. Quien lo entiende, lo gana, quien no... lo paga."

—Albert Einstein.

En el fascinante mundo del ajedrez moderno, la popularidad de este juego milenario ha alcanzado un nivel sin precedentes. Las estadísticas indican que, solo en plataformas en línea, **se juegan más de 5 millones de partidas diarias**, y su audiencia global se ha disparado, ya que más de 600 millones de personas en todo el mundo juegan o consumen contenido relacionado con el ajedrez.[121] En plataformas como *Chess.com*, se inscriben miles de nuevos usuarios cada día, mientras que los torneos en línea reúnen a jugadores de todos los niveles, desde principiantes hasta grandes. Este auge reciente también se debe, en parte, a fenómenos culturales. La serie *The Queen's Gambit,* producida por Netflix e inspirada en la novela de 1983 de Walter Tevis, despertó un interés global sin precedentes.[122]

Catalogada como Top #10 en 92 países y Top #1 en 63 de ellos a menos de cuatro semanas de su estreno, su impacto fue extraordinario. Solo en los Estados Unidos —tras décadas de ventas estables o incluso en descenso— las ventas de tableros de ajedrez aumentaron un +87% y las ventas de libros sobre ajedrez crecieron un +603% luego de que salieran los episodios.[123]

A este resurgimiento cultural se suma el avance de la tecnología, sobre todo por la inteligencia artificial, la cual ha llevado el análisis del ajedrez a un nuevo nivel. Motores como Stockfish y AlphaZero son capaces de calcular millones de jugadas por segundo, encontrando estrategias que la mente humana tardaría siglos en imaginar. Son, por así decirlo, el ChatGPT del ajedrez, por la forma en que procesan posibilidades, anticipan escenarios y optimizan decisiones con precisión extraordinaria. Sin embargo, a pesar de toda esta sofisticación tecnológica, el ajedrez sigue siendo un juego profundamente humano. Sus principios esenciales permanecen intactos desde su origen en el siglo VI —hace ya unos 1,400 años— debido a que sigue siendo un ejercicio de paciencia, estrategia, creatividad e intuición.

Cuenta la leyenda que, cuando el rey de la India conoció este ingenioso juego, quedó fascinado por su complejidad. Un tablero de 64 casillas y 16 piezas por jugador capaz de generar combinaciones prácticamente infinitas. Ninguna partida era igual a otra, cada jugador tenía un estilo único y cada duelo narraba una historia distinta. Admirado por semejante creación, el rey ofreció a su inventor cualquier recompensa que deseara. No imaginaba que la respuesta le daría al mundo una de las lecciones matemáticas más poderosas de la historia.

El inventor —con aparente modestia, pero gran astucia— pidió simplemente que se colocara un grano de arroz en la primera casilla del tablero, dos en la segunda, cuatro en la tercera, y así sucesivamente, duplicando la cantidad en cada casilla hasta llegar a la número 64. "Eso será pago suficiente", dijo. Solo quería… arroz.

El rey aceptó encantado. A simple vista, la recompensa parecía ridículamente pequeña. ¿Qué tan difícil podía ser llenar un tablero con unos pocos granos que apenas se duplicaban? Pero, a medida que avanzaba el cálculo, las matemáticas comenzaron a volverse abrumadoras. Para simplificar el ejercicio, obviemos la primera casilla —la de un solo grano— y asumamos que cada grano ocupa 0.02 cm^3 de volumen. El avance luce así:

- Casilla 2: **2** granos
- Casilla 3: **4** granos
- Casilla 4: **8** granos
- (…)
- Casilla 12: **4,096** granos

- Casilla 13: **8,192** granos (*equivalente al volumen de una pelota de tenis*)
- (…)
- Casilla 20: **1,048,576** granos (*aprox. un melón grande*)
- (…)
- Casilla 30: **1,073,741,824** granos (*una cuarta parte de una piscina olímpica*)
- (...)
- Casilla 48: **281.47 billones** de granos (*unas 2,250 piscinas olímpicas*)
- (...)
- Casilla 56: **72,06 mil billones** de granos (*equivalente a un tercio del Gran Cañón*)
- (...)
- Casilla 64: **18.45 trillones** de granos (*suficiente para llenar el mar Mediterráneo 98 veces*)

Al final, el rey descubrió que había hecho una promesa imposible de cumplir, ya que ni todo el arroz producido por la humanidad desde su existencia alcanzaría para llenar el tablero. Y, sin embargo, a cualquiera de nosotros podría habernos pasado lo mismo.

No es una cuestión de inteligencia. Es que **nuestro cerebro no está diseñado para comprender intuitivamente el crecimiento exponencial**. Pensamos en términos lineales —es decir, esperamos que las cosas crezcan poco a poco, no que se disparen de forma acelerada—.

La leyenda del tablero de ajedrez es una metáfora perfecta del poder del crecimiento exponencial, el mismo principio en el que se basa el interés compuesto. Todo parece insignificante al principio, casi imperceptible, hasta que, con el paso del tiempo, la curva se dispara y el resultado es monumental.

La fuerza más poderosa del universo

Aunque no está realmente verificado, una frase atribuida popularmente a Albert Einstein resume esta idea con claridad: "La fuerza más poderosa del universo es el interés compuesto". Y no es una exageración.

El interés compuesto es descrito con frecuencia como una de las fuerzas financieras más potentes que existen, capaz de transformar el destino económico de individuos y organizaciones. Comprenderlo —y aplicarlo correctamente— puede marcar la diferencia entre el crecimiento exponencial de la riqueza o, en el extremo opuesto, la espiral descendente de una deuda imposible de sostener.

Para comprender este fenómeno de forma sencilla, analicemos un ejemplo matemático muy conocido. El analista financiero Michael Batnick suele explicar que la mente humana es sorprendentemente mala estimando el impacto de la multiplicación frente a la suma. Su clásico ejemplo de "los 8" lo demuestra muy bien.[124] Batnick plantea lo siguiente:

"Si te preguntara cuánto es 8 + 8 + 8 + 8 + 8 + 8 + 8, podrías estimarlo rápido. Sabes que no es un número mayor a 100 y que definitivamente es más de 30 o 40."

Al releer con atención vemos que son siete números 8 sumados. El resultado exacto es 56. Fácil ¿verdad? Pero ahora cambia la operación:

"¿Cuánto estimas que es 8 x 8 x 8 x 8 x 8 x 8 x 8?"

Sabemos que debe ser mucho más que 56. Pero ¿cuánto exactamente? ¿Estaría por los 10,000? ¿100,000? ¿300,000?

La respuesta correcta sorprende a la mayoría: 2,097,152. Sí: más de dos millones. Y eso no es todo. Si añadimos solo otro 8 más a la cadena: 16,777,216. Y si agregamos uno más: 134,217,728. Llegamos a 134 millones, únicamente por agregar dos números adicionales a la multiplicación original.

Es por esto que el interés compuesto se basa en el crecimiento exponencial, y no en el crecimiento lineal. Para tener una idea de cuán poderoso puede llegar a ser, basta con observar la siguiente comparación en la Tabla 6.1 de la página siguiente:

Sumando 8	Multiplicando 8
8	8
16	64
24	512
32	4,096
40	32,768
48	262,144
56	2,097,152
64	16,777,216
72	134,217,728
80	1,073,741,824
88	8,589,934,592
96	68,719,476,736
104	549,755,813,888
112	4,398,046,511,104
120	35,184,372,088,832

Tabla 6.1: Diferencia entre crecimiento lineal (sumar +8 cada vez) y crecimiento exponencial (multiplicar por 8 cada vez).

Para el cerebro humano, no es sencillo procesar intuitivamente el impacto del crecimiento exponencial —y es precisamente por eso que solemos subestimarlo—. Y es por eso que el consenso general ha llevado a aceptar que **la forma más sencilla de entenderlo es mediante porcentajes**, que permiten visualizar cuánto crece un número de un paso al otro.

En el ejemplo anterior, cuando multiplicamos 8 × 8 × 8… cada paso representa un crecimiento del +700%. Es decir: cada vez el número es 8 veces mayor que el anterior.

i

+100% es 2X, +200% es 3X, +500% es 6X…

En matemáticas, cuando un número se duplica, se dice que aumentó un +100%. Por lo tanto, si lo multiplicamos por 8, ha aumentado un +700%.

A partir de ahora, cuando hablemos de crecimiento compuesto —que es lo mismo que interés compuesto— y mencionemos, por ejemplo, un crecimiento del +700%, ya sabes que eso representa una multiplicación exponencial respecto al valor inicial. Tal vez no recuerdes exactamente qué número corresponde en la tabla, pero si entiendes bien que hablamos de un crecimiento que multiplica muchas veces el valor original.

Midiendo el interés compuesto

Comprender la capacidad del interés compuesto para generar crecimiento exponencial —a pesar de que al inicio pueda parecer un concepto abstracto— nos permite poner en perspectiva cifras que normalmente no manejamos en la vida cotidiana. Para ilustrar esta dificultad humana de dimensionar grandes cantidades, el autor Morgan Housel comparte un ejemplo brillante en su libro *Same as Ever.* Propone la siguiente comparación: "Si gastáramos intencionalmente 1 dólar cada segundo, tardaríamos 11 días y 14 horas en llegar a 1 millón de dólares. Pero si quisiéramos gastar mil millones, nos tomaría 31 años, 8 meses, 15 días y 11 horas."[125]

Pues voy a llevar su ejemplo aún más allá: si diéramos un paso más y tratáramos de gastar 1 billón, tardaríamos aproximadamente 31,688 años. Para ponerlo en contexto, tendríamos que haber comenzado a gastar hace tantos años que aún estábamos en plena era paleolítica, cuando los mamuts y los tigres dientes de sable recorrían la Tierra y el hielo del periodo glacial cubría gran parte de Norteamérica y Asia.

Para entonces faltaban todavía:

- unos 28,000 años para la invención de las primeras monedas (~600 a. C.),
- alrededor de 31,100 años para la invención de la imprenta (1440),
- y más de 31,456 años para la creación del dólar estadounidense que supuestamente íbamos a gastar (1792).

Este ejemplo nos demuestra que, incluso cuando el proceso es constante —como gastar 1 dólar por segundo—, el paso del tiempo convierte una pequeña acción sostenida en una cifra inimaginable. Sin embargo, en este caso no existe crecimiento, ya que el ritmo es lineal y siempre constante, como en el ejemplo anterior de sumar 8 repetidamente. Cada segundo se gasta lo mismo que el anterior.

Ahora bien, cuando aplicamos un porcentaje de crecimiento —en lugar de una suma constante— la situación cambia drásticamente. Si mantuviéramos el mismo ritmo anterior de 1 dólar por segundo, pero esta vez aumentáramos la cantidad gastada un +10% en cada segundo —$1.10 en el segundo #2, $1.21 en el segundo #3 y así sucesivamente—, la diferencia sería abismal. En lugar de tardar 31,688 años en gastar 1 billón de dólares ¿te atreves a adivinar? ¿Piensas que 20,000 o 10,000 o incluso unos 1,000 años? La respuesta es que solo nos tomaría 4 minutos y 26 segundos. Y a la vez, si en lugar de comenzar con 1 dólar, partiéramos de 1 centavo y aumentáramos igualmente un +10% por segundo, el tiempo para llegar a 1 billón sería apenas 49 segundos más: 5 minutos y 15 segundos en total.

El interés compuesto es, sencillamente, un fenómeno extraordinariamente poderoso. No es casualidad que, según numerosas fuentes históricas, Albert Einstein se refiriera a él como "la octava maravilla del mundo".

El interés compuesto en las inversiones

El interés compuesto no es un concepto nuevo, sus orígenes se remontan a la antigua Babilonia, hace más de 4,000 años, y también fue ampliamente utilizado en las civilizaciones griega y romana, además de popularizarse durante la Edad Media.

Más recientemente, a finales del siglo XVIII, Benjamin Franklin —uno de los padres fundadores de Estados Unidos, inventor y científico— resumió magistralmente el poder del interés compuesto aplicado a las finanzas con una frase bien simple: "El dinero genera dinero. Y el dinero que genera el dinero, genera aún más dinero." Y así es exactamente cómo funciona.

Por esta razón, una manera sencilla y clara de hablar del crecimiento financiero a lo largo del tiempo es a través de la **tasa de crecimiento anual**. Esta tasa representa, en forma porcentual, cuánto crece un capital inicial en promedio cada año, ya que, en el mundo de las inversiones, la unidad de tiempo más utilizada es justamente el año, lo que da origen al término: tasa de crecimiento anual.

De hecho, existen diferentes formas de llamarla, como veremos en la Tabla 6.2. Sin embargo, la forma que utilizaremos a lo largo de este libro —por su claridad y amplio uso en el mundo de las finanzas— es la sigla en inglés: YoY (*Year over Year*) —que en español significa "año tras año" o crecimiento interanual—. Esencialmente, todas significan lo mismo.

Término	Idioma
YoY (Year-over-Year)	Inglés
CAGR (Compounded Annual Growth Rate)	Inglés
Yearly Performance	Inglés
Rendimiento Anual Compuesto	Español
Tasa Anual Compuesta	Español
Tasa de Crecimiento Compuesto Anual	Español
Crecimiento Anualizado	Español
Tasa de Crecimiento Anual (TCA)	Español
Rendimiento Anualizado	Español
Crecimiento Interanual	Español

Tabla 6.2: Diferentes nombres con los que la literatura financiera se refiere al crecimiento compuesto de una inversión.

Ahora, antes de pasar a ejemplos reales de la tasa de crecimiento anual (YoY), hagamos un calentamiento rápido —onda como cuando comenzamos el entrenamiento en el gimnasio antes de levantar un peso pesado— pero esta vez aplicado al interés compuesto. Veamos algunos ejemplos simples para construir intuición.

$100 creciendo desde 1985

Voy a comenzar con mi año de nacimiento. Supongamos que invertí $100 dólares en 1985 —o, mejor dicho, que mi mama lo invierte por mí en ese año— y esa inversión crece a un +5% anual compuesto. Después de 40 años, esa inversión se convertiría en $704.00 dólares, según la calculadora financiera de *Investor.gov.*[126]

Ahora bien, si en lugar de crecer un +5% anual, creciera a un +10% anual, la intuición nos podría decir que el resultado debería ser aproximadamente el doble —quizás un poco más por el efecto del interés compuesto—. Pero no. Aquí es cuando el cerebro comienza a fallarnos. Si esos mismos $100 crecen a un +10% anual durante 40 años, el resultado final no es el doble, sino $4,525.93 dólares. Más de 6 veces la cifra anterior. Y en este ejemplo ni siquiera estamos hablando de crecimientos extremos como el del +700% del ejemplo de "los 8", ya que solo estamos usando un cambio modesto del +5% al +10%.

Ahora imagina que el retorno aumenta a +20% anual compuesto. Pues, el resultado, una vez más, parece casi imposible de creer. Los mismos $100 iniciales invertidos en 1985 se habrían convertido en $146,977.16 dólares después de 40 años, lo cual significa multiplicar la inversión inicial 1,469 veces.

Esa es la magia silenciosa del crecimiento compuesto. ¿Listo para ver cómo esto se refleja en casos reales de la historia financiera? Vamos con algunos ejemplos extraordinarios.

The Manhattan Company (período de 1799 - 2024)

En el *Capítulo 1* mencioné el caso histórico de The Manhattan Company, que comenzó en 1799 con apenas $2 millones de dólares en *market cap* y terminó convirtiéndose en lo que hoy conocemos como JPMorgan Chase, valorada en más de $630 mil millones. El crecimiento anual promedio estimado en ese período **ha sido de +5.78% YoY**. Puede parecer modesto, pero sostenido consistentemente durante más de 200 años, simplemente produce resultados monumentales.

Anne Scheiber (período de 1944 - 1995)

La historia de Anne Scheiber fue presentada en el *Capítulo 2: ¿Cómo participar en el* market*?* Anne comenzó a invertir en 1944 con solo $5,000 y, gracias a la disciplina y la reinversión constante, logró construir una fortuna valuada en $22 millones de dólares en 1995. Su retorno promedio anual fue de **+17.88% YoY durante más de 50 años**. Un resultado impresionante que la coloca entre los mejores inversionistas de la historia —sin fama, sin empresa, sin herencias— solo paciencia y crecimiento compuesto.

Warren Buffett (período de 1965 - actualidad)

Warren Buffett es considerado por millones como el mejor inversionista de todos los tiempos. Y no solo por el retorno de inversión que obtiene, sino por el tiempo durante el cual ha sido capaz de mantenerlo. El retorno promedio anual de Buffett ha sido de **+19.8% YoY por casi 60 años** consecutivos.[127] Él mismo lo resume en una frase: "(...) toda mi vida ha sido producto del interés compuesto".[128]

Lo más impactante del caso Buffett es que más del 98% de su fortuna provino después de cumplir 65 años. A esa edad, su patrimonio era de alrededor de $3 mil millones. Hoy supera los $145 mil millones. ¿Qué pasó en el medio? Nada espectacular… solo interés compuesto, más tiempo, más disciplina absoluta. Si a los 65 años, en lugar de $3 mil millones, hubiese comenzado con $30,000, hoy en día tuviese aproximadamente $1,450,000.

Como diría Morgan Housel: "Nuestras mentes no están hechas para comprender ese tipo de absurdos".[129]

Coca-Cola: "con" y "sin" dividendos reinvertidos (período de 1995 - 2025)

¿Recuerdas el caso que analizamos en el *Capítulo 3: Los dividendos* sobre el crecimiento de una inversión en Coca-Cola desde 1995? Ese ejemplo es una demostración perfecta del impacto del interés compuesto y del papel que juegan los dividendos en el crecimiento de una inversión a largo plazo.

Partiendo de el mismo ejemplo explicado en ese capítulo, supongamos que en 1995 invertimos $10,000 acciones de Coca-Cola y mantenemos la inversión hasta octubre de 2025. Compararemos los escenarios #2 y #3 de ese ejemplo:

Si lo recuerdas bien, en el escenario #2 no se reinvertían los dividendos, sino que se dejaban en efectivo durante todo el período. Esto hacía que, una inversión de $10,000 en acciones de Coca-Cola habría alcanzado un total de $58,543.23 después de 30 años. En términos de crecimiento compuesto, esto se traduce en **un retorno YoY de +6.02%**. Sin embargo, en el escenario #3, en el cual los dividendos eran completamente reinvertidos en acciones de Coca-Cola, la misma inversión inicial habría crecido hasta $86,549.32 o lo que sería **un retorno ligeramente superior de +7.40% anual**.

A primera vista, podríamos pensar que la diferencia entre crecer un +6.02% y un +7.40% anual no es tan significativa. Pero aquí es donde entra en juego la verdadera magia del interés compuesto: esa pequeña diferencia de +1.38% anual genera más de $28,000 adicionales en el resultado final.

No hubo una inversión mayor, ni se asumió más riesgo, ni se compraron empresas diferentes. La única diferencia fue reinvertir los dividendos. En otras palabras, **permitir que el dinero generado empezara también a generar dinero**.

La cuenta de ahorros de Cristóbal Colón (período de 1492 - 2024)

Este es un ejemplo hipotético muy popular que conocí a través de los profesores Kay y Jim Stice en un curso de finanzas de LinkedIn Learning por allá por 2016.[130] Lo comparto porque fue uno de los primeros que me hizo comprender, de forma clara e impactante, cómo funciona el interés compuesto a lo largo del tiempo. Imagina lo siguiente:

Si Cristóbal Colón hubiese depositado $1 dólar en una cuenta de ahorros en el año en que llegó a América (1492), con una tasa de crecimiento de +5% anual compuesto, ¿cuánto dinero habría crecido ese dólar hasta el sol de hoy?

Pues, asumiendo que han transcurrido 532 años (de 1492 a 2024), ese dólar se habría convertido en: $187,373,040,961.27. Es decir: **187 mil millones de dólares.**

Para ponerlo en contexto, esa cifra colocaría hoy a Colón entre las personas más ricas del planeta. Estaría solo por debajo de Elon Musk ($197 mil millones) y Jeff Bezos ($195 mil millones) según el ranking de *Forbes* a diciembre de 2025. Y quedaría ligeramente por encima de Mark Zuckerberg ($177 mil millones).[131] Todo esto a partir de haber comenzado ridículamente con $1 dólar.

¿Cuál es la clave detrás de este resultado? La respuesta es simple: **el tiempo**, ya que mientras más largo es el período de inversión, más veces actúa el ciclo del interés compuesto. Aunque un +5% anual parece una tasa modesta, cuando se mantiene constante a lo largo tanto tiempo, el efecto es monumental. Esa es la esencia del crecimiento exponencial: **no se nota mucho al principio, pero explota con el paso del tiempo**.

Si deseas comprobar cualquiera de los ejemplos de este capítulo, puedes hacerlo tú mismo utilizando las siguientes calculadoras de interés compuesto en línea. Son las mismas que acostumbro a utilizar todo el tiempo y van a ser una buena herramienta que te recomiendo utilizar regularmente:

Calculadora oficial del sitio educativo de la *U.S. Securities and Exchange Commission (SEC)* https://www.investor.gov/financial-tools-calculators/calculators/calculadora-de-interes-compuesto	
Calculator Soup (para cálculos de períodos largos) https://www.calculatorsoup.com/calculators/financial/compound-interest-calculator.php	

Pues ya que has visto el impacto del interés compuesto en distintos escenarios pasemos a dos reglas prácticas que te permitirán comprenderlo y aplicarlo, aún más fácil, sin necesidad de ser un genio matemático. Te presento la Regla #1 y la Regla del 72.

Regla #1

En noviembre de 2023, a apenas un mes de cumplir 100 años, falleció uno de los inversionistas más influyentes del mundo moderno: Charlie Munger. Amigo cercano de Warren Buffett desde 1959 y vicepresidente de Berkshire Hathaway durante más de 46 años, Munger no solo fue un inversionista brillante, sino también un educador nato. Se convirtió en una de las figuras más populares en el mundo de los mercados financieros, reconocido por compartir su sabiduría con una honestidad brutal y un estilo directo, sin el más mínimo rodeo.

Una de sus frases más poderosas sobre creación de riqueza fue: "La primera regla del interés compuesto es nunca interrumpirlo innecesariamente.".

Esa frase es simple, pero encierra una verdad fundamental de las finanzas, debido a que el interés compuesto solo funciona cuando se deja actuar con el tiempo y sin interrupciones. Todos los cálculos y proyecciones que hemos visto hasta ahora dependen de una sola condición: **la continuidad**.

En el momento en que rompes el ciclo —ya sea retirando dinero, pausando una inversión o interrumpiendo el crecimiento— la fórmula pierde poder. No funciona a medias. o lo dejas crecer… o no hay milagro compuesto.

Regla "del" 72

La Regla del 72 (también conocida como *Rule of 72*) es una herramienta matemática muy sencilla que permite estimar en cuántos años una inversión se duplicará aplicando interés compuesto. Es bien fácil de calcular:

$$\frac{72}{\text{Tasa de crecimiento anual}} = \text{Años para duplicar}$$

Su origen es meramente matemático, ya que la "constante" del 72 es un aproximado, aunque el rango en el que más preciso funciona, es en el de tasa de crecimiento anual se encuentra entre el +4% y el +25%. Es una regla muy útil, puesto que es muy rápida de calcular y brinda una idea bien aproximada de un cálculo que generalmente es bien complejo. Veamos algunos ejemplos:

Ejemplo #1: +6% Anual

Si inviertes dinero que crece a un +6% anual compuesto, podemos estimar lo siguiente, utilizando la fórmula anterior:

$$\frac{72}{6} = \textbf{12 años} \text{ para duplicarse}$$

Ahora, utilizando la calculadora de interés compuesto, podemos calcular los primeros años del período y obtener los resultados reales. Así crecería entonces una inversión inicial de $100:

Año	Valor de la inversión
0	100
1	108
2	116.64
3	125.97
4	136.05
5	144.24
6	153.89
7	163.13
8	172.92
9	183.3
10	194.3
11	205.96
12	**218.32 (aproximadamente el doble)**

Tabla 6.3: Crecimiento compuesto de una inversión inicial de $100 creciendo a un ritmo de +6% cada y calculado a partir de la Calculadora oficial del sitio educativo de la SEC.

Ejemplo #2: +8% Anual

Aumentando la tasa de crecimiento a un valor ligeramente mayor, de un +8%, el cálculo sería el siguiente:

$$\frac{72}{8} = \textbf{9 años} \text{ para duplicarse}$$

Y una vez más, así crecería una inversión inicial de $100 (por cierto, dividí esta tabla entre dos páginas, ya que es bastante sencilla):

Año	Valor de la inversión
0	100
1	108
2	116.64
3	125.97
4	136.05

5	146.93
6	158.69
7	171.38
8	185.09
9	**199.90 (aproximadamente el doble)**

Tabla 6.4: Crecimiento compuesto de una inversión inicial de $100 creciendo a un ritmo de +8% cada año y calculado a partir de la Calculadora oficial del sitio educativo de la SEC.

Ejemplo #3: +25% Anual

Si la tasa de crecimiento anual es del +25%, dividimos 72 entre 25 y obtenemos aproximadamente 2.88 años para duplicar la inversión inicial. A simple vista podríamos pensar: "+25% es la cuarta parte de 100, entonces quizá se duplica en 4 años". Pero… no (risas).

Así crecería una inversión inicial de $100 al +25% anual:

Año	Valor de la inversión
0	100
1	125
2	156.25
3	**195.31 (aproximadamente el doble)**
4	244.14
5	305.18
6	381.47

Tabla 6.5: Crecimiento compuesto de una inversión inicial de $100 creciendo a un ritmo de +25% cada año y calculado a partir de la Calculadora oficial del sitio educativo de la SEC.

La Regla del 72 es una herramienta sencilla pero muy poderosa porque hace rápidamente visible lo que es difícil de estimar a simple vista. Utilízala para hacer cálculos rápidos, siempre que tengas la oportunidad de estimar el crecimiento de una inversión.

Una vez visto esto, podemos entonces ya ponernos los guantes de inversionistas y empezar a analizar las herramientas que tenemos a nuestra disposición. Y no hay mejor herramienta para hacerlo que la que hemos venido analizando desde el capítulo pasado: el S&P 500.

El interés compuesto y el S&P 500

Como un pequeño recordatorio: el S&P 500 está compuesto por las 500 empresas más grandes de los Estados Unidos. A lo largo del tiempo —con compañías que entran y salen del índice debido a fusiones, adquisiciones, quiebras o crecimiento— este conjunto dinámico ha demostrado una capacidad extraordinaria de crecer. **Y ahora, que tenemos la perspectiva del crecimiento compuesto vencida, entonces podemos empezar a analizarlo a partir de los porcientos (%) de sus movimientos**.

Para los análisis históricos que vienen a continuación, voy a utilizar como referencia nuevamente la base de datos pública de la New York University Stern School of Business (NYU Stern), una de las fuentes académicas más confiables en materia financiera de periodos anteriores a la tecnología moderna. Si ahora mismo busco en Google, voy a encontrar datos históricos no más allá de los últimos 40 años, pero necesito realmente la info desde el período inicial, y es ahí donde la NYU Stern ha hecho un trabajo formidable.[132]

Para comenzar, revisemos un período clave de la historia financiera mundial: 1928–1938, una década marcada por la Gran Depresión. A primera vista, y como se puede apreciar en la Tabla 6.6, estos 10 años reflejan una realidad brutal, ya que el mercado atravesó uno de los períodos más traumáticos de la historia económica, marcado por el colapso bursátil de 1929 y los devastadores efectos de los años siguientes. Fue un período de pánico financiero, cierres masivos de bancos, desempleo récord y un profundo impacto social. Los desplomes de -25%, -43% y -35% en algunos años muestran con claridad la magnitud de la crisis. Ya hablamos un poco de esto en el capítulo 3. Sin embargo —y aquí está lo verdaderamente sorprendente—, incluso en medio de este caos histórico, el S&P 500 logró terminar la década con un crecimiento promedio positivo de +7.21% anual.

Año	Retorno del S&P 500
1928	+43.81%
1929	-8.30%
1930	-25.12%
1931	-43.84%
1932	-8.64%
1933	+49.98%
1934	-1.19%
1935	+46.74%
1936	+31.94%
1937	-35.34%
1938	+29.28%
Promedio de la década	**+7.21%**

Tabla 6.6: Crecimiento anual del S&P 500 durante los años de la Gran Depresión. Fuentes: NYU Stern School of Business.

Este comportamiento revela una verdad esencial del mercado: en el corto plazo puede ser caótico e impredecible, pero en el largo plazo ha demostrado una capacidad extraordinaria de recuperación y crecimiento.

El Year-over-Year del S&P 500

Para visualizar esta tendencia con mayor amplitud, pasemos de analizar una sola década a observar un período mucho más extenso. Desde **1928 hasta 2024, el S&P 500 ha promediado un crecimiento compuesto de +9.94% YoY**, a pesar de atravesar docenas de conflictos bélicos internacionales, recesiones, crisis de petróleo, burbujas tecnológicas, inflación, pandemias y colapsos financieros. En la Figura 6.7, se puede apreciar cuan variable ha sido en el transcurso de los años.

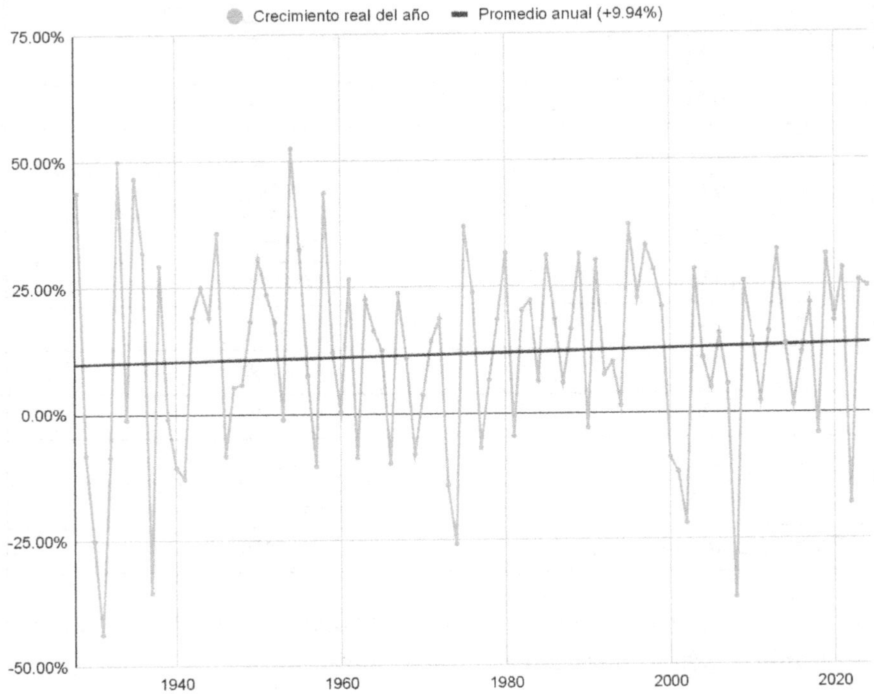

Figura 6.7: Crecimiento anual del S&P 500 desde 1928 hasta diciembre de 2024. Fuente: NYU Stern School of Business.

Durante este período de 95 años hubo momentos extremos: como la caída de -43.84% en 1931 o el histórico +52.56% de 1954, considerado el mejor año bursátil jamás registrado. Sin embargo, a pesar de todos los altibajos, el índice ha mostrado una característica clave: tiende a regresar consistentemente a su promedio histórico.[133]

Y aunque un retorno anual promedio de +9.94% pueda parecer modesto comparado con casos extraordinarios como los de Warren Buffett o Anne Scheiber, lo cierto es que sus efectos a largo plazo siguen siendo impresionantes, como veremos a continuación. Analicémoslo entonces desde otro punto de vista.

Valor de $100 invertidos "imitando" el S&P 500

Sin alejarnos de los ejemplos anteriores, tanto Anne Scheiber como Warren Buffett representan dos caminos distintos hacia un mismo destino, el cual ha sido construir grandes fortunas mediante decisiones de inversión consistentes. Anne lo logró a través de décadas comprando acciones de empresas que consideraba estables y bien gestionadas. Buffett, por su parte, dedicó su vida a estudiar reportes financieros y a identificar compañías extraordinarias, adquiriendo millones de acciones de gigantes como Coca-Cola o Apple, que terminaron multiplicando su valor con el tiempo.

Ambos tomaron decisiones basadas en criterios muy diferentes, desarrollados a lo largo de muchos años de experiencia y diversificando la cantidad de empresas en las que lo hacían. Es por esto que, pretender tener desde el primer día el nivel de análisis de cualquiera de los dos es un sueño admirable, pero poco realista para la mayoría de nosotros.

Ahora bien, imagina que soy un inversionista completamente nuevo. **No sé analizar balances, no sé evaluar ventajas competitivas y, sinceramente, no tengo idea de qué empresas elegir**. Pero he escuchado que el S&P 500 reúne a las 500 compañías más grandes y representativas de los Estados Unidos y que su crecimiento promedio ha sido de +9.94% anual. Así que, desde mi desconocimiento financiero, decido algo simple: **como no sé escoger empresas individuales, invertiré en las primeras 500 al mismo tiempo. Esa será mi estrategia para tratar de obtener ese casi +10% anual.**

Así que todos los días voy a mirar lo que pasa en el índice y si una nueva compañía entra al índice, compraré automáticamente la parte correspondiente de mi inversión. Si una sale, la venderé. Si alguna aumenta o disminuye su peso, simplemente ajustaré mi posición. Seguiré el movimiento del S&P 500 de forma automática, sin añadir opiniones personales ni intentar adivinar qué empresa lo hará mejor o peor. Y muy importante: mientras las mantenga en mi cuenta *broker* voy a ir recibiendo los pagos de dividendos de todas las que lo hacen. Veamos que sucede:

Pues la Figura 6.8 muestra el crecimiento de una inversión inicial de $100 dólares siguiendo como guía constantemente el comportamiento del S&P 500 entre el 1.º de enero de 1928 y el 31 de diciembre de 2024. Para imaginarlo de forma sencilla, piensa que esos $100 se distribuyen proporcionalmente entre las empresas del índice, por ejemplo: unos $6 en Apple, $5 en Microsoft, $3 en Google, y así sucesivamente con las próximas 497 compañías. Es decir, se trata de invertir en casi todo el mercado estadounidense al mismo tiempo, en la misma proporción (replicando) en que está representado dentro del S&P 500.

Obviamente, tengamos en cuenta que comencé en 1928 con las 233 empresas de aquel entonces y siempre fui, fielmente, siguiendo los pasos de lo que Standard Statistics —y luego Standard & Poor's, y luego S&P Global— publicaba diariamente.

Figura 6.8: Crecimiento de $100 invertidos siguiendo las compañías incluidas en el S&P 500 (1928–2024) Fuente: NYU Stern School of Business.

Aplicado al período completo entre 1928 y 2024, y utilizando el rendimiento promedio anual compuesto del S&P 500 (+9.94% YoY), **los mismos $100 dólares habrían crecido hasta los $982,817.82, es decir, casi un millón de dólares.** En otras palabras, una inversión hecha siguiendo el índice durante los últimos 95 años se habría multiplicado por 9,828 veces, lo que representa un crecimiento total acumulado de +982,717.82%.

Haz una pausa y léelo nuevamente: los $100 iniciales se convertirían en casi $1,000,000 de dólares, creciendo a +9.94% durante 95 años.

El concepto de invertir "replicando"

En el mundo de las inversiones, el término "replicar" se utiliza para describir el proceso de imitar, o copiar, un patrón o índice, para entonces aplicarlo como inversionistas. En otras palabras, no intentas adivinar qué empresa será la ganadora, sino que distribuyes tu dinero en la misma proporción en que están representadas las compañías dentro del índice.

Replicar el S&P 500 consiste en distribuir tu inversión según el peso real de cada empresa dentro del índice, de modo que tu dinero se mueva igual o lo más parecido a él. Como consecuencia, esto hace que la mayor parte de tu dinero esté en las empresas más grandes y luego va disminuyendo la cantidad en las más pequeñas.

Ahora, en la figura anterior (Figura 6.8) es casi imposible de distinguir el comportamiento del índice entre 1928 y 1980, debido al enorme crecimiento generado en las décadas posteriores. Para analizarlo con mayor claridad, separaremos el rendimiento histórico en dos períodos: 1928–1980 y 1980–2024. Dividí los datos de esta forma para mantener coherencia con la información presentada en la sección anterior sobre el Top 10 del S&P 500 al 31 de diciembre de 1980.

Valor de $100 invertidos en el S&P 500 (período de 1928 - 1980)

Durante los primeros 52 años de medición, **el S&P 500 promedió un crecimiento de +8.60% anual (YoY)**. En ese lapso, $100 dólares se habrían convertido en $7,934.26, como se muestra en la Figura 6.9.

Aunque parezca trivial, basta imaginar a una persona que hubiese invertido $5,000 dólares al inicio de ese período y simplemente, mantenido la inversión sin agregar más dinero, para 1980 tendría $3,967,130, casi 4 millones de dólares. Lo más sorprendente es que esto sucede sin necesidad de seleccionar acciones individuales ni ser un genio financiero, solo siguiendo al índice del mercado.

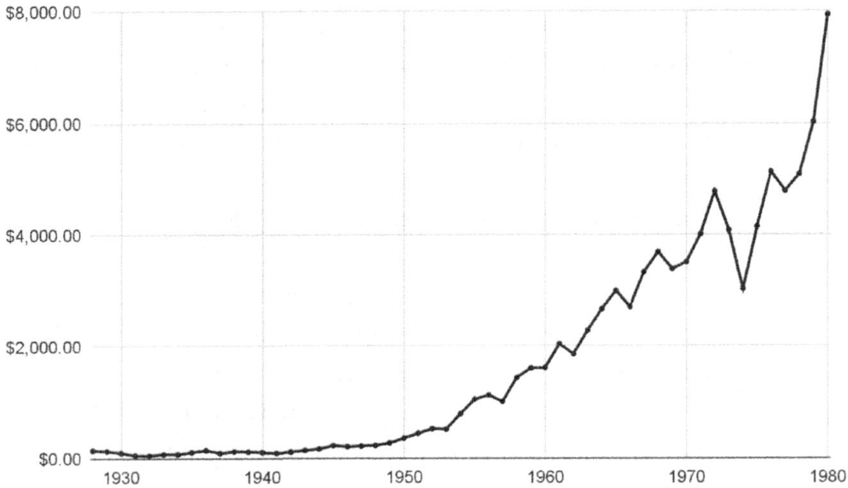

Figura 6.9: Crecimiento de $100 invertidos siguiendo el S&P 500 (1928 – 1980) Fuente: NYU Stern School of Business.

Veamos ahora el período siguiente.

Valor de $100 invertidos en el S&P 500 (1981 - 2024)

Tal como vimos, las compañías que forman parte del índice han cambiado significativamente con el paso del tiempo. Entre 1928 y 1980 predominaban sectores como energía e industrias tradicionales, mientras que a partir de los años 80 comenzó el ascenso de las empresas tecnológicas, que hoy representan aproximadamente un tercio del valor total del índice.

Aun con todos estos cambios estructurales en la economía, lo más interesante es que el comportamiento del crecimiento capital a largo plazo sigue mostrando patrones consistentes. Es decir, aunque cambien las empresas que lideran el índice y evolucionen los sectores dominantes, el crecimiento compuesto del S&P 500 continúa demostrando su fortaleza.

En el período comprendido entre el **1.º de enero de 1981 y el 31 de diciembre de 2024** —un total de 42 años—, **el S&P 500 promedió un rendimiento anual compuesto de +11.98%** YoY. Eso significa que, una inversión inicial de $100 dólares, habría crecido hasta $12,387.01, como se observa en la Figura 6.10 en la página siguiente.

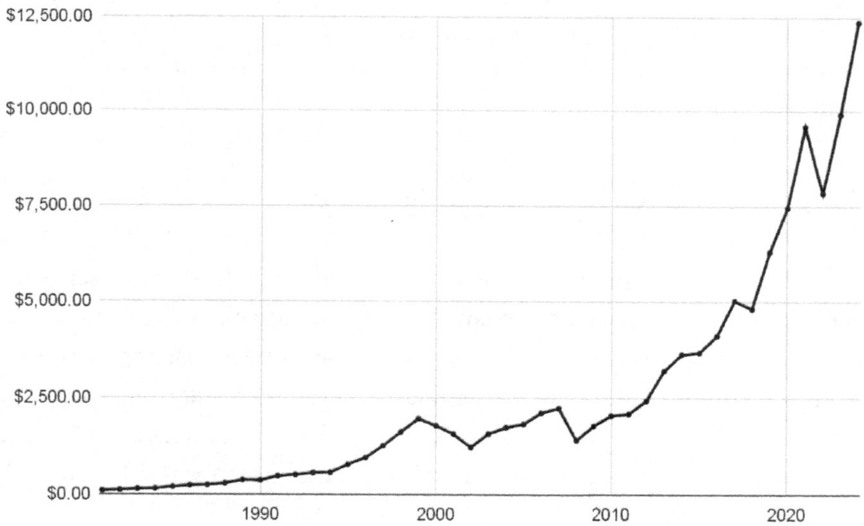

Figura 6.10: Crecimiento de $100 invertidos siguiendo el S&P 500 (1981 – 2024). Fuente de los datos: NYU Stern School of Business.

Es importante aclarar que todos los retornos mostrados en estas gráficas **incluyen la reinversión de los dividendos distribuidos por las compañías mientras formaron parte del índice**. Esa distinción es esencial, porque el crecimiento real del mercado no proviene únicamente del aumento en el precio de las acciones, sino también del efecto acumulado de los dividendos.

El S&P 500 "sin" y "con" dividendos reinvertidos

La data de NYU Stern School of Business, a pesar de ser la más detallada en cuanto a rendimientos históricos, lamentablemente no tiene un análisis en el cual se pueda ver, por separado, el impacto que han tenido los dividendos desde 1928, **ya que los retornos de su estudio incluyen también los dividendos desde el primer día**. Es por eso que tuve que indagar por investigaciones alternativas donde se pudiera encontrar, realmente, el impacto que estos han hecho a largo plazo.

Pues según el estudio *The Power of Dividends: Past, Present, and Future* de Hartford Funds, el cual analiza todos los dividendos distribuidos por las compañías incluidas en el índice desde 1957 —cuando se empezó a computar— hasta 2024, el retorno de inversión histórico del S&P 500 es el siguiente:[134]

- +7.40% YoY sin reinvertir dividendos
- +10.60% YoY reinvirtiendo dividendos

La diferencia puede parecer pequeña —solo +3.20% anual— pero en el largo plazo transforma completamente el resultado final: $100 invertidos en 1957 habrían crecido a $9,820 sin reinvertir dividendos, pero a $63,994 reinvirtiéndolos. Este ejemplo demuestra algo clave que recordarás del *capítulo 3:* los dividendos no son un detalle técnico, son una de las fuentes principales del crecimiento del mercado a largo plazo y por lo tanto, del retorno de inversión.

El YoY de +9.94% es la referencia principal.

Todas las gráficas y cálculos que hemos visto hasta aquí nos llevan a un mismo punto: **el crecimiento compuesto promedio de +9.94% anual (casi +10%) del S&P 500 desde 1928 es real, consistente y verificable históricamente**.

Y ahora que ya comprendemos qué significa ese +9.94% anual sostenido durante 95 años, quiero presentarte una forma diferente —y extremadamente útil— de interpretar esta información. Para mí, es la tabla más importante para cualquier persona interesada en invertir siguiendo a las compañías que están en el S&P 500: la pirámide histórica de los años.

La tabla más relevante del S&P 500

La pirámide de los años organiza los retornos históricos del S&P 500 por rangos, mostrando cuántas veces las compañías que pertenecen al índice han ganado o perdido dinero, en su conjunto, a lo largo de la historia. En otras palabras, representa los mismos datos históricos que hemos analizado —el rendimiento compuesto anual de +9.94% desde 1928 hasta 2024— pero con un enfoque más práctico, ya que permite visualizar con qué frecuencia el mercado sube o baja a diferentes ritmos.

La Tabla 6.11 presenta estos rangos de retorno, de menor a mayor, ofreciendo una perspectiva estadística esencial para cualquier inversionista que piense en el largo plazo y desee utilizar la historia del índice para tener una idea de cuáles son los posibles escenarios, en base a lo que ha ocurrido en el último siglo.

Años de retorno negativo / positivo	27.20% de los años han sido negativos				72.80% de los años han sido positivos					
Rango de Retorno Anual	*-40 a -30%*	*-30 a -20%*	*-20 a -10%*	*-10 a 0%*	*0 a +10%*	*+10 a +20%*	*+20 a +30%*	*+30 a +40%*	*+40 a +50%*	*+50 a +60%*
Porciento de años con ese rango de retorno	3.10 %	3.10 %	6.20 %	14.60 %	15.60 %	20.80 %	17.70 %	13.50 %	4.20 %	1.00 %
Año	1931, 1937, 2008	1930, 1974, 2002	1940, 1941, 1957, 1973, 2001, 2022	1929, 1932, 1934, 1939, 1946, 1953, 1962, 1966, 1969, 1977, 1981, 1990, 2000, 2018	1947, 1948, 1956, 1960, 1970, 1978, 1984, 1987, 1992, 1993, 1994, 2005, 2007, 2011, 2015	1942, 1944, 1949, 1952, 1959, 1964, 1965, 1968, 1971, 1972, 1979, 1986, 1988, 2004, 2006, 2010, 2012, 2014, 2016, 2020	1938, 1943, 1951, 1961, 1963, 1967, 1976, 1982, 1983, 1996, 1998, 1999, 2003, 2009, 2017, 2021, 2023, 2024	1936, 1945, 1950, 1955, 1975, 1980, 1985, 1989, 1991, 1995, 1997, 2013, 2019	1928, 1933, 1935, 1958	1954

Tabla 6.11: Pirámide de los años y rangos de retorno del S&P 500 (1928–2024). Fuente de los datos: NYU Stern School of Business.

Más allá de mostrar simples números, esta tabla revela patrones históricos muy consistentes sobre el comportamiento real del mercado. Te recomiendo que, a medida que los voy mencionando, regreses a la tabla y valides cada uno. Veámoslo a continuación:

El ~73% de los años han sido positivos

Casi 3 de cada 4 años, el S&P 500 ha generado retornos positivos. Y aún más interesante: de esos años positivos, alrededor del 80% han tenido rendimientos superiores al +10%, lo cual evidencia que el crecimiento del índice no solo ha sido frecuente, sino también significativo.

Las caídas de más de -10% son poco frecuentes

Aunque el mercado —y pudiéramos llamarle así ya que "el S&P 500" representa a casi todo "el mercado"— sí cae, los años con pérdidas superiores al -10% han sido una minoría histórica. En los últimos 95 años ha ocurrido solo 12 veces, incluyendo eventos severos como burbujas financieras o recesiones profundas (por ejemplo, 2022). Sin embargo, en cada uno de esos casos, el mercado eventualmente se recuperó.

Las caídas mayores a -30% son eventos extremos

Solo el 3% de los años han registrado desplomes por encima del -30%, casi todos vinculados a crisis excepcionales como la Gran Depresión (1931 y 1937) y la Gran Recesión (2008). Son episodios raros y extraordinarios, que, aunque no son parte del comportamiento típico del mercado, tampoco podemos pensar que "nunca" pudieran suceder.

El 81% de los años han estado entre -10% y +40%

Este es el rango donde ocurre "la vida real" del mercado. La gran mayoría de los años —4 de cada 5— se ha movido dentro de este rango, lo que demuestra que la volatilidad es normal pero manejable cuando se invierte con una visión amplia.

En resumen, esta distribución de resultados anuales del S&P 500 es la forma más práctica de entender cómo se comporta realmente el mercado en el tiempo. La clave no está en evitar los años negativos —porque siempre existirán—, sino en reconocer que la tendencia histórica del mercado es positiva y que el retorno anual compuesto promedio de +9.94% se construye a través de años buenos, malos y extraordinarios.

Y ahora que ya comprendemos la naturaleza de los retornos del mercado/S&P 500, estamos listos para responder una pregunta clave:

¿Cómo es posible que algo crezca cerca de +10% anual durante casi un siglo?

Probablemente, ya te lo has preguntado: ¿por qué el S&P 500 ha mantenido históricamente un crecimiento cercano al +10% anual? ¿qué explica que, durante casi 100 años, el conjunto de las 500 compañías más grandes de los Estados Unidos haya aumentado su valor de forma tan consistente?

Para responder esta pregunta debemos mirar más allá de la creación del propio S&P 500. El economista Robert Shiller, Premio Nobel de Economía y profesor de Yale University, mantiene un registro público del desempeño del mercado que **se remonta hasta enero de 1871**.[135] Son más de 150 años de datos históricos, ajustados e indexados a precios reales, y aun así el crecimiento promedio anual del mercado, desde ese entonces, ha sido de +9.31% YoY.

Es decir: **antes de que existiera el S&P 500, ya el mercado mostraba un comportamiento ascendente a largo plazo**. El crecimiento compuesto no es un fenómeno moderno, sino una consecuencia natural del funcionamiento económico y empresarial. En su libro de 2022 *¿Por qué sube el mercado de valores? (Why Does the stock market Go Up?)*, Brian Feroldi explica las razones fundamentales detrás de este crecimiento sostenido:

Las compañías generan valor con el paso del tiempo, logrando que la economía y el mercado se fortalezcan. Luego esas mismas empresas reinvierten sus ganancias en su crecimiento, al igual que lo hacen los inversionistas que apuestan por ellas. En adición a esto, la tecnología multiplica la forma en que todo crece en su conjunto.[136]

Analicémoslo por separado:

#1: Las compañías generan valor con el tiempo

Las empresas crecen porque resuelven problemas y necesidades reales de las personas. Cuando sus ingresos aumentan, también lo hacen sus ganancias y, por consecuencia directa, el valor de sus acciones.

Un buen ejemplo de cómo una empresa puede crecer de forma sostenida a lo largo del tiempo es Boeing. Aunque muchos la conocen únicamente como fabricante de aviones, Boeing es mucho más que eso, ya que también provee piezas de repuesto, ofrece programas de mantenimiento para aerolíneas, fabrica sistemas aeroespaciales y militares, desarrolla tecnología satelital y entrena a pilotos alrededor del mundo. Es un ecosistema completo de servicios y productos. Pero eso es lo que es Boeing hoy, no lo que en su momento fue.

Su historia comenzó de manera muy sencilla. El 15 de junio de 1916, en medio de la Primera Guerra Mundial e inspirado por la necesidad de innovar en la naciente tecnología aérea, William Boeing probó por primera vez su prototipo Boeing "Model 1" en un lago cercano a Seattle. Era un pequeño hidroavión de madera y tela, con capacidad para solo dos personas amarrado a unos troncos en el borde del lago para que el viento no se lo llevara antes de que estuviera terminado. Más de un siglo después, la compañía que nació en aquel muelle improvisado se ha convertido en uno de los pilares de la aviación mundial. Más de 10,000 aviones Boeing operan actualmente en los cielos, más de 5,700 aeronaves están en producción o pendientes de entrega, y miles de millones de pasajeros vuelan cada año en aviones fabricados por esta empresa.[137]

Así como ocurrió con Boeing, lo mismo sucede con la mayoría de las compañías que logran mantenerse y prosperar durante décadas. Comienzan con proyectos modestos, crecen paso a paso, se adaptan, reinvierten y eventualmente alcanzan una escala que parece imposible de imaginar al inicio. Pasar de transportar a dos personas a mover miles de millones de pasajeros cada año no fue cuestión de suerte, sino el resultado acumulado de innovación, reinversión y crecimiento compuesto a lo largo del tiempo.

#2: La economía crece y el mercado lo refleja

El mercado es un reflejo del crecimiento económico. A medida que la economía mundial produce más bienes y servicios, las empresas también crecen.

Según el Banco Mundial, el PIB global se multiplicó por 34 entre 1900 y 2023.[138] Aunque la población se multiplicó solo por 4, la productividad humana se disparó gracias a la tecnología y la eficiencia económica. Ese crecimiento termina reflejado en el valor de las empresas y, por tanto, del S&P 500.

#3: Las empresas reinvierten sus ganancias

Muchas compañías no pagan dividendos porque prefieren reinvertir su dinero para crecer. Esa reinversión acelera el valor futuro.

Como vimos en el *capítulo 3*, Google es un excelente ejemplo. Tomar la decisión de adquirir y desarrollar empresas como YouTube ha sido una de las mejores decisiones empresariales del mundo de los negocios. Si hubiera repartido sus ganancias en lugar de reinvertirlas, Google no sería la gigantesca compañía que es hoy.

#4: Los inversionistas impulsan la demanda

Invertir se ha convertido en una herramienta global para construir riqueza. A medida que más personas y fondos de inversión ponen su dinero en el mercado, aumenta la demanda y, con ella, los precios de las acciones.

Por supuesto, también hay momentos de pánico —como en 1929, 2008 o 2022— en los que los inversionistas venden masivamente y los precios caen. Pero la historia demuestra que el optimismo económico ha terminado superando al pesimismo.

#5: La innovación tecnológica multiplica el crecimiento

Industria tras industria ha sido transformada por la tecnología. La producción en serie, la robótica, la computación, el internet, la energía renovable, la inteligencia artificial… Empresas como Boeing, Ford, IBM, Apple, Microsoft, Cisco, Amazon, Tesla y Nvidia no solo crecieron, crearon mercados completamente nuevos. Y eso empuja todo el índice hacia arriba.

En conclusión, el **retorno promedio cercano al +10% anual del S&P 500 no es fruto del azar ni de eventos extraordinarios**. Es el resultado acumulado de fuerzas económicas que actúan de forma constante a lo largo del tiempo y el funcionamiento del capitalismo global, que premia la creación de valor. Estas dinámicas combinadas impulsan, año tras año, el crecimiento del mercado.

No necesitas esperar "años" para beneficiarte del S&P 500

Durante todo el capítulo hemos estado hablando de años, pero no te asustes: aunque en los gráficos aparecen horizontes de 15, 25, 45 o incluso 95 años, la magia del crecimiento compuesto no ocurre únicamente al final de ese camino, sino durante todo el trayecto. Cada año, incluso en aquellos que parecen modestos o "aburridos", las empresas siguen innovando, generando ganancias, reinvirtiendo capital y ampliando su productividad.

Y en la medida en que todo ese movimiento interno ocurre, ese crecimiento se acumula silenciosamente a tu favor. Por eso, aunque los horizontes históricos parezcan extensos, no necesitas esperar décadas para que tu dinero empiece a trabajar. El progreso se construye de forma constante, paso a paso, y el inversionista que replica el índice, lo captura desde el primer momento.

Ahora bien, imagina lo que sería intentar replicar todo esto manualmente: revisar cada día la composición del S&P 500, comprar y vender cada vez que una empresa entra, sale o cambia de peso. Sería una locura seguir de cerca a 500 compañías para tomar decisiones diarias.

Como te mencionaba a finales del capítulo anterior —y aquí termina nuestro desvío "no" *express*— la suerte es que hoy, en pleno siglo XXI, esa tarea no recae sobre nuestros hombros y es aquí donde entran los Exchange Traded Funds (ETF). Conocidos en el mundo de las inversiones por su capacidad de contener "paquetes de acciones". Los ETF son los productos financieros que hacen todo ese trabajo automáticamente, permitiéndonos obtener el mismo resultado del índice, pero con apenas un clic. Acompáñame al próximo capítulo para descubrir cómo funcionan.

Resumen del Capítulo

- El interés compuesto es el crecimiento exponencial del dinero a lo largo del tiempo, y es considerado una de las fuerzas financieras más poderosas jamás descubiertas.

- Incluso pequeñas tasas de crecimiento anual, como +5% o +10%, pueden generar resultados enormes cuando se combinan con el factor tiempo.

- Personas como Anne Scheiber y Warren Buffett demostraron en la vida real el poder del crecimiento compuesto con retornos constantes durante décadas.

- El S&P 500 ha sido históricamente uno de los mejores ejemplos de crecimiento compuesto, con un retorno promedio de +9.94% anual desde 1928.

- Reinvertir los dividendos cambia radicalmente los resultados de una inversión, ya que es uno de los principales motores del interés compuesto.

- El crecimiento del S&P 500 está impulsado por factores reales como innovación, expansión económica, productividad y reinversión empresarial.

- El rendimiento histórico del mercado no depende de la suerte, sino del crecimiento económico global y del capitalismo como sistema productivo.

(a) **Realiza un cálculo de interés compuesto con la ayuda de la calculadora de Investor.gov**

Calculadora de Interés Compuesto - Investor.gov
https://www.investor.gov/financial-tools-calculators/calculators/calculadora-de-interes-compuesto

Elige una cantidad inicial hipotética que podrías invertir hoy y un plazo de al menos 5 años. Configura la tasa de crecimiento anual en +10% y observa cuánto podrías acumular. Después, cambia solo el plazo (7, 10, 15, 20, 25 y 30 años) y compara cómo crece el monto final.

CAPÍTULO 7

LOS EXCHANGE TRADED FUNDS

"No busques la aguja en el pajar.
¡Simplemente, compra el pajar!"

—John C. Bogle

En las últimas décadas del siglo de los 1700, las Provincias Unidas Neerlandesas atravesaban un declive evidente —como potencia económica— después de haber dominado la primera posición del comercio mundial durante su Siglo de Oro. Más de seis generaciones habían pasado desde la creación del primer mercado bursátil formal y de la VOC, pero la economía neerlandesa ya no era la misma. Su liderazgo marítimo se debilitaba frente a otras potencias emergentes y, para empeorar el panorama, dos crisis financieras consecutivas habían golpeado duramente la confianza de los inversionistas europeos.

Primero, la crisis de 1763, desencadenada por una burbuja financiera en los precios de los activos de bolsa, colapsó muchos bancos en varias ciudades comerciales. Poco después, la crisis de 1772–1773, originada en Londres y Escocia, se extendió rápidamente a Ámsterdam y otras ciudades financieras del continente. La incertidumbre y el miedo se propagaron tan rápido como las pérdidas, sobre todo entre los inversionistas que acostumbraban a apostar todo su dinero en una o dos empresas particulares, con la expectativa de que estas crecerían y nunca cerrarían sus puertas.

La lección era clara: la prosperidad no estaba garantizada, ni siquiera para un país que había inventado la bolsa moderna y moldeado el comercio global durante más de un siglo. Muchos ciudadanos comunes habían visto evaporarse sus ahorros al no diversificar y al concentrar su confianza en unas pocas empresas u operaciones comerciales. Los mercados demostraron que podían ser brillantes y crueles en cuestión de semanas, y el recuerdo de pérdidas recientes todavía pesaba en la mente de comerciantes, prestamistas y hasta familias enteras.

¿Qué es una burbuja financiera?

i

En finanzas, una burbuja es un período en el que los precios de algunos activos suben de forma irracional —impulsados más por la especulación que por su verdadero valor— hasta que inevitablemente colapsan, destruyendo gran parte de la riqueza invertida. Se les llama así porque terminan explotando, como una burbuja de las que se hacen al utilizar un jabón. Ejemplos famosos a lo largo de la historia incluyen:

- La burbuja de los Tulipanes o la "Tulipomanía" (1634-1637)
- La burbuja del South China Sea (1711-1720)
- La burbuja de los Ferrocarriles (1840-1848)
- La burbuja del mercado que dio lugar al inicio de la Gran Depresión en 1929 (1920-1929)
- La burbuja Dot-Com (1995-2000)
- La burbuja de las hipotecas que resultó en la Gran Recesión de 2008 (2004-2008)
- Las recientes burbujas de criptomonedas (2010-actualidad)

Continuando en el contexto de Ámsterdam a finales del siglo XVII, toda esa fragilidad financiera y miedo a invertir también impulsó nuevas preguntas, por lo que los banqueros comenzaron a preguntarse ¿debía seguirse arriesgando el patrimonio en una sola apuesta, o era posible diseñar un mecanismo que repartiera fácilmente el riesgo entre varios activos? Y fue precisamente allí donde, una vez más, nació otro invento extraordinario que impactaría otra vez más —¡vamos los neerlandeses! — la historia de las inversiones modernas: **el primer fondo de inversión de la humanidad**.

El primer fondo de inversión

Pues en 1774 se lanzó en Ámsterdam el fondo *Eendragt Maakt Magt (La unión hace la fuerza)*, creado por el comerciante Abraham van Ketwich. Su idea era revolucionaria para la época: permitir que personas comunes pudieran invertir de forma diversa, reduciendo así el riesgo que implicaba depender de una sola inversión y perderlo todo de repente.[139]

Hasta entonces, solo las familias ricas podían diversificar sus capitales. Van Ketwich cambió eso proponiendo **agrupar el dinero de muchos inversionistas en un solo fondo, que luego compraría una variedad de activos para reducir el riesgo general.**

A pesar de que las acciones de las compañías hacía muchos años se comercializaban entre inversionistas, la forma más popular de invertir en Europa continuaba siendo los bonos ¿Recuerdas el ejemplo del bono en la heladería con mis hijos? Exactamente lo mismo, pero a gran escala. En aquel entonces, bonos emitidos por reinos europeos y por las principales compañías comerciales de la época. Pues, la idea de Van Ketwich era que, en lugar de que cada persona comprara por su cuenta, por ejemplo, *5 bonos del Reino de Portugal* y *10 bonos del Reino de Francia*, podían comprar una sola unidad de su fondo y este entonces se encargaba internamente de distribuir la inversión. Al momento de su creación:

- el fondo incluía 50 bonos distintos,
- se emitieron 2,000 unidades y,
- una vez vendidas todas, solo podían negociarse entre inversionistas, creando también un mercado secundario.[140]

¿Cómo funcionaba?

Imagina que invertías 1 florín neerlandés —la moneda de la época y este no iba a una sola inversión, sino que se distribuía proporcionalmente entre todos los activos del fondo. Era como comprar un paquete diversificado en lugar de varias —uno mismo— las inversiones individuales.

La Tabla 7.1 ilustra un ejemplo simplificado de cómo se distribuía cada unidad invertida y, como podrás notar, la mayoría eran bonos soberanos respaldados por gobiernos europeos, mientras que el resto provenía de bancos, corporaciones o colonias.

Activo	Tipo de Inversión	Asignación %
Bonos del Reino de Francia	Bono soberano	15%
Bonos de la República de Venecia	Bono soberano	12%
Bonos de la República de Génova	Bono soberano	10%
Préstamos del Banco de Ámsterdam	Préstamo institucional	8%
Préstamos a la Compañía Neerlandesa de las Indias Orientales	Bono corporativo	10%
Bonos del Imperio Austríaco	Bono soberano	7%
Bonos coloniales de Surinam	Bono colonial	8%
Préstamos a comerciantes alemanes	Préstamo privado	10%
Bonos del Reino de Prusia	Bono soberano	5%
Bonos del Ducado de Sajonia	Bono soberano	5%
Préstamos marítimos asegurados	Préstamo garantizado por barcos	5%
Bonos del Reino de Portugal	Bono soberano	5%

Tabla 7.1: Distribución hipotética (holdings) *del Eendragt Maakt Magt.*

Este fondo funcionaba como un vehículo de inversión colectiva, ya que los ahorros de muchos participantes se reunían en una sola cuenta, y era el administrador quien los distribuía entre diferentes activos. Hoy en día, esa estructura sigue siendo la esencia de los fondos modernos, aunque ahora pueden incluir acciones, bonos, *real estate* u otros instrumentos financieros. En 1774, en cambio, debido al clima de desconfianza tras las recientes crisis financieras, y a pesar de tener la opción de hacer lo mismo con las *stocks*, Van Ketwich eligió invertir únicamente en bonos, considerados más estables que las acciones en ese momento.

La gran innovación del fondo fue la diversificación y lo simple que era lograrla al invertir en un solo producto. En lugar de depender del resultado de una sola inversión, cada inversionista estaba repartido en muchas al mismo tiempo —el perfecto ejemplo de "no poner todos los huevos en una sola canasta". Y muy pronto esa estrategia demostraría su valor.

Solo unos años después de su creación, los bonos del Reino de Francia dejaron de pagarse debido a la crisis fiscal que desembocaría en la Revolución Francesa de 1789. Más tarde, en 1797, los bonos de la República de Venecia y de la República de Génova también colapsaron financieramente tras ser conquistadas y anexadas por Napoleón Bonaparte durante las Guerras Napoleónicas.

Estos episodios reflejan cómo los conflictos políticos y militares afectan profundamente la capacidad de los gobiernos para cumplir sus deudas. Pero, sobre todo, dejan en evidencia algo fundamental: nadie puede predecir con certeza qué inversión fallará —ni hoy, ni hace 250 años— y por eso **la diversificación es una de las reglas más poderosas de las finanzas**. Hablaremos de ella más adelante en el próximo capítulo.

En su libro *The Intelligent Investor*, Benjamin Graham, considerado el padre de la inversión moderna y que a su vez fue profesor —y mentor— de Warren Buffett en Columbia Business School, lo expresó claramente: "Al mantener una inversión diversificada, reduces la posibilidad de que tu capital sea eliminado por una sola mala inversión."[141]

El concepto de "fondo de inversión", introducido por Van Ketwich, no solo fue una idea financiera brillante, sino que también democratizó el acceso a las inversiones para la clase media de la época. Sin embargo, la industria de fondos tardaría más de dos siglos en evolucionar hacia lo que hoy conocemos.

Es por esto que el concepto del "fondo de inversión", introducido por Van Ketwich, marcó un hito al democratizar el acceso a los mercados financieros y sentar las bases para el desarrollo de los fondos modernos. Aunque el *Eendragt Maakt Magt* fue una innovación pionera, la idea de los fondos de inversión no desataría su verdadero potencial hasta unos 150 años más tarde, en el siglo XX.

Massachusetts Investors Trust

El 21 de marzo de 1924 se creó en Estados Unidos el *Massachusetts Investors Trust*, considerado el primer fondo mutuo abierto de la historia moderna.[142] A diferencia del *Eendragt Maakt Magt* —que estaba compuesto únicamente por bonos europeos— este nuevo fondo ofrecía una combinación diversificada de acciones y bonos, lo que lo convirtió en una alternativa más atractiva para los inversionistas de una economía que comenzaba a industrializarse aceleradamente.

Su innovación principal fue **permitir que los inversionistas compraran y vendieran participaciones de forma continua**, algo que no era posible con los fondos cerrados anteriores. La idea se popularizó rápidamente en los Estados Unidos y sentó las bases de la industria moderna de fondos de inversión. Sin embargo, estos primeros fondos mutuos tenían un gran problema: eran caros. Las entidades que los administraban cobraban comisiones muy elevadas que reducían significativamente los retornos de inversión a largo plazo. Las tarifas por invertir en estos incluían:

- Una comisión inicial de entrada, la cual podía llegar hasta 8% del monto invertido.
- Una tarifa recurrente cada año de administración: entre 1% y 2% del valor total de la inversión.

Por ejemplo: si querías invertir $1,000, primero debías aportar $1,080 para cubrir un "load" —como se le llama a la tarifa inicial— del 8%. Solo después de pagar esa comisión, era que tu inversión neta comenzaba en $1,000. Luego, cada año se descontaba entre -1% y -2% en concepto de tarifa anual por la gestión, creciera o no tu inversión.

Además, estos fondos eran gestionados activamente, lo que significaba que sus administradores intentaban "ganarle al mercado" escogiendo constantemente qué acciones comprar y vender. Este enfoque generaba altos costos operativos —análisis, investigación y compra/venta constante—, lo que encarecía aún más el producto para los inversionistas.

El problema es que, a pesar de prometer grandes retornos, la mayoría de estos fondos no lograban superar consistentemente al mercado y dando un salto a la actualidad, ese sigue siendo el caso hoy. Según un estudio reciente de S&P Global, **el 95% de los fondos activos no logran superar al S&P 500 en períodos de 20 años**, pero aun así cobran sus comisiones, generen ganancias o no para sus clientes.[143]

Durante décadas —especialmente entre los años 40 y 70— estas tarifas representaron una carga significativa para los inversionistas, reduciendo sus retornos de inversión reales y transfiriendo gran parte de las ganancias al administrador del fondo en lugar del dueño del dinero. El modelo funcionaba, pero había un problema evidente y era que su sistema de tarifas era eficiente para Wall Street, pero no para el inversionista común.

Fue entonces en este contexto de altos costos, resultados mediocres y creciente frustración de los inversionistas que John C. Bogle entró en escena para desafiar a toda la industria financiera.

Vanguard Group

John C. Bogle nació en 1929 en Montclair, Nueva Jersey, en el inicio de la Gran Depresión. Su familia, originalmente acomodada, perdió gran parte de su patrimonio durante aquellos años, lo que marcó profundamente su visión sobre el dinero, el riesgo y la responsabilidad financiera.

Años más tarde, Bogle ingresaría a Princeton University, donde escribió una tesis que cambiaría su vida y, eventualmente, el mundo de las inversiones. En ella argumentaba que los altos costos de los fondos mutuos reducían innecesariamente el retorno de inversión del inversionista promedio y que existía una alternativa más eficiente: invertir de manera pasiva en el mercado completo.

Princeton University, por cierto, es uno de los lugares más fascinantes que he visitado en mi vida. He estado varias veces en el campus y saber que figuras claves de la civilización humana como Albert Einstein, Alan Turing, James Madison y Bogle caminaron por esos terrenos, es profundamente inspirador. No sé si es algo muy particular mío pero, en lugares así, a veces miro las losas del piso y si las veo un poco antiguas, me viene la idea de que "no puedo creer que por aquí probablemente caminaron esos grandes personajes."

Pues continuando con John Bogle, al terminar la universidad, su talento académico lo llevó a ser contratado por Wellington Management Company, una prestigiosa firma de inversiones, donde ascendió hasta convertirse en presidente. Sin embargo, una decisión estratégica fallida —una fusión que resultó desastrosa— le costó su puesto. Ese fracaso habría destruido la carrera de cualquiera, pero en Bogle tuvo el efecto contrario. Lo empujó a crear una de las mayores innovaciones de la historia financiera moderna. En 1974 fundó Vanguard Group, una compañía completamente distinta a cualquier otra. Vanguard fue estructurada para operar sin dueños externos y sin buscar ganancias corporativas, ya que pertenece a sus propios inversionistas. Todo ahorro en costos se devuelve automáticamente a los clientes en forma de comisiones más bajas. Su misión era clara desde el principio: "Invertir no debe ser caro, no debe ser complicado y, sobre todo, no debe beneficiar al intermediario por encima del cliente."[144]

Bogle se propuso democratizar las inversiones, eliminar los costos innecesarios y ofrecer una alternativa que funcionara en beneficio del inversionista común.

Vanguard 500 Index Fund

Durante los años 60 y principios de los 70, el S&P 500 empezó a ganar relevancia entre académicos y profesionales de las finanzas. Sin embargo, la verdadera revolución ocurrió dentro de un laboratorio de investigación de Wells Fargo Bank, donde un pequeño equipo de analistas comenzó a cuestionar la lógica predominante de Wall Street: ¿realmente tiene sentido que los gestores activos intenten seleccionar acciones para "vencer al mercado"?

Inspirados en el trabajo del premio Nobel Harry Markowitz —padre de la teoría moderna de portafolios— y en las conclusiones del economista Burton Malkiel en su libro *A Random Walk Down Wall Street*, el equipo de Wells Fargo realizó el primer experimento práctico para replicar un índice del mercado, en lugar de intentar superarlo.[145] Crearon un paquete de acciones que emulaba a un índice del mercado a través de un método conocido como inversión pasiva. Sin saberlo, acababan de encender la chispa que cambiaría para siempre la vida de millones de inversionistas.

Cuando John C. Bogle, que recientemente había fundado Vanguard, estudió profundamente aquellos resultados, comprendió de inmediato su potencial. Si era tan difícil encontrar gestores que consistentemente vencieran al mercado —y además cobraban comisiones elevadas—, la solución era simple: **dejar de intentar ganarle al mercado y empezar a copiarlo con eficiencia y bajo costo.**[146]

Pues en 1976, Bogle finalmente lanza el First Index Investment Trust, que más tarde adoptaría el nombre de Vanguard 500 Index Fund.[147] Fue el primer fondo indexado de la historia y, a su vez, estaba disponible para todo el mundo, incluidos los inversionistas individuales. Su misión era replicar el rendimiento del S&P 500 con la mayor precisión posible. Su filosofía se resumía en una sola frase que Bogle repetiría durante toda su vida: "No busques la aguja en el pajar. ¡Simplemente, compra el pajar!"

A diferencia de los fondos activos, el Vanguard 500 Index Fund no necesitaba un ejército de analistas leyendo periódicos y datos de empresas sin parar. Mucho menos una estrategia compleja de compraventa diaria. **Simplemente compraba las mismas empresas que componían el S&P**

500, en la misma proporción, y las mantenía a largo plazo. Eso reducía los costos operativos y permitía cobrar comisiones muchísimo más bajas, de apenas 0.30% anual en sus inicios, casi 7 veces menos que los fondos tradicionales.

Invertir en el fondo en sus inicios también era sorprendentemente accesible para la época. No había plataformas digitales ni aplicaciones móviles, por lo que se hacía todo por teléfono y correo postal. El inversionista llamaba a los números de teléfono de Vanguard que aparecían en los anuncios y en las páginas amarillas, solicitaba participar en el fondo, llenaba un formulario que recibía por correo postal y enviaba un cheque regularmente. Sencillo y directo.

Su enfoque abrió la puerta a una revolución del mundo de las finanzas, ya que, por primera vez, el ciudadano común podía invertir en el crecimiento económico de los Estados Unidos de forma diversificada, simple y barata. Como diría Bogle años después: "Nada es más simple que poseer el mercado de valores y mantenerlo para siempre. Esa es, esencialmente, la idea detrás del fondo indexado".[148]

El Vanguard 500 Index Fund fue rechazado al comienzo por Wall Street, incluso ridiculizado. Lo llamaban "la locura de Bogle" — "Bogle's folly" —, pero el tiempo probó que no era locura: era simple matemática. La combinación de diversificación automática, bajos costos y disciplina a largo plazo hizo que este fondo se convirtiera en uno de los productos financieros más exitosos de todos los tiempos. Lo que empezó como una idea marginal terminó convirtiéndose en un movimiento global: **la inversión indexada a través de un fondo** o en otras palabras "invertir en índices".

Pero quedaba una pregunta sin responder ¿Se podía crear una versión aún más flexible que funcionara como una acción y que pudiera comprarse y venderse en tiempo real en los *stock exchanges*? ¿Se pudiera hacer algo así del mismo estilo en que podemos comprar acciones a las 10 de la mañana cuando el mercado está abierto y comprar el fondo de Vanguard?

Esa respuesta llegaría a finales de los años 80 con la creación de un nuevo tipo de instrumento financiero que transformaría para siempre la forma de invertir en fondos diversificados: los **Exchange Traded Funds**, o simplemente ETF.[149]

Los Exchange Traded Funds (ETF)

El primer paso hacia lo que hoy conocemos como ETF no ocurrió en Wall Street, sino aquí en Canadá. En 1990, en el Toronto Stock Exchange (TSE) se lanzó el Toronto Index Participation Fund (TIP 35), un fondo que replicaba el comportamiento del índice *TSE 35*, compuesto por las 35 empresas más grandes del TSE. Por primera vez, cualquier persona podía invertir en todo un índice bursátil comprando una sola unidad del fondo directamente en la bolsa.

Invertir en el TIP 35 era tan sencillo como comprar acciones comunes. A través de un *broker* —en esa época todavía no existían los brokers en línea, ya que el primero llegaría en 1992—, cualquier inversionista podía comprar unidades del fondo durante el horario del mercado de Toronto, igual que se compraban acciones de empresas como Apple o IBM. Este concepto fue completamente revolucionario, ya que no era necesario comprar múltiples acciones individuales para diversificar, ahora bastaba con comprar un solo producto en el mismo lugar que se podían comprar esas acciones.

Sin embargo, el gran salto llegaría en Estados Unidos. El 22 de enero de 1993, la firma State Street Global Advisors lanzó **el SPDR S&P 500 ETF Trust, mejor conocido por su ticker en la bolsa de SPY**[150]. Este ETF, que también replicaba el índice S&P 500 —como el fondo de Vanguard— democratizó aún más la inversión pasiva. A diferencia del fondo indexado original de Bogle, que solo podía comprarse al precio de cierre del día, el SPY podía comprarse y venderse en cualquier momento mientras el mercado estuviera abierto, igual que una acción. Era simple, accesible a todos y extremadamente barato —0.0945%, o 3 veces más barato que el de Bogle—.

Desde entonces, los ETF crecieron de forma explosiva y se convirtieron en una pieza central del sistema financiero global. A StateStreet se sumaría luego Vanguard, BlackRock y miles de otras empresas que llenarían el mercado con sus ETF. Hoy existen tantos, que no solo permiten invertir en índices bursátiles como el S&P 500 o el NASDAQ 100, sino también en bonos, sectores específicos, materias primas como el oro o el petróleo, e incluso criptomonedas.

En esencia, los **Exchange Traded Funds son fondos de inversión que cotizan en bolsa**, igual que una acción. Cada ETF indexado está compuesto por un conjunto de activos —sus *holdings*— organizados para replicar un índice de la forma más precisa posible. Por ejemplo, si un inversionista quiere seguir el desempeño del S&P 500, basta con comprar un ETF como SPY, VOO o IVV —hablaremos de estos en el capítulo siguiente—. Con una sola compra, su dinero queda automáticamente distribuido entre las 500 empresas más grandes de los Estados Unidos, logrando diversificación instantánea.

A partir de aquí, profundizaremos en cómo funcionan realmente los ETF, ya que **son la herramienta central de este libro**. Y como toda buena herramienta, es necesario entender sus partes y cómo están construidos.

Comprendiendo un ETF

Para explicar los conceptos clave, usaré como ejemplo al ETF más popular y uno de los más importantes del mundo: **el SPDR S&P 500 ETF Trust (SPY).**[151] A pesar de haberse lanzado hace más de 30 años, su estructura sigue siendo el modelo estándar que usan la mayoría de los ETF actuales.

A lo largo de esta sección vamos a desglosar sus características fundamentales —las mismas que comparten todos los ETF— tal y como se presentan en sus páginas oficiales. Mantendré los nombres en inglés porque es como aparecen en todas las fuentes técnicas y en cualquier plataforma de inversión, pero explicaré claramente su significado en español y su propósito.

Toda la información que verás sobre *SPY* proviene directamente de su administrador oficial, la firma *State Street Global Advisors*, disponible públicamente y actualizada regularmente en:

SPY (SPDR S&P 500 ETF Trust)
https://www.ssga.com/us/en/intermediary/etfs/spdr-sp-500-etf-trust-spy

¿Por qué es importante comprender las características de un ETF?

De la misma forma en la que no comprarías un auto sin revisar sus elementos básicos —el consumo de combustible, el tipo de motor, la seguridad, el mantenimiento o el costo de tenerlo— tampoco deberías invertir en un ETF sin entender sus características fundamentales. En definitiva, si este tipo de producto es el que vas a comprar con tu dinero, es clave que comprendas literalmente qué es lo que estás haciendo con los ahorros que tanto te has esforzado en acumular. Así como no escogerías un auto solo por el color, tampoco deberías elegir un ETF solo porque alguien lo mencionó en una conversación o lo viste en un anuncio. Y es por eso que me voy a enfocar en las que te permiten saber qué estás comprando, por qué lo estás comprando y qué puedes esperar de él.

Comencemos entonces por las características permanentes de un ETF, a las cuales se les llama así debido a que generalmente no cambian a lo largo del tiempo y son las que definen su identidad:

- Fecha de inicio (*inception date*)
- Índice que replica (*benchmark*)
- MER *(management expense ratio)* —también conocido como *expense ratio* o costo anual—
- Cantidad de activos (*number of holdings*)
- Frecuencia de distribución de dividendos (*distribution frequency*)

Veamos entonces, cada una de estas:

Fecha de inicio (*inception date*)

La *inception date* es la fecha en la que el ETF fue lanzado oficialmente al mercado. Marca el momento en el que cumplió con los requisitos legales, fue aprobado por las entidades reguladoras y comenzó a cotizarse en un *stock exchange*.

En el caso del SPY, su fecha de inicio fue el 22 de enero de 1993. Como te mencionaba anteriormente, fue el primer ETF ampliamente adoptado en el mundo y sigue siendo uno de los más confiables del mercado actual.

En lo personal, la fecha de inicio me permite dimensionar qué tan profundo es el historial de retornos que puedo analizar. Un ETF con varias décadas en el mercado ofrece un panorama sólido de cómo se ha comportado en distintos ciclos económicos. En cambio, ETF lanzados recientemente —por ejemplo, en 2023 o 2024— todavía no cuentan con suficiente trayectoria para mostrar resultados consistentes o comparables a largo plazo. Por regulación, necesitan varios años antes de poder reportar datos históricos a largo plazo, lo que limita la información disponible para evaluar su verdadero desempeño.

Índice de referencia (*benchmark*)

Si nunca has escuchado el término *benchmark*, su origen es más sencillo de lo que parece. Proviene del mundo de la medición tradicional y literalmente significa "punto de referencia". En épocas antiguas, especialmente en contextos agrícolas, los campesinos ingleses marcaban una figura en una piedra o enterraban una estaca —un *bench mark*— para establecer un punto fijo desde el cual medir los terrenos, las pendientes y los límites de cultivo. Ese punto permanecía inmóvil y servía como base para comparar todo lo demás: alturas, distancias y la orientación del terreno.

Hoy la idea es la misma. Un *benchmark* es el estándar contra el cual se mide algo y que luego se intenta replicar o igualar. Por ejemplo: si quieres lanzar una empresa de zapatos deportivos, es probable que Nike sea tu *benchmark* de la misma manera que si deseas abrir una cafetería, tal vez Starbucks funcione como tu punto de referencia. Esto no significa que copiarás exactamente esos modelos, ni que alcanzarás su éxito automáticamente, pero sí implica que tienes una referencia clara de lo que funciona y del nivel que deseas imitar, aproximarte o incluso, evitar.

En los ETF, el *benchmark* es el índice que se intenta replicar. Define claramente qué se intenta copiar y, por lo tanto, cuál será su comportamiento esperado. En el caso de SPY, su *benchmark* es el S&P 500, por lo que su objetivo es reflejar el rendimiento de las 500 empresas más grandes de los Estados Unidos.

Por ejemplo: si el S&P 500 obtiene un crecimiento de +10% en un año, lo razonable es que el SPY tenga un crecimiento muy similar, con una ligera variación negativa debido a sus costos anuales —ya llegaremos a esta parte—. Y lo mismo debería suceder con cualquier otro ETF que replique ese mismo índice.

Número de activos dentro del ETF (*number of holdings*)

Los *holdings* representan la cantidad de activos individuales que componen el ETF. ¿Recuerdas el ejemplo del capítulo anterior, donde, ante la duda de qué acciones comprar, terminábamos adquiriendo las de 500 compañías para intentar replicar el índice por nuestra cuenta? Con un ETF no necesitas hacer nada de eso, ya que la empresa que lo administra se encarga de comprar, vender y ajustar todas esas posiciones por ti.

Ahora, un caso muy curioso: aunque el S&P 500 está formado por 500 empresas, SPY contiene 503 holdings. ¿Por qué más de 500? Porque algunas compañías, por la forma en que están legalmente concebidas, tienen dos clases de acciones que cotizan por separado en la bolsa.

Por ejemplo, Alphabet Inc. —el Google de toda la vida— cotiza en el mercado con dos tipos de acciones: GOOGL, que otorga derecho a voto, y GOOG, que no lo otorga. Ambas forman parte del índice S&P 500, por lo que SPY debe incluirlas para replicarlo con precisión.

Lo mismo ocurre con Fox Corporation y News Corporation, que también emiten dos clases de acciones. Y aunque parezca un detalle técnico menor, es fundamental, ya que si un ETF realmente pretende replicar un índice con precisión, debe ajustarse incluso a las particularidades más pequeñas de su composición. Solo así puede ofrecer resultados fieles al comportamiento real del índice.

Y todo ese trabajo —comprar, vender, ajustar pesos, mantener el índice actualizado día tras día— es tiempo y dinero que tú te ahorras como inversionista, del cual se tienen que ocupar los empleados de State Street Advisors —los administradores de SPY—. Así que, como es lógico, tiene un pequeño costo asociado y no es más que la tarifa anual que cobran los ETF por administrar toda esa estructura de acciones en tu nombre.

Costo anual (*management expense ratio*/MER)

El MER, también conocido como Management Fee, es el costo anual que cobran los *managers* de un fondo por administrarlo. Se expresa como un porcentaje del dinero invertido y, aunque suele generar debate, es importante entenderlo en perspectiva. **Todas las inversiones —sin excepción— tienen costos asociados**.

Te lo pongo en perspectiva: si compras una vivienda, enfrentas mantenimiento, impuestos y seguros. Si pones dinero en un negocio, hay salarios, alquiler, servicios y gastos operativos. Si compras un lingote de oro, debes invertir en seguridad para almacenarlo, ya que no lo vas a poner tranquilamente en la gaveta con las medias. De la misma manera, los ETF también requieren un costo por la gestión profesional que garantiza su correcto funcionamiento, lo que la diferencia está en cuánto pagas.

En el caso del SPY, este costo es de solo 0.0945% anual, una cifra extremadamente baja en comparación con los fondos tradicionales que te intentan vender algunos bancos, que suelen cobrar alrededor del 2% *anual*. Para entender la diferencia, te pongo un ejemplo: para alguien con una gran riqueza que invierte $1,000,000 USD, un fondo con un MER anual del 2% le costaría $20,000 al año solo en comisiones de administración. En cambio, invertir esa misma cantidad en el SPY tendría un costo de apenas $945 al año. Es 20 veces más económico y, en la práctica, cada dólar que no se pierde en comisiones se queda dentro de la inversión, creciendo y generando más retorno de inversión con el tiempo.

Como te mencionaba en la introducción, en el *capítulo 11* compararemos los ETFs con otros tipos de inversiones, pero por ahora es clave entender que, en este tipo de productos, **el MER es el único costo que el inversionista paga**. Y aunque el SPY ya es increíblemente barato, algunos de sus competidores han llevado la eficiencia de costos aún más lejos. Tanto el IVV de BlackRock como el VOO de Vanguard ofrecen prácticamente el mismo producto —réplica total del S&P 500— pero con un MER anual de solo 0.03%.

Siguiendo el ejemplo anterior, un inversionista rico con sus $1,000,000 USD pagaría únicamente $300 USD al año por mantener una cartera completamente diversificada en las 500 empresas más grandes de los Estados Unidos. Para ponerlo en perspectiva, compáralo con el costo de mantener una propiedad inmobiliaria de un millón de dólares: impuestos, mantenimiento, reparaciones, seguro, remodelaciones urgentes… y la lista continúa. ¿Crees que con 300 dólares al año se pudiera mantener una casa de un millón? Un costo de 0.03% anual es casi absurdo de lo barato que resulta y es una de las razones por las que los ETF indexados se han convertido en la herramienta favorita de tantos inversionistas que buscan eficiencia, simplicidad y crecimiento a largo plazo.

i **El MER se descuenta automáticamente de la inversión**

En los ETF, la comisión anual no se paga de forma manual ni aparece como un cargo separado. El MER se descuenta internamente, integrado de manera directa en el funcionamiento del fondo. Esto significa que el valor del ETF ya refleja ese pequeño costo de administración sin que el inversionista tenga que hacer nada adicional.

Por ejemplo, si el S&P 500 retornó exactamente +10% en un año natural y los administradores de Vanguard, para ejemplificar con otro ETF, hicieron un buen trabajo siguiendo el índice, pues el retorno real del ETF VOO —después de descontar automáticamente su comisión de 0.03%— estaría alrededor de +9.97%. No es un cobro que salga de tu cuenta ni una factura que debas pagar, ya que simplemente el ETF ajusta su precio ligeramente para incorporar ese costo. El inversionista casi ni lo nota, porque el descuento es mínimo y está completamente integrado en la mecánica del fondo.

Ahora, al igual que muchas de las acciones públicas, ¡los ETF también pagan dividendos!

Frecuencia de dividendos (*distribution frequency*)

La frecuencia de distribución indica cada cuánto tiempo el ETF reparte dividendos a sus inversionistas. Como los ETF están compuestos por empresas reales —muchas de las cuales los pagan regularmente—, los inversionistas reciben de forma proporcional las distribuciones correspondientes. Es básicamente lo mismo que vimos en el capítulo sobre los dividendos: Si eres dueño de acciones de Apple, tienes derecho a recibir los dividendos que Apple paga. De la misma manera, si tienes unidades del SPY, recibes dividendos provenientes de Apple y de todas las demás empresas del S&P 500 que reparten sus ganancias entre los accionistas.

Al igual que con las acciones, cada depósito se realiza directamente a la cuenta broker del inversionista, sumándose como efectivo disponible. En el caso de SPY, que distribuye dividendos trimestralmente, en la Tabla 7.2 podemos ver sus distribuciones más recientes:

Fecha de depósito en cuentas *broker*	**Distribución por unidad**
31 / octubre / 2025	$1.83111
31 / julio / 2025	$1.76111
30 / abril / 2025	$1.69552
31 / enero / 2025	$1.96554
31 / octubre / 2024	$1.74553
31 / julio / 2024	$1.75902
30 / abril / 2024	$1.59494
31 / enero / 2024	$1.90607

Tabla 7.2: Últimas 4 distribuciones de dividendos de SPY del año 2024 y 2025. Al ser trimestral, los administradores del ETF depositan 4 veces al año las respectivas distribuciones. Fuente: State Street Advisors.[152]

Una vez entendidas estas características permanentes de un ETF, pasemos ahora a las características variables, aquellas que evolucionan con el tiempo según los movimientos del mercado y el comportamiento de los inversionistas. Estas incluyen:

- Precio neto en la bolsa (*net asset value*)
- Total de activos bajo administración *(assets under management o AUM)*
- Principales 10 posiciones del fondo *(top 10 holdings)*
- Peso por sectores (*sector weight*)

Veamos las características variables. Se que es bastante contenido técnico, pero es necesario. ¡Aguanta solo unas páginas más, que ya pasamos la mitad! (prometo que vale la pena).

Precio neto en la bolsa (net asset value)

El precio neto *(NAV)* es el precio de mercado de una unidad del ETF, similar al precio de una acción. Por ejemplo, así como podemos comprar una acción de Apple —y me refiero a precios de mercado de octubre de 2024— por $233.85, también podemos comprar una unidad del SPY por $593.39.

Este precio, al igual que las acciones, no es arbitrario. El NAV refleja la suma proporcional del valor de cada uno de los activos que componen el ETF. En otras palabras, si el ETF replica 500 empresas del S&P 500, el precio del SPY está determinado por la combinación del valor de cada una de esas compañías. Cuando el valor del conjunto de esas 500 empresas aumenta, suben el índice S&P 500 y, en consecuencia, también sube el precio del SPY.

Te pongo un ejemplo: cuando el SPY salió a la bolsa en 1993, cada unidad valía aproximadamente $43.[153] Ese precio no surgió "al azar", sino que reflejaba el valor combinado —y dividido proporcionalmente— de las 500 empresas del S&P 500 en ese momento. Tres décadas después, gracias al crecimiento acumulado de esas compañías (y de las que han ido entrando al índice con el paso del tiempo), el SPY supera hoy los $600 por unidad. Analicemos ahora: si un inversionista en 1993, comparado con uno hoy que quiera invertir, digamos, unos $2,000, ¿cómo lo haría con respecto al precio en la bolsa?

Pues en 1993, con un precio de unos $43 USD por unidad, habría comprado alrededor de 46 unidades. En cambio, si alguien invierte $2,000 hoy, con el SPY por encima de $600, solo podría comprar unas 3 unidades, pero no significa que está invirtiendo menos o en desventaja. Es exactamente la misma inversión de $2,000 en un ETF que sigue el S&P 500, solo que el precio del ETF ha variado, pero invertir en él representa exactamente lo mismo hoy que hace 30 años.

Total de activos bajo administración (*assets under management*)

El total de activos bajo administración, conocido como AUM, representa el valor total del dinero que los inversionistas han invertido en el ETF. Para el caso del SPY, ese valor total supera hoy los *$629 mil millones* de dólares. Para ponerlo en perspectiva:

- Es más de 3 veces la fortuna personal de Elon Musk (~$197 mil millones hasta 2024).
- Es muy cercano al valor total de mercado (*market cap*) de Visa Inc. (~$656 mil millones).

Una forma muy sencilla de calcularlo es igual que como se hace con las acciones, multiplicando el precio actual —el NAV que recién vimos— por la cantidad de unidades existentes. Si recuerdas este el ejemplo siguiente que hicimos con Apple para calcular el *market cap* en el *Capítulo 1*:

Valor de 1 *stock* de AAPL (oct. 31, 2024)	**Número total de acciones existentes**	**Multiplicados = Valor total de la compañía (*market cap*)**
$225.91	15,213,967,261	$3,436,987,343,932.51

Podemos hacer el cálculo similar para el total de activos del SPY:

Valor de 1 unidad de SPY (oct. 31, 2024)	**Número total de unidades existentes**	**Multiplicados = Total de activos bajo administración (AUM)**
$571.04	1,031,230,000	$588,873,579,200

Los AUM son al ETF lo que el *market cap* es para una empresa pública. Es una una medida del tamaño y relevancia del fondo. Un AUM elevado refleja confianza y adopción masiva por parte de los inversionistas, lo que suele traducirse en mayor estabilidad y liquidez para quienes invierten en él.

Ahora, ¿dónde están ubicados todos esos fondos? Pues proporcionalmente en los *holdings,* el núcleo del ETF y la siguiente característica variable que analizaremos.

Principales 10 posiciones del fondo (*top 10 holdings*)

Todos los ETF tienen *holdings*. De hecho, legalmente, es lo único que pueden contener. No son como las acciones de las compañias que representan, empleados, oficinas, préstamos o una infraestructura propia. Un ETF es simplemente un contenedor de *holdings*. Nada más. Puede incluir desde un solo hasta miles de ellos, pero solo *holdings*. Si un ETF replica el S&P 500, contendrá acciones de esas 500 empresas, si replica un índice compuesto exclusivamente por compañías tecnológicas, contendrá únicamente acciones de ese sector. Pueden contener en sus posiciones —como también se le llama a los *holdings*— acciones de empresas de real estate, financieras, incluso bonos, títulos de propiedad de lingotes oro, criptomonedas y algunos pueden ¡a otros ETF!

Pues resulta que, bajo las regulaciones actuales del mercado, todos y cada uno de los holdings deben publicarse diariamente en las fuentes oficiales de cada producto. Así como los inversionistas legalmente pueden consultar las características del ETF, también deben poder ver —de manera pública— las posiciones exactas que componen el fondo. Sin embargo, como puede haber cientos o miles de empresas, lo más común para nosotros, los inversionistas individuales, es consultar regularmente solo el top 10, aunque todas las demás posiciones también están ahí, generalmente en un reporte en forma de tabla y, por supuesto que cuentan en el peso total.

Podemos decir entonces que los principales 10 *holdings* representan las posiciones más grandes dentro de un ETF y revelan qué empresas dominan su composición. Como analizamos en el *Capítulo 5*, estas posiciones suelen concentrar una parte importante del peso total del fondo debido al método de asignar peso a partir del *market cap* de cada compañía.

Por ejemplo, en el caso del SPY, el top 10 concentra el 35.49% de todo el fondo, mientras que las otras 490 empresas representan el 64.51% restante. Esto refleja claramente el efecto de ponderación por *market cap*: las empresas más grandes tienen mayor peso dentro del ETF. En la Tabla 7.3, puedes encontrar el Top 10 del SPY en octubre de 2024.

Compañía	Peso
NVDA - Nvidia Corp.	7.17%
AAPL - Apple Inc.	6.89%
MSFT - Microsoft Corp.	6.30%
AMZN - Amazon.com Inc.	3.92%
META - Meta Platforms Inc. Class A	2.50%
GOOGL - Alphabet Inc. Class A	2.04%
TSLA - Tesla Inc.	1.71%
BRKB - Berkshire Hathaway Inc. Class B	1.70%
GOOG - Alphabet Inc. Class C	1.69%
AVGO - Broadcom Inc.	1.57%

Tabla 7.3: Top 10 holdings del SPY al 31 de octubre de 2024. En la página oficial del ETF, los "pesos" porcentuales se ajustan una vez al día. Fuente: State Street Advisors.[154]

Si en algún momento deseas explorar el porcentaje exacto de cada una de las 490 posiciones restantes del SPY, tanto State Street como todos los otros administradores de ETF publican, por obligación regulatoria, un enlace a una tabla completa o un archivo descargable donde puedes consultar cada *holding* en detalle, desde los más grandes hasta los más pequeños. Ahí encontrarás toda la información desglosada: nombre de la empresa, peso dentro del fondo, cantidad de acciones, valor total y cualquier otro dato relevante, siempre actualizado diariamente.

Y ya, por último, analicemos una de las distribuciones más reveladoras dentro de un ETF y que muestra cómo se reparte la inversión entre las distintas áreas de la economía: el peso por sectores.

Peso por sectores (*sector weight*)

Al igual que el índice S&P 500 que replica, el SPY está diversificado en sectores como tecnología, finanzas, salud, consumo y energía. Como se aprecia en la Tabla 7.4, el sector tecnología de la información domina con un 32.01%, seguido por finanzas (13.67%) y consumo discrecional (10.63%). Esta distribución refleja la estructura actual del mercado estadounidense y confirma que invertir en *SPY* es invertir en la economía real y moderna de los Estados Unidos, con predominio de la innovación tecnológica. De la misma forma que los *holdings* se actualizan diariamente, los sectores también lo hacen automáticamente, a medida que las empresas dinámicamente se mueven dentro del ETF.

Sector	Peso % del Sector en el SPY
Tecnología de la Información	32.01%
Finanzas	13.67%
Consumo Discrecional	10.63%
Salud	10.53%
Servicios de Comunicación	9.03%
Industriales	8.53%
Bienes de Consumo Básico	5.58%
Energía	3.44%
Servicios Públicos	2.36%
Bienes Raíces	2.17%
Materiales	2.06%

Tabla 7.4: Peso por sectores del SPY al 31 de octubre de 2024. Fuente: State Street Advisors.[155]

Hasta este punto, hemos analizado las características clave para comprender la estructura de un ETF y gracias a esto ya puedes leer e interpretar cualquier ETF del mercado, porque todos comparten exactamente el mismo armazón.

Sin embargo, ninguna de esas características tendría sentido si no respondiera la pregunta que realmente importa: ¿cuánto crecimiento puede generar para mi inversión? Y es ahí es donde entra en juego la característica más importante de todas y a la que intencionalmente le dejé una sección específica: **el retorno de inversión del ETF**. Este es el verdadero motivo por el que millones de personas en el mundo invierten en ellos y, de hecho, claro que es la razón fundamental por la que existe este libro. Veamos por qué.

Retorno de inversión de un ETF

Tomemos como referencia al S&P 500. En el capítulo anterior vimos que, desde 1926 hasta hoy, su retorno promedio anual ha sido de +9.94%. Ese rendimiento es el resultado del crecimiento del valor de las empresas que lo componen y de los dividendos que estas reparten. Dado que los ETF indexados tienen como objetivo replicar el desempeño de un índice, también logran capturar ese mismo crecimiento a largo plazo. Por eso, su rendimiento se mide comparándolo con su *benchmark*, que no es más que el índice que replican.

O sea, si invierto en SPY, mi expectativa es que mi inversión va a realmente a seguir de cerca al S&P 500. Si eso es lo que sucede realmente, genial. Si no es así, pues obviamente me voy a sentir estafado, ya que los administradores no estarían cumpliendo con su objetivo. En otras palabras, **el éxito de un ETF depende de qué tan fielmente logra reproducir el comportamiento de su índice de referencia**, a medida que genera resultados consistentes para sus inversionistas.

Nota importante: Retorno total = Precio + Dividendos reinvertidos

Siempre que veas tablas de rendimiento en las siguientes páginas, ten en cuenta que todas muestran el retorno total (del inglés *total return*), lo que significa que ya incluyen la reinversión de dividendos, ya que esa es la forma correcta de medir el crecimiento de una inversión a lo largo del tiempo.

La Tabla 7.6, dividida en dos bloques, muestra el retorno promedio anual del SPY comparado con su índice de referencia, el S&P 500, en distintos horizontes temporales: desde un mes hasta el rendimiento acumulado "desde el inicio", en 1993.

Es importante aclarar que todos estos valores están anualizados excepto los de 1 mes y 3 meses, lo que significa que **expresan el retorno de inversión promedio por año** para cada período, incluyendo la reinversión de dividendos.

ETF / Índice	1 mes	3 meses	Desde el 1 de enero de 2024	1 año (desde 2023)
SPY	-0.91%	-0.91%	+20.85%	+37.81%
Índice S&P 500 (benchmark)	-0.91%	-0.91%	+20.97%	+38.02%

ETF / Índice	3 años (desde 2021)	5 años (desde 2019)	10 años (desde 2014)	Desde el inicio (1993)
SPY	+8.96%	+15.12%	+12.86%	+10.41%
Índice S&P 500 (benchmark)	+9.08%	+15.27%	+13.00%	+10.54%

Tabla 7.6: Retorno promedio anual del SPY comparado con el S&P 500 al 31 de octubre de 2024. Excepto 1 mes y 3 meses, el resto de los datos son el promedio anual. Fuente: State Street Advisors.[156]

La diferencia entre ambos resultados es mínima ya que, en más de 32 años de historia, el SPY ha retornado un promedio anual de +10.41%, frente al +10.54% del S&P 500. En otras palabras, los administradores de *State Street Advisors* han logrado replicar casi a la perfección el comportamiento del índice.

Esto demuestra la esencia misma de la inversión indexada: precisión, bajo costo y resultados consistentes. Y eso es todo. Así de simple funcionan los ETF que siguen los índices. No hay trucos, no hay fórmulas secretas. Solo lógica, paciencia y una estrategia respaldada por décadas de evidencia.

Los ETF son la forma más simple de invertir

Este capítulo marca el punto de convergencia de todo lo aprendido. Aquí es donde se une la historia de los mercados, la evolución de los índices y el propósito real de invertir en ETF, que no es más que participar del crecimiento del mercado de la forma más sencilla posible.

Estas son las inversiones simples de las que trata este libro. Invertir en ETF indexados no solo es rápido y accesible, sino también una de las estrategias más inteligentes que existen. No exagero al decir que, hasta hoy, es la forma más sencilla y eficiente de invertir. Claro, decir "comprando el *market* regularmente" —como mencionaba en la introducción— puede parecer una frase simple, pero entender lo que significa lleva conocimiento y fundamento. Y al menos a mí me ha llevado acompañarte a lo largo de casi 200 páginas para llegar a este punto.

Es como el clásico chiste de la maquinaria gigante de ensamblaje de autos que se detiene y el dueño de la fábrica llama a un especialista para que la arregle. El hombre llega enseguida, se pasa solo 15 minutos revisando el equipo desde los paneles de control y sus sistemas mecánicos. Cuando termina, agarra una llave inglesa y aprieta una tuerca específica de las miles que tiene la maquinaria, mientras media fábrica le sigue los pasos ansiosa por que lo arregle. Le dice al dueño: "Pruebe encenderla de nuevo." El equipo de operarios enciende el sistema y toda la maquinaria comienza a funcionar nuevamente, por lo que todos se ponen a celebrar. El dueño le da una palmada en la espalda al especialista y le dice: "!Genial trabajo! ¿Cuánto le debo?" Y el hombre le responde: "Son $100,000. $1 por apretar la tuerca y $99,999 por saber cuál apretar."

Ese ha sido el propósito de estas dos primeras partes del libro. Ponerte en una posición en la cual comprendas el porqué de cada cosa, de manera tal de que, cuando tomes la decisión de hacerlo, inviertas de manera informada. Como dice Buffett: "El conocimiento es la clave para tomar decisiones financieras inteligentes. No inviertas en lo que no entiendes". Invertir sin comprensión conduce a la inseguridad, las dudas y, muchas veces, al arrepentimiento. Pero invertir con base a evidencia es otra historia, ya que ofrece libertad, control y confianza en los pasos que, como individuos, tomamos.

Resumiendo lo aprendido hasta ahora

A esta altura, ya comprendes cómo funciona el *stock market*, sus orígenes y cómo participar en él. También sabes interpretar los principales índices del mercado y entendiste que son utilizados como indicadores para medir el comportamiento del mercado. Además, descubriste qué son los ETF y cómo permiten invertir de forma diversificada replicando grandes índices como el S&P 500.

También aprendiste cómo funcionan en la práctica estos productos una vez que están dentro de tu cuenta *broker*, incluyendo:

- cómo estos generan retornos a través de la apreciación capital y los dividendos,
- cómo esos dividendos llegan automáticamente a la cuenta y,
- cómo el interés compuesto hace el resto del trabajo con el tiempo.

Por lo que, desde la perspectiva de tomar acción, pudiéramos resumirlo de la siguiente manera:

Si ahora mismo decides invertir en un ETF que replica un índice, estás haciendo exactamente lo mismo que cuando vimos cómo participar en el market en el *Capítulo 2*. La única diferencia es que, en lugar de comprar acciones individuales como AAPL o AMZN, compras unidades de un ETF como SPY o VOO. Por ejemplo: el, primero de noviembre de 2024, una unidad de SPY costaba alrededor de $560 USD. Si en ese momento depositabas $1,000 USD, solo hubieses podido comprar 1 unidad y te hubiesen sobrado unos $440 sin invertir dentro de tu cuenta *broker*. La mejor decisión hubiese sido depositar al menos $1,120 USD y comprar 2 unidades para no dejar dinero improductivo dentro de la cuenta.

Al final, invertir funciona exactamente así:

Paso #1: Depositar fondos
Paso #2: Comprar unidades del ETF
Paso #3: Repetir de forma regular

Eso es todo. **Invertir en las más grandes empresas de los Estados Unidos, replicando el S&P 500 es ridículamente simple.** Hoy se puede hacer desde el sofá de tu casa, desde el trabajo, desde un avión con WiFi… incluso desde el baño —y sabes muy bien a qué me refiero (risas)—.

Y vamos, que hace muchas décadas, no era nada simple. De hecho, los productos para hacerlo no existían, por lo que la posibilidad de invertir de forma tan sencilla es un privilegio relativamente reciente, posible gracias a la visión de John C. Bogle y su batalla para crear los fondos indexados de bajo costo en Vanguard hace casi 50 años.

Bogle moriría el 16 de enero de 2019, a los 89 años, en su casa en Pennsylvania, justo dos meses después de publicar su último libro: Mantén el rumbo *(Stay the Course)*. Al día siguiente, Warren Buffett declararía en una entrevista que: "John Bogle hizo más por los inversionistas estadounidenses en su conjunto que cualquier otra persona que haya conocido."[157]

Los ETF indexados no son solo un producto de inversión, son una obra de arte financiera que permitieron que cualquier persona —sin importar su país, estudios, situación—, siempre y cuando se acoja a las reglas del mercado, pueda participar de una forma ridículamente sencilla en el crecimiento de la economía mundial.

Y ahora, es un buen momento del libro para hacer, lo que probablemente es una confesión que considero vas a encontrar chocante y que, si la hubieses leído a principio del libro probablemente hubieses dicho: *¿Pero qué? Jorge, ¿me estás jodiendo?* (risas). Pues ahí va: **nunca he comprado acciones individuales de una compañía pública y, de hecho, no creo que algún día lo vaya a hacer. Invierto exclusivamente en ETF de índices del mercado**, gracias a los cuales mi familia ha logrado construir una modesta fortuna con el paso de los años.

Y quiero aclarar: por supuesto que conozco al detalle cómo funcionan las acciones individuales y claro que el día que quiera comprar una, lo voy a hacer. Pero mi disciplinada estrategia siempre ha sido enfocada a no intentar adivinar y centrarme en "comprar el pajar", como decía Bogle. Cada segundo que pasa, cada centavo invertido y cada nuevo centavo que invierto en el *market* está destinado a cumplir un solo propósito: crecer de forma diversificada, crecer pacientemente y multiplicarse de forma compuesta en el "interior" de lo que a Buffett le encanta llamar "la mayor máquina de creación de riqueza jamás creada".

Así que ahora, sabiendo ya cómo es que el mercado y los ETF funcionan, llega la gran pregunta a responder en la tercera parte del libro: ¿cómo los podemos utilizar para obtener grandes resultados?

Resumen del Capítulo

- El primer fondo de inversión de la historia fue creado en 1774 en Ámsterdam por Abraham Van Ketwich, con el objetivo de diversificar el riesgo agrupando inversiones de muchos pequeños ahorradores.

- El concepto evolucionó en 1924 con el Massachusetts Investors Trust, el primer fondo mutuo abierto en Estados Unidos, aunque estos fondos tenían altas comisiones y gestión activa, lo que reducía su rentabilidad para los inversionistas.

- En 1976, John C. Bogle, fundador de Vanguard Group, creó el primer fondo indexado para inversionistas individuales: el First Index Investment

Trust —luego Vanguard 500 Index Fund—, que replicaba el S&P 500 con muy bajo costo y estrategia pasiva.

- La filosofía de inversión pasiva demostró que la mayoría de los fondos activos no superan al mercado a largo plazo, ya que estudios actuales muestran que el 95% de los fondos activos pierden contra el S&P 500 en períodos de 20 años.

- El primer ETF del mundo fue lanzado en Canadá en 1990 (TIP 35) y el primero en Estados Unidos fue el SPDR S&P 500 ETF Trust (SPY) en 1993, hoy uno de los ETF más grande del planeta.

- El retorno total de un ETF proviene de la suma entre la apreciación del capital más los dividendos reinvertidos, y su desempeño se evalúa comparándolo con su índice de referencia.

- En los últimos 32 años, el ETF SPY ha retornado +10.41% anualizado, casi igual que el S&P 500 (+10.54%), demostrando su efectividad como herramienta de inversión a largo plazo.

- Los ETF son la forma más simple, eficiente y accesible de invertir, permitiendo participar en el crecimiento económico global con bajo costo, alta diversificación y mínimo esfuerzo.

a

Visita la página oficial del ETF SPY

SPY (SPDR S&P 500 ETF Trust)
https://www.ssga.com/us/en/intermediary/etfs/spdr-sp-500-etf-trust-spy

Explora cómo se presentan sus datos principales:

- precio más reciente (NAV)
- costo anual (*gross expense ratio*)
- total de activos (*assets under management*)
- rendimiento anual (*performance*)
- composición del fondo (*holdings*)
- historial de dividendos (*ETF historical distributions*)
- peso por sectores (*sector allocation*)

"La parte más difícil (de invertir) es aceptar que, en efecto, es algo simple y no intentar ser ingenioso. Estamos programados para creer que cuanto más trabajamos y más ingeniosos somos, mejores serán nuestros resultados, pero simplemente no es así."

—Jonathan Clements

TERCERA PARTE

INVERSIONES SIMPLES EN EL STOCK MARKET

CAPÍTULO 8

COMENZANDO A INVERTIR

"Al mantener una inversión diversificada, reduces la posibilidad de que tu capital sea eliminado por una sola mala inversión."

—Benjamin Graham

Uno de los alimentos favoritos de mis hijos es el maíz. Ya sea en pedazos de tusa en un guiso, pasado por el microondas o en forma de hojuelas tipo Corn Flakes, no diría que lo comemos todos los días, pero sí es algo bastante habitual en casa. Y menciono el maíz porque, curiosamente, el tema de este capítulo siempre me recuerda una historia fascinante relacionada con ese grano y con la forma en que pensamos sobre invertir y construir riqueza.

El maíz fue cultivado de manera masiva hace más de 4,000 años en Mesoamérica, por civilizaciones como los Mayas y, más tarde, los Aztecas. No solo era la base de su alimentación, sino también un símbolo de prosperidad y abundancia. Mientras ellos sembraban campos de maíz, Europa vivía la Edad de Bronce, Egipto ya había levantado sus pirámides y las primeras dinastías chinas comenzaban a consolidarse en Asia. Faltaban casi 3,500 años para que *Cristóbal Colón* llegara a América, y ya en lo que hoy conocemos como México, Guatemala, Honduras, Belice, El Salvador y Nicaragua, el maíz era parte fundamental de la vida diaria.

De hecho, sus orígenes son aún más remotos. La evidencia arqueológica indica que hace más de 9,000 años los habitantes de esas tierras domesticaron una planta silvestre —una hierba alta con espigas rudimentarias— hasta convertirla, generación tras generación, en el grano nutritivo que conocemos hoy.[158]

Con el tiempo, esta creación agrícola no solo sostuvo a imperios enteros, sino que terminó conquistando el mundo. Hoy es un cultivo esencial para la alimentación humana, la ganadería e incluso para la producción de biocombustibles. Según datos de *Statista* (2021), el maíz es el segundo cultivo más producido del planeta —por encima del arroz, trigo y soya— solo superado por la caña de azúcar.[159]

Y en la era moderna mantiene un papel central. El Departamento de Agricultura de los Estados Unidos reportó que, para el ciclo 2023–2024, los principales productores de maíz son Estados Unidos (31% de la producción mundial), China (23%) y Brasil (10%).[160] Y nada de esto es casualidad, ya que la cultura agrícola norteamericana siempre ha visto el maíz como un pilar fundamental.

Y toda esta introducción nos lleva a los años 70, cuando una "enfermedad" inesperada golpeó fuertemente los cultivos de maíz en los Estados Unidos. Este evento, conocido como *Southern Corn Leaf Blight* (algo así como la epidemia de la roya de la hoja del maíz sureño), arrasó con más de 15 millones de acres de maíz en el país.[161]

Para que tengas una referencia visual, eso equivale aproximadamente a perder:

- todo el territorio del estado de West Virginia o,
- un terreno solo "un poquito" menor que el tamaño de Irlanda o,
- alrededor de 11.5 millones de canchas de fútbol americano,

...todo sembrado de maíz y perdido en cuestión de meses.

¿La causa? **Una dependencia excesiva en un tipo de semilla muy particular,** llamada Texas Male Sterile Cytoplasm (TMSC). Esta semilla se había vuelto extremadamente popular entre los agricultores porque producía mazorcas grandes, uniformes y de excelente calidad. Era eficiente, rentable y garantizaba altos rendimientos. Y era lógico, pues quien tenía las mejores semillas, obtenía las mejores cosechas.

Resulta que en la agricultura, es una práctica muy común sembrar semillas que provienen de plantas con muy buenos resultados, con el objetivo de obtener cultivos o árboles similares e incluso mejores a sus predecesores. Lo hicieron los Mayas, también sus antepasados y se sigue haciendo hoy, aún miles de años después.

El problema es que todas esas semillas provenían de una misma base genética, lo que significa que las plantas eran prácticamente todas clones entre sí. Aunque esto sonaba ideal para maximizar la productividad, escondía un riesgo enorme, debido a que **todas compartían la misma vulnerabilidad biológica**. Todas las plantas TMSC eran altamente susceptibles a un mismo hongo.

Y cuando las condiciones climáticas favorecieron el desarrollo de un hongo agresivo en 1970, ocurrió lo inevitable. Lo que normalmente habría sido una plaga controlable se convirtió en un desastre nacional. Sin variedad genética que actuara como barrera natural, el hongo encontró terreno libre y arrasó sin la más mínima resistencia, por lo que el resultado fue devastador. Una pérdida cercana al 15% de la producción nacional de maíz en un solo año, un impacto multimillonario y meses de titulares alarmantes. A partir de allí, la agricultura estadounidense reformuló sus prácticas de una forma muy sencilla: se diversificaron las semillas con el objetivo de promover mayor variabilidad genética y así evitar que una sola amenaza pudiera destruirlo todo otra vez. Este enfoque, basado en la diversidad de la planta de maíz, se convirtió en la práctica estándar para prevenir futuros brotes y para **evitar que, enfermedades que tal vez aún no se han identificado, puedan afectar de forma masiva a los cultivos**.

Y ese principio tiene paralelos directos en las finanzas, los negocios y la vida. Depender de una sola fuente, estrategia o tipo de inversión —por más prometedora que parezca— puede dejarnos expuestos a riesgos inesperados. La diversificación no solo reduce el riesgo, sino que crea resiliencia, fortalece la estabilidad y permite adaptarse a los cambios del entorno, sobre todo los que no tenemos la menor idea de que pueden ocurrir. Este episodio agrícola es un recordatorio poderoso de que lo que parece ser "lo mejor" en el corto plazo no siempre es lo más seguro en el largo. **En la naturaleza, como en las inversiones, la verdadera fortaleza proviene de la diversidad.**

La diversificación en el S&P 500

Hasta este punto del libro, es probable que ya estés conectando las piezas: índices compuestos por cientos de acciones, ETFs que replican esos índices… y ahora, la diversificación. Ya veo por dónde vienes, Jorge…

Sí, **diversificar es fundamental en las inversiones.** Increíblemente fundamental. Y antes de avanzar, quiero detenerme en un hecho histórico que no se repite lo suficiente.

En el *capítulo 7*, te mencionaba que el S&P 500 —en períodos de 20 años— ha superado al 95% de los inversionistas activos profesionales del mercado.[162] Y sí, lo leíste bien: noventa y cinco por ciento.

Eso significa que, en las últimas décadas, **simplemente invirtiendo en las 500 empresas más grandes de los Estados Unidos, habrías logrado mejores resultados que 19 de cada 20 profesionales**.

Y no me refiero a cualquier profesional, sino a inversionistas profesionales que:

- Estudian el mercado a tiempo completo.
- Analizan gráficos, reportes y estados financieros.
- Utilizan software avanzado incluida la inteligencia artificial.
- Trabajan con equipos enteros de analistas.
- Toman decisiones activas todo el tiempo.

Y, aun así, la mayoría obtiene resultados inferiores a una inversión diversificada que sigue al S&P 500. Veámoslo gráficamente en la Figura 8.1:

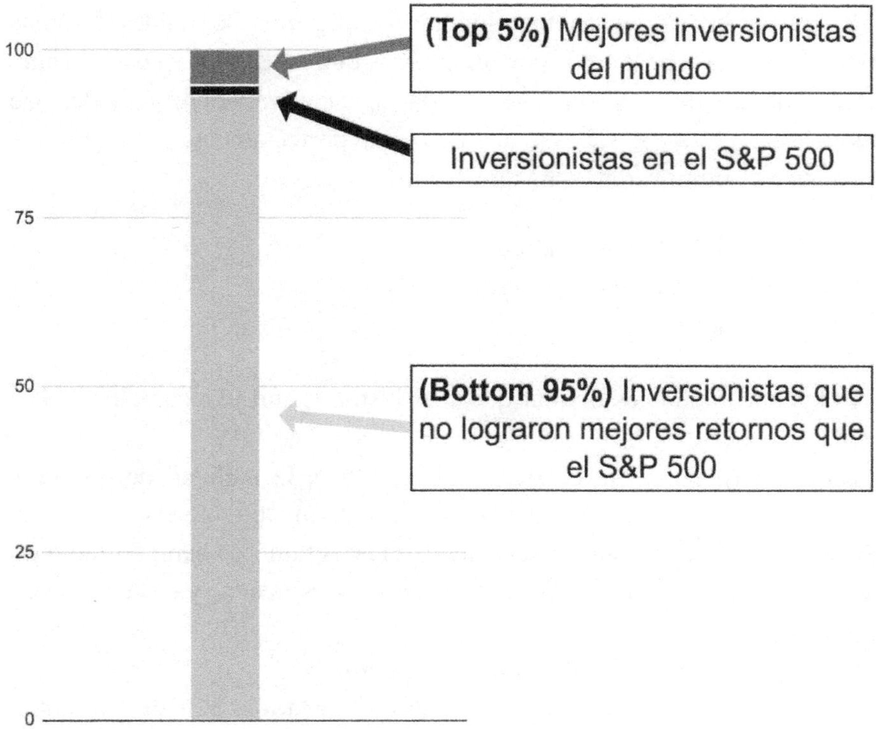

Figura 8.1: Ranking de retorno de inversión a 20 años (2001–2021) comparado con el S&P 500. Fuente SPIVA US Scorecard 2021.[163]

¿La enseñanza? **Invertir en el S&P 500 no solo es simple: históricamente ha sido más efectivo que tratar de "ganarle al mercado".**

Léelo de nuevo si es necesario. Porque este es uno de los mensajes más importantes de todo este libro. Y sí, está más que claro que:

- Bill Gates construyó la mayor parte de su fortuna billonaria concentrado casi exclusivamente en acciones de *Microsoft*.
- Warren Buffett creó una riqueza gigantesca invirtiendo en un grupo relativamente reducido de compañías excepcionales.
- Elon Musk se convirtió en la persona más rica del planeta, principalmente, gracias a las acciones de Tesla.

Miles de inversionistas han logrado, y seguirán logrando, fortunas extraordinarias apostando por empresas que crecen explosivamente, criptomonedas que se disparan de forma especulativa y oportunidades que nadie vio venir. ¿Y sabes qué? Eso está perfectamente bien. En los mercados siempre veremos historias como:

- *"¡Gané 230% en un año!"*
- *"¡Dupliqué mi dinero cuando subió Nvidia!"*
- *"¡Compré estas acciones y se fueron a la luna!"*

Pero nunca podemos olvidar que esas historias **son la excepción, no la regla**.

Lo que casi nunca se cuenta es el otro lado, la realidad de que esas estrategias no funcionan para la mayoría y, mucho menos, de forma consistente a lo largo del tiempo. Inversionistas famosos han perdido todo por depender de tácticas arriesgadas, poco diversificadas y sostenidas por pura esperanza.

Un ejemplo reciente explica bien este punto:

Hace no mucho fue noticia un inversionista de British Columbia convirtió CA$88,000 en CA$415,000,000 —¡Cuatrocientos quince millones!— especulando con productos financieros avanzados sobre las acciones de Tesla entre 2019 y 2022. Su historia recorrió el mundo… pero no por la razón que quisiéramos. En octubre de 2024 se volvió noticia global cuando demandó a su banco tras perderlo absolutamente todo por seguir con la misma estrategia.[164]

Seleccionar acciones ganadoras en el momento justo —y seguir repitiéndolo durante años— es extremadamente difícil. No imposible, claro. Hay quienes han logrado resultados extraordinarios durante décadas, pero son una minoría diminuta, parte de ese famoso top 5%.

Y luego está la otra cara moderna del mercado: el influencer que promete enseñarte a ganar +900% con su "método secreto", ofrecido en cursos que cuestan miles de dólares. Hazte una simple pregunta lógica: si realmente hubiera encontrado una fórmula mágica para generar millones sin esfuerzo, ¿por qué estaría vendiendo cursos y dedicando su tiempo a publicidad en redes sociales? La respuesta es evidente y es que, sus verdaderas ganancias, no provienen del mercado… provienen de las personas que compran esos cursos.

Y la triste realidad de esos cursos es la siguiente:

- Los pocos que obtienen resultados, prácticamente todos son peores que haber invertido en el S&P 500.
- La inmensa mayoría pierden dinero.
- Casi todos otros abandonan frustrados.

Un estudio publicado en *Journal of Advanced Research in Accounting and Finance Management* en 2024 lo resume con contundencia: "Un sorprendente 90% de los *traders* termina perdiendo dinero, incluso con acceso a herramientas avanzadas, análisis profesionales y asesoría especializada."[165] Y si te parece sorprendente, **en el capítulo siguiente, titulado *Por qué es tan difícil vencer al market* vas a comprender precisamente, el porqué.**

Sencillamente, no es ni obvio ni intuitivo. Jonathan Clements, reconocido autor financiero, mencionaba en 2019 en el *Rational Reminder Podcast*: "La parte más difícil —de invertir— es aceptar que, en efecto, es algo simple y no intentar ser demasiado ingenioso. Estamos programados para creer que cuanto más trabajamos y más ingeniosos somos, mejores serán nuestros resultados, pero simplemente no es así."[166]

Mientras editaba este capítulo, me enteré de la triste noticia de su fallecimiento a los 62 años en septiembre de 2025. Me fascinaba leer su blog y fue muy emotivo encontrar un post automático, con el título "Adiós, amigos" que comenzaba con la siguiente línea: "Si aparece esta publicación, significa que he fallecido a causa del cáncer o alguno de sus efectos secundarios. Por favor, no sientan lástima por mí. He tenido una vida llena de amor, experiencias maravillosas y oportunidades profesionales increíbles. A pesar de mi fallecimiento a una edad relativamente temprana, me considero sumamente afortunado."[167] Quién sabe cuántas veces lo habrá pospuesto, pero demostró una fuerza emocional admirable al decir adiós con tanta sencillez y gratitud.

De mis autores financieros favoritos, el legado de Clements permanece como una guía clara para los inversionistas: la simplicidad, la disciplina y la paciencia suelen ser el camino más sensato hacia la riqueza verdadera.

Pues como vimos al inicio de esta sección, existe una estrategia muy sencilla que históricamente ha puesto a los inversionistas en el top 5 y no es más que **invertir de forma diversificada en los principales índices usando ETF de bajo costo que los replican**.

Y ahora sí… llegó el momento de conocer cuáles son esos ETF.

Este capítulo es como el menú de un restaurante

Piensa en las próximas páginas como cuando te sientas en un restaurante y te pasan el menú. No vas a pedir todo lo que está ahí —ni tendría sentido hacerlo— pero verlo te permite entender todas las opciones, comparar y escoger lo que realmente quieres.

Con los ETF ocurre lo mismo. No necesitas recordar cada uno ni invertir en todos. Lo importante es conocer qué existe, identificar alternativas y entender por qué una opción puede ser mejor que otra para tus objetivos. Puede ser que alguno sea más atractivo para ti ahora, que tienes un horizonte de inversión largo, o sencillamente otro más estable, ya que no estás tan interesado en el crecimiento como en la estabilidad. En fin, no quiero que interpretes que hay que tener "de todos" sino, que existe una variedad y, en dependencia de tus prioridades, escojas en base a lo que hay en "el menú".

ETF que replican índices diversificados

Hemos llegado—como decimos en Cuba— al *pollo del arroz con pollo*: los productos financieros concretos que puedes comprar para invertir de manera diversificada. Y lo mejor de todo es que están, prácticamente, al alcance de cualquier persona a través de su *broker.*

La mayoría de estos ETF se negocian en *el* New York Stock Exchange Arca (NYSEARCA), un mercado especializado en ETF y otros mecanismos modernos de inversión.[168] Originalmente fundado en 1882 como el Pacific Exchange en San Francisco, cerca de un siglo después evolucionó hacia un sistema completamente electrónico y finalmente, en 2006, fue adquirido por el NYSE.[169] Hoy es la "casa" de la mayor parte de los ETF que se intercambian en los *stock exchanges* de los Estados Unidos.

Así que, a continuación, y agrupados por categoría, verás los principales ETF del mercado, ordenados por tamaño o *assets under management.*[170]

ETF que siguen el S&P 500

Comencemos por los ETF más populares, que son los que siguen el S&P 500. Estos fondos son los que concentran más dinero a nivel mundial ya que, invertir en "el S&P" se ha convertido en una de las estrategias más utilizadas por inversionistas individuales y grandes instituciones. Ya te los nombré en el capítulo anterior, pero esta es oficialmente la presentación de los tres:

- **SPY** *(SPDR S&P 500 ETF Trust)*, administrado por State Street.
- **VOO** (*Vanguard S&P 500 ETF)*, administrado por Vanguard Group.
- **IVV** *(iShares Core S&P 500 ETF)*, administrado por BlackRock.

Aunque provienen de compañías distintas, todos persiguen exactamente el mismo objetivo: **replicar el rendimiento del S&P 500 lo más fielmente posible**. Y, de hecho, los tres lo logran excepcionalmente bien, como puedes ver en la Tabla 8.2:

Tipo	Nombre	Retorno Anual (últimos 10 años)
Índice	*S&P 500® Index*	+13.00%
ETF	*SPDR S&P 500 ETF Trust (SPY)*	+12.86%
ETF	*Vanguard S&P 500 ETF (VOO)*	+12.96%
ETF	*iShares Core S&P 500 ETF (IVV)*	+12.96%

Tabla 8.2: Cercanía del rendimiento entre el S&P 500 y los principales ETF que lo replican. Fuente: StateStreet,[171] *Vanguard Group*[172] *y BlackRock*[173]*. La ligera desviación superior de SPY es mayormente debido a que el MER es 0.0945%, comparado con el de VOO y IVV que es de 0.03%.*

Durante las próximas páginas verás cada uno de estos ETF en detalle. Sin embargo, para entender rápidamente qué los hace tan valiosos, presta atención principalmente a tres puntos:

¡Comencemos con los ETF!

SPDR S&P 500 ETF Trust (SPY)

Nombre del ETF		
SPDR® S&P 500® ETF Trust (SPY)		
Precio por unidad	*Stock Exchange*	*Fecha de inicio*
$589.84 (Nov 2024)	**NYSEARCA**	**22 de enero de 1993**
Índice que replica	*Total de holdings*	*Fee anual (MER)*
S&P 500® Index	**503**	**0.0945% ($9.45 al año por cada $10,000)**

Top 10 Holdings del SPY (hasta nov. 18, 2024). *Fuente: State Street.*[174]

Compañía	Peso
AAPL - Apple Inc.	6.95%
NVDA - Nvidia Corp.	6.91%
MSFT - Microsoft Corp.	6.19%
AMZN - Amazon.com Inc.	3.77%
META - Meta Platforms Inc. Class A	2.43%
GOOGL - Alphabet Inc. Class A	2.06%
TSLA - Tesla Inc.	1.88%
BRK.B - Berkshire Hathaway Inc. Class B	1.73%
GOOG - Alphabet Inc. Class C	1.70%
AVGO - Broadcom Inc.	1.54%
Los otros 493 holdings	65.84%

Retorno anualizado (hasta oct. 31, 2024)

Retorno anualizado	1 año	3 años	5 años	10 años	Desde el inicio
SPY	+37.76%	+8.94%	+15.10%	+12.86%	+10.41%
S&P 500® Index	+38.02%	+9.08%	+15.27%	+13.00%	+10.54%

Desde 1993, SPY ha promediado +10.41% anual, prácticamente idéntico al rendimiento del S&P 500 (+10.54%) y las distribuciones ocurren 4 veces al año —enero, abril, julio y octubre—.[175]

Distribuciones (2023-2025)

Fecha de Pago	Distribución
31 / julio / 2025	$1.7611
30 / abril / 2025	$1.6955
31 / enero / 2025	$1.9655
31 / octubre / 2024	$1.7455
31 / julio / 2024	$1.7590
30 / abril / 2024	$1.5949
31 / enero / 2024	$1.9061
31 / octubre / 2023	$1.5832
31 / julio / 2023	$1.6384
28 / Abril / 2023	$1.5062

Página oficial del producto

SPY (SPDR S&P 500 ETF Trust)
https://www.ssga.com/us/en/intermediary/etfs/spdr-sp-500-etf-trust-spy

Vanguard S&P 500 ETF (VOO)

Nombre del ETF		
Vanguard S&P 500 ETF (VOO)		
Precio por unidad	*Stock Exchange*	*Fecha de inicio*
$540.44 (Nov 2024)	**NYSEARCA**	**7 de septiembre de 2010**
Índice que replica	*Total de holdings*	*Fee anual (MER)*
S&P 500® Index	**504**	**0.03% ($3 al año por cada $10,000)**

Top 10 Holdings del VOO (hasta oct. 31, 2024). *Fuente: Vanguard Group.*[176]

Compañía	Peso
AAPL - Apple Inc.	7.11%
NVDA - Nvidia Corp.	6.76%
MSFT - Microsoft Corp.	6.26%
AMZN - Amazon.com Inc.	3.61%
META - Meta Platforms Inc. Class A	2.57%
GOOGL - Alphabet Inc. Class A	2.08%
GOOG - Alphabet Inc. Class C	1.72%
BRK.B - Berkshire Hathaway Inc. Class B	1.71%
AVGO - Broadcom Inc.	1.64%
TSLA - Tesla Inc.	1.44%
Los otros 494 holdings	64.10%

Retorno anualizado (hasta oct. 31, 2024)

Retorno anualizado	1 año	3 años	5 años	10 años	Desde el inicio
VOO	+37.96%	+9.04%	+15.21%	+12.96%	+14.52%
S&P 500® Index	+38.02%	+9.08%	15.27%	+13.00%	+14.57%

VOO es más reciente que SPY, pero igualmente eficaz replicando el índice. Su rendimiento desde 2010 (+14.52%) refleja uno de los periodos más fuertes de crecimiento del S&P 500 en la historia moderna. Aunque el promedio a largo plazo de SPY (1993–hoy) es aproximadamente +10.54%, el periodo 2010–2020 fue extraordinariamente mayor, lo que explica el número más alto en VOO desde su inicio. Las distribuciones del ETF se realizan cuatro veces al año —diciembre, marzo, julio y septiembre— aunque dependiendo de fines de semana o feriados, los depósitos pueden aparecer unos días después.[177]

Distribuciones (2023-2025)

Fecha de Pago	Distribución
30 / junio / 2025	$1.7447
27 / marzo / 2025	$1.8121
26 / diciembre / 2024	$1.7385
01 / octubre / 2024	$1.6386
02 / julio / 2024	$1.7835
27 / marzo / 2024	$1.5429
26 / diciembre / 2023	$1.8011
03 / octubre / 2023	$1.4925
05 / julio / 2023	$1.5762

Página oficial del producto

VOO (Vanguard S&P 500 ETF)
https://investor.vanguard.com/investment-products/etfs/profile/voo

iShares Core S&P 500 ETF (IVV)

Nombre del ETF		
iShares Core S&P 500 ETF (IVV)		
Precio por unidad	*Stock Exchange*	*Fecha de Inicio*
$593.17 (Nov 2024)	**NYSEARCA**	**15 de mayo de 2000**
Índice que replica	*Total de holdings*	*Fee anual (MER)*
S&P 500® Index	**506**	**0.03% ($3 al año por cada $10,000)**

Top 10 Holdings del IVV (hasta oct. 31, 2024). *Fuente: BlackRock.*[178]

Compañía	**Peso**
AAPL - Apple Inc.	7.10%
NVDA - Nvidia Corp.	6.75%
MSFT - Microsoft Corp.	6.25%
AMZN - Amazon.com Inc.	3.60%
META - Meta Platforms Inc. Class A	2.56%
GOOGL - Alphabet Inc. Class A	2.07%
GOOG - Alphabet Inc. Class C	1.72%
BRKB - Berkshire Hathaway Inc. Class B	1.71%
AVGO - Broadcom Inc.	1.63%
TSLA - Tesla Inc.	1.43%
Los otros 496 holdings	65.18%

Retorno anualizado (hasta oct. 31, 2024)

Retorno anualizado	**1 año**	**3 años**	**5 años**	**10 años**	**Desde el inicio**
IVV	+37.97%	+9.05%	+15.24%	+12.96%	+7.70%
S&P 500® Index	+38.02%	+9.08%	+15.27%	+13.00%	+7.76%

IVV es el ETF insignia de *BlackRock* para seguir el S&P 500. Su retorno desde el año 2000 (+7.70%) refleja que sus primeros años coincidieron con la caída del *Dot-com*, lo cual arrastró su promedio histórico. Aun así, al igual que SPY y VOO, ha replicado el índice con enorme precisión. Las distribuciones se realizan también cuatro veces al año —marzo, junio, septiembre y diciembre— siguiendo una mecánica similar a los otros ETF del S&P 500.[179]

Distribuciones (2023-2025)

Fecha de pago	Distribución
16 / junio / 2025	$1.866967
18 / marzo / 2025	$1.764574
17 / diciembre / 2024	$2.134185
30 / septiembre / 2024	$2.234609
17 / junio / 2024	$1.611133
27 / marzo / 2024	$1.665327
27 / diciembre / 2023	$1.925300
02 / octubre / 2023	$1.986972
13 / junio / 2023	$1.338569

Página oficial del producto

IVV (iShares Core S&P 500 ETF) https://www.ishares.com/us/products/239726/ishares-core-sp-500-etf	

ETFs que siguen el U.S. Total Market

El U.S. Total Market Index, si lo recuerdas del *capítulo 5*, tiene como objetivo rastrear el desempeño de todas las acciones que cotizan en las bolsas de los Estados Unidos —desde gigantes corporativos hasta pequeñas empresas emergentes que también son públicas—. En otras palabras, ofrece una visión completa y diversificada del mercado bursátil estadounidense, capturando el crecimiento total de la economía del país.

A diferencia del S&P 500, que incluye solamente las 500 mayores compañías, **un índice de "Total Market" abarca generalmente entre 2,900 y 3,400 empresas**, dependiendo del proveedor del índice (S&P, CRSP, MSCI, etc.). Los ETF más conocidos que replican este mercado son:

- **VTI** *(Vanguard Total stock market ETF)*, administrado por Vanguard Group.
- **ITOT** (*iShares Core S&P Total U.S. stock market ETF)*, administrado por BlackRock.

Ambos surgieron a inicios de los años 2000, justo después del estallido de la burbuja *Dot-com*, cuando miles de inversionistas quedaron marcados por el exceso de concentración en el sector tecnológico. Vanguard y BlackRock supieron capitalizar esa lección y ofrecieron ETF muy diversificados, ideales para quienes deseaban minimizar riesgos por sectores o la dependencia de unas pocas grandes empresas.

El dato clave: el S&P 500 ya es la mayor parte del mercado

Una característica fundamental de estos ETF es que, aunque incluyen miles de empresas, **el S&P 500 representa por sí solo alrededor del 87% del valor total del mercado estadounidense**. Es decir, las 500 empresas más grandes equivalen a casi todo el *market cap* del mercado total.

Esto significa que, por cada dólar invertido en un ETF del *total market*:

- $0.87 terminan invertidos en compañías del S&P 500
- $0.13 se distribuyen entre miles de empresas medianas y pequeñas

En otras palabras, **invertir únicamente en el S&P 500 ya es, en sí, una aproximación muy cercana al mercado total y viceversa.** La Figura 8.2 muestra, de forma visual, qué tan dominante es el S&P 500 dentro del mercado total estadounidense:

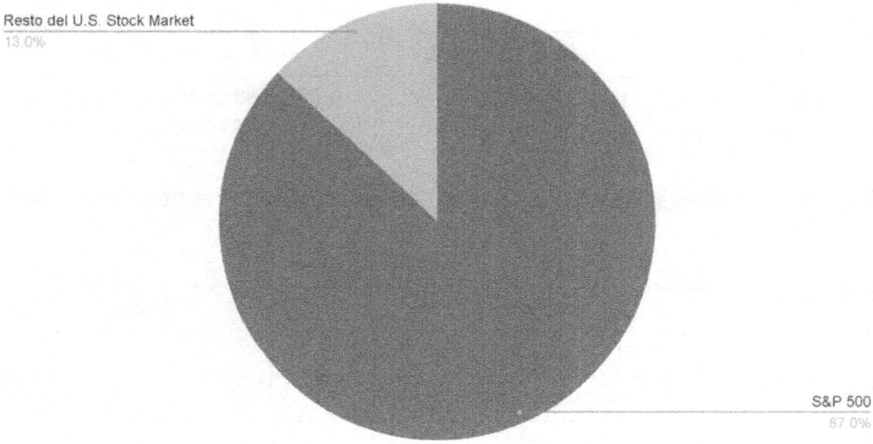

Figura 8.2: Peso del U.S. stock market total comparado con el S&P 500. Por cada $1 invertido en el U.S. Total Market, $0.87 están asignados al S&P 500 (oct. 31, 2024). Fuente: FundOverlap.[180]

Pues, ahora que sabemos que el *Total Market* es "el S&P 500 más prácticamente todo lo demás", veamos en detalle los dos ETF más populares que lo representan.

Vanguard Total Stock Market ETF (VTI)

Nombre del ETF		
Vanguard Total stock market ETF (VTI)		
Precio por unidad	*Stock Exchange*	*Fecha de inicio*
$292.58 (Nov 2024)	**NYSEARCA**	**24 de mayo de 2001**
Índice que replica	*Total de holdings*	*Fee anual (MER)*
CRSP US Total Market Index	**3,644**	**0.03% ($3 al año por cada $10,000)**

Top 10 Holdings del VTI (hasta oct. 31, 2024). Fuente: *Vanguard Group.*[181]

Compañía	Peso
AAPL - Apple Inc.	5.94%
NVDA - Nvidia Corp.	5.65%
MSFT - Microsoft Corp.	5.50%
AMZN - Amazon.com Inc.	3.20%
META - Facebook Inc. Class A	2.26%
GOOGL - Alphabet Inc. Class A	1.82%
GOOG - Alphabet Inc. Class C	1.49%
BRK.B - Berkshire Hathaway Inc. Class B	1.45%
AVGO - Broadcom Inc.	1.44%
LLY - Eli Lilly & Co.	1.29%
Los otros 3,634 holdings	69.96%

Retorno anualizado (hasta oct. 31, 2024).

Retorno anualizado	1 año	3 años	5 años	10 años	Desde el inicio
VTI	+37.85%	+7.48%	+14.51%	+12.39%	+8.80%
CRSP US Total Market Index	+37.83%	7.48%	+14.51%	+12.40%	+8.82%

Desde mayo de 2001, VTI ha promediado +8.80% anual, replicando casi de forma perfecta el comportamiento del mercado total estadounidense. Los dividendos se pagan cuatro veces al año: marzo, junio, septiembre y diciembre, aunque algunas fechas puede ser que caigan a inicios del mes siguiente.[182]

Distribuciones (2023-2025)

Fecha de pago	Distribución
1 / julio / 2025	$0. 9132
7 / marzo / 2025	$0.9854
27 / diciembre / 2024	$0.9412
1 / octubre / 2024	$0.8707
7 / julio / 2024	$0.9519
27 / marzo / 2024	$0.9105
27 / diciembre / 2023	$1.0017
26 / septiembre / 2023	$0.7984
28 / junio / 2023	$0.8265

Página oficial del producto

VTI (Vanguard Total stock market ETF)
https://investor.vanguard.com/investment-products/etfs/profile/vti

iShares Core S&P Total U.S. stock market ETF (ITOT)

Nombre del ETF		
iShares Core S&P Total U.S. stock market ETF (ITOT)		
Precio por unidad	*Stock Exchange*	*Fecha de inicio*
$129.92 (Nov 2024)	**NYSEARCA**	**20 de enero de 2004**
Índice que replica	*Total de holdings*	*Fee anual (MER)*
S&P Total Market Index	**2,540**	**0.03% ($3 al año por cada $10,000)**

Top 10 Holdings del ITOT (hasta oct. 31, 2024). Fuente: *BlackRock.*[183]

Compañía	Peso
AAPL - Apple Inc.	6.18%
NVDA - Nvidia Corp.	5.88%
MSFT - Microsoft Corp.	5.43%
AMZN - Amazon.com Inc.	3.13%
META - Facebook Inc. Class A	2.23%
GOOGL - Alphabet Inc. Class A	1.80%
GOOG - Alphabet Inc. Class C	1.50%
BRKB - Berkshire Hathaway Inc. Class B	1.49%
AVGO - Broadcom Inc.	1.42%
TSLA – Tesla Inc.	1.25%
Los otros 2530 holdings	69.69%

Retorno anualizado (hasta oct. 31, 2024)

Retorno anualizado	1 año	3 años	5 años	10 años	Desde el inicio
ITOT	+38.00%	+7.52%	+14.51%	+12.43%	+9.97%
S&P Total Market Index	+37.99%	+7.50%	+14.51%	+12.44%	+10.06%

Desde enero de 2004, ITOT ha promediado +9.97% anual, prácticamente idéntico al comportamiento del índice que replica. Los managers del ETF distribuyen dividendos trimestralmente — marzo, junio, septiembre y diciembre.[184]

Distribuciones (2023-2025)

Fecha de pago	Distribución
19 / septiembre / 2025	$0.413761
20 / junio / 2025	$0.385699
21 / marzo / 2025	$0.358303
20 / diciembre / 2024	$0.468176
30 / septiembre / 2024	$0.465562
17 / junio / 2024	$0.335834
27 / marzo / 2024	$0.308148
27 / diciembre / 2023	$0.473040
02 / octubre / 2023	$0.442990
13 / junio / 2023	$0.282666
29 / marzo / 2023	$0.351555

Página oficial del producto

ITOT (iShares Core S&P Total U.S. stock market ETF)
https://www.ishares.com/us/products/239724/ishares-core-sp-total-us-stock-market-etf

ETF Diversificados internacionalmente

Como vimos, también en el *capítulo 5*, existen índices globales que miden el comportamiento de los mercados bursátiles de todo el planeta. Estos incluyen tanto economías desarrolladas como economías emergentes, permitiendo a los inversionistas invertir en distintas regiones del mundo y beneficiarse de una diversificación geográfica mucho más amplia.

A los países con economías aún en desarrollo, pero con un crecimiento acelerado y mercados financieros en expansión, se les conoce en el mundo de las finanzas como "mercados emergentes". Generalmente, estos presentan más volatilidad —fuertes subidas y bajadas inesperadas—, pero también mayor potencial de crecimiento en el largo plazo.

Para quienes desean diversificar más allá de los Estados Unidos y obtener exposición global, los siguientes ETF son los más populares dentro de esta categoría:

- **VT** *(Vanguard Total World Stock ETF)*, administrado por Vanguard Group.
- **IEFA** *(iShares Core MSCI EAFE ETF)*, administrado por BlackRock.
- **VWO** *(Vanguard FTSE Emerging Markets ETF)*, administrado por Vanguard Group.

Comenzaremos con VT, diseñado para incluir compañías de todo el mundo, ya que contiene más de 9,000 empresas públicas distribuidas a lo largo de 40 mercados globales. Posteriormente, presentaremos una versión simplificada de IEFA, enfocado en mercados desarrollados fuera de Estados Unidos y Canadá, y finalmente de VWO, el ETF más popular para invertir específicamente en países emergentes. VT es, por mucho, el que más inversionistas atrae entre los tres, por lo que será el único que detallaremos debido a su popularidad y amplitud.

Ahora, aunque VT invierte en acciones globales, el mercado de los Estados Unidos sigue representando la mayor parte de su composición debido al tamaño de su economía y el *market cap* de sus empresas, como se puede apreciar en la Figura 8.3.

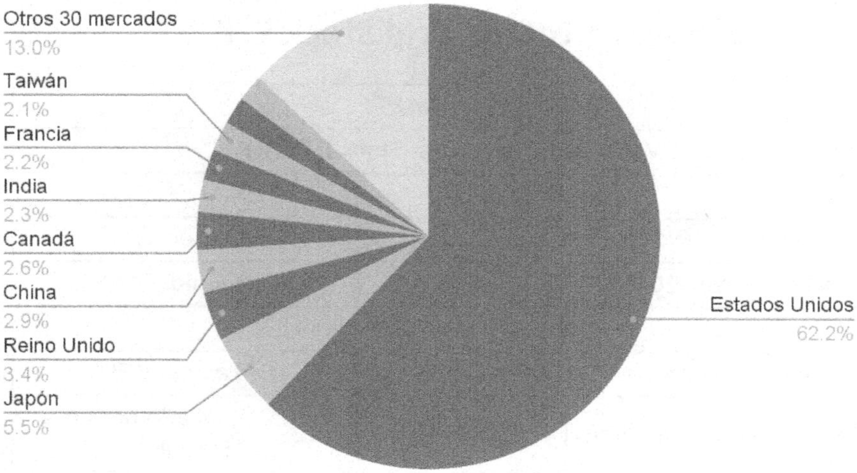

Figura 8.3: Peso de los stock markets *de cada país en relación con su peso en el Vanguard Total World Stock ETF (VT). Fuente: BlackRock.*[185]

Otra forma de entender esta exposición es la siguiente: Por cada dólar ($1) invertido en VT, aproximadamente $0.56 se destinan indirectamente a empresas del S&P 500, tal y como se puede apreciar en la Figura 8.4. Una vez más, esto se debe a que las compañías más grandes del mundo —por *market cap*— están radicadas en *Estados Unidos*, por lo que suelen dominar tanto los índices nacionales como los globales.

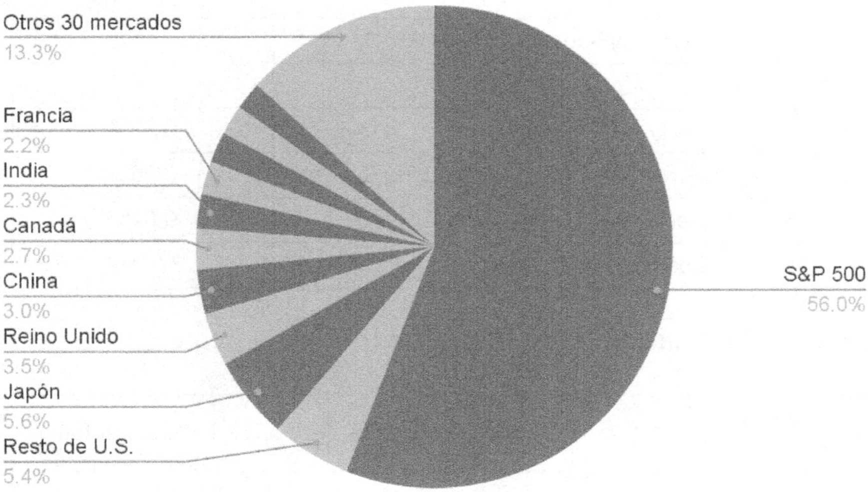

Figura 8.4: Peso del S&P 500 (derecha) comparado con el Global stock market. Por cada dólar ($1) invertido en VT, $0.56 centavos están ubicados en el S&P 500 al 31 de octubre de 2024. Fuente: FundOverlap.[186]

Vanguard Total World Stock ETF (VT)

Nombre del ETF		
Vanguard Total World Stock ETF (VT)		
Precio por unidad	*Stock Exchange*	*Fecha de inicio*
$119.53 (Nov 2024)	**NYSEARCA**	**24 de junio de 2008**
Índice que replica	*Total de holdings*	*Fee anual (MER)*
FTSE Global All Cap Index	**9,831**	**0.07% ($7 al año por cada $10,000)**

Top 10 Holdings del VT (hasta oct. 31, 2024). Fuente: *Vanguard Group.*[187]

Compañía	**Peso**
AAPL - Apple Inc.	3.77%
NVDA - Nvidia Corp.	3.57%
MSFT - Microsoft Corp.	3.47%
AMZN - Amazon.com Inc.	1.99%
META - Meta Platforms Inc. Class A	1.43%
GOOGL - Alphabet Inc. Class A	1.16%
GOOG - Alphabet Inc. Class C	0.97%
AVGO - Broadcom Inc.	0.89%
2330 - Taiwan Semiconductor Manufacturing Co. Ltd.	0.86%
BRK.B - Berkshire Hathaway Inc. Class B	0.80%
Los otros 9821 holdings	77.09%

Retorno anualizado (hasta oct. 31, 2024)

Retorno anualizado	**1 año**	**3 años**	**5 años**	**10 años**	**Desde el Inicio**
VT	+32.13%	+5.25%	+11.03%	+9.12%	+7.64%
FTSE Global All Cap Index	+32.61%	+5.36%	+11.11%	+9.24%	+7.69%

VT ha promediado un sólido +9.12% anual en la última década, ofreciendo exposición global amplia y diversificada. Como mencionaba anteriormente, es uno de los ETF más utilizados para invertir en el mercado mundial completo. Distribuye dividendos cuatro veces al año: marzo, junio, septiembre y diciembre.[188]

Distribuciones (2023-2025)

Fecha de pago	Distribución
24 / junio / 2025	$0.59470
25 / marzo / 2025	$0.38520
24 / diciembre / 2024	$0.87740
24 / septiembre / 2024	$0.41740
25 / junio / 2024	$0.57790
20 / marzo / 2024	$0.42120
21 / diciembre / 2023	$0.80080
21 / septiembre / 2023	$0.40550
23 / junio / 2023	$0.65040

Página oficial del producto

VT (Vanguard Total World Stock ETF)
https://investor.vanguard.com/investment-products/etfs/profile/vt

iShares Core MSCI EAFE ETF (IEFA)

El iShares Core MSCI EAFE ETF (IEFA) sigue un índice de Morgan Stanley llamado *EAFE IMI Index* que está compuesto por ~2,700 empresas grandes, medianas y pequeñas de mercados desarrollados, excluyendo a los Estados Unidos y Canadá.

- **Holdings:** ~ 2,700 empresas grandes, medianas y pequeñas.
- **Exposición/mercados:** Europa, Japón, Australia y otros mercados desarrollados.
- **MER:** 0.07% ($7 por cada $10,000 invertidos al año).
- **Retorno promedio últimos 10 años:** +5.96% anual.

Utilizado por inversionistas que buscan diversificación internacional sin incluir Norteamérica, básicamente representa la "otra mitad desarrollada" del mercado global, fuera de Estados Unidos y Canadá.

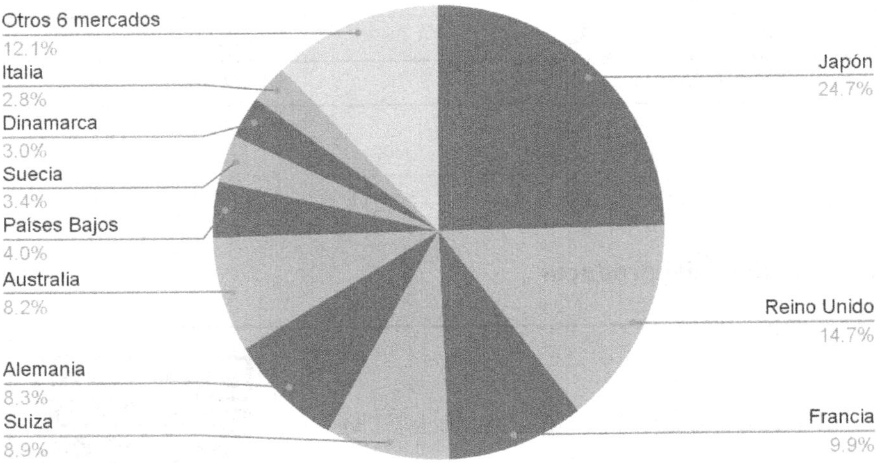

Figura 8.5: Peso de los mercados desarrollados dentro del ETF. La subcategoría de "Otros 6 mercados" incluye: España (2.63%), Hong Kong (1.95%), Singapur (1.76%), Israel (1.21%), Bélgica (1.05%) y Finlandia (1.01%). Fuente: BlackRock.[189]

Vanguard FTSE Emerging Markets ETF (VWO)

El VWO es el ETF más popular para invertir en mercados emergentes —economías que están expandiéndose rápidamente y avanzando hacia el estatus de país desarrollado—. Curiosamente, ha seguido varios índices desde que existe, debido a que los managers en Vanguard han ido actualizando el *benchmark* con el paso de los años.

- **Holdings:** ~4,900 empresas grandes, medianas y pequeñas.
- **Exposición/mercados:** China, India y Taiwán representan ~75% del fondo.
- **MER:** 0.08% ($8 por cada $10,000 invertidos al año).
- **Retorno promedio últimos 20 años:** +5.85% anual.

Este ETF ofrece exposición a regiones con alto potencial de crecimiento, aunque históricamente con mayor volatilidad y rendimientos más irregulares que los mercados desarrollados.

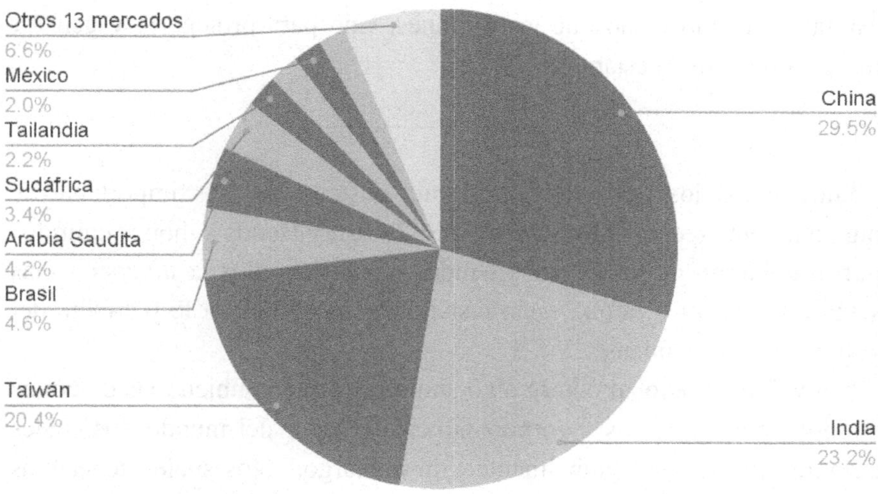

Figura 8.6: Distribución de los mercados emergentes dentro del ETF. Otros mercados incluyen: EAU (1.60%), Turquía (1.00%), Catar (0.80%), Kuwait (0.80%), Filipinas (0.70%), Grecia (0.50%), Chile (0.50%), Hungría (0.20%), República Checa (0.10%), Rumania (0.10%), Colombia (0.10%), Egipto (0.10%) e Islandia (0.10%). Fuente: Vanguard Group.[190]

ETF de bonos

¡Y regresan nuevamente los bonos! Pues, los ETF de bonos funcionan de manera distinta a los ETF de acciones. Mientras que los ETF de acciones se enfocan principalmente en la apreciación del capital —es decir, en el aumento del precio de las acciones a lo largo del tiempo—, los ETF de bonos destacan por generar distribuciones regulares de ingresos a través de pagos de intereses.

Eso significa que:

- Su precio (el NAV) suele ser mucho más estable. Por lo que si los miras en una gráfica son bien planos. Recuerda siempre que las distribuciones/dividendos no se ven en la gráfica.
- Pagan intereses de forma constante y predecible, en forma de distribuciones.
- Su retorno histórico tiende a ser menor, pero también lo es su nivel de riesgo.

En otras palabras, los bonos no están diseñados para "hacer crecer" el capital al mismo ritmo que las acciones, sino para protegerlo y generar ingresos de manera estable.

Entre todos los tipos de bonos que existen, los más importantes y mundialmente reconocidos son los U.S. Treasury Bonds —bonos emitidos por el gobierno de los Estados Unidos— considerados la inversión más segura del planeta, ya que están respaldados por la plena fe y crédito del gobierno estadounidense.

A nivel internacional ocurre algo similar, ya que también existen bonos emitidos por gobiernos y corporaciones alrededor del mundo, los cuales permiten diversificar globalmente. Sin embargo, estos suelen tener más riesgo debido a factores como estabilidad política, condiciones económicas y fluctuaciones de divisas. Así que, a continuación, te presento los ETF más importantes de esta categoría, ordenados por tamaño de activos bajo gestión (AUM):

- **AGG** *(iShares Core U.S. Aggregate Bond ETF)*, administrado por BlackRock.

- **BND** *(Vanguard Total Bond Market ETF)*, administrado por Vanguard Group.

- **BNDX** *(Vanguard Total International Bond ETF)*, administrado por Vanguard Group.

Tal y como hicimos en la sección anterior, analizaremos en detalle AGG y BND, y luego veremos una versión resumida de BNDX. Ahora, es importante notar que, aunque AGG y BND:

- no siguen exactamente el mismo índice,
- salieron al mercado con cuatro años de diferencia y,
- son administrados por firmas distintas,

sus resultados han sido casi idénticos a lo largo del tiempo, como se puede observar en la Tabla 8.7. Esto se debe a que ambos fondos tienen exposiciones muy similares en términos de composición y proporción de *bonos del Tesoro*.

Retorno anualizado	1 año	3 años	5 años	10 años	Desde el inicio
AGG	+10.52%	-2.19%	-0.25%	+1.46%	+3.05%
BND	+10.45%	-2.18%	-0.21%	+1.49%	+2.97%

Tabla 8.7: Retornos anualizados de AGG y BND (hasta oct. 31, 2024). Fuente: BlackRock[191] *y Vanguard Group.*

Como puedes ver, las diferencias son prácticamente insignificantes, ya que cuando los fondos contienen activos similares en proporciones, digamos que "bastante" similares, tienden a comportarse de manera casi idéntica, debido a la similitud que tienen los bonos que están en su misma categoría de riesgo ¿Recuerdas el sistema AAA, BBB…? Pues esos.

Veamos entonces los detalles de AGG, BND y BNDX.

iShares Core U.S. Aggregate Bond ETF (AGG)

Nombre del ETF		
iShares Core U.S. Aggregate Bond ETF (AGG)		
Precio por unidad	*Stock Exchange*	*Fecha de inicio*
$97.76 (Nov 2024)	**NYSEARCA**	**22 de septiembre de 2003**
Índice que replica	*Total de holdings*	*Fee anual (MER)*
BBG U.S. Aggregate Index	**12,122**	**0.03% ($3 al año por cada $10,000)**

Top 10 Holdings del AGG (hasta oct. 31, 2024). Fuente: *BlackRock.*[192]

Emisor de la deuda	Peso
Deuda Federal - United States Treasury	44.09%
Deuda Federal - Federal National Mortgage Association	11.15%
Deuda Federal - Gov.I Mortgage Association II	5.76%
Deuda Federal - Federal Home Loan Mortgage Corporation	5.55%
Deuda Federal - Uniform MBS	1.64%
Deuda Privada - JPMorgan Chase & Co	0.59%
Deuda Privada - Bank of America Corp	0.57%
Deuda Federal - Gov. Mortgage Association I	0.52%
Deuda Privada - Morgan Stanley	0.47%
Otros emisores	29.66%

Retorno anualizado (hasta oct. 31, 2024)

Retorno anualizado	1 año	3 años	5 años	10 años	Desde el Inicio
AGG	+10.52%	-2.19%	-0.25%	+1.46%	+3.05%
BBG U.S. Aggregate Index	+10.55	-2.20%	-0.23%	+1.49%	+3.17%

AGG ha promediado un retorno cercano al 3% anual desde su lanzamiento en 2003, y +1.46% anual en la última década, lo que refleja el comportamiento típico de la los bonos AAA, AA, A y BBB estadounidenses. Este ETF distribuye intereses todos los meses del año con la particularidad de dos pagos en diciembre y ninguno en enero, por ajustes calendarios.[193]

Distribuciones (2024)

Fecha de pago	Distribución
06 / noviembre / 2024	$0.310262
04 / octubre / 2024	$0.307328
06 / septiembre / 2024	$0.311936
06 / agosto / 2024	$0.303750
05 / julio / 2024	$0.300883
07 / junio / 2024	$0.301803
07 / mayo / 2024	$0.294781
05 / abril / 2024	$0.290239
07 / marzo / 2024	$0.286202
07 / febrero / 2024	$0.293291
20 / diciembre / 2023	$0.282345

Página oficial del producto

AGG (iShares Core U.S. Aggregate Bond ETF)
https://www.ishares.com/us/products/239458/ishares-core-total-us-bond-market-etf

Vanguard Total Bond Market ETF (BND)

Nombre del ETF		
Vanguard Total Bond Market ETF (BND)		
Precio por unidad	*Stock Exchange*	*Fecha de inicio*
$72.56 (Nov 2024)	**NYSEARCA**	**3 de abril de 2007**
Índice que replica	*Total de holdings*	*Fee anual (MER)*
Bloomberg USAgg Flt Adjlx	**11,336**	**0.03% ($3 al año por cada $10,000)**

Top 10 Holdings del BND (hasta oct. 31, 2024). Fuente: *Vanguard Group.*[194]

Emisor de la deuda	Peso
Deuda Federal - United States Treasury	47.70%
Deuda Federal - Government Mortgage-Backed	19.70%
Deuda Privada - Industrial	15.10%
Deuda Privada - Finance	8.70%
Deuda Privada - Foreign	3.40%
Deuda Privada - Utilities	2.40%
Deuda Privada - Commercial Mortgage-Backed	1.70%
Deuda Privada - Asset-Backed	0.60%
Deuda Privada - Other	0.70%

Retorno anualizado (hasta oct. 31, 2024).

Retorno anualizado	1 año	3 años	5 años	10 años	Desde el Inicio
BND	+10.45%	-2.18%	-0.21%	+1.49%	+2.97%
Bloomberg USAgg Flt Adjlx	+10.46%	-2.17%	-0.29%	+1.53%	+3.03%

BND prácticamente se mueve igual que AGG ya que su contenido son exclusivamente bonos AAA, AA, A y BBB —y absolutamente nada de BB, B, CCC, CC, C, D—. Ambos fondos han tenido rendimientos muy parecidos —aprox. +1.5% anual en la última década—, reflejando la naturaleza más conservadora de los bonos en períodos recientes. Similarmente, el fondo realiza distribuciones mensuales, con el pago de enero incluido en diciembre.[195]

Distribuciones (2024)

Fecha de pago	Distribución
05 / noviembre / 2024	$0.227631
03 / octubre / 2024	$0.220705
05 / septiembre / 2024	$0.225518
05 / agosto / 2024	$0.223909
03 / julio / 2024	$0.220702
05 / junio / 2024	$0.218966
06 / mayo / 2024	$0.213811
04 / abril / 2024	$0.216300
06 / marzo / 2024	$0.202321
06 / febrero / 2024	$0.211880
20 / diciembre / 2023	$0.282345

Página oficial del producto

BND (Vanguard Total Bond Market ETF)
https://investor.vanguard.com/investment-products/etfs/profile/bnd

Vanguard Total International Bond ETF (BNDX)

El BNDX es uno de los ETF más utilizados para invertir en bonos internacionales fuera de los Estados Unidos. Ofrece exposición a más de 6,800 bonos emitidos por gobiernos y corporaciones en mercados desarrollados de todo el mundo.

Su *holdings* son principalmente bonos de alta calidad (AAA, AA, A y BBB) provenientes de países sólidos, económica y políticamente —como Japón, Francia, Alemania, Italia y Reino Unido—, que en su conjunto representan alrededor del 50% del fondo.

- **Holdings:** 6,800 bonos.
- **Exposición:** Países con alto prestigio crediticio de cumplir con sus deudas.
- **MER:** 0.07% ($7 por cada $10,000 invertidos al año).
- **Retorno promedio últimos 10 años:** +2.01% anual.

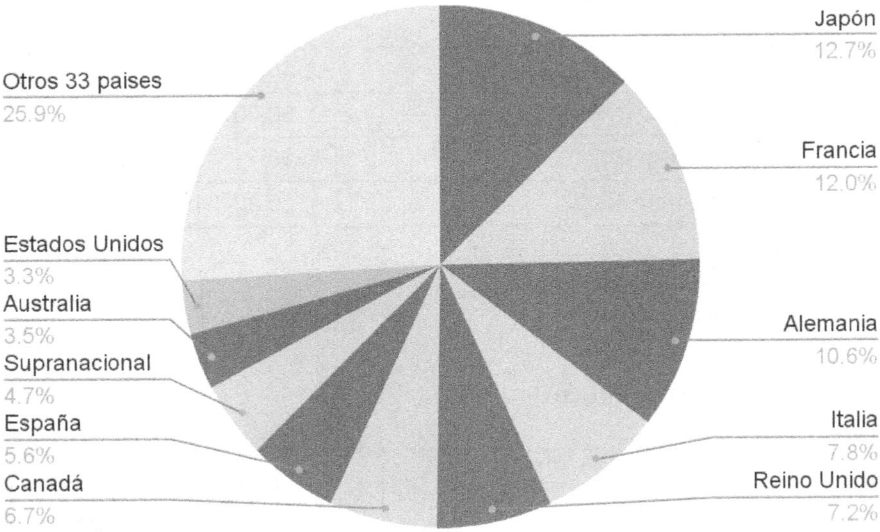

Figura 8.7: Peso de los holdings *de los bonos internacionales del ETF BNDX (hasta 31 oct. 2024). Fuente: Vanguard Group.*[196]

Como acabas de ver, existe un conjunto sólido, transparente y extremadamente eficiente de ETF para construir portafolios diversificados, simples y de clase mundial. Desde los que siguen al S&P 500, pasando por el mercado total estadounidense, los mercados internacionales, emergentes y hasta los bonos globales, todos comparten una característica fundamental de que **han sido diseñados para ofrecer acceso fácil, costos mínimos y resultados fieles a los índices que representan**.

Lo más impresionante es que, sin importar dónde vivas, estos productos no son exclusivos para ciudadanos estadounidenses, ni para inversionistas profesionales, ni para personas con grandes cantidades de capital. Están pensados para el inversionista global común, el que quiere participar en los mercados del mundo de manera responsable y diversificada.

Fracasar seleccionando acciones individuales no es raro, de hecho, es como que "la norma". Pero acceder a mercados completos, a través de ETF diversificados, es hoy una alternativa accesible para todos. La puerta está abierta para quien quiera usarla.

Ahora bien, es probable que te estés preguntando, como me lo pregunté yo en mi momento ¿cómo invierto yo en estos ETF si no vivo en los Estados Unidos?

Acceso global y propiedad internacional

Pues no tienes que preocuparte, ya que la mayoría de los ETF que vimos se negocian en los principales mercados estadounidenses, pero pueden ser adquiridos desde prácticamente cualquier país del mundo, siempre y cuando lo hagas a través de instituciones financieras reguladas que permitan abrir cuentas de inversión internacionales. En otras palabras, puedes estar en Canadá, México, Chile, Argentina, España, Francia, Colombia, Reino Unido, Japón, o prácticamente cualquier país… y aun así ser propietario legal de participaciones en SPY, VOO, IVV, ITOT, VT, VTI, AGG o BND.

Este fenómeno no solo es posible —es común— y representa una de las mayores ventajas que tenemos como inversionistas en el siglo XXI: **el acceso global al mercado líder del planeta**.

Todos los ETF presentados en este capítulo —sin excepción— son accesibles a través del NYSEARCA o el NASDAQ, se negocian en dólares estadounidenses (USD), y pueden ser adquiridos desde la mayoría de los países del mundo. De hecho, en un reporte publicado en julio de 2023 por el Departamento del Tesoro de los Estados Unidos, se especifica que los inversionistas extranjeros son dueños de cerca del 20% de todos los activos estadounidenses que se cotizan en la bolsa.[197] Y si lo separamos por categorías, los inversionistas internacionales poseen aproximadamente:

- 33% de los bonos del Tesoro de Estados Unidos.
- 27% de los bonos corporativos.
- 17% de las acciones de compañías públicas.

Sin embargo, las propias firmas que gestionan muchos de estos ETF —como BlackRock y Vanguard Group— han ido más allá y han creado *versiones regionales* de productos similares en distintos mercados del mundo, con el propósito de facilitarle a las personas que viven fuera de los Estados Unidos, participar desde sus países.

Versiones regionales de los principales ETF del mercado

A continuación verás una lista por países y regiones con algunas de las alternativas más populares para invertir en los mismos índices, pero sin necesidad de operar directamente en los *stock exchanges* de Estados Unidos. Esto es particularmente útil para quienes viven fuera de los Estados Unidos, ya que estas alternativas:

- Replican los mismos índices globales.
- Funcionan dentro del marco regulatorio de cada país.
- **Cotizan en las monedas locales.**
- **Evitan costos adicionales por conversión de divisa.**

Y aunque no significa que estas sean las únicas opciones —como mencioné anteriormente— te resalto las dos últimas ventajas de las versiones regionales debido a que, el hecho de que se ofrezcan en monedas locales, representa un beneficio formidable en la mayoría de los casos. Imagina que un canadiense, con sus ingresos en la moneda de su país, quiera invertir en el SPY, el cual se cotiza en USD. Cada vez que quiera invertir, debe convertir su dinero —de dólares canadienses a dólares estadounidenses—, comprar el ETF y luego en el futuro, cuando quiera retirar una parte, vender y convertir nuevamente a CAD.

Muy por arriba, dependiendo de la entidad financiera y solo en conversiones podría perder entre el 2% y 4% del monto a invertir por cada operación. Parece poco… hasta que esa pérdida se repite muchas veces a lo largo de los años.

Por eso, para muchos inversionistas internacionales, las siguientes alternativas regionales suelen ser la opción más práctica para invertir *siguiendo los índices* de manera eficiente: **en su mercado nacional y con su propia moneda.** Comencemos con mi patria adoptiva:

Canadá

Estos los conozco bastante bien, ya que fueron los primeros ETF que descubrí cuando comencé a invertir aquí y, además, son los más populares en el país. La razón principal es que permiten invertir en los índices estadounidenses utilizando dólares canadienses (CAD), lo cual, como recién mencioné, evita costos de cambio de moneda.

ETF disponibles en el Toronto Stock Exchange (TSX) que replican el S&P 500:

- TSX:**VFV** (*Vanguard S&P 500 Index ETF)*, administrado por Vanguard Investments Canada Inc. por un fee anual de 0.09%.[198]

- TSX:**XUS** (*iShares Core S&P 500 Index ETF)*, administrado por BlackRock Canada por un fee anual de 0.09%.[199]

- TSX:**ZSP** (*BMO S&P 500 Index ETF)*, administrado por BMO Global Asset Management por un fee anual de 0.09%.[200]

ETF disponibles en el TSX que replican el U.S. Total Market:

- TSX:**VUN** (*Vanguard U.S. Total Market Index ETF*), administrado por Vanguard Investments Canada Inc. con un fee anual de 0.17%.[201]

- TSX:**XUU** (*iShares Core S&P U.S. Total Market Index ETF*), administrado por BlackRock Canada, con un fee anual de 0.07%.[202]

Finalmente, vale mencionar que los inversionistas en Canadá también pueden acceder directamente —en USD— a los ETF listados en el NYSE,

NYSEARCA o NASDAQ, mediante la mayoría de plataformas *broker* de inversión locales.

México

En México, los inversionistas individuales pueden acceder, en Pesos Mexicanos (MXN), a ETF que replican índices estadounidenses a través de la Bolsa Mexicana de Valores (BMV). A continuación, te dejo algunos de los más populares:

- BMV:**VUAAN** (*Vanguard S&P 500 UCITS ETF*), administrado por Vanguard Group Mexico, con una comisión anual de 0.07%.[203]

- BMV:**IVVPESO** (*iShares S&P 500 Peso Hedged*), administrado por BlackRock Mexico con un fee anual de 0.49%.[204]

- BIVA:**CSPXX** *(iShares Core S&P 500 UCITS ETF*), administrado por BlackRock Mexico, con una comisión anual de 0.12%.[205]

Además, gracias al Sistema Internacional de Cotizaciones (conocido como en México como SIC), los inversionistas mexicanos pueden comprar directamente muchos ETF estadounidenses —sin abrir una cuenta en Estados Unidos— incluyendo:[206]

- ITOT, AGG de BlackRock Mexico.[207]
- VTI, VOO, VT, BND de Vanguard Group México.[208]

El SIC funciona como una "ventana internacional" dentro del mercado mexicano, permitiendo invertir desde México en los ETF más importantes del mundo sin necesidad de salir del sistema financiero local, solo que, obviamente, utilizando dólares americanos.

España y Europa

En España y, en general en la Unión Europea, existen regulaciones financieras implementadas en 2018 —conocidas como MiFID II— que restringen el acceso directo para inversionistas individuales a muchos ETF estadounidenses como SPY, VOO o ITOT. [209]

Pero esto no representa ningún problema, porque en Europa existe su propia gama de ETF equivalentes, creados bajo el marco regulatorio UCITS —Undertakings for Collective Investment in Transferable Securities— el cual regula a los fondos de inversión que se venden al público. Los ETF UCITS cumplen estándares europeos muy altos de transparencia y protección al inversionista, y funcionan como alternativas prácticamente idénticas a los ETF estadounidenses, pero adaptados al sistema financiero europeo.

Algunas de las alternativas más populares para seguir el S&P 500 desde España y el resto de Europa son:

- LON:**CSPX** (*iShares Core S&P 500 UCITS ETF*), administrado por BlackRock, con un fee anual de 0.07%. (Aparte de España, también está disponible en Austria, República Checa, Dinamarca, Estonia, Finlandia, Francia, Alemania, Hungría, Irlanda, Italia, Letonia, Liechtenstein, Lituania, Luxemburgo, Países Bajos, Noruega, Polonia, Portugal, República Eslovaca, Suecia, Suiza y Reino Unido.)[210]

- LON:**VUAG** (*Vanguard S&P 500 UCITS ETF*) administrado por Vanguard Group, con una comisión anual de 0.07%. [211]

Estos ETF europeos funcionan como las versiones "hermanas" de VOO y IVV, pero adaptadas al marco UCITS, permitiendo a los residentes en España y Europa invertir de forma eficiente en el índice más importante del mundo sin necesidad de acceder directamente a los mercados de Estados Unidos.

Resto de Latinoamérica

A diferencia de la Unión Europea, que opera bajo un marco regulatorio común, en Latinoamérica la estructura financiera es más diversa debido a las diferencias entre países, monedas e instituciones reguladoras. Aun así, la mayoría de los países de la región ofrece mecanismos para invertir en ETF que siguen los grandes índices estadounidenses, principalmente a través de sistemas de Valores Extranjeros conectados a las bolsas locales. En términos simples, estos mecanismos funcionan como "puentes" que permiten comprar, desde cada país, productos que cotizan originalmente en mercados como el NYSE, el NYSEARCA o el NASDAQ.

A continuación, un resumen de las principales vías de acceso en la región:

- **Chile - Bolsa de Comercio de Santiago (BCS)**: A través del Mercado de Valores Extranjeros (MVE), los inversionistas locales pueden comprar títulos internacionales.[212] Ambos BlackRock y Vanguard Group ofrecen IVV, ITOT y AGG por un lado más, VOO, VTI y BND por el otro, respectivamente.[213]

- **Colombia - Bolsa de Valores de Colombia (BVC)**: A través del Mercado Global Colombiano (MGC), se puede operar un catálogo selecto de valores internacionales, incluyendo los principales y más populares.[214] Está disponible para invertir el CSPX, VOO y el SPXS. Para este último, verifica bien que sea el Invesco S&P 500 UCITS ETF Acc, el cual sigue el S&P 500, ya que hay otro con un nombre igual en el NYSEARCA que puede crear confusión.

- **Perú - Bolsa de Valores de Lima (BVL)**: Permite la compra/venta de valores extranjeros listados en otras bolsas, facilitando el acceso a acciones internacionales desde Perú. Está disponible el SPY, el VOO, el IVV y el VTI.[215]

- **Brasil – B3 (Brasil Bolsa Balcão)**: Además de ser una de las principales bolsas del mundo por volumen, B3 ofrece acceso directo a ETF internacionales y productos que replican índices globales a través de BDRs (Brazilian Depositary Receipts)[216]. Esto permite a los inversionistas locales exponerse a fondos como IVV (BIVB39), ITOT (BITO39) y otros ETF relevantes del mercado estadounidense sin necesidad de abrir una cuenta fuera del país.

- **Argentina - Bolsa de Comercio de Buenos Aires (BCBA)**: Argentina tiene un mecanismo similar al de Brasil llamado CEDEARs (Certificados de Depósito Argentinos), que representan acciones o ETF extranjeros, pero se negocian en pesos argentinos (ARS). Está disponible el SPY (ARCAVA460131), el Nasdaq-100 como QQQ (ARCAVA4600V8) y algunos otros ETF que siguen índices populares.[217]

Durante mi estancia en Buenos Aires en 2025, los efectos de décadas de inflación eran muy profundos. De un histórico "1 a 1" (un dólar por un peso a finales de los 90) a más de ARS $1,300 por USD, la depreciación ha sido devastadora para el poder adquisitivo de los nacionales. En este contexto, instrumentos como los CEDEARs que siguen al SPY, aunque recientes, son una herramienta valiosa para proteger patrimonio en dólares americanos. Por ejemplo:

Para el CEDEAR ARCAVA460131 (equivalente a 1/20 de una unidad de SPY)

- Precio inicial (feb de 2022): *ARS $5,000*
- Precio (agosto de 2025): *ARS $42,175*[218]

¡De cinco mil a cuarenta y dos mil! ¿La razón? Pues, aunque el ETF SPY subió +43.35% en ese período, cuando se incorpora la devaluación del peso, la ganancia total para el inversionista argentino superó el +850%, **funcionando como un excelente mecanismo contra inflación y depreciación cambiaria**, además de que el crecimiento a largo plazo del capital es un gran plus adicional.

Resto de países

En naciones como Bolivia, Costa Rica, Ecuador, El Salvador, Guatemala, Honduras, Nicaragua, Panamá, Paraguay, República Dominicana, Uruguay y Venezuela, las alternativas varían según cada sistema financiero. La recomendación es consultar directamente con instituciones reguladas locales —bancos, casas de bolsa o agentes autorizados— para evaluar las opciones disponibles para acceder a valores internacionales.

Como nota aparte, es uno de mis sueños que algún día Cuba esté incluida en esta lista y que el pueblo cubano también tenga acceso directo a estas oportunidades de creación de riqueza. Ojalá llegue pronto ese día.

Pues listo, ya sabemos qué comprar. En este punto, definitivamente tienes una idea clara sobre los principales ETF del mundo y cómo acceder a ellos desde prácticamente cualquier país, así que cerremos este capítulo con un ejemplo concreto y práctico.

Invirtiendo regularmente en los ETF

Si recuerdas al final del *Capítulo 7*, te di un resumen bien escueto de como invertir $1,000 en SPY, el cual fue algo así:

Paso #1: Depositar fondos
Paso #2: Comprar unidades del ETF
Paso #3: Repetir de forma regular

Pero ahora, quiero ir mucho más al detalle debido a que, como ya conoces "el menú", lo próximo que toca es un proceso regular el cual puedes realizar cada vez que vayas "al restaurante". Es algo que generalmente ejecuto cada mes —obviamente no con las cantidades que vamos a utilizar en el ejemplo— y que es el centro del proceso regular de inversión en los ETF.

Un ejemplo de invertir $10,000 en el S&P 500

Supongamos que llevo tiempo ahorrando para iniciar un negocio y quiero invertir $10,000 (10K) en total. Dependiendo de mis objetivos, podría elegir entre el S&P 500, el total stock market, mercado global o bonos. Pero en este caso decido poner esos $10,000 exclusivamente en el S&P 500. Mis opciones más populares serían SPY, VOO y IVV.

Vamos a asumir también que mi prioridad es reducir lo más posible el costo anual —debido a que a largo plazo tengo la intención de invertir todavía más— así que decido enfocarme en IVV y VOO, los cuales tienen un MER anual de 0.03%, frente a SPY que cuesta tres veces más (0.0945%).

Definido esto, el próximo paso es elegir cuál comprar basándonos en **optimizar el uso de mis $10,000, evitando dejar mucho dinero sin invertir dentro de la cuenta**.

Antes de cada inversión, siempre realizarás el cálculo rápido de unidades

Aunque pensemos en invertir una cantidad fija *(por ejemplo, $10,000)*, en la práctica lo que compramos son unidades del ETF según su precio.

Es por esto que es normal usar una calculadora al comprar. Verificamos cuántas unidades podemos adquirir y cuánto efectivo quedará sin invertir. Como el **objetivo es acercarnos lo más posible al monto deseado** y no dejar dinero ocioso en la cuenta *broker* que podría estar creciendo, siempre debemos realizar este pequeño análisis. Con el tiempo, para los inversionistas en ETF, este cálculo se vuelve automático y lleva segundos en realizarse.

Continuando el ejemplo de invertir los 10K, voy a realizar el cálculo matemático para definir, a partir del monto disponible, realmente cuántas unidades de cada ETF puedo comprar. Voy a asumir también que en el momento de la compra —y esto lo defino siempre a partir de una rápida búsqueda en Google— el IVV se está vendiendo por $593.17 y el VOO por $540.44. Recuerda, ambos ETF cumplen con mi objetivo y comparten las mismas características, por lo que realmente me da igual comprar cualquiera de los dos:

- Opción de comprar IVV (a $593.17 por unidad)
    - $10,000 ÷ $593.17 ≈ 16.85 unidades. Puedo comprar 16 unidades y me sobrarían unos ~$509 sin invertir.
- Opción de comprar VOO (a $540.44 por unidad)
    - $10,000 ÷ $540.44 ≈ 18.50 unidades. Aquí puedo comprar 18 unidades y me sobra menos efectivo (unos ~$272), por lo que aprovecho mejor mi capital.

Recuerda, mi intención es invertir lo más que pueda de mi monto original y no dejar dinero en efectivo improductivo dentro de la cuenta *broker*. La tabla siguiente resume la matemática anterior:

Monto a invertir	ETF	Precio x unidad	Cantidad de unidades enteras	Total de efectivo necesario	Efectivo restante luego de comprar
$10,000.00	IVV	$593.17	16	$9,490.72	$509.28
$10,000.00	VOO	$540.44	18	$9,727.92	$272.08

Si mi límite es $10,000 exactos, entonces VOO es más eficiente, ya que me acerco más al monto objetivo sin pasarme y sin dejar tanto dinero sin invertir. Esos ~$270 restantes no los transfiero y logro invertir unos $9,727 en esta operación.

Ahora, **si por alguna razón no tengo un límite rígido, puedo completar el monto con un poco más de dinero** para completar la compra de 17 unidades de IVV. Lo que puedo hacer es, agregar aproximadamente $84 más y entonces comprar 16 + 1 unidades. Con eso aprovecho mejor mi dinero y no dejo efectivo sin invertir. Creo mi nueva *market order,* presiono "Confirmar" y en segundos, tengo las 17 unidades en mi cuenta *broker*. Lo más importante es que comprendas que **ambos caminos llevan al mismo destino: invertir ~10K en el índice S&P 500**. Solo cambia la estrategia de ejecución.

Monto a invertir	ETF	Precio x unidad	Cantidad de unidades enteras	Total de efectivo necesario	Efectivo restante luego de comprar
$10,083.89	IVV	$593.17	17	$10,083.89	$0.00

El siguiente paso natural tras hacer la compra es revisar el calendario de distribuciones de dividendos. Tanto VOO como IVV pagan de forma trimestral, normalmente a finales de marzo, junio, septiembre y diciembre.

Cuando llegan esas fechas, entro a mi cuenta *broker*, verifico el depósito y, si la cantidad alcanza para otra unidad, reinvierto los dividendos. Esa constancia, aunque parezca sencilla, marca una enorme diferencia a lo largo del tiempo, como hemos visto en los análisis anteriores.

A modo ilustrativo, si tomamos el caso del iShares Core S&P 500 ETF del ejemplo anterior, en diciembre de 2024, el IVV pagó —$2.134185 por unidad. Si tenías 17 unidades, entonces habrías recibido aproximadamente unos $29.55 ($1.7385 × 17 ≈ $29.55).

El ejemplo anterior analizado en retrospectiva

Este capítulo lo escribí originalmente en noviembre de 2024, utilizando los valores de IVV el día 22 de ese mes ($593.17). Casi un año después, el 29 de octubre de 2025, el VOO cerró a $690.71, lo que representa un incremento del +16.46% en su precio (NAV).

Y si adicionamos las 4 distribuciones de dividendos en el mismo período —$2.134185 en diciembre, $1.764574 en marzo, $1.866967 en julio y $1.994748 en octubre—, **los $10,083.89 iniciales crecieron a $11,873.99, para un retorno de inversión de +17.75%**

Ahora, como mismo te digo esto, perfectamente hubiese podido estar también en negativo. En las mismas fechas, pero de 2021 a 2022, fácil que un -15% hubiese sido el resultado, pero esto no sería ya una sorpresa para ti, porque ya conoces cómo, históricamente, funciona el *market*.

Y así, repitiendo el mismo proceso, puedo ir agregando más fondos a mi inversión, mientras que los ETFs, trimestralmente, también van agregando fondos. El proceso completo toma menos de 5 minutos y te lo resumo nuevamente:

1. Busco en Google el precio actual del ETF (VOO o IVV).
2. Defino el monto que quiero invertir.
3. Calculo cuántas unidades puedo comprar.
4. Abro mi app bancaria y transfiero el dinero a la cuenta *broker*.
5. Coloco la orden de compra.
6. Confirmo la operación.

7. ¡Listo! ¡Dinero invertido!
8. Vuelvo a mi vida normal (risas).

Realmente, no creo que exista una forma más sencilla de invertir. Y claro, la primera vez toma un poco más de tiempo y, una vez más, puedes hacerlo desde tu escritorio, el sofá, un parque, la playa… La única parte que nos consume más energía mental es ajustar cantidades, lo cual es natural. A los seres humanos nos gusta pensar en números cerrados, por lo que siempre hay que hacer ese pequeño ajuste, pero en la práctica, **la clave está en hacerlo rápido, empezar y ser constante**.

¿En cuál o cuáles ETF debo invertir?

Como hemos visto, existe una gran variedad de ETF que siguen distintos índices: nacionales, regionales y globales. De hecho, hay miles disponibles en los mercados financieros internacionales, cubriendo prácticamente cualquier estrategia o combinación imaginable.

Sin embargo, los ETF como SPY, VTI, VOO, ITOT y los otros que hemos estudiado, destacan por ser los más sólidos, líquidos y utilizados a nivel global. Por esa razón muchos inversionistas los mantienen como **base principal de sus portafolios**.

Portafolio de inversión

Un portafolio es simplemente una colección de inversiones —acciones, bonos, ETF y efectivo— cuyo objetivo es generar retornos positivos para su dueño.[219]

Cuando invertimos de forma personal, en realidad estamos creando nuestro propio portafolio.

Un portafolio de ETF es, en esencia, una combinación de distintos ETF diseñada con un propósito específico. Para ilustrarlo mejor, pensemos primero en acciones, porque el principio es básicamente el mismo.

Supongamos que soy fanático de la tecnología y quiero invertir $3,000 en dos gigantes que uso a diario: Apple y Google. Decido entonces repartir mi dinero 50%/50%, así que destino $1,500 para cada una. Quizás compro 12 acciones de Apple y 9 de Google —el número exacto no importa para este ejemplo—. Lo importante es que mi capital quedó distribuido a partes iguales entre ambas empresas. Al hacer esto, literalmente acabo de crear mi propio "*Portafolio Jorge Apple-Google 50/50*".

Ahora, lo que sucede es que, a medida que pasa el tiempo, los precios cambian. Tal vez Apple sube y Google baja, y sin darme cuenta mi portafolio ya no es 50/50 sino algo así como 60/40. Si mi intención es mantener el peso original, tengo dos caminos:

- añadir más dinero y comprar acciones de Google para volver al 50/50 o,
- vender un poco de Apple y usar ese efectivo para comprar Google.

A este procedimiento se le llama rebalancear y no es más que ajustar el portafolio para mantenerlo alineado con su propósito original. Con los ETF sucede exactamente igual, ya que **podemos construir portafolios con distintos objetivos**, los cuales pudieran ser:

- crecer el capital,
- preservar el valor en momentos de incertidumbre,
- generar ingresos constantes mediante dividendos,
- o una mezcla de los anteriores.

Y aunque la gran mayoría de los inversionistas busca crecimiento a largo plazo, no es la única estrategia que existe. A continuación, te presento 4 ejemplos sencillos de portafolios —solo para que tengas una idea—:

- **Portafolio S&P 500**: Sería algo muy parecido al ejemplo anterior, con VOO o IVV. Ideal para quien quiere enfocarse 100% en el mercado estadounidense.

- **Portafolio de Acciones Globales**: Una de las formas más simples de invertir globalmente es comprar solamente VT, que es el Vanguard Total World Stock ETF. Muchos inversionistas con horizonte largo (20+ años) lo eligen por su simplicidad y amplia diversificación mundial.

- **Portafolio 60/40**: Clásico para quienes priorizan estabilidad, como personas que están ya retiradas y no quieren ver sus ahorros moverse violentamente en tiempos de incertidumbre. Generalmente hacen una combinación de 60% acciones y 40% bonos utilizando un combo de ETF como el siguiente:

- *60% acciones globales:* VT
- *30% bonos internacionales:* BNDX
- *10% bonos de los Estados Unidos:* BND

- **Portafolio de "Cash"**: Pues sí, tener tu dinero en efectivo también puede ser una estrategia. El caso típico es cuando estás el *down payment* de una casa o para lanzar un negocio. En estos escenarios no conviene exponer ese capital a una posible caída del mercado justo antes de usarlo. Un 100% en liquidez no siempre es falta de visión, siempre y cuando hay un objetivo financiero cercano.

Y estos son solo algunos de los cientos —o miles— de portafolios que se pudieran crear. Para gustos, los colores. Existen modelos clásicos, estrategias famosas, portafolios prefabricados, y luego combinaciones personalizadas que cada inversionista diseña según sus preferencias, metas y nivel de tolerancia al riesgo. Podríamos escribir docenas de libros solo sobre construcción de portafolios.

Así que, para responder finalmente la pregunta que dio origen a esta sección —¿en cuál o cuáles ETF debo invertir?— la respuesta es sencillamente la siguiente: **en la combinación que te permita dormir tranquilo cada noche mientras tu inversión crece.**

Ese es lo que vendría a ser tu verdadero perfil de riesgo, ya que no es más que el punto en el que puedes permanecer con tus inversiones sin ansiedad, sin pánico, sin necesidad de revisar tu portafolio cada 30 minutos y mientras el interés compuesto hace su trabajo. En mi caso, desde hace muchos años, la mayor parte de mi portafolio está en ETF que siguen *el mercado completo de los Estados Unidos*— y duermo perfectamente bien—. Como estoy en Canadá, mi "alternativa regional" regular es comprar unidades de TSX:XUU en el Toronto Stock Exchange, las cuales puedo adquirir fácilmente en dólares canadienses, cuestan menos de 70 dólares cada una y sin necesidad de realizar un cambio de moneda para invertir en los ETF. Pero bueno, ese soy yo. Te toca a ti ahora explorar las tuyas.

Y hasta aquí, creo que ya abordamos dos cuestiones fundamentales:

- **El cómo invertir**: mediante una cuenta *broker* con una entidad regulada.

- **El qué comprar**: ETF mantenidos por entidades reguladas que replican índices amplios, globales y diversificados.

Solo nos falta una tercera pieza clave: **el cuándo.**

Y el *cuándo*, en el mundo de las inversiones, es la gran pregunta del millón. Porque el *stock market* —al igual que los precios de las acciones y ETF— no sigue un patrón predecible. No responde exclusivamente a las noticias, ni a la lógica, ni a las emociones humanas, mucho menos a nuestros deseos. Como hemos visto a lo largo del libro, el *market* no es más que un organismo vivo compuesto por millones de participantes, y son ellos, en su conjunto, quienes determinan cuánto vale cada activo en cada instante.

Por eso ha sido tan difícil —históricamente— vencer al mercado, incluso para profesionales con tecnología avanzada y equipos enteros a su disposición. En el próximo capítulo vamos a entender por qué. Y créeme, esa explicación cambia la forma de pensar de los inversionistas para siempre.

Resumen del Capítulo

• La diversificación es uno de los pilares más importantes de la inversión inteligente y sostenible a largo plazo.

• Históricamente, solo 1 de cada 20 inversionistas logra superar consistentemente el rendimiento del S&P 500, lo que refuerza la importancia de seguir índices amplios en lugar de intentar vencerlos.

• Los ETF son instrumentos que permiten invertir de forma diversificada, transparente y eficiente, replicando los principales índices del mercado.

• Para el S&P 500, los ETF más populares son SPY, VOO e IVV, mientras que VTI e ITOT permiten invertir en prácticamente todo el mercado de acciones de los Estados Unidos.

• A nivel internacional, ETF como VT, IEFA y VWO ofrecen exposición global y a mercados desarrollados y emergentes. Por su parte, AGG, BND y BNDX permiten invertir en bonos de Estados Unidos y del resto del mundo.

- Los inversionistas fuera de Estados Unidos cuentan con alternativas locales compatibles —como VFV, XUU, CSPX, VUAAG, CEDEARs, entre otros— que replican los mismos índices sin necesidad de comprar directamente en las bolsas estadounidenses.

- En la práctica, invertir hoy en día en los mercados globales es más accesible que nunca, ya que es posible hacerlo desde diferentes monedas, países y plataformas reguladas, a partir de la creación de portafolios sencillos y de bajo costo.

a

Explora cómo se presentan los productos de Vanguard y BlackRock

Visita las páginas oficiales de los siguientes ETF y observa la información clave que muestran: rendimiento, *holdings*, estructura, sectores, costo anual, etc.

VOO (Vanguard S&P 500 ETF) https://investor.vanguard.com/investment-products/etfs/profile/voo	
IVV (iShares Core S&P 500 ETF) https://www.ishares.com/us/products/239726/ishares-core-sp-500-etf	

(a) Explora las alternativas disponibles en tu cuenta *broker*

Ingresa a tu cuenta *broker* y revisa qué ETF están disponibles, según tu región, y los *stock exchanges* a los que tu institución te da acceso.

CAPÍTULO 9

¿POR QUÉ ES TAN DIFÍCIL VENCER AL MARKET?

"Es imposible perfeccionar el market timing, y quienes lo intentan tienden a comprar caro y vender barato."

—Charles Schwab

En 1997, Reed Hastings —un emprendedor estadounidense— vivió una experiencia frustrante que terminó cambiando su vida. Después de alquilar la película Apollo 13 en una de las más de 9,000 tiendas de la cadena Blockbuster —que aún existían en ese entonces—, la devolvió tarde y recibió una multa de 40 dólares. Ese pequeño error de *timing* despertó una gran idea en él, por la cual se propuso crear un servicio de películas por suscripción mensual, sin cargos por demora.

Y así nació la idea de un servicio de alquiler de películas que funcionara de manera diferente y que, en lugar de tener un lugar de renta, se recibieran por correo postal las películas en discos compactos (los clásicos *CD*). Ese simple desencuentro con el "*timing*" —como se le llama en inglés a "el momento correcto"— de la devolución lo motivó a explorar un modelo innovador, según narraría años más tarde el propio Hastings en una entrevista para CNBC.[220]

En Cuba como que no estábamos muy arriba de la tecnología, pero yo crecí en los años 90, y recuerdo perfectamente el momento en que me topé con mi primer CD. Veníamos de casetes, rebobinando canciones con bolígrafos y lidiando con cintas enredadas. Los CD eran casi futuristas para mí, pero evidentemente, ya para finales del siglo en los Estados Unidos la tecnología había logrado una gran penetración. Por lo que, mientras Blockbuster seguía anclado en el alquiler físico de casetes y discos, Hastings decidió apostar al nuevo formato.

Pero antes de lanzarse, quiso responder una pregunta clave: ¿sobrevive un CD al servicio postal? Y entonces agarró y envió uno en su cobertura de cartulina, a la vez dentro de otro sobre un poco más robusto que un sobre común y así poder probar su idea. Cuando el disco llegó intacto a la casa de un vecino de su misma cuadra, luego de dar vueltas durante par días dentro del sistema postal, supo que había encontrado el momento para empezar. Y así nació *Netflix*.

Al principio, era simplemente un servicio por correo para alquilar CD y DVD, lo cual era de por si un modelo bastante adelantado para su época. Pagabas una subscripción mensual y escogías en su sitio web las películas que querías ver. Generalmente en 1 día laboral, te llegaba tu selección y podías tener 1, 2 o 3 discos a la vez —dependiendo de la subscripción— los cuales tenías varios días para verlos. Si demorabas en entregarlos, no pasaba nada, pero la mayoría de los usuarios los enviaban para atrás rápido para tener acceso a nuevos discos.

Pero resulta que, desde el inicio, Hastings tenía la mirada puesta en algo más grande. Nada más y nada menos que en el *streaming* de las películas en línea, solo que el mundo no estaba listo todavía a principios de los 2000. Aún no era "el *timing*". De igual manera, la compañía fue preparándose para ese momento. Netflix invirtió silenciosamente en esa tecnología durante años, comprando servidores, agregando subscriptores y preparando la infraestructura de acceso en línea, mientras pacientemente esperaba por el momento ideal. Ya para finales de 2006, contaban con más de 6 millones de suscriptores y en 2007, cuando el internet de banda ancha ya era común en los hogares estadounidenses, activaron su modelo de video por internet. Lanzaron el *streaming* justo cuando la audiencia estaba preparada. Ese *timing* los catapultó a convertirse en una de las compañías más revolucionarias de la historia del entretenimiento.

Hoy, más de 300 millones de personas en el mundo —aproximadamente el 3.8% de la población global— tienen una suscripción a Netflix.[221]

¿Y si lo analizamos como inversionistas?

Pues Cuando Netflix salió a bolsa el 23 de mayo de 2002, su acción se ofreció alrededor de $15.00 USD. Con el paso del tiempo, la empresa realizó varios *splits* —mecanismos mediante los cuales una compañía divide sus acciones para aumentar el número de títulos en circulación y hacerlos más accesibles al público—. Y, como resultado de esos *splits*, el precio de salida ajustado equivale hoy a aproximadamente $0.89 por acción. Es decir, quien hubiese invertido en los primeros días de Netflix estaría comprando, en términos actuales, sus acciones a menos de un dólar.

i

***Stock split* (división de acciones)**

Un *stock split* ocurre cuando una empresa decide dividir cada acción en varias nuevas, aumentando la cantidad total de acciones en circulación sin cambiar el valor total que tiene cada inversionista.

Esto se hace para que el precio por acción sea más accesible al público y facilitar su compra/venta en el mercado.

Imagina que tienes 1 acción que vale $1,000 en tu cuenta *broker* y la empresa hace un *"split* de 1 a 10*"*. Una vez hecho, ahora tienes 10 acciones que valen $100 cada una. En total sigues teniendo $1,000 y lo único que cambia es que tienes más acciones a un precio menor.

Revisando su precio actual, el 6 de diciembre de 2024, NFLX cerró a alrededor de $934.50, lo que representa un rendimiento anual compuesto aproximado del +37.19% durante más de dos décadas. ¡Increíble! Eso significa que:

- $100 invertidos en 2002 —en solo 24 años— hoy valdrían ~$105,000.
- Quien hubiese invertido solo unos $952 y mantenido sus acciones sin vender, hoy sería millonario.

Una vez más, el *timing* —estar en el lugar correcto, en el momento correcto, y tener la disciplina de sostener la inversión—.

Ahora, ese *timing* tiene una mezcla poderosa de comportamiento y suerte. Si Reed Hastings hubiera vivido en Cuba, por ejemplo, es muy poco probable que hubiera terminado creando una empresa pionera en suscripción de DVD y luego *streaming*. Aun así, decenas de miles de personas devolvieron sus películas tarde y pagaron multas… pero solo una de ellas lanzó Netflix. Hastings estaba en el contexto adecuado y tomó decisiones alineadas con su visión. ¡Chapeau!

Y si lo piensas bien, casi todo en la vida de una persona gira alrededor del *timing*. Por ejemplo:

- Tomar un medicamento en el momento correcto puede ser la diferencia entre la vida y la muerte.
- Golpear un balón en el instante preciso puede cambiar la carrera de un futbolista si ese gol clasifica a su equipo a una final, pero un gol igual o incluso mejor en un partido cualquiera no tiene el mismo impacto.
- Y en el lado opuesto, llegar 1, 5 o 10 minutos tarde a una reunión puede costar oportunidades enormes, mientras que una palabra en un momento inapropiado puede arruinar una relación profesional o personal que tomó años construir, cuando dicha, tal vez, cinco minutos antes, o en otro contexto, no habría tenido efecto alguno.

El timing es ese componente de la vida que, literalmente, hace la diferencia entre el éxito y el fracaso. Y, como seres humanos, nuestra vida está definida por estos momentos, que van desde "cómo conocimos a nuestra pareja", "porqué cometimos aquel gran error", "cómo llegamos a donde estamos hoy" o incluso "la casualidad a partir de la cual este libro terminó en tus manos".

En el día a día, los seres humanos nos enfrentamos a infinidad de decisiones y momentos cruciales, aunque parezcan rutinarios, pero por suerte, en el *market* solamente tenemos que cuestionarnos uno, ya que las opciones de acción a tomar siempre son las mismas: comprar y vender. Lo único que tenemos que definir, es **el cuándo** y en el mundo de las finanzas, a ese término se le conoce como market timing.

Market timing

El *market timing* es la estrategia —o más bien, el intento— de **decidir cuándo comprar y vender en la bolsa a partir de anticipar exitosamente los movimientos del mercado**. La idea parece lógica, ya que consiste en comprar barato, vender caro para ganar dinero con esa diferencia. En teoría, solo necesitas "acertar el momento correcto" —hacerlo en el buen timing, para decirlo directo—. Pero el único problema es que, en la práctica, es casi imposible hacerlo de manera consistente.

Y quiero aclarar algo: **no me estoy refiriendo a invertir**, lo cual implica comprar unidades con el propósito de mantenerlas por años. Me estoy refiriendo a la estrategia de comprar para —en un período corto de tiempo— entonces vender e intentar obtener una ganancia.

Pues en el mundo del *market* existen dos famosos enfoques de muy corto y mediano plazo, como el ***day trading*** y el ***swing trading***. Hacer un *day trade* consiste en comprar y vender una acción en el mismo día —a veces en cuestión de minutos o incluso segundos—, buscando aprovechar pequeños movimientos de precio. Hacer un *swing trade*, es exactamente lo mismo, pero manteniendo las unidades durante varios días, semanas o incluso algunos meses. En ambos casos, el objetivo no es aprovechar el crecimiento compuesto de una empresa a largo plazo, sino intentar obtener una ganancia en un período relativamente corto.

Pero a escalas tan cortas de tiempo, comprar una acción —o incluso en un ETF— implica aceptar la incertidumbre. No sabemos qué ocurrirá después —ni en un segundo, ni en cinco, ni en treinta, como tampoco en diez minutos, dos días o un mes—. La única certeza es que el resultado siempre se reduce a dos posibilidades: va a estar más cara o va a estar más barata. Es una de dos. Por lo que tenemos lo que los americanos llaman un *coin flip* —lanzar una moneda—. Un 50/50 de probabilidades sobre la mesa.

Y es precisamente aquí donde el ejemplo de la ruleta del casino resulta muy útil para entender por qué, a largo plazo, intentar hacer *market timing* mediante el *day trading* o el *swing trading* suele convertirse en una receta directa al fracaso.

La ruleta y la ilusión del 50/50

Imagina una ruleta de casino —esas grandes ruedas que giran en una mesa mientras una pequeña bolita recorre el borde hasta caer en un número— pero la versión europea, que es la que tiene 37 números (del 0 al 36). Para simplificar, quitemos el 0 y supongamos que tenemos una ruleta perfectamente balanceada, donde rojo y negro tienen la misma probabilidad de 50% cada uno. Aclaro esto porque, si nunca lo has notado, el 0 en la ruleta europea es verde.

Ahora, suponiendo que quiero apostar a que va a salir siempre al color negro, si la probabilidad de acertar una vez es 50%, **¿cuál es la probabilidad de acertar dos veces seguidas?**

$$0.50 \times 0.50 = 25\%$$

Es **25%**. Por lo que tres veces seguidas, entonces sería: 0.50 × 0.50 × 0.50 = **12.5%** O sea, matemáticamente, tengo 12.5% de probabilidades de que me salga el mismo color 3 veces seguidas. Recordemos entonces cómo funciona el juego de la ruleta: si apuesto a un color y sale, duplico mi apuesta, pero si no sale, lo pierdo todo.

Ahora imagina que quieres convertir $1 dólar en $1,000,000 apostando siempre al mismo color y asumiendo que, ganando cada vez, duplicas tu dinero. Matemáticamente, necesitas solo 20 apuestas correctas consecutivas. Es puro interés compuesto ya que, al apostar y ganar, obtienes el doble de la apuesta —un +100% cada vez—. Primero $2, luego *$4, 8, 16, 32, 64…* y después de 20 apuestas ganadas seguidas llegas a *$1,048,576* (≈ $1 millón).

Pues luego de hacer esta multiplicación (0.50 × 0.50) todas esas veces, descubrimos que la probabilidad de lograr 20 aciertos seguidos es de aproximadamente: **0.000048% mientras que la probabilidad de fallar en algún punto es de 99.999952%.** En otras palabras, es prácticamente imposible lograrlo. Aún si en un momento determinado cambio de color y apuesto por el rojo, las probabilidades son las mismas, ya que perfectamente puede volver a salir el negro. Nunca deja de ser un 50/50.

Como puedes ver, los aciertos en múltiples decisiones aleatorias y de forma continua, son tan improbables como el caso de ganar 20 veces seguidas la ruleta. Y es ahí donde el componente emocional, generalmente luego de lograr algunas y encender la sensación de "estoy en racha", "otra victoria más y ya" o el "hoy es mi día de suerte", termina siempre en la ruina. Bueno, casi siempre, ya que hay un 0.000048% de probabilidades de salir caminando con el millón.

Pues, **en el mercado, al intentar anticiparse a sus movimientos, ocurre exactamente lo mismo**. La diferencia es que, al realizar cada venta, no es que lo pierdes o lo duplicas todo, como en la ruleta. Cuando me refiero a que sucede lo mismo, estoy hablando de que, siguiendo la analogía de la ruleta, las unidades que tienes en tu posición —ya que las propias estrategias no le llaman inversión— puede lo mismo aumentar que disminuir, mientras es increíblemente improbable que seas capaz de acertar de manera continua muchas veces. Básicamente, hacer *market timing* en el mercado para comprar barato y vender caro ha sido durante muchos años, la forma más rápida de destruir riqueza, pero a su vez, enseñar a hacerlo ha sido de las formas más prolíferas de ganar dinero, ya que todo el mundo está dispuesto a paga por aprender el "secreto de la riqueza inmediata".

Entonces ¿qué pasa con las estrategias de trading que promueven el análisis técnico y las pantallas negras con gráficas rojas y verdes? ¿Existen o no *day traders* que estudian los movimientos de la bolsa cada día y viven de esto?

El análisis técnico y el *trading*

Si en algún momento buscaste o exploraste contenido relacionado con inversiones, es casi seguro que los algoritmos de YouTube, TikTok, Facebook o Google ya te han mostrado al clásico *"trader"* rodeado de pantallas, gráficos llenos de líneas de colores y una invitación tipo: "Únete a mi academia de trading, aprende análisis técnico y a vivir del mercado desde tu casa." Su presencia es constante en las redes porque este estilo de contenido, diseñado para encendernos la chispa de la riqueza rápida, genera aspiración, curiosidad, clics… ¡y mucho dinero en pagos de cursos!

Pues el **análisis técnico** no es más que una metodología que intenta predecir movimientos futuros basándose en patrones de precios pasados, gráficos, volúmenes y tendencias. Esta lógica constituye el núcleo del *day trading* y del *swing trading*, ya que ambos enfoques parten de la premisa de que el análisis sistemático del pasado reciente puede ofrecer ventajas en el corto plazo.

Y hay que reconocerlo, suena lógico: "estudiar movimientos para poder intentan anticipar el futuro basándose en señales del pasado reciente." Ahora, ¿funciona realmente como para vivir de eso?

Pues, de acuerdo con un estudio académico ampliamente citado —*Day Trading for a Living?* por Chague, De-Losso y Giovannetti—, que analizó a todos los *traders* individuales que comenzaron a hacer *day-trading* en la Bolsa de Valores de São Paulo (B3*)* entre 2013 y 2015, los resultados reales distan mucho de la historia de éxito que venden muchos "gurús" en redes sociales. Como nota importante, el *exchange* de São Paulo es el segundo más grande del mundo en cuanto a volumen de operaciones de *trading.*[222] Pues, el estudio siguió su desempeño hasta 2017 y encontró que:

- De un total de 19,646 nuevos *day-traders*, el 97% terminó perdiendo dinero. O sea, en negativo con respecto a todo lo que apostó cada uno desde sus cuentas *broker* para intentar ganar.
- Mientras más transacciones hacían, más se reducía la probabilidad de terminar en positivo. ¿Recuerdas la ruleta?
- Solo el 1.1% de ellos ganó más que el salario mínimo de Brasil.
- Apenas el 0.5% ganó más que un empleado bancario recién contratado —y todo esto asumiendo un nivel de riesgo enorme—.

Si bien existen *traders* profesionales y fondos especializados que operan en horizontes de minutos u horas y muchas de sus operaciones les salen bien, **la realidad es que la mayoría de las personas que intentan replicar ese estilo no logra vencer al mercado de manera consistente**. La estadística histórica es clara, ya que para el inversionista individual, el enfoque pasivo y disciplinado suele ser mucho más efectivo a largo plazo.

Por eso, **intentar ganarle consistentemente al mercado con *market timing* no es una estrategia... es una apuesta**. Tanto en acciones individuales como en ETF o sectores completos, adivinar consistentemente el movimiento diario del mercado es casi imposible. Si, "casi".

Pero ¿por qué "casi imposible" y no "imposible"?

Porque, aunque ningún inversionista público puede saber el momento exacto para comprar o vender, sí existe un grupo que puede tener pistas adelantadas, como son **los *insiders* y los reguladores**. Son las únicas personas con acceso a cierta información privilegiada antes de que el resto del mercado la conozca.

Los *insiders* (del inglés *inside*, "estar dentro") son personas que trabajan o están vinculadas directamente a una empresa y tienen acceso a información privada antes de que esta sea pública. Ejemplos típicos incluyen directores, ejecutivos, empleados clave, grandes accionistas o miembros del consejo. Son participantes que pueden saber, antes que el resto del mercado, cosas como:

- Resultados financieros.
- Fusiones y adquisiciones.
- Lanzamientos o fracasos tecnológicos.
- Cambios en la dirección.
- Problemas internos graves o caídas en ventas.

Justo esa información podría permitirles comprar barato antes de buenas noticias o vender antes de malas noticias. Pero eso —operar con información privilegiada— es ilegal. **Se le conoce en el código penal como *insider trading* y puede llevar a multas enormes e incluso, cárcel**.

Figuras como Elon Musk, Jeff Bezos, Tim Cook y Mark Zuckerberg y sus subordinados directos están bajo constante vigilancia regulatoria por esa razón. Cada vez que venden o compran, tanto el mercado como los reguladores prestan mucha atención. Aparte, para cada uno de esos casos anteriores, su fortuna está íntimamente ligada al valor de las acciones de sus compañías, por lo que intentar manipular el sistema, ya sea por ellos o por familiares y allegados, no solo pone en riesgo su capital, sino que puede llevarlos a perderlo todo y enfrentar sanciones legales.

Dicho esto, tampoco tendría sentido prohibirles participar en el mercado de sus empresas. Si Elon Musk, por ejemplo, tiene la posibilidad futura de firmar un nuevo contrato que aportará billones a su empresa y beneficiará a los accionistas, no tendría sentido excluirlo de los resultados de Tesla a largo plazo. Y, a la vez, ¿de qué serviría ser el mayor accionista de una empresa pública y no poder comprar o vender tus propias acciones? Pues, es por eso que existen reglas claras y mecanismos específicos que permiten a los *insiders* operar, pero dentro de parámetros controlados y transparentes.

Para permitir que participen legalmente sin hacer trampa, existen reglas específicas, entre ellas:

- **La regla de ventas programadas** (popularmente conocida como SEC Rule 10b5-1 plan) regula que, si un *insider* quiere comprar o vender acciones, debe programarlo con anticipación y notificarlo oficialmente a la Securities and Exchange Commission (SEC). Por ejemplo: *Si quiere vender el 1 de julio, debe avisarlo alrededor del 1 de abril.*[223] De esta forma participan, pero lo hacen sin aprovecharse de la inmediatez de la información privilegiada y, una vez que ejecutan la compra, tienen que divulgarlo públicamente a través de determinados formularios regulatorios.

- **Períodos de *blackout*:** Antes de publicar resultados trimestrales, anunciar nuevos productos o incluso grandes alianzas con otras empresas, ejecutivos y empleados directos no pueden comprar ni vender acciones de su empresa por varios días e incluso semanas.

Estas reglas permiten que *insiders* inviertan sin abusar de su posición, de forma pública y con muy pocas probabilidades de aprovecharse del sistema.

En resumen, los *insiders* sí poseen información privilegiada, pero su capacidad de actuar sobre ella está estrictamente vigilada. Estas reglas no eliminan el riesgo de abuso por completo, pero reducen significativamente la ventaja interna y ayudan a mantener la cancha lo más nivelada posible para el resto de los inversionistas.

Por el otro lado, están **los reguladores**. Los reguladores son los árbitros del mercado. Protegen a los inversionistas, vigilan el cumplimiento de las reglas y persiguen todo lo que sea fraude o el uso indebido de información privilegiada.

Algunos de los reguladores del mercado más importantes a nivel mundial incluyen la Securities and Exchange Commission en los Estados Unidos, la Financial Conduct Authority (FCA) en el Reino Unido, Autorité des marchés financiers (AMF) en Francia y la Comisión Nacional del Mercado de Valores (CNMV) en España, por mencionar algunos. Ellos también pueden tener acceso temporal a información confidencial durante auditorías, por lo que sus funcionarios están igualmente sujetos a reglas estrictas muy similares a las de los *insiders*.[224]

Este tipo de regulaciones deja algo muy claro, ya que incluso quienes supervisan los mercados deben operar bajo estrictos estándares éticos. Si un funcionario de un organismo regulador o una entidad financiera puede beneficiarse personalmente de información a la que accede en su trabajo, está obligado a declararlo, obtener autorización y, en muchos casos, abstenerse de participar. El objetivo es asegurar que ninguna ventaja privada se imponga sobre el interés de los inversionistas públicos.

En otras palabras, **tanto los *insiders* como quienes vigilan el sistema están sujetos a un marco diseñado para proteger la integridad del mercado**. Y, aun así, con reglas, controles y sanciones, nadie puede anticipar consistentemente el futuro de las acciones. Para los inversionistas comunes —como tú y como yo— la lección es clara: si ni quienes están más cerca de la información pueden "jugar adelantado", intentar vencer al mercado adivinando movimientos es una estrategia destinada al fracaso.

Por eso, fuera de *insiders* y reguladores, absolutamente nadie sabe con certeza hacia dónde se moverá el mercado mañana. Y esto nos lleva entonces a la explicación más sólida del por qué: **la hipótesis del mercado eficiente**.

La "Efficient Market Hypothesis" y el "priced in"

Antes de empezar, pausa mental. Probablemente, de todo el libro, las próximas páginas serán las que más atención requieran —pero también serán de las que más claridad te darán para entender el comportamiento del mercado—.

Imagina el ecosistema de la bolsa: miles de compañías, millones de participantes alrededor del mundo, inversionistas institucionales, *bots*, inteligencia artificial, algoritmos, *trader*s, fondos, bancos... todos comprando y vendiendo al mismo tiempo.

- ¿Cómo es posible que este sistema gigantesco funcione?
- ¿Cómo se definen los precios?
- ¿Quién decide cuánto vale una acción?
- ¿Cómo puede alguien sacar ventaja por encima de todos los demás participantes?

Responder esto es, literalmente, tener la llave del mundo de las inversiones. Pero como hasta el sol de hoy, no existe una respuesta concreta, el consenso general es la Hipótesis del Mercado Eficiente — Efficient Market Hypothesis (en adelante EMH, por sus siglas en inglés).

Definición de hipótesis

Una hipótesis es una suposición o propuesta "temporal" que se plantea como posible explicación para un fenómeno o problema específico. Aclaro, no es una verdad absoluta, ya que es solo una idea que busca validación posterior, mediante evidencia y análisis.

Y antes de ir a la EMH y para ponerlo en contexto, quiero traerte dos hipótesis/teorías científicas que probablemente conoces:

- *Teoría del Big Bang* — Propone que el universo nació de una gran explosión desde un estado extremadamente denso y caliente. Fue introducida en 1931 por el sacerdote, físico y astrónomo belga Georges Lemaître.

- *Teoría de la Evolución de las Especies* — Planteada formalmente por Charles Darwin en 1858, sostiene que las especies cambian a lo largo del tiempo por selección natural, adaptándose a su entorno para sobrevivir.

Ambas hipótesis/teorías son altamente demostrables con evidencia, hechos y observaciones científicas acumuladas por décadas. Sin embargo, **no se consideran certezas absolutas porque la ciencia siempre está abierta a nueva información que pueda reforzar o ajustar nuestra comprensión del mundo**. Y como mismo estas teorías buscan describir fenómenos universales, la Hipótesis del Mercado Eficiente intenta explicar el comportamiento de los precios en los mercados financieros.

En esencia, la *EMH* propone lo siguiente: **los precios de las acciones reflejan toda la información disponible en el mercado.**[225] En otras palabras, tan pronto como se conoce una noticia, un dato económico, un reporte tecnológico, una expectativa de ventas o cualquier información relevante, el mercado la procesa instantáneamente y ajustó los precios en consecuencia. A eso se le conoce como que la información ya está *"priced in"* (incorporada en el precio). Veamos un ejemplo sencillo:

Supongamos que crees que AAPL podría perder valor porque el nuevo iPhone 16 ha generado menos entusiasmo que versiones anteriores. Has visto opiniones negativas en redes, presentaciones menos innovadoras y un reporte de CNN donde se menciona que Apple vendió 37 millones de unidades en el primer fin de semana, un 12% menos que el año anterior. [226]

Tu lógica podría ser: "Uff... Apple va a caer un poco porque está vendiendo menos."

Pero según la EMH, esa caída —o la mayor parte de ella— ya ocurrió, porque millones de participantes del mercado conocieron la misma información que tú y actuaron en consecuencia. El precio actual ya refleja lo que se sabe y lo que se espera. Por lo tanto, **el mercado funcionó eficientemente**. Y así funciona segundo tras segundo, en cada acción, en cada índice y en cada ETF.

Recuerda que en los mercados participan millones de personas y entidades, todas buscando aprovechar cualquier mínima ventaja para obtener una ganancia. El primero que actúe frente a nueva información —comprando o vendiendo— podría beneficiarse antes que los demás y de igual manera, el que no actúe a tiempo, terminará perjudicándose con respecto a los otros.

Sin embargo, en la práctica nadie tiene acceso privilegiado a las noticias públicas antes de que lleguen al resto del mercado. Todos los participantes compiten con la misma información disponible. **Lo único que todos los participantes desconocen es lo que todavía no ha ocurrido**.

Por lo tanto ¿qué información podemos asumir que está incorporada ya en los precios? Pues según la EMH, cada segundo el precio de cada acción, para cada compañía, ya refleja:

- Noticias y eventos actuales.
- Expectativas de ventas y proyecciones.
- Resultados financieros pasados.
- Sentimiento y comportamiento de inversionistas.
- Condiciones económicas y políticas globales.
- Comparaciones con competidores.
- Movimientos en la oferta y demanda.
- Cambios ejecutivos y estratégicos.

- Análisis cuantitativos y algoritmos automáticos.
- Todas las aplicaciones y servicios en línea que hacen sugerencias de compra/venta.
- Cualquier información adicional que no seamos ni remotamente capaces de imaginar y que pueda incitar a un participante a comprar o vender acciones.

Todo esto es procesado no solo por millones de seres humanos, sino también por sistemas automáticos, inteligencia artificial y fondos institucionales que operan a velocidades superiores a cualquier inversionista individual y que a su vez manejan cuentas broker de forma automática, creando órdenes de compra y venta en fracciones de segundo.

Por eso, **asumir que tú ves algo que el resto del mercado no ha visto es uno de los errores más comunes —y más costosos—**. Pensar que "yo siento que esta acción va a subir…" (o bajar) es, en realidad, subestimar la inteligencia colectiva de millones de participantes y convertir la inversión en una simple apuesta emocional antes que en una decisión financiera informada.

Gracias, Profesor Fama

La EMH fue presentada formalmente en 1964 por Eugene Fama, PhD en Economía y profesor de economía de la University of Chicago. Su impacto fue tan profundo que, casi 50 años después, recibió el Premio Nobel de Ciencias Económicas del año 2013.[227]

En palabras de *NobelPrize.org*: "En la década de 1960, Eugene Fama demostró que los movimientos de los precios de las acciones son imposibles de predecir a corto plazo y que la nueva información afecta los precios casi de inmediato, lo que significa que el mercado es eficiente."

Y aunque la EMH ha generado debates intensos, su mensaje esencial se demuestra día tras día mientras continúa siendo irrebatible: **el mercado y sus participantes incorporan la información más rápido de lo que cualquiera de nosotros puede reaccionar**. Y aquí es donde comienza a tomar relevancia su elemento fundamental, que no es más que el impacto inmediato que tienen las noticias en los precios.

El impacto en el market de las noticias

El 9 de marzo de 2019 me encontraba con mi familia en Vancouver, British Columbia, durante una escala de dos días en mi regreso desde Tokio. Tenía cuatro opciones de vuelo para volver a Montreal, todas con la misma aerolínea, con horarios separados por apenas unas horas y, no sin importar el vuelo, todos tenían el mismo precio. Como los cuatro eran vuelos nacionales, la flexibilidad era total ya que, si había espacio en cualquiera de los otros tres, podíamos cambiarnos fácilmente. Es por eso que, valorando también la oportunidad y que el pronóstico del tiempo mostraba una increíble tarde de primavera en la ciudad para el día siguiente, la opción de estirar la estadía y explorar un poco más Vancouver sonaba bien atractiva. En definitiva, en Montreal aún sobraba la nieve, que normalmente se retira completamente justo antes de comenzar el mes de abril.

Pero a la vez, un ligero conflicto personal me hizo priorizar un vuelo más que los otros. Como mencionaba al final del *capítulo 1*, la aviación y las compañías de aviones han sido una de mis grandes pasiones desde niño. Memorizar modelos para identificarlos en el cielo, jugar simuladores, leer noticias aeronáuticas y, aún hoy levantar la vista cada vez que escucho una turbina… probablemente será un hobby que me acompañe hasta el último de mis días.

Resulta que, solo cuatro meses antes, un Boeing 737 MAX 8 —la versión más reciente del avión comercial más vendido del mundo— se había estrellado minutos después de despegar en Indonesia. En el accidente, 189 personas perdieron la vida y las investigaciones preliminares sugerían que el problema podría provenir del nuevo sistema de software del modelo.

Con esa noticia todavía fresca, revisé los modelos de avión para los vuelos de ese 9 de marzo de 2019. El primero del día era un Boeing 777. Los otros tres, todos 737 MAX 8. No quería ser dramático ni supersticioso pero, si teníamos alternativas, viajábamos con niños, y había espacio en el primer vuelo… la elección era evidente. Si las cuatro opciones hubiesen sido del MAX, habría volado igual, aunque probablemente más inquieto que de costumbre.

Le comenté mi inquietud a mi esposa, ya que de alguna forma no era muy racional irse tan temprano y perderse un día más explorando Vancouver, pero como que no le fue muy difícil decir: "OK, está bien" cuando expliqué el porqué. Finalmente, volamos a media mañana en el 777. Entre la diferencia horaria con Montreal, las cinco horas de vuelo y el cansancio acumulado de un viaje largo desde Japón, llegamos liquidados, dormimos y amanecimos bien descansados el domingo siguiente.

Fue entonces que, desayunando a media mañana en una cafetería deportiva, justo al doblar de nuestra casa, nos quedamos helados cuando vimos un titular en el televisor del local: "Se estrella un Boeing 737 MAX 8 de Ethiopian Airlines. No hay sobrevivientes." Lamentablemente, 157 personas murieron y en cuestión de horas, varias naciones prohibieron volar el modelo. En apenas 2 días, 29 países más prohibirían que el MAX 8 volara en sus espacios aéreos y para el miércoles 13, todas las aerolíneas del mundo aparcarían los aviones por tiempo indefinido.[228]

La reacción del mercado fue inmediata. Las acciones de Boeing comenzaron a desplomarse a medida que los MAX quedaban estacionados y las órdenes de compra eran pausadas o canceladas. Predecir algo así es imposible. Y no lo digo yo —soy apenas un aficionado a la aviación—. Pilotos profesionales, ingenieros aeronáuticos y expertos en sistemas de aviación tampoco pudieron anticiparlo.

El lunes 11 de marzo, al abrir el mercado, los dueños de acciones de Boeing solo podían vender a un -6% más barato que el viernes anterior. Los trágicos y completamente inesperados eventos del avión de Ethiopian Airlines, ya estaban *priced-in* en el valor del *stock* de la compañía.

Y así sucede con todo ya que, es sencillamente la EMH en acción. La noticia que te empuja a vender o comprar inmediatamente, ya está en los precios. Cada anuncio, cada filtración, cada evento global, cada fallo técnico, cada innovación, cada contrato gubernamental… el precio ya lo incorpora tan pronto como la información existe. Por eso es que hay solo un pequeño grupo —*insiders* y reguladores— que a veces conocen información antes que el resto, y justamente por eso el sistema los vigila con tanta fuerza.

Y aquí está la idea clave de esta sección: **creer que sabemos algo que millones de participantes globales desconocen es pura arrogancia financiera y suele salir muy caro. A partir de ahí, cualquier decisión o "corazonada" no es más que una simple apuesta.** Y lo mismo sucede cuando se intenta anticipar una subida o bajada utilizando análisis técnico, ya que no existe gráfico, señal, barra, vela, inteligencia artificial o "nuevo método avanzado" que en una pantalla sea capaz de predecir algo así.

Y en cuanto a esa famosa frase de "compré porque sé que va a subir" o "vendí porque yo sé que ya viene la caída" no es visión —es pura ilusión—. Sea cual sea la emoción o noticia que te impulsa a actuar ya está reflejada en el precio, por lo que intentar vencer al mercado constantemente, anticipar sus movimientos, "oler" la próxima gran subida o evitar la caída antes de que ocurra… ha demostrado ser extraordinariamente difícil por décadas, sencillamente porque es imposible anticipar con certeza el futuro.

Y claro que sí. Con el beneficio de la retrospectiva es muy fácil verlo. A todos nos habría encantado invertir temprano en Apple, Google, Nvidia, Tesla, ¡o Netflix! La cuestión es que, en aquel momento, absolutamente todo lo que se suponía —o incluso se sabía— que iba a suceder, ya estaba reflejado en los precios. Todo lo que ha sucedido, desde entonces, ha sido completamente inesperado.

Pero ahora, ¿qué pasaría si te dijera que existe una manera de invertir en esas empresas justo antes de que se conviertan en gigantes —sin necesidad de adivinar, tener intuición o una bola de cristal—? Pues resulta que sí existe. Y, de hecho, ya conoces la respuesta: los ETF de índices.

Las empresas que "tiran" del market

Cuando escuchas que el S&P 500 ha generado, en promedio, cerca de +11.98% anual desde 1980, esto significa que el conjunto de las 500 empresas más grandes de Estados Unidos, como grupo, obtuvo ese rendimiento. Pero eso no significa que todas crecieron de forma similar ni pareja. El índice no funciona así.

Piénsalo de esta manera: Si el S&P 500 sube +12% un año, eso no implica que Apple subió +13%, Nvidia +11%, Amazon +12% y el resto alrededor de ese número. La realidad es completamente distinta debido a que **son muy pocas empresas las que realmente explican gran parte del crecimiento**. Veamos un ejemplo reciente.

En julio de 2024, el sitio *YCharts* publicó un análisis sobre el comportamiento del S&P 500 en la primera mitad del año (hasta el 30 de junio).[229] Hasta ese momento, el índice llevaba un *retorno aproximado de +14.48%*, pero aquí viene lo interesante:

- Solo 3 compañías —Google, Nvidia y Microsoft— explicaron el 49% del rendimiento total (*o sea, casi la mitad de ese +14.48%*)

- Las tres promediaron un crecimiento conjunto cercano a +49.28%.
- Si agregamos las siguientes cuatro más grandes (Amazon, Apple, Meta y Tesla), el grupo de 7 grandes —llamémosle el "S&P 7"— promedió alrededor de *+31.00%*

¿Y el resto? Pues las otras 493 compañías, el "S&P 493", promediaron aproximadamente +7.35%. Esa mezcla —un puñado subiendo muy fuerte y muchas creciendo más modestamente— produce el resultado total del índice, en este caso +14.48%.

¿Y por qué sucede esto? Porque **la mayor parte del retorno del mercado históricamente suele venir de muy pocas empresas ganadoras.** Ahora, esto no quiere decir que la mayoría es "perdedora", simplemente no crece tanto como las acciones estrellas del índice.

Y como mencionaba en la sección anterior, claro que a todos nos habría encantado invertir temprano en Apple, Google, Nvidia, Tesla, o en Netflix. Pero ¿quién logra identificar consistentemente a los próximos ganadores antes de que lo sean? Prácticamente nadie. Por lo que, es el recordatorio de Bogle una y otra vez: "No busques la aguja en el pajar. Simplemente, compra el pajar." Invirtiendo en el ETF que replica el índice S&P 500, ya tienes al próximo ganador en tu portafolio antes de que sea obvio, por lo que la próxima acción estrella ya está en tus manos.

El caso de Nvidia en 2024

El ejemplo anterior y en base en la información hasta el 30 de junio, aún no se tenía la menor idea de cómo iba a terminar el 2024. Pues seis meses después —al finalizar el año— Felix Richter, de Statista, publicó el artículo: "Nvidia tira del S&P 500 hasta nuevas alturas durante 2024".[230] El dato más impresionante de su trabajo, fue el siguiente:

- Las acciones de Nvidia subieron un +171% ese año y,
- solo esa empresa explicó el 22.4% del rendimiento total del S&P 500 pero,
    - sin Nvidia, el índice habría retornado +19.31%
    - mientras que, con Nvidia, cerró alrededor de +24.88%.

En otras palabras: **si Nvidia no hubiese estado en el S&P 500, el retorno habría sido mucho menor —y no hubo que elegirla ni**

adivinarla, ya que el índice la incluía—. Y por muy impresionante que suene el caso de Nvidia, gracias a su gran impacto debido a su peso dentro del índice, su retorno individual queda lejos de otras dos compañías del S&P 500 que lideraron los retornos en 2024. Me refiero a Palantir con +340% y a Vitra Corp con +257%.[231] A pesar de esos resultados extraordinarios, juntas representaban apenas 0.40% del peso del índice —0.31% y 0.09% respectivamente—. A nivel individual sí, tuvieron rendimientos increíbles pero, aunque su el impacto fue ligero en el índice, los inversionistas en ETF del S&P 500 también recibieron su respectivo +0,66% de crecimiento, solo por esas dos empresas. **Estaban todas en tu portafolio el día 1ro de enero de 2024.**

Y al ver esos retornos tan impresionantes nos preguntamos ¿Y si empresas como Nvidia, Palantir y Vitra Corp han tenido tan buen año, tiene sentido invertir en ellas? ¿Por qué no invertir directamente en los *winners*?

A todos nos gustan los *winners*

Imaginar que pudiéramos anticipar estos ganadores un año antes es tan atractivo como fantasioso. Los grandes ganadores suelen parecer obvios solo después de que suceden, pero nunca antes. Y el hecho es que los resultados recientes siempre están ahí, influenciándonos y llamándonos la atención con sus retornos al puro estilo "¡Ven y cómprame!¡Soy la última tendencia! ¡Mis retornos han sido espectaculares!"

En inglés, lo llaman FOMO *(Fear of Missing Out)* y se refiere al miedo a "quedarse fuera" o a ver cómo otros ganan y nosotros no. Es un fenómeno emocional disparado por un entorno social que existe desde los orígenes de nuestra especie y ha estado detrás de cada burbuja financiera, de cada ambición e incluso de cada gran decisión de apuesta irracionales a nivel individual. Como mismo en la Edad de Hielo, ver como otra tribu cazaba a un mamut muy violento mientras otra se arrepentía de no haberse decidido antes por el mismo animal, hoy es muy normal ver una acción, subir espectacularmente y pensar automáticamente: "¡Uff! Tenía que haber comprado y no haber esperado tanto…". Por cierto, el ejemplo del mamut está un poco fuerte, pero creo que entiendes el punto, ya que no es algo nuevo y siempre va a ser parte "del juego".

Y por eso este libro existe, entre otras cosas, para ayudarte a controlar el FOMO en el *market*. Porque claro, comprar Nvidia a inicios de 2024 habría sido una genial idea. Pero si te impresiona ese caso, aún no has visto nada.

Seguir a los ganadores...

Hace 23 años, en el 2001, Nvidia ya había tenido otro rendimiento espectacular. Con un +308% de retorno, de enero a diciembre, una inversión de $10,000 habría terminado con un valor de $40,800.[232]

¿El detalle? El año siguiente, en 2002, esas mismas acciones cayeron −82.81%, dejando la inversión de $40,800 en apenas $7,013. Y a pesar de que 22 años después Nvidia se convertiría en una de las compañías más valiosas del mundo —lo cual sabemos hoy, en retrospectiva— ¿qué tan probable es que hubieses continuado con una inversión durante 22 años luego de haber perdido más del 80% de tu dinero en un solo año calendario? Muy poco probable. Tu conciencia pasaría dos décadas cuestionándote una decisión tan absurda para ahora, con el *boom* de la inteligencia artificial finalmente decirte: "¡Lo sabíamos!".

Y te tengo más todavía, ya que el caso de Nvidia no es único. Tomemos algunos de los ejemplos de los grandes *winners* del S&P 500 para años calendarios de las últimas 3 décadas, de acuerdo con un reporte de 2022 de *S&P Global*:[233]

- Qualcomm creció +2,620% en 1999 y se desplomó un **-79.9% el año siguiente**.
- Tesla aumentó en +743% durante 2020. Luego de eso, continuaría creciendo un total de **+34% durante los 4 años siguientes**, mientras que **el S&P 500 retornaría +66% en ese mismo tiempo,** hasta julio de 2025.
- Ford, en 1999 retornó +333% y luego caería un **-71.15% el año siguiente**.
- Nvidia (el ejemplo inicial de esta sección) aumentaría +308% en 2001 y caería **-82.81% el año siguiente**.
- En el año 2020 Etsy crecería +302% y luego se desplomaría un **-70.6% durante los próximos 3 años**.
- Las acciones de Yahoo aumentarían en un +265% en 1999 y luego caerían **-87.34% el año siguiente**.

- Best Buy crecería un +244% en 2013, llamando la atención de muchos inversionistas. Desde entonces, ha crecido **+265% luego de 12 años**, mientras que el **S&P 500 ha retornado +401.28%** hasta julio de 2025.
- En 2010, las acciones de Netflix crecerían un +219% y se desplomarían un **-60.56% el año siguiente**.

Invertir justo antes del gran crecimiento suena fácil en retrospectiva, pero en la vida real, **perseguir ganadores es una receta rápida para destruir capital**. No porque las empresas sean malas —todo lo contrario—. Son gigantes, emplean a cientos de miles de personas y han transformado industrias. Pero, tratar de adivinar cuáles serán las próximas, rara vez termina bien.

Ese es el verdadero desafío del market, ya que no recompensa los impulsos que parecen geniales en el momento, sino la capacidad de mantener una dirección cuando nada llama la atención y nadie está celebrando, mientras el crecimiento va componiéndose lentamente. Ahí —en esa constancia que casi nunca se siente emocionante— es donde se separan los grandes resultados duraderos de las simples rachas de buena suerte. Y, aun así, el FOMO siempre va a formar parte de tus preocupaciones.

El FOMO es parte del juego. ¡Domínalo!

Si te gusta el deporte, las Olimpiadas, los eventos de atletismo o incluso si alguna vez los han organizado en tu ciudad, seguro sabes lo que es una maratón: 42 kilómetros de pura resistencia, estrategia emocional, dolor, paciencia y una batalla silenciosa de administración de energía interior. A nivel internacional, es un evento de menos de 3 horas donde el público suele celebrar a quienes salen adelante, a los nombres conocidos, a los que suben docenas de posiciones en pequeños tramos y a las estrellas que cargan con la expectativa del mundo entero. Y, aunque no se trata de un deporte con la regularidad semanal del football o la frecuencia casi diaria del baseball, es considerado un evento de altísimo nivel técnico debido a los años de preparación que requiere para que un atleta pueda practicarlo con verdadera consistencia.

Pues unos meses antes de yo llegar a este mundo, en agosto de 1984, en la ciudad de Los Ángeles, se celebraron los XXIII Juegos Olímpicos. Y como cada último domingo de competencias, llegó el día de la maratón. En esa ocasión, por primera vez en la historia, el Comité Olímpico Internacional incluía la edición femenina del evento.

Según lo narra Charlie Lovett en *Olympic Marathon: A Centennial History of the Games' Most Storied Race*, el ambiente aquel día era cálido, húmedo y francamente desafiante para correr los 42 kilómetros que prometían convertirse en una prueba cruda bajo el sol californiano. Todos los ojos estaban puestos en las grandes favoritas: Grete Waitz, de Noruega —quien tenía 13 medallas de oro en las principales maratones del mundo, incluidas casi siete veces seguidas en el New York City Marathon—, y Rosa Mota, de Portugal, campeona europea de 1982. Eran las dos mujeres que dominaban la distancia y, a la vez, se llevaban el foco de atención del evento.

Pero entre aquel piquete de atletas, casi escondida en su propia concentración, estaba una mujer que no figuraba entre las de mayores probabilidades de ganar. Aunque había logrado el récord mundial un año antes, la norteamericana Joan Benoit había sido sometida a una cirugía de rodilla apenas dos meses y medio antes del evento, por lo que las expectativas eran, en el mejor de los casos, muy modestas. Sin embargo, al comenzar la carrera, cuando Joan vio que el ritmo inicial del grupo era demasiado lento comparado con el de sus entrenamientos individuales, hizo algo que casi nadie se atreve a hacer tan temprano en un maratón olímpico: aceleró… y se fue sola. La multitud, los comentaristas y hasta las otras competidoras asumieron que era un error, que tarde o temprano pagaría el precio.

¿Quién ataca en solitario tan temprano? ¿Quién se atreve a correr sin "el empujón del grupo"? ¿Quién confía lo suficiente en su propio paso como para ignorar a las campeonas que venían detrás? Desde afuera, no tenía ningún sentido. Pero Joan no corría contra las otras competidoras. Corría contra sí misma. Lo único que quería era mantener su propio ritmo, sin permitir que las demás dictaran su estrategia.

Kilómetro tras kilómetro, su ventaja fue aumentando mientras que las corredoras que salieron más conservadoras comenzaron a pagar el precio del desgaste y las que habían apostado a un final explosivo se dieron cuenta de que no tenían el combustible que creían. Cuando finalmente Benoit entró sola al estadio Los Angeles Memorial Coliseum, los 77,000 espectadores rugieron al verla aparecer. Joan Benoit lograría el domingo 5 de agosto de 1984 el tercer mejor tiempo de la historia de las maratones femeninas, ganaría la primera medalla de oro de la historia olímpica del evento y no solo eso, sino que lo hizo en su casa, frente a su público, vistiendo el uniforme del equipo de los Estados Unidos. Waitz y Mota, las favoritas internacionales, correrían también de forma increíble, pero obtendrían el segundo y tercer puesto, respectivamente.[234]

En las maratones, aunque son eventos que se corren generalmente en grupos, **el único rival real es uno mismo. Compites contra tu ritmo, tu mente y tu capacidad disciplinada de no enfocarte en lo que hacen los demás.** Aunque el objetivo es llegar al kilómetro 42, la concentración de cada corredor está exclusivamente dirigida al siguiente paso en el asfalto. Para Joan Benoit, ese enfoque significaba cuidar la posición correcta al apoyar su pierna, recordar los consejos de su cirujano, mantener la articulación dentro de los límites seguros e hidratarse con regularidad en cada punto de agua. En resumen: su disciplina en cada uno de sus pasos. Nunca fueron las otras corredoras.

Así como en una maratón uno aprende a no acelerar solo porque otra corredora pasa al frente, en las inversiones también hay que resistir el impulso de copiar cada movimiento ajeno. En el kilómetro 15 de una carrera, hay atletas que parecen imparables y luego desaparecen en el kilómetro 30. En el mercado ocurre igual, ya que algunas acciones brillan por un instante e incluso siguen brillando a niveles que van más allá de lo racional durante meses y, a veces, años. La prensa las elogia, las historias de inversionistas ganadores se viralizan y los cuentos de retornos espectaculares se multiplican. Pero la clave, tanto en la maratón como en las inversiones, no es reaccionar al ritmo de los demás, sino proteger el tuyo propio. Cada vez que el FOMO te invita a mover tu estrategia para "no quedarte atrás", te estás saliendo del carril donde realmente puedes ganar, que no es más que el de la disciplina y la constancia.

Y te lo advierto desde ya: lo vas a experimentar. De hecho, ver cómo "otros ganan pequeñas victorias" mientras uno invierte en un índice muchas veces se puede sentir frustrante. ¡A mí también me pasa! A veces leo noticias y pienso: "¡Uff, si hubiese comprado Palantir en 2023!" Y sí, tal vez en algún momento alguien cercano invierte en una acción que sube más que tu ETF del S&P 500 y te impresiona pero ¿sabes qué? ¡Está perfectamente bien! Celebra su victoria sin nunca olvidar el ejemplo de la ruleta de casino. La cuestión no es si alguien puede ganar una vez, es si puede repetirlo consistentemente durante décadas.

Es ahí entonces donde hay que poner los pies sobre la tierra y reconocer que lo más probable es que no y, de hecho, no es que será 99.999952% probable de fallar como la ruleta luego de 20 intentos, pero sí 95% probable de que esté por detrás de los retornos de aquellos que invirtieron en el S&P 500 durante 20 años y perdieron su oportunidad de correr una buena maratón.[235]

Ahora, eso no significa que vas a sufrir durante los 42 kilómetros descalzo, en agonía y al final del grupo. De hecho ¿Quieres que tus inversiones crezcan más rápido aún? ¿Quieres correr tu maratón loma abajo, con el viento en la espalda, la temperatura ideal y sin que el sol te haga sudar? ¿Quieres ganar velocidad? Acompáñame entonces al próximo capítulo.

Resumen del Capítulo

- El *market timing* suena lógico en teoría, pero en la práctica es extraordinariamente difícil de ejecutar de forma consistente —para profesionales e individuales por igual—.

- El análisis técnico y los patrones de vela*s* no predicen el futuro y no garantizan anticipar movimientos futuros en un mercado donde la información ya está *priced in*.

- El *day trading* rara vez funciona como estrategia sostenible para inversionistas individuales. La inmensa mayoría pierde dinero.

- La Hipótesis del Mercado Eficiente (EMH) sostiene que la información pública se refleja inmediatamente en los precios. Toda la información pública está *priced-in* por los participantes.

- En los grandes índices, un pequeño grupo de compañías —imposibles de identificar con certeza de antemano— suele ser responsable de una parte desproporcionada del retorno total.

- Los ganadores de un año rara vez vuelven a ser los ganadores del siguiente. La historia muestra que perseguir *winners* tiende a destruir capital más que a crearlo.

- Invertir en amplios ETF de índices es una manera eficaz de evitar el FOMO y capturar el crecimiento del mercado sin necesidad de intentar adivinar.

- "No busques la aguja en el pajar. ¡Simplemente, compra el pajar!" - John C. Bogle.

(a) **Verifica, a partir de tu propia búsqueda, el porqué del Nobel de Eugene Fama**

Esta actividad puede parecerte un poco abstracta al inicio, pero resulta extraordinariamente valiosa para cualquier inversionista que aspire a tomar decisiones informadas.

Simplemente inicia una búsqueda en Google por "Eugene Fama nobel" y dirígete al resultado de la página oficial de nobelprize.org. No te dejo el QR porque es importante que sepas llegar, no importa donde estés. Cuando entres a la página oficial notarás que aunque está exclusivamente en inglés, bajo la sección *work,* se describe el trabajo por el que se le premió en 2013. Recordarás entonces, de mediados del capítulo: "(...) en la década de 1960, Eugene Fama demostró que los movimientos de los precios de las acciones son imposibles de predecir a corto plazo y que la nueva información afecta los precios casi de inmediato (...)"[236]

Los Premios Nobel son ampliamente considerados como el galardón más prestigioso del mundo en cuanto a logros intelectuales y contribución a la humanidad. Tienen más de 100 años de historia, un proceso de selección extremadamente riguroso —establecido en el testamento de Alfred Nobel— y sus ganadores representan lo mejor de lo mejor en sus respectivas disciplinas.

a

No caigas en la trampa del trading

Como cierre del ejercicio anterior, la próxima vez que veas un anuncio de un "curso de *trading*", de "análisis técnico avanzado", o alguien te quiera vender una suscripción —con un nombre que parece científico— del tipo "modelo predictivo respaldado por IA para anticipar movimientos del mercado", recuerda lo que viste con tus propios ojos en esa página. Después de más de 50 años, la comunidad académica más prestigiosa del mundo sostiene exactamente lo contrario a lo que intentan venderte: **los precios de las acciones a corto plazo son literalmente impredecibles.**

Como mencionaba en el capítulo anterior, si realmente alguien supiera como generar ganancias regularmente con el *trading*, pondría su dinero en esas estrategias que dicen "generan +100%, +300% o +900% de retornos", en lugar de destinarlo a publicidad y anuncios con la intención de convencernos de comprar sus cursos.

Y si aún tienes dudas, solo ve a la lista de Forbes del top 500 de las personas más adineradas del planeta, la cual está, casi totalmente, llena de inversionistas y busca cuantos son traders. Es más, te ahorro el trabajo: ninguno.

CAPÍTULO 10

GANANDO VELOCIDAD

"Si ni siquiera una bola de cristal —que te avisa exactamente cuándo será la próxima caída del mercado— le gana al Dollar Cost Average, entonces ¿qué te hace pensar que tú sí vas a poder hacerlo?"

—Nick Maggiulli

En el argot popular de Cuba, existe una frase muy utilizada: "¡Esa es la pregunta del millón!" No sé con exactitud su origen, pero puedo imaginar que proviene de los programas de concursos donde los participantes competían por grandes premios en efectivo. Algo muy similar al concepto de la película hindú *¿Quién quiere ser millonario?*, ganadora del Oscar en 2009, donde el protagonista debía responder —literalmente— la "pregunta del millón" para ganar el gran premio. Ahora bien, en este capítulo, esa expresión cobra un significado literal: **¿Cómo llegar al primer millón?**

Hasta este punto del libro hemos aprendido como, invirtiendo en ETF diversificados de bajo costo y con disciplina, se puede construir riqueza con el tiempo. Pero para visualizarlo mejor, vamos a plantearnos un escenario realista y concreto.

Supongamos que, como familia, después de años ahorrando, hemos logrado acumular unos $20,000 y queremos invertirlos en un ETF que replica el S&P 500. La pregunta es: *¿Qué podemos esperar a corto, mediano y largo plazo? ¿Cuánto tiempo tomaría transformar esos $20,000 en un millón?*

Pues te doy la bienvenida al capítulo **donde todas las piezas que hemos venido ensamblando** —el interés compuesto, el crecimiento histórico del S&P 500, la lógica de replicar un índice y la estructura de los ETF— **finalmente se unen en un solo mapa**. Aquí es donde toda la teoría cobra vida. A partir de este punto, no solo hablaremos de ideas abstractas, sino que veremos números concretos y proyecciones reales que nos permiten visualizar cómo crece una inversión con el paso del tiempo.

Este capítulo es, literalmente, **el mapa de tu maratón**. Cada punto por el que debes pasar, cada esquina en la que hay que doblar y la explicación de lo que sucede en cada uno de los "42 kilómetros" de tu carrera.

El camino de $20,000 a $1,000,000

Quiero comenzar aclarando que existen miles de posibles escenarios, ya que cada persona comienza desde un punto diferente. Puedes empezar con $200, con $2,000 o con $200,000. Pero para mantener los números claros y simples, tomaremos como base los $20,000. Lo mismo sucede con el destino. No es que necesariamente "llegar al millón" sea el objetivo, pero si es un buen punto de referencia general y que, a su vez, coincide con un secreto a voces que tenemos todos los seres humanos de algún día alcanzar un capital número de siete cifras. Vamos entonces, sin rodeos, a construir ese mapa.

Pues, una manera muy útil de entender este proceso es pensar en esos juegos en papel para niños que son como unos laberintos impresos donde hay que guiar a un ratoncito hacia su queso. Todos lo hicimos al menos una vez cuando fuimos niños. Nos rompíamos la cabeza tratando de encontrar el camino, y al final terminábamos **trazando el camino inverso**: *partiendo desde el queso*. Así que hagamos lo mismo con las inversiones.

Ya sabemos que el retorno histórico aproximado del S&P 500 ronda el +9.94% anual. Entonces, analicemos en reversa —hacia atrás—:

- Para que una cuenta llegue a $1,000,000 luego de un año al +9.94%, necesita haber comenzado ese último año con aproximadamente $909,587.04.

- Ese número no es mágico. Matemáticamente $909,587.04 creciendo al +9.94% en un solo período da como resultado $1,000,000.

Puedes verificarlo tú mismo con la calculadora de interés compuesto en el sitio oficial de la U.S. Securities and Exchange Commission: Investor.gov —la misma que he venido utilizando a lo largo del libro—.[237] Así que ya tenemos la respuesta a la última etapa.

Ahora vamos otro paso más atrás —seguimos en reversa—, lo que vendría a ser la penúltima etapa: ¿Cómo llegar a $909,587.04? Pues aplicando nuevamente la misma lógica:

- Para que la inversión llegue a $909,587.04 en un año, debe comenzar con aproximadamente $827,348.59 el año anterior.

- Esos $827K (y utilicemos la "K" de los 1,000 para no ser tan precisos), creciendo al +9.94% anual por dos períodos, nos llevan nuevamente al millón.

Y así sucesivamente, si lo sigo haciendo, en algún punto voy a llegar a un número cercano a los $20,000, pero ahora mismo quiero hacer una pausa. En este análisis inverso hay dos grandes detalles que quiero resaltar:

Número 1: Lo sencillo que es visualizarlo matemáticamente, aunque no esté garantizado. Usamos el promedio histórico del S&P 500 de +9.94% anual. Esto no significa que todos los años entreguen ese rendimiento exacto —como vimos en el *Capítulo 6: El Interés Compuesto*, en la pirámide de los años— pero sirve como referencia estadística válida para planificar a largo plazo.

Número 2: La magnitud de los saltos finales es sorprendente. ¡Wow! Tal y como las gráficas del S&P 500 que tuve que dividir en el *capítulo 6* debido a que los movimientos del período inicial no se distinguían, el crecimiento se acelera brutalmente en los últimos años. Solo en el último tramo:

- Pasar de $909K a $1,000,000 produce casi $91,000 de crecimiento en un solo año.

- El año previo, de $827K a $909K, la inversión creció en aproximadamente $82,000.

Es decir: **en los últimos dos años, tu dinero produce $173,000... ¡solo!** Eso no es suerte —es el interés compuesto trabajando en su máxima expresión—. El interés compuesto no solo empieza espectacular. Termina aún más espectacular todavía.

Pero aun con esta explicación inversa que acabo de hacer, se hace un poco complejo comprender con claridad lo que sería todo el camino. Lo que hice fue solo un pequeño tramo comenzando desde el queso para atrás y es por eso que tener una especie de **mapa completo** de la inversión es clave a partir de este momento del libro. Como seres humanos, poder visualizar una meta y avanzar con intención hacia ella es, en sí mismo, un acto poderoso, y es lo que vamos a hacer a continuación. Como diría Tony Robbins, el reconocido *motivational speaker*: "Visualizar tu objetivo es el primer paso para hacerlo realidad."[238]

Ahora, ese "mapa de inversión" te lo voy a dar en formato de una tabla numérica. Es la forma más sencilla de visualizarlo y se va a centrar en 3 elementos principales: **el año, el valor de la inversión para ese año y el retorno de inversión generada por el año anterior**. La Tabla 10.1 ejemplifica un punto de partida —lo que sería el primer tramo del ratoncito—, asumiendo que comienzo invirtiendo los $20,000:

Año	Valor ($)	Retorno anual (+9.94%)
0	$20,000.00	(nada del año anterior)
1	$21,988.00	$1,988.00
2	$24,173.61	$2,185.61

Tabla 10.1: Ejemplo de crecimiento compuesto durante dos años de una inversión inicial de $20,000, creciendo a un ritmo anual de +9.94% Fuente de la calculadora para el Cálculo: Investor.gov .[239]

En el año 0, comenzamos con la inversión inicial de los $20,000. En la tercera columna, podemos apreciar que no hay ningún crecimiento del año anterior, debido a que acabamos justo de comenzar. Pues, luego de transcurrido el primer año, es que caemos en la segunda fila —año 1— y el valor de nuestra inversión creció en un +9.94% de 20K hasta $21,988, o unos $1,988, los cuales están representados en la tercera columna. Y exactamente el mismo patrón se repite en el año 3, en el cual las cifras son obviamente mayores debido al crecimiento compuesto que empieza a ocurrir en la inversión.

Todas las tablas —o mapas financieros— que te vamos a analizar en este capítulo básicamente utilizan la misma estructura, por lo que pudiéramos decir que acabamos de ver "la leyenda" de estos. Pero quiero referirme a un elemento importante: al igual que se hace cuando se explora un mapa, **las próximas tablas no necesitan ser leídas hasta el más mínimo detalle**. Cuando tenemos un mapa delante no es que nos ponemos a leer todos los nombres de las ciudades, las calles y los ríos, sino que nos enfocamos en nuestro camino y solamente en los puntos relevantes de nuestro trayecto. En estas tablas, el propósito no es que las leas fila por fila, sino que las intérpretes. Y, al tenerlas en su totalidad, pues que te sirvan como una guía que te permita ver, año tras año, cómo se comporta una inversión a lo largo del tiempo, a medida que detalla los resultados que se van obteniendo en cada etapa del camino.

Y justo antes de comenzar con la primera, también quiero aclarar un pequeño ajuste visual que hice, también con el propósito de facilitar el análisis de las tablas. Para evitar que quedaran divididas entre múltiples páginas del libro, como pudiste ver, la tabla del ejemplo anterior tiene solo 3 columnas (año, valor y retorno anual) y 3 filas (4 incluyendo el encabezado), pero en el caso de una tabla de 30 o 40 filas quedaría demasiado larga, por lo que necesitaría varias páginas del libro.

Es por esto que, como se muestra en la Figura 10.2 de la página siguiente, cada tabla fue dividida en dos partes y puesta una junto a la otra. **La primera parte aparece a la izquierda, con los primeros años del período, y la segunda parte a la derecha, con el resto de los años de la inversión.**

Por lo tanto, el siguiente será el formato de "mapas" que utilizaremos a lo largo de este capítulo.

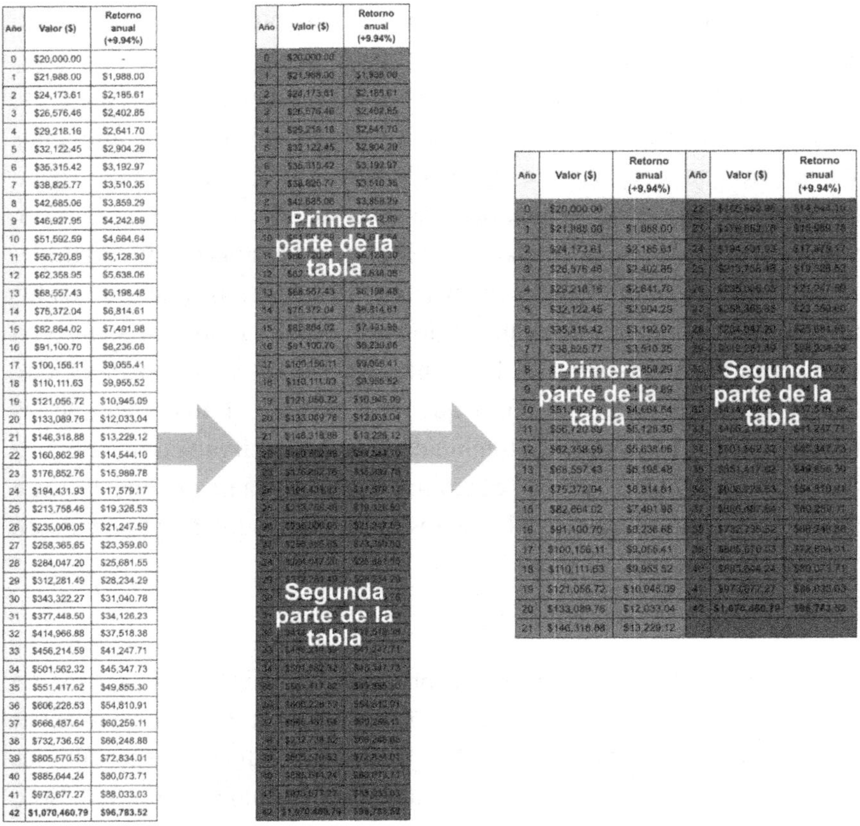

Figura 10.2: Representación visual de la división de las tablas de inversión con el propósito de poder ilustrarla más fácilmente, en lugar de tener una sola tabla fina a lo largo de varias páginas.

Creo que ya estamos listos entonces para apuntar hacia el millón, así que ¡vamos allá! Pues, si una vez más, agarramos una calculadora de interés compuesto, **comenzando con $20,000 e invirtiendo con un retorno promedio de +9.94% anual, esa cantidad se multiplicaría más de 53 veces en 42 años**, alcanzando aproximadamente $1,070,460.79.

En la Tabla 10.3 puedes observar, año tras año, cómo el interés compuesto hace su trabajo silencioso —y exponencial— hasta cruzar la marca del millón. Y hago aquí una pausa importante, justo antes de la tabla: **no te asustes con esos 42 años**. Ese es el escenario más lento posible y sin aportes adicionales. **Este capítulo existe precisamente para mostrarte**

cómo acelerar dramáticamente ese proceso. Pero es importante ver primero la mecánica pura del crecimiento compuesto en su forma más básica.

Por cierto, punto aparte: me resultó muy curioso cuando hice los cálculos y me dio la misma cantidad de años que de kilómetros de una maratón.

Año	Valor ($)	Retorno anual (+9.94%)	Año	Valor ($)	Retorno anual (+9.94%)
0	$20,000.00	-	22	$160,862.98	$14,544.10
1	$21,988.00	$1,988.00	23	$176,852.76	$15,989.78
2	$24,173.61	$2,185.61	24	$194,431.93	$17,579.17
3	$26,576.46	$2,402.85	25	$213,758.46	$19,326.53
4	$29,218.16	$2,641.70	26	$235,006.05	$21,247.59
5	$32,122.45	$2,904.29	27	$258,365.65	$23,359.60
6	$35,315.42	$3,192.97	28	$284,047.20	$25,681.55
7	$38,825.77	$3,510.35	29	$312,281.49	$28,234.29
8	$42,685.06	$3,859.29	30	$343,322.27	$31,040.78
9	$46,927.95	$4,242.89	31	$377,448.50	$34,126.23
10	$51,592.59	$4,664.64	32	$414,966.88	$37,518.38
11	$56,720.89	$5,128.30	33	$456,214.59	$41,247.71
12	$62,358.95	$5,638.06	34	$501,562.32	$45,347.73
13	$68,557.43	$6,198.48	35	$551,417.62	$49,855.30
14	$75,372.04	$6,814.61	36	$606,228.53	$54,810.91
15	$82,864.02	$7,491.98	37	$666,487.64	$60,259.11
16	$91,100.70	$8,236.68	38	$732,736.52	$66,248.88
17	$100,156.11	$9,055.41	39	$805,570.53	$72,834.01
18	$110,111.63	$9,955.52	40	$885,644.24	$80,073.71
19	$121,056.72	$10,945.09	41	$973,677.27	$88,033.03
20	$133,089.76	$12,033.04	**42**	**$1,070,460.79**	**$96,783.52**
21	$146,318.88	$13,229.12			

Tabla 10.3: Retorno de inversión de $20,000 a un retorno anual de +9.94% hasta superar la cifra de 1 millón. Fuente de la calculadora para el Cálculo: Investor.gov.[240]

Ahora, observa algo clave: de los $1,070,460.79 obtenidos al final, solo $20,000 salieron de tu bolsillo. Los otros $1,050,460.79 son crecimiento puro generado por el mercado. En otras palabras, **solo invertiste el 1.8% del total final**; el 98.2% fue fruto del interés compuesto. Ahora, quiero regresar a un dato curioso, por si lo recuerdas del *capítulo 6*, cuando analizaba los retornos de inversión de Warren Buffett y que me gustaría que lo recordaras: "más del 98% de la fortuna de Buffet provino después de cumplir 65 años".

Independientemente de que ya respondimos la famosa "pregunta del millón" con la Tabla 10.3, recuerda: los 42 años representan el escenario más lento posible, sin añadir un solo dólar adicional.

Ahora, hay "seis puntos claves" que quiero mencionarte sobre este "mapa", que no se ven a simple vista, pero que están ahí. Te recomiendo que, después de analizar cada uno, vuelvas a mirar la Tabla 10.3 para que comprendas precisamente a qué me refiero:

- Cómo se duplica el dinero.
- Los diversos puntos de partida.
- La liquidez de la inversión.
- El crecimiento de cada resultado anual.
- La forma progresiva en la que ocurre el crecimiento.
- La "mitad del camino".

Veamos entonces uno por uno a continuación. Te recomendaría que dejaras marcada la página de la tabla, de forma tal que regreses a ella regularmente mientras los exploramos.

#1: Cada 7 años y medio, la inversión se duplica

La famosa Regla "del" 72, si la recuerdas del *capítulo 6*, vuelve a mostrarnos su utilidad. Al dividir 72 entre el retorno anual promedio de +9.94%, obtenemos que la inversión se duplica aproximadamente cada 7 años y algunos meses. Solo con mirar por arriba, podemos ver el siguiente patrón:

- Año 0: ~$20,000
- 7.5 años: ~$40,000
- 15 años: ~$82,000
- 22.5 años: ~$160,000
- 30 años: ~$340,000
- 37.5 años: ~$700,000

Así que, sin necesidad de verlos incluidos en la propia tabla —y repitiendo la misma fórmula— podemos estimar que, a los 45 años, estaría cerca de $1,400,000 y en 7.5 años más, a los 52.5, cerca de los $2,800,000.

#2: Existen muchos puntos de partida

En este ejemplo comenzamos con $20,000 para simplificar los cálculos. Sin embargo, muchos inversionistas pueden llegar con situaciones distintas:

- Una herencia.
- Venta de una propiedad.
- Un bono laboral significativo.
- Ahorros acumulados superiores a 20K.

Si tu punto de inicio es mayor, simplemente ubica tu valor en la tabla y observa cuántos años acorta el proceso.

Ahora, del lado contrario, si tu capital inicial es menor:

- Pasar de $10,000 a $20,000 ≈ 7.5 años a +9.94%
- Pasar de $5,000 a $20,000 ≈ 15 años (dos ciclos de duplicación)

Lo importante es entender la dinámica del crecimiento compuesto del mercado, y no obsesionarse con el punto exacto de partida, ya que es lógico que el punto de partida de todo el mundo va a ser completamente diferente.

#3: La liquidez inmediata de la inversión

El punto de la liquidez de la inversión es fundamental, especialmente al comparar con activos como el *real estate* —el cual analizaremos en detalle en el próximo capítulo—.

Te pongo un ejemplo práctico: imagina que tienes una propiedad inmobiliaria totalmente pagada de $400,000, considerada tu capital acumulado. De repente, surge una emergencia médica de **$135,000**. ¿Cómo obtienes esos fondos sin vender la propiedad?

- No puedes vender “una habitación” o “una cuarta parte del terreno.”
- Tendrías que recurrir a préstamos respaldados por la casa, con condiciones, intereses y procesos.

En contraste, si esos $400,000 estuvieran invertidos en un ETF:

- Podrías vender únicamente $135,000 en unidades.
- Tendrías acceso a los fondos en cuestión de horas o días.
- No comprometes el resto del capital y lo dejas invertido.

Eso se llama **liquidez**, y es una ventaja estratégica de las inversiones en el market, la cual es muchas veces subestimada. En cada año reflejado en la Tabla 10.3 —desde el día cero— la inversión es accesible, fraccionable y liquidable según tus necesidades, de forma directa y transparente al valor de mercado vigente. Y esa flexibilidad, combinada con el crecimiento compuesto, es parte esencial de la estructura de este capítulo. Cada vez que veas esa columna izquierda con el valor total de la inversión, estamos hablando de capital líquido y completamente fraccionable.

#4: A mayor inversión, mayores resultados

Los efectos más sorprendentes del interés compuesto se observan en los tramos finales de una inversión a largo plazo. Que un capital inicial de $20,000 termine generando más de $100,000 anuales de manera pasiva después de décadas, es algo que al cerebro humano le cuesta procesar —no estamos naturalmente diseñados para pensar exponencialmente—.

Además, recuerda que las inversiones en ETF pueden liquidarse con facilidad y no se trata de “esperar estrictamente 40 años o nada”. Y sin ir mucho más al detalle, ya que sería tema para otro libro: **¿te imaginas tener un millón invertido que te genere un promedio de casi $100,000 al año de forma pasiva, extraer de tu inversión solo esos 100K y dejar el resto invertido para repetir el proceso el año próximo?**

Si nunca has escuchado del tema, esa idea es la base de lo que popularmente se conoce como independencia financiera. Pero como decía hace unos segundos: “tema para otro libro”.

#5: El crecimiento progresivo de la inversión

Uno de los mayores beneficios psicológicos de ver una inversión crecer gradualmente es la construcción de disciplina y perspectiva. La creación de capital no es un acto de suerte ni un golpe de fortuna que ocurre de la noche a la mañana. Es un proceso, casi siempre lento, marcado por ciclos del mercado, subidas, correcciones y períodos laterales. Me recuerda siempre al viejo dicho: "Lo que fácil llega, fácil se va".

Así como un edificio alto necesita cimientos sólidos, la construcción de capital requiere constancia y tiempo. Y, aunque es tentador buscar atajos, los resultados más sólidos históricamente provienen de la paciencia y la constancia, no de las apuestas a corto plazo.

#6: La mitad del recorrido toma 34 años

Si observas la tabla cuidadosamente, verás algo fascinante: alcanzar aproximadamente el primer **medio millón toma 34 años**, pero pasar de ese punto al millón requiere solo 8 años adicionales. Eso no sucede por casualidad, debido a que es exactamente el efecto del interés compuesto acelerándose sobre bases de capital cada vez más grandes.

Date cuenta, si duplicar la inversión que crece a +9.94% demora como promedio 7.5 años, pues eso es lo que demora crecer tanto $100,000 como $500,000 como 10 millones al doble del valor inicial.

Y lo vuelvo a resaltar: **sí, 42 años para ir de 20K a 1 millón parece mucho, y lo es.** Pero por eso quise comenzar por el caso más "lento" posible: invertir una vez, no tocar la inversión, y dejar que el tiempo haga su trabajo. Incluso así, al estilo "lo hice y lo dejé ahí por 42 años" los resultados son extraordinarios.

Sin embargo, el objetivo no es que te resignes a un horizonte de más de 4 décadas, sino todo lo contrario. Lo que acabamos de ver establece el punto de partida desde el cual vamos a poner el pie a fondo y comenzar a acelerar. Y es donde entra la verdadera pregunta ¿Cómo reducimos ese horizonte drásticamente? ¿Cómo pasamos de cuatro décadas a dos, a una o incluso menos de 10 años, dependiendo del caso?

Dos métodos para ganar velocidad

En el mundo de las inversiones en ETF de índices del mercado existen distintas maneras de "ganar velocidad". Y con velocidad me refiero, directamente, al tiempo que toma alcanzar un objetivo financiero específico, como el ejemplo anterior de llegar a $1,000,000.

Continuando con el caso de los $20,000 iniciales, veamos dos de las estrategias más efectivas para acelerar ese proceso: el **Dollar Cost Average (DCA)** y el uso de **cuentas de *broker* registradas**.

Método #1: Dollar Cost Average

El Dollar Cost Average (algo así como "promediar el costo en dólares") es una estrategia sencilla que **consiste en invertir dinero de manera periódica y consistente**, sin importar si el mercado está "caro" o "barato" —otra forma de decir "en un récord histórico" o "en una crisis"—. Se puede aplicar a acciones, bonos, ETF o cualquier instrumento que permita comprar más unidades a partir de aportes adicionales regulares.

Más allá de su lógica matemática, el DCA destaca por un elemento clave y es la **disciplina**. Invertir sistemáticamente reduce la influencia de las emociones y, a largo plazo, tiende a producir mejores resultados que esperar "el momento perfecto" —momento que casi nunca llega—.

Como insistió John Bogle en su libro *The Little Book of Common Sense Investing:* "El verdadero desafío del inversionista no es predecir el mercado, sino controlar las emociones y mantener el rumbo. Estrategias simples como el *dollar cost averaging* ayudan precisamente a eso: invertir con disciplina sin caer en la tentación de cronometrar el mercado."[241]

Así que, siguiendo con el ejemplo inicial, imaginemos ahora que además de los $20,000 invertidos, **añadimos $1,000 extra cada año**. Es decir, una pequeña contribución anual y automática, resultando en la Tabla 10.4, que se muestra a continuación:

Año	Valor ($)	Retorno anual (+9.94%) + $1,000 x año	Año	Valor ($)	Retorno anual (+9.94%) + $1,000 x año
0	$20,000.00	-	20	$189,975.96	$17,085.87
1	$22,988.00	$1,988.00	21	$209,859.57	$18,883.61
2	$26,273.01	$2,285.01	22	$231,719.61	$20,860.04
3	$29,884.54	$2,611.53	23	$255,752.54	$23,032.93
4	$33,855.07	$2,970.53	24	$282,174.34	$25,421.80
5	$38,220.26	$3,365.19	25	$311,222.47	$28,048.13
6	$43,019.36	$3,799.10	26	$343,157.99	$30,935.52
7	$48,295.48	$4,276.12	27	$378,267.89	$34,109.90
8	$54,096.05	$4,800.57	28	$416,867.72	$37,599.83
9	$60,473.20	$5,377.15	29	$459,304.37	$41,436.65
10	$67,484.23	$6,011.03	30	$505,959.23	$45,654.86
11	$75,192.17	$6,707.94	31	$557,251.57	$50,292.34
12	$83,666.27	$7,474.10	32	$613,642.38	$55,390.81
13	$92,982.69	$8,316.42	33	$675,638.43	$60,996.05
14	$103,225.17	$9,242.48	34	$743,796.89	$67,158.46
15	$114,485.76	$10,260.59	35	$818,730.30	$73,933.41
16	$126,865.64	$11,379.88	36	$901,112.09	$81,381.79
17	$140,476.09	$12,610.45	37	$991,682.64	$89,570.55
18	$155,439.41	$13,963.32	**38**	**$1,091,255.89**	**$98,573.25**
19	$171,890.09	$15,450.68			

Tabla 10.4: Retorno de inversión de $20,000, más una adición regular anual de $1,000 haciendo Dollar Cost Average sobre un retorno anual de +9.94%. Fuente de la calculadora para el Cálculo: Investor.gov.[242]

El hecho de **agregar $1,000 al año reduce en aproximadamente 4 años —casi 5— el tiempo necesario para alcanzar el millón**, como se observa en la tabla anterior. Dicho de otra forma: **comprar más unidades de manera constante acelera el crecimiento del capital.** Es matemática pura aplicada al interés compuesto y puedes utilizar la misma calculadora de la SEC para probar el impacto de la adición a la inversión y generar todas estas mismas tablas.

Entonces, para visualizarlo en escalas prácticas, agregar a una inversión un total de $1,000 al año equivale a:

- $83.33 al mes
- $19.23 por semana
- $2.74 al día

Lo cual demuestra que, incluso con aportes relativamente modestos, el impacto a largo plazo es significativo.

Ahora, hasta este punto del capítulo, no he especificado si el objetivo es un millón de dólares americanos, canadienses, euros o pesos mexicanos. La intención ha sido siempre hablar en términos de magnitud, para que cada lector pueda adaptar las cifras a su realidad económica y a su moneda local. Sin embargo, para aterrizar la idea y evaluar qué tan alcanzable es este objetivo en la vida real, quiero mirar un ejemplo concreto basado en Estados Unidos y Canadá.

Haciendo DCA en los Estados Unidos y Canadá

De acuerdo con los datos más recientes del U.S. Social Security Administration, el salario promedio anual en Estados Unidos es de $66,621 USD.[243] Para Canadá, según Statistics Canada, el salario promedio anual del país ronda los CA$59,059.[244] Sin entrar en técnicas de presupuesto —tema que no es tampoco el objetivo de este libro— es razonable asumir que una proporción importante de personas puede asignar un porcentaje de sus ingresos para invertir de manera consistente.

En la literatura económica moderna, según un reporte reciente de Bankrate.com existe un consenso amplio sobre el rango recomendable de ahorro para inversión: entre el 15% y el 20% del ingreso bruto anual.[245] Pero no voy a apretar tanto la idea, ya que es muy polémica, así que, para efectos ilustrativos y conservadores, voy a trabajar con un 10% como referencia mental.

Igual, siempre depende de la preferencia de cada cual, la escala personal de ingresos y el costo de vida en el área residencial. Como quiera que sea, tener conciencia de la importancia de ahorrar, aunque sea difícil en un inicio, al menos podemos verlo como una meta, en caso de que desde un inicio no sea posible lograrlo. Así que, aplicando ese criterio, el 10% del ingreso promedio equivale aproximadamente a:

- Estados Unidos: ~$6,600 USD al año
- Canadá: ~CA$5,900 al año

Por lo que tomaremos una cifra redondeada de $6,000 anuales —sin importar cuál de los dos países— como ejemplo para nuestro análisis.

DCA agregando $6,000 al año

La Tabla 10.5 muestra los resultados de invertir $20,000 inicialmente y aportar $6,000 por año, con el retorno histórico del S&P 500 del +9.94% anual.

Año	Valor ($)	Retorno anual (+9.94%) + $6,000 x año	Año	Valor ($)	Retorno anual (+9.94%) + $6,000 x año
0	$20,000.00	-	15	$272,594.45	$24,103.59
1	$27,988.00	$1,988.00	16	$305,690.34	$27,095.89
2	$36,770.01	$2,782.01	17	$342,075.96	$30,385.62
3	$46,424.95	$3,654.94	18	$382,078.31	$34,002.35
4	$57,039.59	$4,614.64	19	$426,056.90	$37,978.59
5	$68,709.32	$5,669.73	20	$474,406.95	$42,350.05
6	$81,539.03	$6,829.71	21	$527,563.00	$47,156.05
7	$95,644.01	$8,104.98	22	$586,002.76	$52,439.76
8	$111,151.02	$9,507.01	23	$650,251.44	$58,248.68
9	$128,199.43	$11,048.41	24	$720,886.43	$64,634.99
10	$146,942.46	$12,743.03	25	$798,542.54	$71,656.11
11	$167,548.54	$14,606.08	26	$883,917.67	$79,375.13
12	$190,202.86	$16,654.32	27	$977,779.09	$87,861.42
13	$215,109.02	$18,906.16	**28**	**$1,080,970.33**	**$97,191.24**
14	$242,490.86	$21,381.84			

Tabla 10.5: Retorno de inversión de $20,000, más una adición regular anual de $6,000 haciendo Dollar Cost Average sobre un retorno anual de +9.94%. Fuente de la calculadora para el Cálculo: Investor.gov.[246]

Una vez más, la magia del interés compuesto. Con esta estrategia, el tiempo para alcanzar el millón se reduce de 42 años a solo 28. Es decir, **se eliminan 14 años simplemente por realizar aportes constantes**. Además, se observan distintos puntos de partida y el tiempo necesario para alcanzar el millón bajo este esquema:

- ~$ 20,000 + $6,000 por año: 28 años
- ~$ 46,000 + $6,000 por año: 25 años
- ~$ 81,000 + $6,000 por año: 22 años.
- ~$167,000 + $6,000 por año: 17 años
- ~$242,000 + $6,000 por año: 12 años

Un dato interesante surge al observar el punto medio del proceso, debido a que, alrededor del año 14, el valor acumulado es aproximadamente $242,000, que representa la mitad del trayecto hacia el millón en esta trayectoria específica. O sea, a este ritmo, no es medio millón la mitad del camino a $1,000,000, ya que realmente es $242,000 la mitad del camino.

Y para recordar la comparación anterior hecha al inicio de esta sección, vale destacar que $6,000 al año equivale a:

- $500 al mes
- $115.38 a la semana
- $16.43 al día

Y aunque pueda parecer una cantidad considerable, en la propia tabla se aprecia que, a partir del año 6, la inversión comienza a generar aproximadamente $6,829.71 en retornos anuales —es decir, la inversión comienza a "auto-financiar" los aportes, superando incluso el monto que uno aporta manualmente—. Este fenómeno es uno de los efectos más poderosos y satisfactorios del crecimiento compuesto. Ver cómo llega un punto en el que **el crecimiento de tu capital trabaja más rápido que tu capacidad de contribuir con dinero nuevo**.

Ahora bien, en el ejemplo anterior de la Tabla 10.5, esos $6,000 adicionales se aportaron una única vez en el año y, por cuestiones ilustrativas, digamos que se hizo específicamente el último día de diciembre. La Tabla 10.6 muestra, lo que sería utilizar un calendario mensual de aportes adicionales en el cual, durante el año, no invierto nada y espero solamente al 31 de diciembre para hacerlo.

Meses del año												
1	2	3	4	5	6	7	8	9	10	11	12	Saldo el 31 de diciembre
0	0	0	0	0	0	0	0	0	0	0	0	$6,000.00
Total al final del año con una sola adición anual												**$6,000.00**

Tabla 10.6: Analizando solo la adición anual de $6,000 realizado una sola vez al año, el día 31 de diciembre. Fuente de la calculadora para el Cálculo: Investor.gov.

En el caso de la Tabla 10.6, durante el año natural representado, los retornos —específicamente para ese año— no son realmente aprovechados. Esos $6,000 comenzarían a crecer el año siguiente y este es el punto que quiero explicar: **cuando se invierte haciendo DCA, el dinero debería invertirse inmediatamente que está disponible.** Esperar a fin de año o por un momento específico significa dejar sobre la mesa retornos de inversión probables que históricamente tienen más probabilidades de ocurrir que una caída, tal y como vimos en la pirámide de los años del S&P 500.

Ahora, visto desde este punto de vista, lo ideal sería hacerlos siempre a principio de años y de esta forma, los $6,000 crecen durante los 12 meses, como se puede apreciar en la Tabla 10.7:

Meses del año											
Adición hecha el 1 de enero	2	3	4	5	6	7	8	9	10	11	12	Saldo el 31 de diciembre
$6,000.00	0	0	0	0	0	0	0	0	0	0	0	$6,596.40
Total al final del año con una sola adición anual												**$6,596.40**

Tabla 10.7: Analizando solo la adición anual de $6,000 realizado una sola vez al año, el día 1 de enero. Esta forma permite que la adición crezca durante todo el año hasta $6,596.40. Fuente de la calculadora para el Cálculo: Investor.gov.

Ahora, **realísticamente, no todos podemos hacer algo así desde principio de enero**, por lo que la alternativa real y más práctica es distribuir todos esos aportes a la inversión a lo largo del año, a medida que percibimos nuestros ingresos regulares —dígase salario, para resumirlo—.

Y es por esto entonces que, **el mismo principio de DCA, año tras año, puede aplicarse a escala mensual, repartiendo esos $6,000 a razón de $500 al mes por 12 meses**. ¿Por qué esto importa? Porque cuando los aportes se realizan de forma mensual, una parte del capital entra al mercado antes y, por tanto, tiene más tiempo para crecer durante ese año. Es un matiz pequeño, pero matemáticamente relevante dentro de la lógica del interés compuesto, como se puede apreciar en la Tabla 10.8. Los primeros aportes ganan más, los últimos menos, pero el efecto agregado es mayor que esperar a fin de año para invertirlo todo.

Meses del año												
1	2	3	4	5	6	7	8	9	10	11	12	Saldo el 31 de diciembre
500												$558.30
	500											$553.44
		500										$548.58
			500									$543.73
				500								$538.87
					500							$534.01
						500						$529.15
							500					$524.29
								500				$519.43
									500			$514.58
										500		$509.72
											500	$504.86
Total al final del año con adiciones progresivas de los mismos $6,000 (creciendo a +9.94%)												**$6,378.95**

Tabla 10.8: Adición anual de $6,000 realizado de forma progresiva y estable al ritmo de $500 por mes y realizada, en teoría, a inicios de cada mes. Fuente de la calculadora para el Cálculo: Investor.gov.

Como se aprecia, la misma cantidad de dinero genera un resultado ligeramente superior cuando se invierte gradualmente a cuando se pone una sola vez a fin de año: $6,378.95 vs. $6,000. Ese diferencial, aunque pequeño año tras año y acumulado durante décadas, produce un impacto real. Esa es la esencia del DCA mensual dentro del crecimiento compuesto.

Y, obviamente, si tienes los $6,000 disponibles desde el primer día del año, tal y como vimos ¡mejor aún! Pero generalmente no es el caso y la idea de este ejemplo es demostrar visualmente el impacto positivo que tiene adicionar regularmente, a medida que el tiempo pasa, en lugar de hacerlo una sola vez, cuando finalmente logres reunir los 6K.

Así que, regresando a nuestro ejemplo original, al aplicar esta metodología —es decir, $20,000 iniciales más $500 mensuales— **la inversión alcanza el millón en aproximadamente 27 años**, en lugar de 28 bajo el esquema anual, como se puede ver a continuación en la Tabla 10.9.

Año	Valor ($)	Retorno anual (+9.94%) + $500 x mes	Año	Valor ($)	Retorno anual (+9.94%) + $500 x mes
0	$20,000.00	-	14	$249,974.26	$22,302.81
1	$28,256.67	$2,256.67	15	$281,090.38	$25,116.12
2	$37,334.06	$3,077.39	16	$315,299.44	$28,209.06
3	$47,313.74	$3,979.68	17	$352,908.87	$31,609.43
4	$58,285.40	$4,971.66	18	$394,256.69	$35,347.82
5	$70,347.64	$6,062.24	19	$439,714.48	$39,457.79
6	$83,608.87	$7,261.23	20	$489,690.77	$43,976.29
7	$98,188.27	$8,579.40	21	$544,634.71	$48,943.94
8	$114,216.85	$10,028.58	22	$605,040.07	$54,405.36
9	$131,838.68	$11,621.83	23	$671,449.73	$60,409.66
10	$151,212.12	$13,373.44	24	$744,460.50	$67,010.77
11	$172,511.28	$15,299.16	25	$824,728.55	$74,268.05
12	$195,927.57	$17,416.29	26	$912,975.24	$82,246.69
13	$221,671.45	$19,743.88	**27**	**$1,009,993.66**	**$91,018.42**

Tabla 10.9: Retorno de inversión de $20,000, más una adición regular mensual de $500 haciendo Dollar Cost Average sobre un retorno anual de +9.94%. Fuente de la calculadora para el Cálculo: Investor.gov.[247]

Y todo esto es asumiendo que las adiciones se limiten estrictamente a $500 al mes. ¿Te imaginas cómo cambiarían los números si, en algún momento del año, recibes un bono, un ingreso inesperado o trabajas un poco de tiempo extra con el objetivo de invertir más? Incluso pequeños incrementos ocasionales pueden acelerar de manera sorprendente el crecimiento final. ¡Hagamos el cálculo!

Tomando como referencia el rendimiento promedio del S&P 500 del +9.94% anual, estos serían algunos caminos posibles:

- **Comenzando desde cero** y con un promedio de +9.94% anual:
    - $800 al mes, llega a 1 millón en 26 años
    - $1,000 al mes, llega en 23 años
    - $2,000 al mes, llega en 17 años
    - $4,000 al mes, llega en 12 años
    - $10,000 al mes, llega en 7 años

- **Comenzando con $20,000** y también con un promedio de +9.94% anual:
    - $800 al mes, llega en 24 años
    - $1,000 al mes, llega en 22 años
    - $2,000 al mes, llega en 16 años
    - $4,000 al mes, llega en 11.5 años
    - $10,000 al mes, llega en 6 años

- **Comenzando con $50,000** y también con un promedio de +9.94% anual:
    - $800 al mes, llega en 21 años
    - $1,000 al mes, llega en 19.5 años
    - $2,000 al mes, llega en 15 años
    - $4,000 al mes, llega en 10.5 años
    - $10,000 al mes, llega en 5.5 años

La clave en las listas anteriores es sencilla: **mientras mayor sea el capital inicial y mayor la constancia en los aportes, más rápido se acelera el crecimiento del portafolio**. Existen múltiples combinaciones posibles —variando montos, frecuencia de inversión y aportes extraordinarios—, pero todas comparten el mismo fundamento, el cual no es más que invertir de manera recurrente para acortar significativamente el camino.

Y mientras +9.94% anual suena razonable, ¿recuerdas el promedio de crecimiento del S&P 500 de las últimas 5 décadas?

El S&P 500 y su +12.26% YoY desde 1975

Hasta ahora, todos y cada uno de los cálculos de este capítulo se han basado en torno al rendimiento histórico del S&P 500 desde 1928 hasta diciembre de 2024, es decir, +9.94% anual compuesto.

Sin embargo, cuando se analiza un período más reciente, la historia cambia. De acuerdo con los datos públicos de la NYU Stern School of Business, el rendimiento compuesto del S&P 500 desde 1975 hasta 2024 es de +12.26% anual, lo que implica una reducción del tiempo muchísimo mayor durante las últimas 5 décadas.[248] Y este detalle no es menor. Un aumento de apenas unos puntos porcentuales en la tasa anual, como vimos en los ejemplos del interés compuesto del *capítulo 6*, hace que el tiempo para alcanzar un objetivo se reduzca de forma dramática.

Si repetimos el mismo ejercicio anterior —$20,000 iniciales más $500 mensuales— pero ahora aplicando un crecimiento anual del +12.24%, obtenemos un resultado sorprendente: **a un retorno promedio de +12.24% YoY, como el que ha tenido el S&P 500 desde 1975 hasta 2024, llevaría un período de 23 años y medio llegar a 1 millón**.

La Tabla 10.10 lo ilustra:

Año	Valor ($)	Retorno anual (+12.24%) + $500 x mes	Año	Valor ($)	Retorno anual (+12.24%) + $500 x mes
0	$20,000.00	-	13	$270,499.85	$29,180.29
1	$28,782.11	$2,782.11	14	$309,993.24	$33,493.39
2	$38,640.91	$3,858.80	15	$354,328.52	$38,335.28
3	$49,708.40	$5,067.49	16	$404,099.31	$43,770.79
4	$62,132.76	$6,424.36	17	$459,972.00	$49,872.69
5	$76,080.35	$7,947.59	18	$522,694.68	$56,722.68
6	$91,737.91	$9,657.56	19	$593,107.16	$64,412.48
7	$109,315.09	$11,577.18	20	$672,152.20	$73,045.04
8	$129,047.23	$13,732.14	21	$760,888.18	$82,735.98
9	$151,198.53	$16,151.30	22	$860,503.18	$93,615.00
10	$176,065.58	$18,867.05	23	$972,330.98	$105,827.80
11	$203,981.33	$21,915.75	**24**	**$1,097,868.87**	**$119,537.89**
12	$235,319.56	$25,338.23			

Tabla 10.10 (página anterior): Retorno de inversión de $20,000, más una adición regular mensual de $500 haciendo Dollar Cost Average sobre un retorno anual de 12.24%. Fuente de la calculadora para el Cálculo: Investor.gov.[249]

Adicionalmente, si analizamos variaciones en los aportes mensuales, podemos observar la enorme sensibilidad del resultado al monto invertido. Suponiendo nuevamente que **comenzamos con $20,000 y aplicamos un rendimiento promedio de +12.26% anual**, obtendríamos lo siguiente:

- $800 al mes, llega en 20.5 años
- $1,000 al mes, llega en 19 años
- $2,000 al mes, llega en 14.5 años
- $4,000 al mes, llega en 10.5 años
- $10,000 al mes, llega en 5.5 años

Y, aunque este capítulo utiliza como referencia el famoso umbral del "millón", te lo repito: no es obligatorio que ese sea tu objetivo personal. La cifra es popular porque "millonario" es un término culturalmente icónico, pero en la práctica, un patrimonio de $850,000 o $900,000 tiene prácticamente la misma magnitud en riqueza —un 85%-90% del valor—. La meta puede ser distinta para cada quien —y eso está perfecto—, pero lo realmente importante es entender el proceso y la mecánica.

Volvamos a ver algunos de los "seis puntos claves" del mismo ejemplo de la anterior (Tabla 10.10):

- En solo 3 años, el portafolio alcanzaría aproximadamente 50K ($49,708.40).
- Tras 7 años, el valor llegaría a $109,315.09, con un retorno esperado para el año siguiente de $11,577.18.
- Luego de 12 años, el valor superaría los $235,319.56, generando alrededor de $25,338.23 en retornos anuales.

Pocas veces se verbaliza así, pero, una vez más, vale la pena resaltarlo: **antes de llegar a un millón, ya pasan cosas extraordinarias en el camino.**

Al final, la variable decisiva no es únicamente cuánto dinero maneja una persona, sino cómo lo administra. Siempre he creído que alguien que no logra gestionar sanamente $100, $1,000 o $10,000, difícilmente podrá tomar decisiones sensatas cuando tenga $1,000,000. La escala cambia, pero los principios no. La disciplina, la constancia y la paciencia importan más que la cifra absoluta. El capital —cualquiera que sea— solo amplifica los hábitos y decisiones del inversionista.

Morgan Housel, en su primera entrevista con los hosts del Podcast Rational Reminder diría que: "(…)Tener éxito en las inversiones no se trata de lo que sabes. No se trata de lo inteligente que eres. No se trata de dónde estudiaste o de lo sofisticado que seas. No se trata de la cantidad de información que tengas. Tener éxito en las inversiones, en gran medida, se trata de cómo te comportas.(…)."[250]

Hacer DCA tiene mucho más de hábito y comportamiento que de fórmulas financieras. La disciplina de seguir un plan —pase lo que pase en el mercado, en las noticias o en el ánimo del día— es lo que permite que todos los cálculos anteriores funcionen y que la inversión realmente gane velocidad. No hay atajos aquí. Todo depende de la disciplina.

Y sí, un millón de dólares suena como una cifra llamativa. Pero, para llegar ahí, primero se pasa por cada una de las etapas anteriores: $1,000, $10,000, $100,000, $500,000 y, eventualmente, $999,999. Quien entiende el proceso y respeta las etapas, eventualmente está sentado arriba de una gran riqueza.

Ni siquiera una bola de cristal le gana al DCA

En esta misma línea de la disciplina del DCA, otro de mis autores financieros favoritos, Nick Maggiulli, autor del blog *Of Dollars and Data*, publicó en 2019 un análisis fascinante donde evalúa una idea extrema:[251] ¿Sería posible encontrar un método mejor que hacer Dollar Cost Averaging, incluso conociendo el futuro perfecto del mercado?

En su experimento, Maggiulli compara dos escenarios revisando el movimiento del S&P 500 entre 1923 y 1979:

- por un lado, supongamos que está el inversionista que hace DCA constante
- por el otro, un inversionista "que puede ver el futuro" que sabe exactamente el mejor día para invertir cada dólar para maximizar

sus ganancias durante décadas. **Básicamente este inversionista solamente va a invertir cuando el S&P 500 toca fondo en una crisis**.

Ahora, el inversionista que hace DCA, compra constantemente todos los meses al precio que esté. El que tiene la bola de cristal, tiene disponible la misma cantidad que el otro todos los meses, pero se queda con el efectivo en la mano esperando a la caída del mercado. Es solo cuando toca fondo el S&P 500, que agarra todo el dinero acumulado y lo invierte ese momento, mientras comienza nuevamente a acumular a la espera de la próxima caída. En esencia, Ambos inversionistas invertirían durante 40 años y Maggiulli analizaría cada escenario: 40 años a partir de 1923… gana DCA, 40 años a partir de 1924… gana el que "compra solo en el momento perfecto de la caída"… y así sucesivamente.

El resultado fue sorprendente. Aún con la capacidad divina de elegir siempre el mejor momento posible, esa estrategia "perfecta" terminó perdiendo en más del 70% de las veces frente al simple hábito de invertir de forma regular. ¿La razón? El mercado casi siempre tiende a subir, como vimos en la pirámide del S&P 500. ¿Recuerdas que el 72.80% de los años los retornos eran positivos?

Solo en los años de las caídas, esperar con el dinero en la mano al momento "ideal", hace sentido, pero una vez más, eso no lo sabe nadie. Y, aun así, sabiendo el futuro y esperando al momento ideal, como diría el propio Maggiulli: "Si ni siquiera una bola de cristal —que te avisa exactamente cuándo será la próxima caída— le gana al Dollar Cost Average, entonces ¿qué te hace pensar que tú sí vas a poder hacerlo?"

Saber invertir con ETF diversificados de bajo costo y aplicar Dollar Cost Averaging es una habilidad fundamental para cualquier inversionista moderno. Esta forma de construir riqueza ha resultado en patrimonios extraordinarios a lo largo del tiempo. Incluso antes de que existieran los ETF, figuras como Warren Buffett y Anne Scheiber, ambos construyeron sus fortunas con la misma filosofía: inversión diversificada, disciplina y aportes constantes a lo largo de los años.

Ahora que entendimos cómo el hábito y las adiciones periódicas aceleran el crecimiento compuesto, pasemos a la segunda estrategia para ganar aún más velocidad.

Método #2: Cuentas de *broker* registradas

A nadie le gusta pagar impuestos. Ni a ti, ni a mí, ni tampoco a los gobernantes que disponen de los impuestos que todos pagamos. Aun así, son los pilares que soportan los gobiernos de nuestros países y todos tenemos la obligación legal de pagar nuestra respectiva parte. En Estados Unidos, por ejemplo, la carga fiscal promedio sobre ingresos —incluyendo impuestos federales, estatales y locales— ronda el 26.5%, según la Tax Foundation.[252] En algunos lugares es ligeramente menos, ya que actualmente, ocho estados no imponen impuesto estatal sobre los ingresos, como son Alaska, Florida, Nevada, South Dakota, Tennessee, Texas, Washington y Wyoming, lo que reduce significativamente el promedio para sus residentes.[253]

En Canadá, no estamos lejos. El promedio combinado entre impuestos federales y provinciales es de aproximadamente 25.5%.[254] Y aunque estas cifras no son extremas en comparación global, pueden limitar la capacidad de ahorro, especialmente para quienes buscan invertir a largo plazo.

Sin embargo, tanto en Estados Unidos como en Canadá existen herramientas **diseñadas para reducir la carga fiscal y potenciar el crecimiento del capital, entre las cuales se encuentran las famosas cuentas *broker* registradas**. Aunque hasta ahora hemos hablado de las "tradicionales", las cuentas *broker* registradas permiten invertir en el *stock market* pero con ventajas fiscales que aceleran la construcción del patrimonio individual.

En esta sección voy a abordar de forma muy superficial el aspecto fiscal de las inversiones. Es un tema complejo, pero vale la pena mencionarlo porque, precisamente en esa área, es donde se puede optimizar, aún más, el crecimiento del capital. Comprender, aunque sea lo básico de la fiscalidad, te permite aprovechar mejor este tipo de cuentas y evitar decisiones que reduzcan innecesariamente los retornos de inversión de tu portafolio.

a **Consulta con un contador o CPA**

Cada tipo de cuenta registrada tiene reglas específicas y cada situación fiscal es distinta, por lo que es siempre recomendable consultar a un contador, especialista fiscal o un CPA antes de utilizarlas.

Ahora, como esta sección es tan delicada, decidí dividirla en una serie de preguntas, con el propósito de redactarla desde la perspectiva educativa e informativa, sin entrar en recomendaciones fiscales específicas, pero manteniendo la posibilidad de explicar cómo funciona el método.

Comencemos:

¿Qué es una cuenta *broker* registrada?

Una cuenta *broker* registrada funciona exactamente igual a una cuenta *broker* tradicional como la que hemos venido viendo a lo largo del libro, con la diferencia de que **está formalmente registrada ante el gobierno y sujeta a reglas fiscales particulares**. Estas cuentas se abren en instituciones financieras autorizadas, casi siempre el mismo banco donde tienes tu cuenta *broker* tradicional, el cual actúa como custodio y le reporta, a través de informes anuales, todas las transacciones de depósito y extracción al gobierno.

Una forma sencilla de visualizarlo es la siguiente. Cuando abro una cuenta *broker* registrada, el banco, como entidad fiscal autorizada a abrirla a mi nombre, a partir de ese momento comienza a ejercer el papel de árbitro, tal y como si fuese un partido de football. Al firmar el contrato de apertura, el árbitro —el banco— responde, tanto frente a mí, como del gobierno, de lo que entra y sale de esa cuenta, con el propósito de que los dos jugadores siempre participemos de forma justa y a partir de información verificada por un tercero, en este caso, el banco.

Es por eso que son legalmente conocidas como cuentas registradas, ya que producen un *registro legal*, que permite que el uso de estas sea de acorde a la ley. Dentro de ellas puedo hacer absolutamente todo lo mismo que hago en una tradicional: se pueden comprar bonos, acciones, ETF… de todo. Y, a su vez, yo como dueño exclusivo de la cuenta, puedo hacer absolutamente lo que quiera dentro de ella, tal y como en la *broker* tradicional. El banco y el gobierno lo único que pueden hacer es observar cuánto dinero entra y cuanto sale.

¿Por qué existen?

Las cuentas registradas —en adelante CR— no son obligatorias. Existen con el propósito de incentivar el ahorro y la inversión para objetivos de largo plazo —particularmente para el fortalecimiento financiero personal y la eventual jubilación—. Fue por eso que fueron creadas, para que los ciudadanos construyan riqueza más fácilmente. **Una población con estabilidad económica, buenos hábitos de ahorro y capacidad de sostenerse, en gran medida por sí misma es un sueño para cualquier nación democrática.** Es simplemente un paraíso para cualquier gobierno tener un ambiente en el cual las personas construyen patrimonio y el Estado reduce la sobrecarga financiera futura sobre los sistemas públicos. Desde ambos puntos de vista —del gobierno y de la población— es simplemente un *win win.*

Evidentemente, en los gobiernos totalitarios, la posibilidad de empoderar a la población es un peligro para los tiranos, por lo que es en las democracias donde son realmente comunes estas alternativas.

Ahora, dentro del universo de CR existen varias categorías, según el tratamiento fiscal que ofrecen. Hay algunas que son para incentivar a ahorrar para los estudios, otras para ayudar a comprar la primera casa, otras para apoyar a los hijos financieramente y las más populares son **las que fueron creadas para promover a los ciudadanos construir riqueza** a partir de la ventaja adicional de poder deducir impuestos. En esta sección, es en esas en las que nos vamos a enfocar.

Cuentas *broker* registradas deducibles de impuestos

Aunque cada país y tipo de cuenta tiene reglas específicas, las CR deducibles comparten una característica fundamental el cual consiste en que, permiten depositar dinero y reducir los impuestos a pagar en el año actual.

Te pongo un ejemplo bien sencillo en el contexto de los Estados Unidos: Si mi ingreso anual es el promedio nacional —$66,621 según el reporte de la Social Security Administration que vimos hace unas páginas— y deposito $6,000 en una cuenta *broker* registrada deducible de impuestos, mi total de impuesto a pagar en el año ya no se calcularía sobre los $66,621 que ingresé, sino sobre $60,621 ($6,000 menos). Es decir, los $6,000 depositados en mi CR quedan "excluidos" del ingreso al que se le aplican los impuestos.

Así que, suponiendo pago aproximadamente una media de 26.5% —voy a mantener la matemática simple— de impuestos sobre mis ingresos al año y me van a descontar esos, ese depósito me ahorraría aproximadamente:

$6,000 × 0.265 = **$1,590 en ahorro de impuestos**

Por lo que, en este ejemplo, ese monto de $1,590 se recibe como reducción de impuestos o reembolso, en caso de que los pagara por adelantado.

Y esta analogía que viene a continuación es la que lo resume todo: Es como si le dijera al gobierno — respetuosamente, claro— **"¿Sabes qué? Este año voy a utilizar mi derecho al beneficio fiscal: no quiero pagar los $1,590 en impuestos que me tocan por esta porción de $6,000 de mi salario"** y la respuesta que tuviera fuese **"OK, no te los voy a cobrar, estás en tu derecho, pero recuerda que es solo si pones los 6K dentro de tu propia cuenta *broker* registrada deducible de impuestos."**

Es eso. Es así de sencillo. En lugar de poner $6,000 al año en mi cuenta *broker* tradicional, al poner ese mismo dinero en mi cuenta *broker* registrada deducible de impuestos **termino con un extra de $1,590 en mi bolsillo**, que si los sumo a mis primeros $6,000, ya depositados, el resultado de toda mi operación bancaria da un total de $7,590 adicionados mi capital. En resumen:

- aporté $6,000 en el año, los cuales se pueden hacer perfectamente al ritmo de $500 al mes, en mi cuenta *broker* registrada deducible,
- ahorré $1,590 en impuestos cada año y
- el dinero dentro de mi cuenta *broker* registrada deducible de impuestos lo pongo a crecer en el *market* sin pagar impuestos hasta el momento futuro de retirarlo, en el cual lo retiraré poco a poco.

Es una forma **simple, legal y altamente efectiva de acelerar la construcción de capital**. Y si quieres verlo desde otra perspectiva, redondeando de los $1,590 a $1,200 —para promediar unos $100 por mes del año— , mensualmente puedo entonces invertir un extra adicional con esos $100 y aumentar mis adiciones regulares de $500 a $600. Ya que, si lo analizas bien, **estaría invirtiendo $500 de mi bolsillo más $100 extra que me ahorro en los impuestos**.

En la práctica pudiera incluso invertir más —debido al redondeo de $1,590 a $1,200—, pero $100 extra por mes es más que suficiente para demostrar mi punto. La Tabla 10.11 muestra cómo, con una inversión inicial de $20,000 y aportes equivalentes a $600 mensuales, **la inversión supera el millón de dólares en aproximadamente 21 años y medio, asumiendo un retorno compuesto anual de +12.24%**.

Año	Valor ($)	Retorno anual (+12.24%) + $600 x mes	Año	Valor ($)	Retorno anual (+12.24%) + $600 x mes
0	$20,000.00	-	12	$281,049.20	$31,768.74
1	$30,208.08	$3,008.08	13	$325,064.60	$36,815.40
2	$41,738.17	$4,330.09	14	$374,780.25	$42,515.65
3	$54,761.47	$5,823.30	15	$430,934.35	$48,954.10
4	$69,471.36	$7,509.89	16	$494,360.71	$56,226.36
5	$86,086.26	$9,414.90	17	$566,001.14	$64,440.43
6	$104,852.88	$11,566.62	18	$646,919.41	$73,718.27
7	$126,049.89	$13,997.01	19	$738,317.03	$84,197.62
8	$149,992.02	$16,742.13	20	$841,551.16	$96,034.13
9	$177,034.79	$19,842.77	21	$958,154.68	$109,403.52
10	$207,579.76	$23,344.97	**22**	**$1,089,859.01**	**$124,504.33**
11	$242,080.46	$27,300.70	23		

Tabla 10.11: Retorno de inversión de $20,000, más una adición regular mensual de $600, haciendo DCA sobre un retorno anual de +12.24%. Fuente de la calculadora para el cálculo: Investor.gov.[255]

Como ves, el incentivo fiscal no solo reduce impuestos, sino que acelera la construcción de mi patrimonio al permitirme invertir más dinero cada mes sin aumentar mi esfuerzo financiero real. Ahora, ¿cuáles son el tipo de cuentas *broker* registradas deducibles de impuestos que podemos abrir?

Cuentas registradas en los Estados Unidos y Canadá

Como vimos, las CR permiten invertir dinero proveniente de nuestros ingresos laborales mientras posponemos y reducimos impuestos, a medida que se acelera el crecimiento del capital. Sin embargo, esto no significa que podamos depositar la totalidad de nuestro salario para evitar todos los impuestos —por eso existen límites anuales establecidos por ley, diseñados para fomentar el ahorro responsable, pero a la vez no desbalancear la recaudación fiscal—. Veamos, entonces, que opciones existen en los Estados Unidos y Canadá.

Estados Unidos

Las dos cuentas registradas deducibles más utilizadas son:

- ***IRA*** (*Individual Retirement Account*): Creada en 1974 y tiene un límite anual de $7,000 USD —$8,000 USD para mayores de 50 años—.[256]

- ***401(k)***: Definida en la sección 401(k) del código de impuestos del IRS en 1978 y tiene un límite anual de $23,500 USD —$31,000 USD para mayores de 50 años—.[257]

Ambos límites se ajustan cada año por inflación, a medida que el IRS anuncia los valores actualizados anualmente, y esos incrementos se realizan en escalones de $500.

Canadá

La Cuenta Registrada deducible de impuestos equivalente —de este lado de la frontera— es simplemente la:

- ***RRSP*** *(Registered Retirement Savings Plan)*: Disponible desde 1957, estas cuentas canadienses permiten depósitos anuales de hasta el 18% del ingreso del año anterior, con un tope de CA$32,490 para 2025. Cada año, el gobierno Federal Canadiense también ajusta anualmente los límites a los cambios de inflación.[258]

Tanto en las RRSP canadienses como en el IRA y el 401(k) de los Estados Unidos, los propietarios de las cuentas pueden utilizar los ETF como SPY,

IVV y VOO para participar en el *market* y beneficiarse, conjuntamente, tanto de la reducción de impuestos como del crecimiento a largo plazo de las inversiones que siguen los índices.

Ahora, si resides en otro país, es fundamental investigar qué herramientas fiscales existen en tu jurisdicción. Muchos gobiernos alrededor del mundo ofrecen cuentas con beneficios tributarios diseñadas para promover el ahorro y la inversión similares a las que mencioné de estos dos países, pero, una vez más, lo ideal es que busques asesoría regulada en cuanto a cuáles serían tus alternativas.

Eso sí, independientemente del país, el principio clave es el mismo: aprovechar este tipo de cuentas —y comenzar a utilizarlas lo antes posible— ya que son un plus para acelerar significativamente el crecimiento del capital y construir una base financiera sólida a largo plazo.

Los "americanos" sueñan con llegar a los 1.27 millones

Según una encuesta realizada en 2023 por *Northwestern Mutual*, el promedio que los estadounidenses consideran necesario para retirarse cómodamente es de aproximadamente $1.27 millones de dólares.[259] En Canadá, una encuesta similar realizada por *BMO* revela que los canadienses estiman necesario alrededor de CA$1.7 millones.[260] Convertido a dólares estadounidenses, ambos montos representan prácticamente la misma cifra.

Dicho esto, y analizando todo lo que hemos visto anteriormente, no es un número imposible. Especialmente cuando se entiende el poder del interés compuesto, se invierte de manera diversificada en ETF de bajo costo utilizando Dollar Cost Averaging (DCA), y se optimizan los beneficios fiscales mediante cuentas registradas.

Para ilustrarlo: **para retirarse hoy con unos $1.27 millones, bastaba haber invertido $20,000 en 2002 y luego realizar aportes constantes de $600 mensuales al S&P 500 durante los siguientes 23 años**. Claro, es fácil decirlo en retrospectiva, pero dentro de 23 años lo más probable es que muchos estén pensando exactamente lo mismo sobre el presente.

Sin embargo, en la práctica, estos hábitos de ahorro e inversión, que pueden encaminar a cualquiera hacia esa meta, no suelen desarrollarse hasta muy tarde. La realidad es que la mayoría de las personas no acumula lo suficiente. Por ejemplo, **el balance medio en cuentas 401(k) en los Estados Unidos no supera los $100,000 dólares**.

De acuerdo con el reporte *How America Saves 2024* de Vanguard Group —con una muestra de aproximadamente 5 millones de participantes— la Tabla 10.12 muestra los balances promedio y medianos por grupo de edad.[261]

Rangos de edad	Balance PROMEDIO en 401(k) en los Estados Unidos	Balance MEDIO
<25 años	$7,351.00	$2,816.00
25–34 años	$37,557.00	$14,933.00
35–44 años	$91,281.00	$35,537.00
45–54 años	$168,646.00	$60,763.00
55–64 años	$244,750.00	$87,571.00
65+ años	$272,588.00	$88,488.00

Tabla 10.12: Balances promedios y medianos de las cuentas 401(k) administradas por Vanguard en los Estados Unidos agrupadas por rangos de edad. Fuente: Vanguard Group.[262]

Es importante diferenciar *el promedio* (influenciado por cuentas muy grandes) de *la mediana*, que refleja de manera más fiel lo que la mayoría realmente tiene. Ejemplo: si una persona tiene $1,000,000 y otras cuatro tienen $0, el promedio sería $200,000, pero la mediana sería $0. Por eso, en estos casos, la mediana es el indicador más útil. En la Tabla 10.12 resulta sorprendente ver cómo la mediana no supera ni siquiera los $100,000 incluso entre las personas de entre 55 y 64 años —precisamente la década previa al retiro—.

Y este panorama no es exclusivo de Estados Unidos. Canadá muestra una tendencia similar, como se aprecia en la Tabla 10.13 según el reporte más reciente de Statistics Canada:

Rangos de edad	Balance PROMEDIO en las RRSP en Canadá	Balance MEDIO
< 35 años	CA$57,500.00	CA$15,000.00
35-44 años	CA$88,600.00	CA$33,000.00
45-54 años	CA$173,500.00	CA$72,600.00
55-64 años	CA$266,000.00	CA$120,000.00
65+ años	CA$248,700.00	CA$102,200.00

Tabla 10.13: Balances promedios y medianos de las cuentas RRSP en Canadá agrupadas por rangos de edad. Fuente: Statistics Canada.[263]

Aunque en Canadá la mediana después de los 55 años supera los CA$100,000, al convertir a dólares estadounidenses —a una tasa aproximada de CA$1.44 por US$1— ese monto representa apenas unos US$83,000.

Y aquí es donde la importancia de empezar temprano se hace evidente. En la Tabla 10.4, al inicio de este capítulo, vimos que **$83,000 invertidos sin contribuciones adicionales tardan 26 años en convertirse en un millón** a la misma tasa de retorno. Pero una persona de 65 años no tiene garantizado ese horizonte de vida. En otras palabras, comenzar tarde es el costo más alto que se paga en el mundo de las inversiones. Como dice el proverbio chino: "El mejor momento para plantar un árbol fue hace 20 años. El segundo mejor momento es ahora.".

Probando la estrategia en el tiempo

Hasta este punto, hemos analizado matemáticamente el crecimiento de las inversiones utilizando promedios históricos. Sin embargo, los mercados no se mueven en línea recta y los retornos anuales fluctúan, a veces de forma muy intensa. El famoso retorno histórico promedio del S&P 500 de +9.94% anual es eso: un promedio. Es el resultado de sumar décadas de años excelentes con años muy malos y dividir entre la cantidad de años.

En otras palabras, aunque el modelo teórico sirve para visualizar el potencial, la realidad de invertir año tras año es mucho más irregular. Por eso, es importante preguntarse: ¿Qué pasa si evaluamos esta estrategia en períodos reales y consecutivos de la historia, no solo usando el promedio matemático?

Para responderlo voy a utilizar la herramienta “S&P 500 Reinvested Dividends Calculator” de DQYDJ, que emplea los datos históricos del profesor Robert J. Shiller y de los cuales sale como promedio ese famoso +9.94%.[264]

Así que, **simulando invertir $20,000 inicialmente y luego aplicar DCA aportando con $600 al mes durante 24 años**, en distintos periodos históricos. Los resultados se muestran a continuación en la Tabla 10.14:

Fecha de inicio	Fecha final (24 años después)	Balance final	Retorno anual promedio del S&P 500
Enero 1930	Diciembre 1954	$1,012,924.55	10.38%
Enero 1935	Diciembre 1959	$1,469,037.10	12.53%
Enero 1940	Diciembre 1964	$1,503,503.21	12.66%
Enero 1945	Diciembre 1969	$1,004,388.56	10.33%
Enero 1950	Diciembre 1974	$459,924.07	5.62%
Enero 1955	Diciembre 1979	$446,512.15	5.43%
Enero 1960	Diciembre 1984	$547,146.80	6.70%
Enero 1965	Diciembre 1989	$930,780.96	9.88%
Enero 1970	Diciembre 1994	$1,039,372.19	10.53%
Enero 1975	Diciembre 1999	$2,603,383.89	15.77%
Enero 1980	Diciembre 2004	$1,289,518.04	11.78%
Enero 1985	Diciembre 2009	$680,390.70	8.02%
Enero 1990	Diciembre 2014	$743,313.69	8.55%
Enero 1995	Diciembre 2019	$768,566.10	8.75%
Enero 2000	Diciembre 2024	$950,415.04	10.00%

Tabla 10.14: Balance final y retorno anual de inversión de una inversión inicial de $20,000 y la adición mensual de $600 haciendo DCA. Fuente de la calculadora para el Cálculo: DQYDJ.[265]

En la mayor parte de los períodos, la estrategia superó o quedó muy cerca del millón de dólares en 24 años. Sin embargo, hubo seis períodos donde no se alcanzó el millón en ese plazo. ¿Cuál fue la solución entonces? **Seguir invirtiendo un poco más de tiempo.**

A continuación, la Tabla 10.14 muestra esos seis casos y cuánto tiempo adicional habría hecho falta para cruzar el millón.

Fecha de inicio	**Fecha final**	**Balance final**	**Retorno anual promedio del S&P 500**
Enero 1950	Diciembre 1974 (24 años)	$459,924.07	5.62%
Enero 1950	Diciembre 1980 (24 **+ 6 años**)	$1,140,464.10	8.04%
Enero 1955	Diciembre 1979 (24 años)	$446,512.15	5.43%
Enero 1955	Diciembre 1985 (24 **+ 6 años**)	$1,101,122.00	7.87%
Enero 1960	Diciembre 1984 (24 años)	$547,146.80	6.70%
Enero 1960	Diciembre 1988 (24 **+ 4 años**)	$1,048,250.70	8.46%
Enero 1985	Diciembre 2009 (24 años)	$680,390.70	8.02%
Enero 1985	Diciembre 2013 (24 **+ 4 años**)	$1,217,498.59	9.22%
Enero 1990	Diciembre 2014 (24 años)	$743,313.69	8.55%
Enero 1990	Diciembre 2017 (24 **+ 3 años**)	$1,037,582.92	8.88%
Enero 1995	Diciembre 2019 (24 años)	$768,566.10	8.75%
Enero 1995	Diciembre 2021 (24 **+ 2 años**)	$1,178,054.88	10.06%

Tabla 10.14: Balance final y retorno anual de inversión de una inversión inicial de $20,000 y la adición mensual de $600 haciendo DCA para los 6 períodos de la tabla 10.13 que no superaban los $900,000. En adición, esta tabla contiene la variación a realizar para lograr superar el millón en cada uno de los respectivos períodos. Fuente de la calculadora para el Cálculo: DQYDJ.

Incluso en los peores escenarios de los últimos 100 años, la estrategia de invertir sistemáticamente (DCA) funcionó —solo hizo falta tiempo adicional y disciplina—. No fue suerte. No fue *trading* agresivo. No fue *timing* del mercado. **Fue constancia.** Y, mientras muchos buscan el "momento perfecto" para invertir, **los inversionistas exitosos simplemente invierten constantemente, cuanto pueden y durante el mayor tiempo posible.** La historia lo confirma una y otra vez. **El mercado recompensa la paciencia, no la perfección**.

Para cerrar este capítulo, quiero citar nuevamente a Nick Maggiulli, pero esta vez en su extraordinario libro *Just Keep Buying*.[266] Allí presenta ideas que encajan perfectamente con todo lo que he abordado aquí, pero entre todas, hay tres que considero esenciales y que resumen la esencia de una estrategia de inversión a largo plazo:

#1: Sigue comprando, aun cuando el mercado haga una caída

Las correcciones —como se les conoce a las caídas— y los períodos de pánico son, en realidad, descuentos temporales en el mercado. Es como cuando sacan "una oferta" en el supermercado. Pues, quienes se atreven a seguir comprando cuando el ambiente es negativo suelen ser quienes cosechan los mejores retornos a largo plazo. Solo hay que hacer una cosa y es "seguir comprando", como dice en inglés el título de su libro: "*Just Keep Buying.*"

#2: DCA reduce el estrés y las preocupaciones relacionadas con las inversiones

Invertir la misma cantidad en intervalos regulares elimina el drama emocional. No hay que predecir nada. No hay que adivinar cuándo entrar ni cuándo salir.

Y como diría el legendario inversionista Peter Lynch: "mucho más dinero se ha perdido por los inversionistas tratando de anticipar las caídas del mercado que en las propias caídas." Hacer DCA no solo construye riqueza, también construye paz mental.

#3: Construir riqueza lleva décadas, no unos días

El éxito financiero es casi siempre el resultado de una combinación de **paciencia más constancia**. Nadie construye una fortuna duradera de la noche a la mañana, ni siquiera quienes nos parecen excepciones. Tanto Elon Musk, como Anne Scheiber, Jeff Bezos, Warren Buffett y los grandes inversionistas o emprendedores de la historia de la humanidad, absolutamente todos tienen una cosa en común y es que, de forma balanceada, les llevó décadas construir su riqueza. No fue uno ni dos años, sino 20, 30, 40, 50 e incluso más.

La respuesta del millón

La pregunta del millón ya ha quedado más que respondida, varias veces de hecho. Y sí, claro que existen infinitas formas de llegar a esa cifra, pero en la práctica, este capítulo te ha presentado un mapa sólido de cómo llegar y cual, de todos los caminos, tomar. Ahora, tus números, tu capacidad financiera, tu intención y tu destino es algo que está completamente en tus manos y que me es imposible ejemplificar aquí. Es tu camino particular y claro que lleva su propio mapa, pero el trayecto básicamente es el mismo. En este punto, la calculadora de interés compuesto es tu mejor herramienta. Utilízala, tírale tus números reales y comienza a explorar tu propio mapa personalizado.

Ahora, en base a todo lo que vimos y lo que nos llevó al análisis realizado en este capítulo, si fuese a resumir **la respuesta del millón, sería entonces esta**:

Invertir de forma disciplinada utilizando ETF que siguen índices amplios como el S&P 500, mientras se hace DCA durante décadas en cuentas *broker* registradas es una de las formas más simples y efectivas de construir una gran riqueza financiera, la cual, a un ritmo modesto, en una media de 21-29 años y con base a los ejemplos históricos que analizamos en este capítulo, han sido capaces de crecer una inversión de $20,000 hasta superar $1,000,000 tanto en el papel como durante los últimos 100 años.

Ahora, esa es la respuesta del millón, pero me consta que en este capítulo también te respondí la de los $500,000 (~16 años), la de los $200,000(~10 años), la de los $100,000(~6 años) y muchas otras más. Siempre recuerda que la paciencia y la disciplina que lleva construir una inversión sólida es el resultado paralelo de ser cuidadosos e inteligentes con el dinero desde el primer día hasta el último. Invertir en índices como el S&P 500 utilizando ETF de bajo costo, es sencillamente una forma sólida de hacerlo y, aunque no la única, tiene un mapa histórico donde podemos estimar los posibles escenarios futuros a los que nos enfrentaremos, asumiendo que la historia se repita.

Y cuando me refiero a "aunque no la única", pues quiero entonces llevarte al último capítulo, donde se compara esta estrategia de invertir en los índices del mercado como el S&P 500, con otras formas populares de inversión.

Resumen del Capítulo

- A un crecimiento del +9.94% anual, una inversión logra duplicarse aproximadamente cada 7.5 años gracias al interés compuesto.

- El tiempo es el activo más poderoso del inversionista. Comenzar temprano vale más que comenzar con grandes cantidades.

- La gestión del dinero es un hábito, no una cantidad. Quien no administra bien $100, difícilmente administrará $1,000,000.

- Una inversión de $1,000,000 creciendo a un +10% anual puede generar ~$100,000 en un año, sin necesidad de trabajar por ese ingreso.

- Invertir en ETF diversificados de bajo costo y aplicar Dollar Cost Average (DCA) de manera disciplinada es una de las competencias fundamentales que cada inversionista debería tener.

- Las cuentas *broker* registradas deductibles de impuestos y sus beneficios fiscales permiten acelerar significativamente el crecimiento del capital y multiplicar el rendimiento neto a largo plazo.

- Incluso en los peores períodos de los mercados del último siglo, la disciplina y la continuidad con DCA llevaron al objetivo final en menos de 3 décadas.

- La combinación de constancia, paciencia y hacer DCA ha demostrado ser, históricamente, uno de los caminos más simples y efectivos para construir riqueza a largo plazo.

(a) **Regresa a la calculadora de Investor.gov y explora escenarios que se adapten a tu situación**

Calculadora de Interés Compuesto - Investor.gov
https://www.investor.gov/financial-tools-calculators/calculators/calculadora-de-interes-compuesto

Elige una cantidad inicial hipotética que podrías invertir hoy, un plazo mínimo de 20 años y una contribución mensual realista. Prueba distintas tasas de rendimiento anual (+8%, +10%, +12%) y observa cómo cambia el monto final. Luego modifica solo el plazo (5, 10, 15, 25 y 30 años) para comparar cómo influye el tiempo en el crecimiento de tu inversión.

Al finalizar cada cálculo, presiona el botón *Show Table* debajo de la gráfica para ver una tabla similar a las presentadas en este capítulo.

CAPÍTULO 11

COMPARANDO OTRAS FORMAS DE INVERSIÓN

"Si una idea o propuesta de inversión no tiene un retorno esperado de más del +10% anual, es mejor poner ese dinero en el market."

—Jorge Díaz ☺

El 7 de noviembre de 1885, en Craigellachie, una remota localidad en las Rocky Mountains canadienses, ocurrió un evento que definió a una nación. La colocación del Last Spike, el último clavo del ferrocarril transcontinental Canadian Pacific Railway dejó conectada, de costa a costa, a Canadá por primera vez.

Antes del ferrocarril, viajar entre la costa Atlántica y la Pacífica podía tomar 4 a 6 meses, cruzando terrenos peligrosos, bosques inexplorados y las imponentes Rocky Mountains. La otra alternativa era a través de largas rutas marítimas que bordeaban el continente por el sur, pasando incluso por el Estrecho de Magallanes —una de las travesías más complicadas del mundo—.

Pero tras la finalización de la vía férrea, el trayecto pasó a tomar solo 5 a 6 días. Una reducción equivalente, en su época, a pasar de meses de espera… ¡A una semana! Para dimensionarlo aún más, hoy en día un vuelo lo cubre en unas 6 horas, que es aproximadamente lo mismo que toma un avión en ir de Toronto a Bogotá.

El propósito del proyecto fue bien estratégico, ya que el objetivo era unir un país casi acabado de fundar, integrar económica y políticamente a la Confederación, impulsar el comercio interno, fortalecer la conexión con British Columbia —incorporada apenas unos años antes— y consolidar la presencia canadiense en la costa oeste. El resultado no solo transformó al país, sino que también impulsó el nacimiento y ascenso de Vancouver —fundada al año siguiente, en 1886— convertida con el tiempo en una ciudad clave para el comercio, la inmigración y la expansión hacia Asia y el Pacífico.

Si agarras y miras un mapa de Canadá, notarás inmediatamente un patrón: la mayor parte de las ciudades están pegadas a la frontera con los Estados Unidos. En los extremos destacan los grandes puertos estratégicos de Vancouver en el oeste y Halifax en el este. Pues hoy, menos de 140 años después, Vancouver es la tercera ciudad más poblada del país, detrás de Toronto y Montreal. También es, por mucho, la más joven de las tres —ya que comparada con ciudades como Montreal (1642) y Quebec City (1608), que nacieron par de siglos antes—, Vancouver es prácticamente adolescente en términos históricos. Y a diferencia del resto de Canadá, donde los inviernos llegan fácilmente a los –10 ºC o -20 ºC, Vancouver raramente baja a 2 o 3 ºC en enero. La nieve es casi nula, y el combo de océano, montañas, clima templado y naturaleza en estado puro es maravilloso. No exagero cuando digo que he visto a locales hacer kayak o *paddle board* en la mañana y hacer *snowboard* en la tarde. Un amigo que vive allá lo hace muy seguido, disfrutando de las aguas del English Bay temprano en la mañana y de una estación de *ski* en Coast Mountains por la noche.

Pero, si hay algo que destaca internacionalmente en el caso de Vancouver es el precio del *real estate*. Simplemente, es increíblemente caro. Solo para que tengas una idea, para octubre de 2024, según el Vancouver Housing Market Report:[267]

- Precio promedio de las propiedades: CA$1,250,329
- Casa independiente promedio: CA$2,060,000
- Apartamento de Condominio promedio: CA$812,000

Como referencia, en ese mismo período en Montreal y de acuerdo con el más reciente reporte de Nesto: [268]

- Precio promedio de las propiedades: CA$544,300
- Casa independiente promedio: CA$641,800
- Apartamento de condominio promedio: CA$410,500

Vancouver es, sin exageración, una de las ciudades más caras del mundo en cuanto a las propiedades inmobiliarias. De hecho, un reporte reciente de la Chapman University —de California— clasificó a Vancouver como la tercera ciudad más "imposiblemente inasequible" del planeta, solo detrás de Hong Kong y Sídney.[269] Eso la ubica por encima de ciudades como Los Ángeles, Honolulu, San Francisco, San Diego, Toronto, Miami, Nueva York, París y Londres.

¿Te imaginas entonces los retornos de inversión de haber comprado una casa en Vancouver en los años 90 y venderla hoy? ¡Saquemos las cuentas!

Real Estate de Vancouver (1990–2024)

De acuerdo con la Canada Mortgage and Housing Corporation, una entidad del gobierno canadiense, el precio promedio de una casa independiente en Vancouver en enero de 1990, era de CA$306,265.[270] Unos 34 años después, en 2024, el precio promedio de una casa independiente en la misma ciudad es de CA$2,060,000, como vimos anteriormente. En otras palabras, "de 306K a 2.06M" en treinta y cuatro años o más de 6 veces la inversión inicial. ¡La apreciación de la propiedad es increíble! Pues, utilizando una calculadora de interés compuesto, como la de *Investor.gov*, podemos calcular y estimar rápidamente que **el retorno YoY fue de aproximadamente +5.77% anual**.

Ahora, durante ese mismo período —enero de 1990 a octubre 2024—**, el S&P 500, con dividendos reinvertidos, generó un retorno YoY de +10.68% al año.**[271] Esto significa que una inversión inicial de 306K se hubiese multiplicado por 34, en lugar de por 6, y hubiese resultado en un total de CA$10,420,643 o diez millones, cuatrocientos mil dólares aproximadamente. Y no podemos dejar fuera que no hubiese habido que pagar ni impuestos municipales, ni impuestos escolares, ni home insurance, ni hacer el más mínimo gasto en mantenimientos, pintura o reparaciones. Ahora ¿Y si tomamos el "mejor" período de Vancouver?

Imaginemos ahora que la inversión en Vancouver no se hizo en 1990, sino justo antes del gran auge inmobiliario moderno. Supongamos que la compra ocurrió en 2010, previo al período conocido en Canadá como "el gran boom del *real estate* en Vancouver de 2010 a 2016".[272]

Pues volvamos a calcular. El precio promedio de las casas independientes en Vancouver, de acuerdo con las mismas fuentes anteriores, para enero de 2010, era de CA$832,749. **Durante los 14 años siguientes, el retorno YoY sería de +6.49% anual**, multiplicando la inversión inicial —esta vez en un período más corto— por aproximadamente 2.5X. Mucho mejor que el período ajustado desde enero del 90, en términos de interés compuesto, pero, aun así, no significativamente mayor.

Durante ese mismo período, **el S&P 500 retornó +13.83%**, multiplicando por 6.76X la inversión inicial. Un +13.83% anual fue capaz de convertir CA$832,749 en más de cinco millones y medio (CA$5,629,108) en el mismo tiempo transcurrido desde enero de 2010 hasta octubre de 2024.

Y vale subrayar algo importante: **esto no fue una comparación genérica.** Estamos contrastando **el rendimiento del S&P 500 con el retorno promedio en la tercera ciudad más apreciada del mundo en lo que es *real estate* durante las últimas décadas**. Una de las ciudades donde invertir en propiedad ha producido algunos de los mejores resultados globales. Y, aun así, esa inversión no se acerca —ni remotamente— al retorno histórico del índice bursátil más seguido del planeta.

El propósito de este capítulo

El objetivo aquí no es declarar ganadores absolutos, ya que no pretendo dar un veredicto en cada caso. De hecho, todas las alternativas que analizaremos representan vehículos válidos dentro de un contexto de diversificación de patrimonio o de portafolio, como prefieras llamarlo. Y a la vez, como un principio básico y propio de la diversificación, invertir exclusivamente en el S&P 500 no es una buena idea, pero sí es "importante poder ver todo desde otras perspectivas", parafraseando un poco a Henry Ford.

La meta de este capítulo, más bien, es dar perspectiva y mostrar cómo se compara la alternativa de invertir consistentemente en ETFs indexados frente a otras clases de activos. Así que, con ese espíritu, vamos a evaluar cinco alternativas comunes frente a un ETF que sigue el S&P 500 (como SPY, IVV o VOO):

- *real estate*
- un negocio propio
- oro
- arte
- criptomonedas

Para simplificar y estandarizar el análisis, evaluaremos cada alternativa según los siguientes criterios de la Tabla 11.1:

Criterio	Descripción
Horizonte de inversión	Tiempo esperado para mantener la inversión antes de retirarla.
Riesgo	Nivel de incertidumbre respecto a ganancias o pérdidas.
Liquidez	Facilidad y rapidez para convertir en efectivo al precio de mercado.
Esfuerzo	Trabajo necesario para iniciar, gestionar y vender la inversión.
Escalabilidad	Capacidad de crecer conforme aumenta el capital.
Estudio / preparación	Conocimiento necesario para operar la inversión correctamente.
Facilidad de adicionar unidades	Qué tan simple es agregar dinero periódicamente a la inversión inicial.
Retorno histórico esperado	Rendimiento promedio esperado y estimado a largo plazo.
Costos anuales	Gastos de gestión y mantenimiento continuos.

Tabla 11.1: Lista de criterios a utilizar para comparar las diversas alternativas de inversión.

Ya que comenzamos analizando el caso de Vancouver, iniciemos nuestra comparación con el Real Estate.

El Real Estate

La inversión en bienes raíces es una práctica con miles de años de historia. Desde tiempos antiguos, la tierra ha sido un recurso limitado y, por tanto, valioso, tanto para uso personal como para generar ingresos.

Hoy, los bienes raíces siguen siendo una de las formas de inversión más populares, ya sea mediante propiedades residenciales, comerciales o terrenos sin desarrollar.

Su atractivo reside en tres factores principales:

- La posibilidad de generar ingresos pasivos mediante la renta.
- La apreciación del valor con el tiempo.
- La percepción de estabilidad, ya que es poco común que una propiedad pierda repentinamente un 10% de su valor en un solo día.

Ahora, en términos modernos, existen dos grandes formas de invertir en propiedades: como **residencia principal** y como **propiedad para rentar**. Comencemos entonces con invertir en *real estate* como residencia principal.

La Residencia Principal

En los Estados Unidos, una de las principales formas de inversión de los habitantes es adquiriendo una vivienda para vivirla como residencia principal. Pues, de acuerdo con *BankRate.com*, el 65.6% de los americanos son propietarios de las viviendas en las que residen, aunque, notablemente, Estados Unidos se encuentra entre los países de menor proporción del mundo.[273] De hecho, el porciento de la población que es propietaria de las viviendas es muy similar a países como Francia (64.5%), Canadá (66.5%), Argentina (68.9%) y Reino Unido (63%); mientras que la proporción de propietarios es muchísimo mayor en países como Rumanía (95%), Hungría (91%), China (89%), Rusia (89%) y la India (86%).[274]

Sin embargo, desde una perspectiva estrictamente financiera, la residencia principal es muy distinta a una propiedad de renta. La razón es simple y es que **tu casa no genera ingresos**. No produce flujo de efectivo, por lo que su ROI depende únicamente de la apreciación del valor en el mercado, y esta —a largo plazo— no ha sido extraordinaria en promedio mundial.

Uno de los estudios más influyentes sobre este tema se encuentra en el libro *Irrational Exuberance*, del Premio Nobel de Economía Robert J. Shiller —del que hemos hablado varias veces en este libro—, donde se demuestra que: "Durante los 100 años que terminaron en 1990, antes del reciente auge inmobiliario, los precios reales de las viviendas aumentaron solo un +0,2 % anual en promedio." [275]

Esencialmente, Shiller examina los retornos a largo plazo del mercado inmobiliario y cuestiona la percepción popular de que el *real estate* es siempre una inversión segura. En el estudio destaca que, una vez incluidos los costos de mantenimientos, impuestos, seguros y reparaciones, **las residencias principales en Estados Unidos han producido casi cero retornos reales por un siglo.** Y esta es precisamente una de las razones por las cuales, incluso en un caso tan excepcional como el de Vancouver —una de las ciudades con mayor apreciación inmobiliaria en las últimas décadas— el retorno promedio anual fue de +5.77%, antes de costos de mantenimiento, impuestos y seguro. Ahora, ¿quieres ver qué pasa si los incluimos?

El impacto real de los costos

Los datos más recientes del estudio *"Ser propietario de una vivienda en Estados Unidos cuesta más de $21,000 al año en gastos ocultos"*, publicado en 2025, son bien impresionantes.[276] Resulta que, de acuerdo con los resultados encontrados por *Bankrate*, el cual incluye miles de propietarios a lo largo de todos los estados de la nación, solo el mantenimiento del hogar promedia más de $8,800 USD al año, representando la mayor parte de los costos ocultos de ser propietario de una vivienda. Si tomamos como referencia el valor promedio de una casa en Estados Unidos —$437,942 USD, según el mismo estudio y los datos de *Redfin*— estos $8,800 equivalen aproximadamente a un 2% del valor total de la propiedad, lo cual confirma que, aún sin realizar mejoras, simplemente mantener una casa funcional y en buen estado, requiere inversiones constantes y significativas.[277]

Si llevamos esa misma lógica al mercado de *real estate* canadiense, donde las viviendas también suelen rondar valores comparables, una casa promedio podría necesitar cerca del 2% de su valor cada año solo para conservarse adecuadamente. En otras palabras, para una propiedad alrededor de los CA$500,000, esto implicaría destinar, como mínimo, unos CA$10,000 anuales únicamente para evitar que la vivienda pierda valor con el tiempo. Ignorar o posponer estas labores hace que el desgaste se acumule, generando reparaciones mucho más costosas y, en última instancia, una depreciación real del inmueble. Por lo que, generalmente, refugiarse en la idea de "hace años que no le pongo $1 en mantenimiento a mi casa", en el caso de ser verdad, suele ser una señal de que la propiedad está perdiendo valor.

Además, aunque estos gastos no siempre ocurren de manera uniforme cada año, se repiten en ciclos. Reparaciones mayores —como techos, ventanas, plomería, drenajes, electricidad, pintura, sistemas de ventilación o calefacción…— suelen surgir en intervalos de 4 a 15 años y de forma alterna, por lo que el promedio anual de costos termina estabilizándose regularmente alrededor del 2%.

Siguiendo nuestro ejemplo, a esto se suma el impuesto anual a la propiedad en Vancouver, que según el Vancouver Property Tax Calculator, ronda el 0.27% del valor del inmueble.[278] Y, en tercer lugar, el seguro de propiedad (el famoso Property Insurance) el cual, de acuerdo con RateHub.com, ronda los CA$2,328 anuales (~0.46%) para el área Metropolitana de Vancouver.[279]

En total, los costos anuales de nuestro análisis rondan el 4.84% del valor de la propiedad. Si restamos esa cifra al retorno bruto de +5.77% desde 1990, el rendimiento neto estimado del *real estate* en Vancouver —una ciudad entre las mejores del mundo para invertir en vivienda— **se aproxima a un +0.93% anual real.** Una cifra modesta, especialmente comparada con los retornos históricos del S&P 500.

Y no quiero que se malinterprete. No tengo absolutamente nada en contra de comprar una vivienda, pero el hecho de hacerlo, en mi opinión, **debe ser un paso motivado por muchos otros factores, más que meramente por la exclusiva razón de "invertir en algo".** Ya sea por cercanía a un trabajo, a la familia, por una intención estratégica de futura renta, por conveniencia o por tantos otros motivos, existen muchas situaciones que justifican racionalmente comprar una propiedad para residir en ella, pero exclusivamente "como inversión", no es una buena decisión si tenemos a la mano alternativas viables como un ETF que sigue el S&P 500.

Comprar una vivienda para vivir no es una mala decisión. Punto. Pero no debe confundirse con una inversión eficiente en términos de retorno financiero. Ahora, en el escenario donde de hecho la matemática es muy diferente, es cuando invertimos para rentar.

Real Estate para rentar

Cuando una propiedad se adquiere específicamente para generar ingresos mediante renta, la matemática cambia. Este enfoque —a diferencia de la vivienda principal— sí puede producir flujo de efectivo, y es una de las maneras más prácticas y tradicionales de generar ingresos inmobiliarios.

Tanto en Estados Unidos como en Canadá, aproximadamente un tercio de las propiedades existentes se utilizan como unidades de alquiler, generalmente a mediano y largo plazo. Este universo se divide, a grandes rasgos, en tres categorías principales:

- **Residencial**, para lo que es casas, condominios y apartamentos.
- **Comercial**, que abarca locales para tiendas, cafeterías, hoteles, restaurantes y centros comerciales.
- **Oficinas**, cubriendo entonces espacios corporativos y profesionales.

Ahora bien, comparar directamente "la casa de la esquina para rentarla" o "el apartamento frente al mar para AirBnB" puede ser extremadamente variable y anecdótico, ya que hay cuestiones como la ubicación, las leyes locales, el tipo de inquilino, mantenimiento, administración, demanda, impuestos… en fin, la lista es infinita y cada caso suele ser bien particular. Por eso, para obtener una referencia más general y objetiva, resulta más útil analizar el rendimiento promedio del *real estate* destinado a la renta a través de los REITs.

¿Qué es un REIT?

Pues, un Real Estate Investment Trust (REIT) es una compañía pública que invierte exclusivamente en *real estate* con el objetivo de rentarlo, ya sean instalaciones residenciales, comerciales y/o de oficinas. Existen REITs especializados en:

- edificios multifamiliares
- centros comerciales y *retail* —las tiendas individuales—
- oficinas corporativas
- logística e industrial

- hospitales y centros médicos
- torres de telecomunicaciones
- hoteles
- data centers —los cuales son bien recientes—

Las REIT funcionan, metafóricamente, como una persona que comienza con cinco apartamentos para renta y, con el tiempo, construye un portafolio tan grande que necesita un equipo completo para administrarlos. Solo que, en lugar de ser un pequeño negocio, se convierte en una gran empresa cotizada en bolsa. Imagina algo así como Apple —mucho más chiquito, claro—, lo que en lugar de tener manufactura, edificios con diseñadores, programadores y muchas tiendas Apple Store, un REIT es una oficinita cuyo único inventario son cientos de unidades inmobiliarias para rentar. En esa oficina trabaja un grupo de empleados, encargados de operarlos y mantenerlos y un equipo que se encarga de los proyectos de expansión hacia nuevas unidades. Ahora, **por ley, todos los REIT que cotizan en el *market* deben distribuir al menos el 90% de sus ganancias en forma de dividendos**. Es decir, si compras acciones de un REIT, recibes pagos periódicos provenientes de las rentas de las propiedades —luego de cubrir costos de mantenimiento, seguros, impuestos, salarios y administración—.

Es literalmente como si fueses dueño de "porciones de propiedades de renta", la única diferencia es que el dinero que llega a tus manos es el que queda después de todos los gastos. Míralo como si fuese que tienes varias propiedades, una persona que se ocupa de mantenerlas, de los inquilinos, de los impuestos… **esa persona se ocupa de absolutamente todo y lo que te llega cada mes es la ganancia neta después de cubrir absolutamente todos los gastos.**

La única diferencia radica en que, en lugar de darle el dinero a "un encargado" para que compre y opere tu propiedad de renta, para un REIT se invierte en ellos a través de un ETF, tal y como si compraras SPY.

A nivel internacional, las REIT son muy populares en países como Estados Unidos, Canadá, Australia, Alemania, Japón, Singapur, Francia, Reino Unido, Suecia, India, Malasia y sobre todo en China.[280] En Estados Unidos, a mediados de 2024, se estimaba que las REIT públicas eran propietarias de cerca de 580,000 propiedades —incluyendo edificios multifamiliares, oficinas y más— empleando alrededor de 3.5 millones de trabajadores de forma directa e indirecta.[281] Y ojo, me refiero a más de medio millón de estructuras, no de apartamentos, ya que perfectamente una propiedad puede referirse a un edificio de 200 o más puertas.

Esta escala masiva hace de las REIT una referencia sólida para medir el rendimiento promedio nacional del negocio de renta inmobiliaria profesional.

¿Cuánto han rendido históricamente los REIT?

Durante los últimos 20 años (2004–2024), el Vanguard Real Estate ETF (VNQ) —compuesto exclusivamente por REIT— ha generado un rendimiento promedio aproximado de: **+8.01% anual**.[282] Esto significa que, **en promedio nacional, y descontando costos operativos incorporados en los resultados de los REIT**, el negocio inmobiliario profesional para renta ha producido casi un +8% anual.

Por eso, si estás considerando invertir en una propiedad para renta, conviene tener ese número como referencia de mercado antes de proyectar retornos específicos de tu inversión particular ya que, hacer la matemática por adelantado evita expectativas irreales.

Si tu negocio de AirBnB, o apartamento de renta, luego de todos los gastos y teniendo en cuenta la apreciación capital del inmueble, está por debajo —o arriba— de un +8% anual, al menos tienes una idea de si te está rindiendo o no mejor que la media nacional en los Estados Unidos.

Así que, sin entrar aquí en los detalles técnicos de adquirir una propiedad —hipoteca, downpayment, trámites legales, gestión de inquilinos, por ejemplo—, comparemos de forma directa la alternativa del ETF del S&P 500 con el enfoque de *real estate* para renta en la Tabla 11.2, de la página siguiente:

Criterio	S&P 500 con un ETF	Real Estate para renta
Horizonte de inversión	Largo plazo (5-10+ años)	Largo plazo (10-20+ años).
Riesgo	Moderado, diversificado.	Bajo a moderado, dependiente del mercado local.
Liquidez	Alta, se puede vender fácilmente si el mercado está abierto. Se pueden vender todas o parte de las unidades.	Baja, la venta de propiedades lleva tiempo, papeleo, visitas y discutir ofertas. No se pueden vender "partes de la casa". Es todo o nada.
Esfuerzo	Bajo, inversión pasiva.	Alto, requiere gestión activa de inquilinos y mantenimiento.
Escalabilidad	No tiene límites. Lleva el mismo esfuerzo operar 1 unidad que miles.	No es escalable sin formar un equipo o dedicar cada vez más tiempo. El esfuerzo de operar muchas unidades es incomparable al de operar 1.
Estudio / Preparación	Bajo, se necesita conocimiento básico sobre ETF.	Alto, incluye análisis del mercado, financiación y contratos de compra/venta con notarios.
Facilidad de adicionar unidades	Muy fácil. Se puede hasta automatizar agregar unidades.	Es difícil. Implica grandes montos iniciales y procesos legales.
Retorno Histórico Esperado	+9.94% YoY.	+8% YoY promedio. Varía según el mercado y la ubicación.
Costos Anuales	Muy bajos (0.03%).	Altos (mantenimiento, impuestos locales, seguros, etc.).

Tabla 11.2: Comparación entre un ETF del S&P 500 y Real Estate para renta.

El *real estate* para renta puede ser una estrategia poderosa para construir patrimonio y diversificar inversiones, ya que produce flujo de efectivo, en determinados lugares puede ofrecer beneficios fiscales y, cuando es bien gestionado, puede generar resultados sólidos. Sin embargo, es importante aclarar que:

- no es una inversión pasiva, ya que requiere tiempo, atención y esfuerzo,

- no es fácil de escalar sin una estructura organizativa y,
- está expuesto a riesgos como el clima, los ciclos económicos y los inquilinos difíciles.

Comparado con una propiedad residencial propia, un proyecto de renta es financieramente superior pero, aun así, históricamente queda por debajo del S&P 500 en cuanto a retorno y simplicidad.

Ahora, a modo de nota curiosa: en el *capítulo 5*, específicamente en la Figura 5.3: "Sectores del S&P 500" encontrarás que cerca del 2.2% de los holdings del S&P 500, son empresas REIT. Así que si no tienes propiedades físicas a tu nombre, pero inviertes en el índice, puedes basarte —a modo de consuelo— en ese pequeño 2.2% para decir que, de alguna forma, "tienes inversiones en *real estate*" (risas).

Así que, habiendo explorado la perspectiva del sector inmobiliario como inversión, comparemos ahora con otra vía muy común para construir riqueza: un negocio propio.

Negocio propio

Desde los primeros mercados donde comerciantes intercambiaban bienes y servicios, hasta las empresas tecnológicas globales actuales, iniciar un negocio ha sido una de las principales formas de generar independencia financiera, construir riqueza y aportar valor económico y social.

Hoy, el emprendimiento sigue ofreciendo oportunidades prácticamente infinitas, pero también presenta riesgos altos, especialmente en el corto y mediano plazo. Emprender no es simplemente "tener una idea" y lanzarse a ejecutarla. Es también asumir un camino donde se trabaja bajo presión, se toman decisiones difíciles y se enfrentan mercados competitivos. Aun así, la historia demuestra lo que puede suceder cuando innovación, disciplina y tiempo se combinan:

- **Amazon** fue fundada por Jeff Bezos en el garaje de su casa en 1994 y hoy es de las 5 compañías más valiosas del mundo.

- **Apple** nació cuando Steve Jobs, Steve Wozniak y Ronald Wayne ensamblaban computadoras en un garaje hace casi 50 años y su market cap supera múltiples billones de dólares.

- **Nike** inició en 1964 cuando Phil Knight y Bill Bowerman vendían calzado deportivo japonés desde el maletero de un auto.[283] Hoy, la compañía fabrica más de 800 millones de zapatos al año y tiene un *market cap* cercano a US$117 mil millones.

- **Nestlé** comenzó en 1867 cuando Henri Nestlé desarrolló una fórmula para bebés llamada Farine Lactée —la harina lacteada de toda la vida—.[284] Hoy ofrece más de 2,000 productos y su valor supera los US$220 mil millones.

- **Toyota**, fundada en 1918 por Sakichi Toyoda como fabricante de maquinaria textil, produce hoy alrededor de 9 millones de vehículos al año y tiene un *market cap* aproximado de US$282 mil millones.[285]

Y a lo largo del libro hemos visto los ejemplos también de Boeing, Netflix, Vanguard… cada una de estas gigantes compañías empezó como un proyecto pequeño, casi insignificante frente a lo que son hoy. Y está más que claro que no todos los emprendimientos aspiran a convertirse en multinacionales, pero la realidad es que, al salir al mercado, se compite —directa o indirectamente— contra empresas grandes y pequeñas.

Personalmente, crear negocios e invertir en emprendimientos es algo que me apasiona. Pero también soy muy consciente de la objetividad y claridad que se necesita para evaluar tanto ideas como oportunidades. Construir un negocio desde cero requiere noches sin dormir, mucho esfuerzo y, en ocasiones, una inversión inicial considerable. Y siempre, antes de dar el salto, es fundamental entender cómo funciona estadísticamente para los demás.

La realidad estadística de los negocios

Según el más reciente reporte de la U.S. Small Business Administration, existen aproximadamente 33 millones de pequeños negocios en los Estados Unidos, los cuales emplean a 61.6 millones de personas —casi el 46% de toda la fuerza laboral del país—.[286] En otras palabras, **millones de pequeños negocios sostienen a casi la mitad de los empleados estadounidense**. Sin embargo, también es importante conocer la otra cara de la moneda.

Recordemos, en el *Capítulo 5: Standard' & Poor's y el S&P 500,* mencionaba que la vida promedio de una empresa que llega al S&P 500 es de 18 años.[287] Pues en el universo de los negocios pequeños, la realidad es mucho más brutal ya que, la expectativa de vida es aún más corta. Según datos *del U.S. Bureau of Labor Statistics*, de los 569,387 nuevos negocios registrados en 1994 —que empleaban en su inicio a unas 4,127,123 personas—, el porcentaje de ellos que fueron cerrando fue el siguiente: [288]

- 1995 (**1 año** después)**:** 20.4%
- 1997 (**3 años** después)**:** 31.9%.
- 1999 **(5 años** después)**:** 45.7%.
- 2004 **(10 años** después)**:** 61.7%
- 2014 **(20 años** después)**:** 78.8%.
- 2024 **(30 años** después)**:** 86.9%.

Es decir: **después de 30 años, solo el 13.1% de los negocios seguían existiendo**.

Si consideramos además, de acuerdo al mismo reporte, que la vida promedio de un pequeño negocio en los Estados Unidos suele estar entre 6 y 7 años, queda claro que factores como una planificación adecuada, un buen entendimiento del mercado y un arranque sólido son críticos para incrementar las probabilidades de éxito.

De todas las alternativas evaluadas en este capítulo, iniciar un negocio propio es, por mucho, la que más esfuerzo físico y mental exige, la que mayor implicación personal requiere, y también la que mayor riesgo presenta. Por eso, antes de emprender es importante hacer un análisis realista, con los pies en la tierra. Los negocios privados son una de mis grandes pasiones, pero he aprendido con el tiempo que **no todas las oportunidades merecen ser perseguidas**. Si pusiera un dólar en una alcancía por cada idea o proyecto que analicé y decidí no hacer, tendría una buena colección de cochinitos de cerámica repletos.

Y si la oportunidad no es un negocio que estés creando tú, sino una invitación de un familiar o amigo, la primera pregunta que siempre debes hacer es la siguiente "¿Cuál es el retorno esperado de mi inversión?" Si no pueden responderla o argumentarla con solidez, ahí tienes el primer "uh-oh" —una *red flag* clara—.

Si tu intención es hacer dinero, ya conoces alternativas diversificadas y pasivas de mejor perfil riesgo/retorno. Ahora, si tu motivación es apoyar a alguien querido, impulsar un sueño o tener una participación simbólica en el proyecto, también es válido —pero debes saber exactamente qué estás buscando—.

A continuación, de forma similar a la comparación previa con el *real estate*, evaluemos iniciar un negocio propio frente a invertir en un ETF que sigue el S&P 500 en la Tabla 11.4:

Criterio	S&P 500 con un ETF	Negocio Propio
Horizonte de inversión	Largo plazo (5-10+ años).	Varía, puede ser a corto o largo plazo.
Riesgo	Moderado, diversificado.	Alto, muchas empresas fracasan en los primeros años.
Liquidez	Alta, se puede vender fácilmente si el mercado está abierto. Se pueden vender todas o parte de las unidades.	Muy baja, el negocio puede ser difícil de vender y la venta parcial de acciones tiende a estar asociada a un mayor esfuerzo e implicación del dueño fundador.
Esfuerzo	Bajo, inversión pasiva.	Muy alto, requiere dedicación diaria.
Escalabilidad	No tiene límites. Lleva el mismo esfuerzo operar 1 unidad que miles.	Generalmente, escalar requiere más recursos, energía y tiempo.
Estudio / Preparación	Bajo, se necesita conocimiento básico sobre ETF.	Muy alto, incluye habilidades de gestión, finanzas y el mercado.
Facilidad de adicionar unidades	Muy fácil. Se puede hasta automatizar agregar unidades.	Difícil, requiere reinversión estratégica.
Retorno histórico esperado	+9.94% YoY	Variable, desde pérdidas hasta rendimientos muy altos.
Costos anuales	Muy bajos (0.03%)	Altos, dependiendo de la naturaleza del negocio. Costo emocional y de tiempo elevado.

Tabla 11.4: Comparación entre invertir en un ETF del S&P 500 e invertir en un negocio propio.

Veamos, a continuación, una de las inversiones más longevas que existe: el oro.

El oro

Si hay un activo tangible que ha atravesado civilizaciones, imperios y siglos sin perder su atractivo, ese ha sido el oro. Tanto los egipcios, como los romanos y los mayas lo utilizaron como símbolo de riqueza, poder y, en muchos casos, como moneda de intercambio.

Hoy, invertir en oro sigue siendo posible en múltiples formas. Se puede hacer, desde joyas y pequeños lingotes hasta vehículos financieros modernos como el ETF SPDR Gold Shares (GLD), cuyo respaldo proviene de lingotes almacenados en bóvedas seguras.[289] En este caso, al comprar unidades del ETF, los compradores adquieren derechos legales sobre el oro físico bajo propiedades en sus *holdings*, de forma similar a como comprarías acciones que representan participación en un índice del mercado.

Ahora, en cuanto a su valor, el oro siempre ha sido considerado un refugio de valor a largo plazo. Su reputación como protector del patrimonio durante crisis económicas o periodos de incertidumbre está bien establecida. Incluso hoy, bancos centrales y reservas federales alrededor del mundo siguen manteniendo toneladas de oro como respaldo estratégico para los horizontes financieros de largo plazo de sus países.[290]

Sin embargo —y este es el punto clave para el inversionista individual promedio— **la evidencia muestra que el oro no suele ser una buena inversión para la mayoría de las personas** cuando se compara con otras alternativas de crecimiento a largo plazo.

¿Qué dice la investigación histórica sobre el oro?

Uno de los estudios más reconocidos internacionalmente sobre el oro es *The Golden Dilemma*, publicado en 2013 por Claude Erb (TCW Group) y Campbell Harvey (Duke University). En él, los autores analizan extensos periodos históricos y concluyen explicando que: "encontramos poca evidencia de que el oro haya sido un resguardo efectivo contra la inflación inesperada, ya sea a corto o largo plazo. Además, el argumento de que el oro actúa como un resguardo seguro frente a las monedas de todos los países no parece estar respaldado por los datos."[291]

Es decir, aunque culturalmente el oro se perciba como un escudo financiero universal, los datos de largo plazo no respaldan esa idea con la consistencia que muchos imaginan. Aunque los autores analizan siglos de información, basta observar el siglo XX y lo que va del XXI para comprender su volatilidad y falta de consistencia como inversión pura:

- **1914-1918:** Durante la Primera Guerra Mundial ocurrió un abandono masivo del patrón oro por varios países y la inflación desestabilizó su valor.

- **1929-1934:** En el período de la Gran Depresión, Estados Unidos devaluó el dólar y el oro se disparó aproximadamente +65% en 6 años.

- **1944-1971:** El sistema Bretton Woods ayudó a mantener el oro relativamente estable durante más de 25 años.

- **1972-1980:** Abandono del patrón oro. Comenzó un alza en la que se multiplicó por 10X en solo 8 años.

- **1980-1985:** Las tasas altas desploman precio cerca de 45% tras el pico histórico de 10X en 1980.

- **1985-2007:** El valor del oro se mantiene bajo y recupera 27 años después los valores de 1980 para llegar a un 0% de retorno.

- **2007-2024:** Ha aumentado a un promedio YoY de +10% anual.[292]

Este comportamiento muestra claramente que, **si bien el oro puede experimentar incrementos explosivos en determinados períodos, también puede atravesar décadas completas sin generar retornos reales positivos**. Su retorno de inversión depende en gran medida de factores externos como eventos macroeconómicos, políticas monetarias y crisis internacionales, lo que lo convierte en un activo tan impredecible como históricamente fascinante. Los autores del estudio destacan varios puntos clave respecto al oro:

- No genera ingresos, a diferencia de activos como acciones, bonos o el *real estate* en el caso de la renta.
- Su valoración es incierta y difícil de estimar.
- Su oferta y demanda son altamente volátiles en el corto plazo.

- Solo a muy largo plazo —en escalas generacionales— ha demostrado preservar valor.

El oro sencillamente no responde a un patrón de "retorno esperado" de apreciación ni en el corto, mediano o largo plazo, sino en el muy largo plazo, donde realmente lo que ha hecho es mantener su valor. Dicho de otra forma: puede funcionar como protección patrimonial multigeneracional, más apropiado para bisnietos o tataranietos que para nosotros mismos o nuestros hijos.

Durante una entrevista en el año 2021, para el Pódcast *The Rational Reminder*, el propio Campbell Harvey relata una historia personal muy interesante, sobre un encuentro con un inversionista profesional:

Resulta que un día, el profesor Harvey se encuentra en Londres, en una recepción de un evento, conversando animadamente con alguien cuando escuchó fragmentos de otra conversación cercana. Alguien estaba presumiendo —en voz alta— con seguridad sobre sus inversiones en oro, asegurando que era un excelente resguardo contra la inflación. Intrigado, Harvey no pudo resistirse a intervenir. Se volteó, se dirigió a la persona y se presentó:

—Hola y disculpe la interrupción. Mi nombre es Camp Harvey. Escuché que hablabas sobre inversiones en oro para protegerte de la inflación. ¿Has leído mi artículo *The Golden Dilemma*?

La persona lo miró fijamente, a los ojos durante unos segundos y le respondió:

—Sí. Conozco muy, pero muy bien su artículo.

Super intrigado por la seguridad con la que esta persona respondió, Harvey le pregunta:

—¿Entonces, me pregunto cómo, después de leer mi investigación, puedes afirmar que el oro es un buen resguardo contra la inflación?"

La persona sonrió y respondió:

—Bueno, profesor Harvey, el problema es que usted no escuchó el inicio de nuestra conversación. Le explico: yo administro un portafolio familiar con un horizonte de inversión de 400 años, y esta es una familia muy particular, que lleva 800 años pasando los recursos de generación en generación.

Al escuchar esto, Harvey quedó impresionado. —¡Wow! —. Le estrechó la mano, le agradeció la explicación y se despidió.[293] Esta historia, desde la primera vez que la escuché, me explotó la cabeza.

Cuando uno analiza horizontes realmente lejanos —hablamos de cientos y cientos de años— el oro ha demostrado algo extraordinario y es esa capacidad de conservar su valor. Un ejemplo muy citado es el del centurión romano y el capitán moderno: Hace unos 2,000 años, un centurión romano —que comandaba alrededor de 80 legionarios y ocupaba un rango comparable al de un capitán en el U.S. Army actual en cuanto a la cantidad de subordinados— recibía un salario pagado en monedas de oro.

Pues bien, si hoy derritiéramos esas mismas monedas y las cambiáramos por dinero en efectivo a precio de mercado, su valor sería sorprendentemente similar al salario contemporáneo de un capitán. Este paralelismo ilustra cómo —a lo largo de 20 siglos— el oro ha logrado preservar su poder adquisitivo de una manera que muy pocos activos pueden igualar.[294]

Como herramienta de inversión es una reserva de valor histórica, y tiene sentido estratégico para países y bancos centrales, pero como vehículo principal para construcción de riqueza a largo plazo, históricamente, **el oro ha quedado por debajo del desempeño de los mercados bursátiles**. En otras palabras, sirve para preservar, pero rara vez para multiplicar.

Ahora, si tienes una afición por los metales preciosos o las joyas, está perfectamente bien —hay un componente emocional, cultural y estético que nada tiene que ver con las matemáticas—. Sin embargo, al igual que ocurre cuando alguien compra una vivienda únicamente con la expectativa de obtener altos retornos, si tu interés en el oro es construir riqueza de manera eficiente, los estudios más rigurosos y recientes no respaldan la idea de que el metal dorado sea una buena inversión a largo plazo.

A continuación, lo compararemos con el S&P 500 utilizando los mismos criterios que en las secciones anteriores. La Tabla 11.5 compara entonces, la estrategia del índice con la de invertir en oro:

Criterio	S&P 500 con un ETF	Oro
Horizonte de inversión	Largo plazo (5-10+ años).	Largo plazo (100+ años), pero también útil a corto plazo como refugio durante crisis.
Riesgo	Moderado, diversificado.	Moderado o bajo, depende de la inflación y la economía global.
Liquidez	Alta, se puede vender fácilmente si el mercado está abierto. Se pueden vender todas o parte de las unidades.	Alta, fácil de vender en mercados de venta de metales preciados. Aún más rápido con los ETF de oro.
Esfuerzo	Bajo, inversión pasiva.	Bajo, especialmente si se invierte a través de ETFs.
Escalabilidad	No tiene límites. Lleva el mismo esfuerzo operar 1 unidad que miles.	Si se invierte físicamente, es limitada, debido a la inconveniencia de almacenar todo el oro en el mismo lugar. Si se hace vía un ETF, es escalable.
Estudio / preparación	Bajo, se necesita conocimiento básico sobre ETF.	Bajo, conocer tendencias macroeconómicas e inflación.
Facilidad de adicionar unidades	Muy fácil. Se puede hasta automatizar agregar unidades.	Moderada en físico, depende de los costos de compra y almacenamiento. Muy fácil si es ETF.
Retorno histórico esperado	+9.94% YoY.	~1-2% anualizado a largo plazo, con picos durante crisis económicas.
Costos anuales	Muy bajos (0.03%).	Moderados, dependiendo de almacenamiento y seguros. En ETF suele ser menos de 0.5%.

Tabla 11.5: Comparación entre invertir en un ETF del S&P 500 e invertir en oro.

Si decides invertir en oro, una forma eficiente para la mayoría de las personas es hacerlo a través de un ETF como el SPDR Gold Shares (GLD), evitando problemas de almacenamiento, seguridad y transporte. Muy original, por cierto, que los managers de State Street utilizaran "GLD" para el *ticker* del ETF en el mercado, como acrónimo *gold*.

Y a continuación, aunque no tan longeva como el oro, veamos una de las formas más polémicas y estables del mundo de las inversiones: las obras de arte.

Invirtiendo en arte

Desde las pinturas rupestres hasta los renacentistas y las vanguardias modernas, las obras de arte han funcionado como un símbolo de estatus, cultura, poder e identidad. Reyes, comerciantes, aristócratas y élites intelectuales han coleccionado arte durante siglos no solo por placer estético, sino también como una forma de diversificar y preservar riqueza.

Hoy sigue siendo una práctica común y, para muchos, comienza de la manera más sencilla: comprando obras en pequeñas galerías, estudios locales o directamente a artistas emergentes. Es un mercado accesible, donde el comprador se guía por el gusto personal, la intuición y la conexión emocional con la pieza. Pero a medida que uno se adentra en este mundo aparece el siguiente nivel: las subastas, donde piezas de enorme valor —desde un Picasso hasta un Basquiat— se venden al mejor postor y donde los precios pueden multiplicarse en cuestión de segundos cuando los compradores se disputan una obra importante. Son "las grandes ligas" del mundo de las inversiones en arte, y es allí donde los números que se ven resultan realmente impresionantes.

Solo para que tengas una idea, según *Artprice.com*, en su lista de "Los 500 artistas con mayor volumen de ventas en subastas en 2023", están registradas todas las operaciones de grandes subastas del año a nivel internacional. En la posición número 1 se encuentran las obras de Pablo Picasso, con más de 3,510 operaciones por un total de casi $597,000,000 en el año. Para que comprendas qué significa esto: si alguien compra una obra en $100,000, esa transacción suma al volumen anual. Pero si dos semanas después la vende en $130,000, ambas operaciones combinadas —realizadas dentro del mismo año— aportan unos $230,000 al total anual. Como referencia comparativa, esto funciona de manera similar al volumen de transacciones de una acción en la bolsa.

Si continuamos con la lista, justo después del español aparecen las obras del estadounidense Jean-Michel Basquiat, luego las de Chang Dai-chien de China, las del alemán Gerhard Richter (quien aún vive), las del norteamericano Andy Warhol y, en el sexto lugar, las del pintor francés Claude Monet. Solo en el top 10 de los 500, el volumen de operaciones realizadas en el año 2023 supera los 2.38 mil millones de dólares.[295] Y por muy sorprendentes que parezcan estas cifras, representan apenas una fracción del mercado de arte global, que —al menos a nivel de subastas— movió más de 65 mil millones de dólares en transacciones durante ese mismo año.[296] Las obras de arte no son, para nada, un tipo de inversión irrelevante ya que movilizan cantidades enormes de dinero cada año.

Sin embargo —volviendo a la lista del top 500 de 2023—, a pesar de estar en el 6.º lugar, quiero referirme específicamente a las obras de Claude Monet. Entre los artistas del top 10, el francés es, por mucho, quien mejor precio promedio por obra alcanza. Básicamente, sus pinturas están entre las de "mayor pegada", debido a que **promedian casi 6.3 millones por cada transacción**, mientras que en el segundo lugar —desde este punto de vista— aparecen las obras de Basquiat, cuyos precios promedio por obra vendida son casi tres veces menores que los de Monet.

¿Por qué me detengo en esto? Porque, aunque la mejor venta de una obra en el año 2023 fueron los 139 millones de dólares pagados por *Mujer del reloj* de Pablo Picasso, ese récord no representa el comportamiento general de las ventas del artista ya que, si incluimos todas las otras transacciones del año, **su promedio por venta estuvo más cerca de los $170,000 por operación**.[297]

Y como para la sección siguiente, no busco enfocarme en una venta récord aislada —que solo puede beneficiar a un propietario—, sino en un caso de grandes retornos que beneficien a un grupo amplio de vendedores en un mismo año, voy entonces a utilizar los números del pintor francés. En las inversiones, el promedio del grupo dice mucho más que la excepcionalidad puntual de un solo caso y el hecho es que en el 2023, decenas de ventas multimillonarias de Monet nos van a funcionar mejor como referencia que miles de ventas de Picasso que promediaron unos $170,000.

Las obras de Monet como inversión

Pues entonces, mi *benchmark* —si recuerdas el término del *Capítulo 7*—, van a ser las pinturas de Monet. De forma similar a como abordé el caso de la ciudad de Vancouver o el de las acciones de Nvidia, Apple, Netflix o Google, en lugar de enfocarme en compañías que con los años han ofrecido retornos promedio. Mi intención es también concentrarme en las mejores pinturas.

Y resulta que, entre las ventas más recientes de la obra de Claude Monet, la galería internacional Heather James ha sido una de las principales promotoras de las transacciones, ya que ha facilitado la eventual subasta de sus pinturas en las grandes casas de remates del mundo. Según reflejan en su artículo "Claude Monet Recently Sold Works", los siguientes números de la Tabla 11.6 corresponden a algunos de los récords de venta obtenidos en dichas transacciones:[298]

Obra	Año de pintada	Casa de subastas	Fecha de venta	Precio de venta
Meules	1891	Sotheby's New York	mayo 2019	$110,747,000
Nymphéas en fleur	entre 1914 y 1917	Christie's New York	mayo 2018	$84,687,500
Meule	1891	Christie's New York	noviembre 2016	$81,447,500
Le bassin aux nymphéas	1919	Christie's London	mayo 2015	$80,379,592

Tabla 11.6. Ventas récord recientes de obras del pintor francés Claude Monet realizadas por la galería Heather James Fine Art. Fuente: Heather James.[299]

Y a pesar de que esos números son impresionantes, en el mismo artículo Heather James especifica que, **desde 1976, las pinturas de Monet han aumentado su valor con un promedio anual de crecimiento compuesto de +9.9%**. Un retorno muy interesante, sobre todo teniendo en cuenta que estamos hablando —y no perdamos la perspectiva— del artista cuyas obras alcanzaron, a nivel mundial, el precio promedio por pieza más alto dentro del top 10 en el año 2023.

Aun así, no me voy a concentrar en los promedios de ese año, sino en los precios récord en los que sus cuatro piezas principales fueron vendidas y acabamos de ver en la Tabla 11.6. Es decir, no voy a ir por las ventas promedio de 6 millones de 2023… voy por las de más de 80,000,000.

Hagamos entonces una gran suposición: vamos a asumir que tenemos el beneficio de la retrospectiva y ya conocemos el pasado. Imaginemos que contamos con una máquina para mandar mensajes en el tiempo y, además, la posibilidad de enviar uno a principios del siglo XX para decirle a uno de nuestros antepasados que vaya directamente a comprar alguna de esas cuatro pinturas para venderlas en el futuro, en cada uno de esos respectivos años. Supongamos también que, aun sabiendo que las obras de arte suelen aumentar su apreciación después de la muerte del artista, vamos a asumir que el crecimiento de valor es exactamente el mismo desde el día en que Claude Monet terminó cada pintura: +9.9% anual. Sigue conmigo, estoy intentando demostrar un punto.

Si fuésemos a analizar ese crecimiento anual —a la inversa, obviamente— y, utilizando la calculadora inversa de interés compuesto de *Calculator Academy*, podemos calcular cuánto habría sido necesario pagar por cada uno de esos Monet en su momento.[300] Básicamente, mi interés es saber, por ejemplo, durante los 128 años transcurridos desde el día en que Claude pintó *Meules* hasta el día en que se vendió a precio récord, cuál fue el punto de partida que la llevó a valer $110,747,000 creciendo a +9.9% anual. Y luego repito el cálculo con el resto de las obras.

Una vez calculado y definido cuánto debo pagar por la obra recién pintada a su autor para comprarla —mientras asumo el riesgo de que Claude no pinte otra casi igual—, voy a comparar ese valor con respecto al salario promedio de la época, es decir, cuánto dinero necesito convencer a mi tatarabuelo que utilice para comprar una de las pinturas. Ahora, como estamos hablando de un período relativamente amplio —unos 30 años—, voy a escoger un punto intermedio de referencia para el salario, con el propósito de mantener la matemática simple. Pues, de acuerdo con la base de datos de la librería de la Missouri University, el salario promedio en los Estados Unidos en el año 1905 rondaba los $11.16 a la semana, lo que equivalía aproximadamente a unos $580 al año.[301] Ese será el salario anual que voy a utilizar como referencia para mi tatarabuelo.

En la Tabla 11.7 se muestran los resultados de los cálculos anteriores, realizados a partir de los precios récord de venta —que vimos en la tabla anterior— para cada pintura en su respectivo año. A continuación, analizamos estos resultados con más detalle:

Obra	Año de creada	Año venta	Años transcurridos	Valor inicial calculado (antes de crecer +9.9%)	% del salario anual de 1905 ($580)
Meules	1891	2019	128	$626	108%
Nymphéas en fleur	1915	2018	103	$5,071	874%
Meule	1891	2016	125	$611	105%
Le bassin aux nymphéas	1919	2015	96	$9,319	1,607%

Tabla 11.7. Estimación del valor inicial de las obras de Monet en el año en que fueron creadas, asumiendo una apreciación anual promedio de +9.9%. Las dos columnas de la derecha presentan el valor estimado original y la cantidad de salario anual de la época necesario para adquirir cada obra. Fuente del salario: Missouri University.[302]

Como puedes apreciar, mientras hubiese hecho falta un poco más de un año entero de salario de un trabajador promedio para comprar cualquiera de las dos obras de 1891 —tanto *Meules* como *Meule*— en el mismo año en que fueron pintadas, para poder adquirir *Nymphéas en fleur* y *Le bassin aux nymphéas* se hubiesen necesitado muchos más salarios anuales. No sé tú, pero si ahora mismo un tataranieto mío viniera del futuro y me mostrara todas las evidencias de que las obras de un artista de mi barrio valdrán miles de millones dentro de 96 o 103 años, ni remotamente consideraría dedicar 1, 8 o 16 años completos de mis ingresos personales para comprar sus pinturas y que mis generaciones futuras se beneficien de ellas.

Es decir, aun con el beneficio de la retrospectiva, desde el punto de vista frío de inversión y crecimiento de capital —dejando totalmente a un lado el aspecto artístico, que es donde realmente radica el valor de las piezas—, no es razonable tomar una decisión así. Y es aquí donde se impone que me haga la siguiente pregunta —ya que realmente no tengo esa bola de cristal ni un mensaje de mi futuro tataranieto—: **si las obras de uno de los artistas más con más demanda en la historia de la humanidad, a pesar de venderse por sumas millonarias de 8 y 9 cifras, han promediado un**

crecimiento de casi +10% anual y solo lo sabemos con certeza más de 100 años después... ¿qué probabilidades reales tengo de invertir mi dinero en una obra hoy, con el mero propósito de hacer crecer mi capital y eventualmente obtener resultados similares?

Evidentemente, es una pregunta bien difícil de responder basándonos solo en el caso de Monet, así que analicemos un estudio más abarcador sobre el tema. Stanford University, en el año 2013, publicó los resultados de su investigación "Is Art a Good Investment?", utilizando la base de datos de subastas Blouin Art Sales Index (BASI), la cual cubre unas 3,000 casas de subastas en el mundo. A partir de esta información, los investigadores tomaron en cuenta los datos más completos de transacciones recurrentes —obras que se vendieron, al menos, dos veces—, la cual incluía unas 20,538 pinturas, y llegaron a la siguiente conclusión: **el crecimiento anual verdadero del arte como clase de inversión entre 1972 y 2010 estuvo cerca de un +6.5% anual.**[303]

Este comportamiento revela un patrón muy claro: aunque algunas obras puedan dispararse en valor y romper récords en subastas internacionales, el rendimiento promedio del arte como inversión es mucho más moderado y difícil de anticipar. **La apreciación de las obras no responde a factores puramente financieros, sino a dinámicas culturales y de mercado que evolucionan lentamente y, en muchos casos, de forma impredecible.** En otras palabras: el arte puede generar retornos extraordinarios en casos muy específicos, pero como clase de activo es complejo, desigual y profundamente dependiente de los gustos de cada época y de cada persona, ya que un multimillonario coleccionista puede, obsesivamente, utilizar una parte considerable de su fortuna para adquirir una pieza que es irrelevante para el mercado y así disparar su valor en el mismo instante en que realiza la transacción.

En sentido general, existen varios puntos clave respecto al arte como inversión:

- No genera ingresos, a diferencia de activos productivos como acciones, bonos o el *real estate* para rentar.

- Su valoración es altamente subjetiva, influenciada por modas, reputación del artista y ciclos culturales.

- La liquidez es muy baja, ya que vender una obra al precio esperado puede tomar meses o años, y depende de que exista suficiente interés en el mercado.

- Solo a muy largo plazo —en escalas de décadas o generaciones— algunas obras han demostrado una apreciación sostenida, y aun así con un grado de variabilidad muy alto.

- Los costos son elevados, incluyendo seguros, restauración, almacenamiento y transporte.

Ahora, en el caso particular de los costos, quiero analizar un detalle específicamente relacionado con la adquisición. Las comisiones de las transacciones en las casas de subastas generalmente son pagadas por el comprador y, en las grandes casas, son bien elevadas. Solo por ilustrar: **las comisiones de la subasta más famosa del mundo, Sotheby's —fundada en Londres en el año 1744—, oscilan entre el 15% y el 27%**, en estructura inversa. Esto quiere decir que las ventas por debajo de 1 millón pagan 27%, las que están entre 1 y 8 millones pagan 22%, y por encima de 8 millones, un 15%.[304] En esencia, mientras más cara es la obra, menor es el porcentaje de comisión aplicado al *hammer price* o precio del martillazo del famoso "¡Vendido a la señora del vestido azul!"

Imagina entonces, desde la perspectiva del comprador inversionista, la adquisición en mayo de 2019 de *Meules* por $110,747,000 en Sotheby's New York y tener que pagar alrededor de $16.6 millones en comisión, aplicando ese 15%. Solo con ese martillazo, el +9.9% de retorno anual "se sacude" considerablemente.

En mi opinión, el arte no es un vehículo de inversión diseñado para producir retornos rápidos ni predecibles, sino un activo patrimonial y cultural cuyo valor económico suele revelarse —si lo hace— a lo largo de muchos años. Más que una herramienta de crecimiento financiero directo, funciona como una forma de preservar valor en el tiempo y, en casos excepcionales, como un legado para futuras generaciones.

Ahora, saliéndome por unos segundos del capítulo, quiero aclarar algo importante. Todas las formas de inversión analizadas en este libro, incluida la de los ETF, se han evaluado estrictamente desde su valor monetario, dejando fuera —a propósito— el valor artístico, histórico y cultural de las obras. El arte no nació para "dar retornos de inversión", sino para expresar lo humano: nuestras emociones, nuestras épocas, nuestras batallas y nuestras preguntas. Ha acompañado a la humanidad desde que existimos como especie y reducirlo exclusivamente a números sería ignorar su verdadero propósito. Pero como este capítulo trata sobre inversiones, me limité exclusivamente al análisis financiero… aun sabiendo que el arte, en su esencia, pertenece a otra categoría completamente distinta.

Por lo que, continuando, la Tabla 11.8, de forma similar a las que hemos utilizado para comparar las formas de inversión anteriores, presenta el resumen de la comparación entre invertir en el S&P 500 y las obras de arte en general:

Criterio	S&P 500 con un ETF	Obras de arte
Horizonte de inversión	Largo plazo (5-10+ años).	Muy largo plazo (10–30+ años).
Riesgo	Moderado, diversificado.	Alto, mercado ilíquido y cambiante.
Liquidez	Alta, se puede vender fácilmente si el mercado está abierto. Se pueden vender todas o parte de las unidades.	Muy baja, vender puede tomar meses o años.
Esfuerzo	Bajo, inversión pasiva.	Alto, requiere selección, autenticación y conservación.
Escalabilidad	No tiene límites. Lleva el mismo esfuerzo operar 1 unidad que miles.	Limitada, cada obra exige gestión individual.
Estudio / preparación	Bajo, se necesita conocimiento básico sobre ETF.	Alto, conocimiento profundo del mercado.
Facilidad de adicionar unidades	Muy fácil. Se puede hasta automatizar agregar unidades.	Muy difícil, requiere mucho capital por unidad.
Retorno histórico esperado	+9.94% YoY.	Aproximadamente +6.5% anual histórico en grandes casas de subastas (según estudios).
Costos anuales	Muy bajos (0.03%).	Bien altos (seguros, almacenamiento, comisiones de subasta).

Tabla 11.8. Comparación entre invertir en un ETF del S&P 500 e invertir en obras de arte.

Como diría David Rockefeller —banquero y uno de los mayores coleccionistas de arte del siglo XX— en sus memorias: “Si compras arte solo como inversión, te estás perdiendo lo esencial."[305] Compra arte si te conmueve, si te inspira, si te hace feliz tenerlo en tu pared, si tiene un valor emocional o si alimenta tu alma, pero no porque esperes que se convierta en tu próxima gran inversión. Las obras pueden subir de valor, sí, pero dependen demasiado del gusto del mercado, de modas culturales y de dinámicas que escapan por completo al control del comprador individual.

Y así llegamos a la última y más debatida alternativa de este capítulo: las criptomonedas.

Las Criptomonedas

El martes 18 de mayo de 2010, en Jacksonville, Florida, un programador llamado Laszlo Hanyecz publicó un mensaje en un foro donde se discutía la recién creada moneda digital Bitcoin —en adelante BTC—: "Estoy dispuesto a pagar 10,000 bitcoins por un par de pizzas… pueden ser dos grandes, así me queda algo para el día siguiente. (…) Puedes hacer la pizza tú mismo y traerla a mi casa o pedirla para mí en un servicio de entrega, pero lo que quiero es recibir comida a cambio de bitcoins sin tener que pedirla o prepararla yo mismo (…) Me gustan cosas como cebollas, pimientos, salchicha, champiñones, tomates, pepperoni, etc., cosas estándar, nada raro como pescado o algo así. También me gustan las pizzas de queso normales, que tal vez sean más baratas de preparar o conseguir. Si estás interesado, por favor avísame y podemos llegar a un acuerdo. (…).[306]

En aquel momento, el BTC era un proyecto experimental y sus "monedas digitales", aunque intrigantes, no tenían un valor significativo fuera de su comunidad. Sin embargo, a finales de esa semana, a las 7 de la noche del sábado 22 de mayo, Laszlo posteó un nuevo mensaje en el mismo hilo: "Solo quiero informar que he realizado con éxito el intercambio de 10,000 bitcoins por pizza.(…)" y publicó las fotos de dos pizzas grandes, en sus cajas, de la compañía de delivery Papa John's. Alguien le había aceptado el trato, la entrega había sido realizada y Laszlo había transferido los BTC como forma de pago.

Del otro lado de la operación estaba Jeremy Sturdivant, un estudiante universitario de 19 años que, desde el Estado de California, ordenó dos pizzas por unos $25 para que fueran entregadas a Hanyecz en Florida, completando así la primera transacción de la que existe un registro en la cual se intercambiaron Bitcoins por bienes físicos.[307]

El valor estimado de esos 10,000 BTC —si lo comparamos a lo que Sturdivant pagó— era de aproximadamente unos $25, pero el tiempo convertiría esa transacción en una de las anécdotas más famosas de la historia financiera moderna. Al momento de escribir estas líneas —12 de diciembre de 2024—, 1 BTC vale $101,630.60. Es decir, aquellas dos pizzas equivaldrían hoy a más de $1,016,306,000—unos $508 millones por pizza—.

Es fácil observar esto en retrospectiva y decir "¿Cómo van a pagar tanto por unas pizzas? o "¡Qué falta de visión!". Pero, así como Bitcoin pudo multiplicarse hasta valores impensables, también pudo —y aún puede— caer a cero. Si eso ocurriera mañana, la narrativa sería la opuesta: "Laszlo se comió dos pizzas gratis".

El punto es el siguiente: **los seres humanos tomamos decisiones basándonos en la información disponible en el momento**. Claro que, si Laszlo hubiese sabido el valor que el BTC alcanzaría años más tarde, jamás lo habría utilizado para comprar pizza. Pero actuó racionalmente según la información y el contexto del mercado en ese instante. Lo mismo aplica para Sturdivant, quien posteriormente utilizó los 10,000 BTC para cubrir gastos durante un viaje con su novia por los Estados Unidos, cuando el valor de cada moneda digital rondaba apenas los $0.04 dólares.[308]

Esta anécdota no solo simboliza el crecimiento meteórico del Bitcoin, sino también cómo muchas ideas transformadoras comienzan como simples curiosidades antes de convertirse en movimientos globales. Hanyecz y Sturdivant simplemente siguieron las reglas naturales del mercado: "Yo necesito algo, estoy dispuesto a pagar tanto, alguien acepta proveer el servicio y una vez cumplido, se realiza el intercambio de valor."

El post original de Laszlo

Si algún día quieres leer con tus propios ojos esa interesante pieza de la historia, realiza una búsqueda en Google por "*pizza for bitcoins bitcointalk*" y, en el fórum original de BitcoinTalk.org, con fecha 18 de mayo de 2010, encontrarás los mensajes públicos que dieron lugar a esa transacción.

Desde entonces, el Bitcoin Pizza Day se celebra cada 22 de mayo como recordatorio del humilde origen de las criptomonedas y de la importancia de visualizar el potencial incluso cuando la mayoría duda. Lo que alguna vez fueron dos pizzas ahora representa una lección sobre innovación, paciencia y la capacidad de reescribir las reglas del dinero.

Es por esto que la inversión en criptomonedas —a pesar de ser relativamente nueva— ha ganado enorme popularidad en las últimas dos décadas. Aunque no cuentan con la historia milenaria del oro, su aparición representa un cambio radical en la percepción y uso del dinero.

Todo comenzó con Bitcoin en 2009 como la primera criptomoneda y, desde entonces, han surgido miles de alternativas con distintos usos y características. Nombres como Bitcoin, Ethereum, Solana o Dogecoin forman parte del vocabulario cotidiano, especialmente entre generaciones más jóvenes.

El "*market cap*" de las crypto

A diferencia de las acciones o los bonos, cada criptomoneda opera bajo reglas de emisión específicas: algunas tienen un número máximo de unidades, mientras que otras permiten una emisión continua. En todos los casos, su precio es definido por el mercado, lo que permite analizarlas y compararlas, en cierto modo, como otras clases de activos financieros. Similar a cómo se mide la capitalización de las bolsas de valores —el *market cap* que vimos en el *capítulo 1*— hoy en día también se puede medir el tamaño total del universo cripto.

Una vez más, y ya por última ocasión traigo el cálculo del valor total de Apple como compañía utilizando la fórmula clásica del *market cap*:

Valor de 1 stock de AAPL (oct. 31, 2024)	Total de stocks existentes	Multiplicados = Valor total de la compañía
$225.91	15,213,967,261	$3,436,987,343,932.51

Si aplicamos exactamente la misma lógica al caso de BTC, podemos estimar su valor total de mercado. Basta con multiplicar la cantidad total de monedas existentes por el precio actual de cada una. Pues según el más reciente reporte de *CoinMarketCap*, existen aproximadamente 19.79 millones de unidades de BTC en circulación, por lo que, multiplicando esta cifra por el precio vigente del Bitcoin, obtenemos su capitalización de mercado total:[309]

Valor de 1 BTC (12 de diciembre de 2024)	Total de unidades existentes	Multiplicados = Valor capital de todas las criptomonedas
$101,630.60	19,790,568	$2,011,327,300,180.80

Ahora, si hacemos lo mismo con todas las demás, lo cual obviamente no lo voy a hacer yo, sino que voy a usar la información provista por CoinMarketCap, la Figura 11.9 muestra la representación del mercado *crypto* organizado por capitalización. Básicamente, la visualización es muy similar a la forma en la que el índice *Total U.S. stock market* representa el valor acumulado de todas las empresas públicas del mercado de los Estados Unidos:

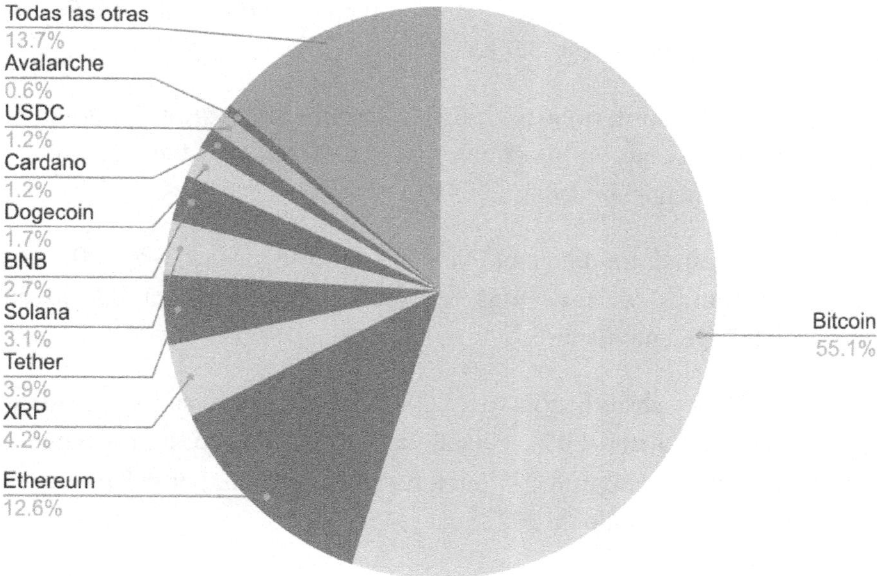

Figura 11.9: Market cap de todas las criptomonedas para un valor total estimado de $3.66 billones de dólares al 12 de diciembre de 2024. Fuente: CoinMarketCap.[310]

Como puedes ver, Bitcoin es, y por mucho, el mayor jugador del entorno y en sus hombros carga con más de la mitad del respaldo financiero del mundo de las monedas digitales. Y no es ilógico, ya que las criptomonedas resultan particularmente atractivas para muchos inversionistas debido a varios factores: **el potencial de retornos extraordinarios, la estructura descentralizada que reduce la necesidad de intermediarios financieros tradicionales y su creciente adopción en sectores tecnológicos y**

financieros. Sin embargo, también representan uno de los activos con mayor nivel de riesgo en la actualidad, debido a su elevada volatilidad en el corto y mediano plazo. De hecho, pese a su ascenso meteórico, Bitcoin particularmente, del cual existe más historia y es el mayor representante de los activos *crypto*, ha experimentado caídas históricas muy pronunciadas:[311]

- 2011: BTC alcanzó los $32 y luego **cayó abruptamente un -99.97%** a $0.01 debido a problemas de seguridad en el exchange *Mt. Gox.*

- 2012: En agosto, al hacerse público que se estaba estafando a algunos *traders* a través de un esquema Ponzi utilizando BTC, **su valor se desplomó -56%.**

- 2013: En abril, subió a $266 y posteriormente **descendió un -83%** a $50. Luego, en diciembre, alcanzó más de $1,000, pero cayó rápidamente alrededor de $530.

- 2017-2018: En diciembre de 2017, Bitcoin alcanzó $20,000, pero durante 2018, **cayó más del -80%**, situándose por debajo de $4,000 en noviembre.

- 2021: En abril, llegó a $64,000. Posteriormente, en mayo, **sufrió una caída del -50%**, bajando a $30,000. Luego, en noviembre, regresaría a los $68,000 **para luego caer -70%** por debajo de los $20,000 en junio de 2022.

Para dimensionarlo, una caída del ~70% —como la ocurrida entre noviembre de 2021 y junio de 2022— implica que una inversión de $300,000 se convertiría en apenas $90,000. Episodios como estos, junto con la incertidumbre regulatoria internacional y múltiples hackeos históricos de *exchanges*, explican por qué el mercado mantiene una postura de cautela generalizada hacia las criptomonedas como activo de inversión.

Una reciente encuesta de LendingTree en los Estados Unidos reveló que el 54% de las personas que poseen criptomonedas temen que sus inversiones colapsen y se pierdan por completo.[312] Además, el 53%

reconoce que no entiende bien cómo funcionan, y 1 de cada 4 teme que la plataforma donde opera pueda quebrar. Adicionalmente, 3 de cada 4 participantes afirmaron confiar más en el *stock market* tradicional —o incluso en el gobierno— que en las criptomonedas.

Al encontrarse en un entorno completamente desregulado, las criptomonedas están expuestas a altos niveles de especulación y fraude, al puro estilo de lo que se estilaba durante los años 1920 por personajes como Jesse Livermore. A lo largo de su corta historia, no han sido pocos los escándalos que han envuelto a plataformas, influencers y proyectos del sector. Algunos de los casos más notorios incluyen: [313]

- 2011: Colapso de Mt. Gox, un *exchange* de criptomonedas que sufrió múltiples hackeos y resultó en **pérdidas totales de $473 millones**.

- 2012: El esquema Ponzi conocido como Bitcoin Savings and Trust prometía falsos retornos y generó **pérdidas totales de $40 millones**.

- 2013: Silk Road, una plataforma utilizada para actividades ilegales, sufrió la **confiscación de activos que sumaron pérdidas totales de $183 millones**.

- 2015: MyCoin, un esquema piramidal que colapsó y **dejó a los inversionistas con pérdidas totales de $387 millones**.

- 2016: Bitfinex sufrió un hackeo masivo que resultó en **pérdidas totales de $72 millones**.

- 2016: The DAO (Decentralized Autonomous Organization) fue hackeado debido a un error de programación, lo que **provocó pérdidas totales de $50 millones**.

- 2019: La misteriosa desaparición del fundador del *exchange* canadiense de Quadriga, **resultó en pérdidas de $169 millones**.

- 2022: El colapso de FTX, causado por mala gestión y fraude, generó **pérdidas totales estimadas entre $8 y $16 mil millones de dólares**.

En conclusión, invertir en criptomonedas ha sido históricamente una actividad de altísimo riesgo durante sus 16 años de existencia, y quienes lo hagan deben hacerlo con extrema cautela. La Tabla 11.10 compara esta joven estrategia de activos digitales frente a invertir mediante un ETF que replica el S&P 500:

Criterio	S&P 500 con un ETF	Criptomonedas
Horizonte de inversión	Largo plazo (5-10+ años).	Indefinido, extremadamente volátil.
Riesgo	Moderado, diversificado.	Muy alto, riesgo extremo.
Liquidez	Alta, se puede vender fácilmente si el mercado está abierto. Se pueden vender todas o parte de las unidades.	Alta, plataformas permiten venta inmediata.
Esfuerzo	Bajo, inversión pasiva.	Moderado, requiere monitoreo constante.
Escalabilidad	No tiene límites. Lleva el mismo esfuerzo operar 1 unidad que miles.	No tiene límites. Lleva el mismo esfuerzo operar 1 unidad que miles.
Estudio / preparación	Bajo, se necesita conocimiento básico sobre ETF.	Medio–alto, incluye aspectos técnicos.
Facilidad de adicionar unidades	Muy fácil. Se puede hasta automatizar agregar unidades.	Moderada, depende de la plataforma.
Retorno histórico esperado	+9.94% YoY.	Incierto: puede ser muy alto o pérdida total.
Costos anuales	Muy bajos (0.03%).	Moderados (~1%–2%).

Tabla 11.10: Comparación entre invertir en un ETF del S&P 500 e invertir en criptomonedas.

Aunque las criptomonedas pueden ofrecer oportunidades únicas —especialmente para quienes están dispuestos a asumir riesgos extremos— hoy por hoy no son herramientas confiables para construir riqueza de manera estable, por lo que, si vas a ir por ellas, sinceramente te deseo la mejor de las suertes.

Entonces ¿Cómo decido?

Al comienzo de este capítulo aclaré que no daría un "veredicto absoluto", porque las decisiones de inversión siempre dependen del contexto personal, las habilidades, las circunstancias de cada oportunidad y, por supuesto, del *timing*. Y aquí no quiero referirme al *timing* como a cuando lo hice en el contexto del trading, en el que uno se pone a intentar "entrar y salir" el momento apropiado. Me refiero a cuando uno literalmente no está esperando una oportunidad y en realidad se da una.

Te pongo un ejemplo: si eres contratista general o tienes habilidades en construcción, y de repente encuentras una propiedad subvalorada por una inundación previa o deterioro —y a la vez sabes que puedes repararla por una fracción del costo— entonces estás frente a una oportunidad extraordinaria. Ese tipo de escenarios desafían cualquier análisis general, debido a que, si puedes comprar con descuento y arreglar con ventaja competitiva, todas las tablas comparativas que te he presentado, sencillamente se quedan cortas.

Lo mismo sucede con las oportunidades de negocio, prendas de oro, obras muy particulares de arte o incluso nuevas criptomonedas que no se han hecho masivas aún y sus precios son ridículamente baratos. Son oportunidades que presentan un potencial enorme y a la vez son muy dependientes del *timing* o el contexto actual. Pero tampoco es mi intención analizar todas las que "me pasa por delante" de la misma forma, sino entender que existe un espectro de "muy buenas oportunidades", "oportunidades promedio" y "malas oportunidades".

En fin, muchas cartas sobre la mesa, lo cual está muy bien, porque tenemos un abanico de opciones para invertir, pero la gran pregunta es: **si tengo el capital y quiero comenzar: ¿cómo decidir y cuáles priorizar?**

Pues, yo soy de la opinión que cada persona vive y siente el dinero diferente. Hay quienes necesitan adrenalina, velocidad, desafíos y exclusividad. Y están los que prefieren estabilidad, constancia y calma. Ambos caminos son válidos, incluso una mezcla loca de las dos cosas, si es lo que realmente te hace sentir vivo. Lo importante es enfocarte en construir la vida que deseas, no la que otros esperan que vivas, así que, si tu sueño siempre fue, por ejemplo, abrir tu pequeño negocio, absolutamente nada es más importante que eso. Solo asegúrate de correr tu propio maratón disciplinadamente para que puedas llegar a tu meta.

Pero, aun así, considero que hay un razonamiento sobre el cual quiero hacer énfasis. Y si en lugar de ser una idea, fuese algo así como una herramienta tangible, estilo un destornillador o una pinza, te diría "ponlo dentro de tu cajita de herramientas y utilízalo si crees que te va a ser útil". No quiero influir en tus sueños, pero sí dártelo como un pequeño atajo opcional en caso de que tengas la oportunidad de utilizarlo para acercarte a cumplirlos. Tanto tú, como cualquier persona que conozcas. Es un razonamiento al cual me gusta referirme como la Regla del +10%.

La nueva Regla del +10%

Me encantaría referenciártela en algún estudio, artículo o libro, pero honestamente es algo que llevo años poniendo en práctica y pienso que no es más que el resultado de disciplinadamente invertir en el mercado, comprender cómo funciona y, objetivamente, tomar decisiones basadas en evidencia. Supongo que viene de una mezcla entre el sentido común, el hecho de haberme encaminado en las inversiones desde hace muchos años y a la vez de enfocarme en vivir mis sueños. Me gusta llamarla la Regla del +10% porque hace un *match* bastante perfecto con la Regla #1 y la "del 72" del interés compuesto y, a la vez, considero que es la inversión más sencilla y efectiva a la que prácticamente todos tenemos acceso, aparte de tener las mayores probabilidades de lograr un gran resultado:

Si una idea o propuesta de inversión no tiene un 'retorno esperado' de más del 10% anual, no vale la pena analizarla. Ese mismo dinero, invertido en el *stock market* tiene un +10% anual de 'retorno esperado' y como inversión, es completamente pasiva.

Listo, ahí la tienes. Ya entiendes cómo funciona el mercado. Ya conoces su historia, su fuerza y su poder para multiplicar capital en el tiempo. Conoces lo que ese +10% anual abarca, la base en la que está construido y cómo acceder a él. Por lo que, a partir de ahora, en el momento que estés analizando los pasos a dar en tu próxima inversión, vas a tener una nueva carta sobre la mesa: "Invertir en ETF de bajo costo que replican los amplios índices diversificados del *stock market* y tienen un retorno esperado cercano a los +10% cada año".

Y eso es todo. Unas inversiones simples, basadas completamente en evidencia y con el potencial de producir muy grandes resultados.

Inversiones simples, grandes resultados.

CONCLUSIONES

"Si existe algún gran secreto del éxito en la vida, radica en la capacidad de ponerse en el lugar de otra persona y ver las cosas desde su punto de vista, además del nuestro propio."

—Henry Ford

La frase anterior es uno de mis mantras de vida. Intentar comprender las cosas desde el punto de vista de los demás, siempre ha sido una de mis guías en cuanto a debates, discusiones y análisis sobre otros puntos de vista. En este libro te di mi silla para que te sentaras en ella, literalmente como me gustaría hacer con mis hijos cuando tengan edad de aprender a conducir y les tenga que dar el timón: "Aquí se enciende, aquí están las luces, aquí tienes los intermitentes, este es el pedal de avanzar, este otro es el que te ayuda a detenerte, esta es la pizarra donde ves la velocidad y aquí, justo frente a ti, es donde siempre van tus manos. Una vez que aprendas a controlar el auto, eres tú quien decide el destino."

A lo largo de los capítulos me he centrado en describirte, con el mayor detalle y rigor que me permiten mis capacidades de escribir e investigar, los tres principios que sostienen los cimientos de las *Inversiones Simples* que producen *Grandes Resultados*. Y como te habrás dado cuenta, no son fórmulas secretas ni trucos escondidos: son los mismos tres principios que aplican los atletas que se enfocan en mejorar apenas un 1% cada día. Los mismos tres principios que hacen que el bambú japonés —la planta que más rápido crece del mundo—, pase un par de semanas consolidándose bajo tierra en silencio hasta que, cuando está lista, crece a más de un metro por día y se hace adulta en dos meses.[314] Los mismos tres principios que aplicaron muchos millonarios actuales durante años —y que en sus inicios, obviamente, no lo eran—. Los mismos tres principios que han permitido a miles de familias salir adelante, ahorrar, invertir y transformar su situación financiera poco a poco. Y sí, los mismos tres principios que ya comprendes, sabes cómo aplicar en tus inversiones y que te ejemplifico a continuación, sentado a tu lado, mientras estás en mi silla y yo, con mis brazos estirados, sostengo un timón imaginario:

La disciplina de hacer lo correcto, incluso cuando nadie me está mirando y solo "me está viendo" mi versión futura o mi conciencia —que, al final, es exactamente lo mismo—. Tener mis manos sobre el timón me ayuda a mantenerme disciplinado, con la vista al frente, recordando siempre que, si la vida me da la oportunidad de "llegar a viejo" con todo lo que sé desde ahora, me arrepentiría enormemente de no haber valorado lo afortunados que somos los seres humanos de poder participar en los mercados capitales del mundo. Me arrepentiría de haber apostado por lo viral, por la última tendencia y por correr riesgos innecesarios, en lugar de ir por la estabilidad y el crecimiento compuesto que proveen los ETF de índices. Seleccionando acciones constantemente, incluso si alguna me saliera bien, también me arrepentiría de haber pensado que "fue habilidad" sin reconocer la realidad del factor suerte, mientras arriesgaba la riqueza que tanto mi familia y yo nos esforzamos en construir.

En segundo lugar, está **la constancia**. Esa regularidad con la que invierto mi dinero, el cual me drena prácticamente cero energía mental, ya que lo hago en pocos minutos al mes. Sé exactamente qué ETF comprar —y que me ayuda a dormir cada noche como un bebé—, sé cuándo invertir adicionando más unidades y sin que me importe si el mercado sube o baja. Simplemente, aplico mi DCA regularmente, priorizando los beneficios fiscales que me provee el gobierno y que también se beneficiará conjuntamente conmigo a medida que mi riqueza crece. Voy sencillamente por mi carril, a una velocidad segura, sin intentar adelantar a nadie innecesariamente y verificando regularmente mi mapa, mi ruta y mi GPS. Sé qué hacer en las esquinas, sé qué hacer en los semáforos y también tengo una idea clara de lo que mi mapa "pronostica" que debo ver al doblar.

Y, en tercer lugar, la pieza que une a las otras dos: **la paciencia**. Una de las virtudes más subvaloradas del ser humano y la clave oculta detrás de todos los grandes logros de nuestra especie. Nos permitió domesticar el fuego, cruzar océanos, construir ciudades, erradicar enfermedades, interconectarnos globalmente y explorar el espacio. Es el principio que nos da la capacidad de comprender que lo que fácil llega, fácil se va. Es poder ver en el GPS que el tiempo para llegar al destino es de 22 minutos y aceptarlo, en lugar de intentar reducirlo pisando el acelerador o cruzando semáforos en situaciones de peligro. La paciencia no es pasividad. Es disciplina emocional pura, practicada de forma constante. Y, paradójicamente, de los tres, es el ingrediente más simple —ya que el tiempo avanza solo, queramos o no— pero es, a la vez, el más difícil de dominar.

Disciplina, constancia y paciencia son la clave del éxito en todas las habilidades que un ser humano puede desarrollar, ya sea en la música, las artes marciales, las ciencias, el deporte… en todo y, lógicamente, en las finanzas también. Ahora, desde el punto de vista práctico —como mismo ocurre en el caso de un atleta profesional, cuya disciplina se traduce en "seguir un programa de entrenamiento cuatro veces por semana durante los tres años antes del mundial", o en el caso de un músico, para quien significa "recibir clases de piano desde pequeño durante un mínimo de cinco horas a la semana hasta llegar a la adultez"— quiero regresar a las cuatro palabras que te di al principio del libro, a modo de recordatorio esencial por si lo dejabas ahí y no continuabas leyendo.

Te las pongo sobre la mesa nuevamente, porque es exactamente en lo que se traducen la disciplina, la constancia y la paciencia dentro de este libro, dentro de este método y en tu camino como inversionista. *Inversiones Simples, Grandes Resultados* se resume en: **"comprar el market regularmente"**.

Tal vez en ese momento sonaba muy abstracto, pero ahora, en este punto del libro, puedo decirte con plena confianza que ya puedo bajar mis manos del timón imaginario. Siento que estás *ready* para afincar las tuyas sobre el que de verdad controla el auto, decidir cuándo pisar el pedal y comenzar a avanzar en tu viaje de creación de riqueza.

El auto es todo tuyo ahora.

Hemos llegado al final. No es que sea un momento triste —aunque sí, creo que para mí un poco que lo es—, pero en la práctica tendría que comenzar a divagar a partir de este punto porque mi misión está cumplida. Todos los libros tienen un propósito y este ha sido el mío, con este que tienes en tus manos: **presentarte una alternativa viable de, muy sencillamente, obtener grandes resultados a partir de utilizar "la mayor máquina de creación de riqueza jamás creada"**, como diría Buffet.

Y aunque todos los números de las páginas anteriores definitivamente van a variar con el tiempo, el mensaje principal indiscutiblemente va a perdurar. Utiliza este libro como referencia cada vez que tengas una duda, discútelo con familiares o amigos, refiéreselo a quienes creas que pueda ayudar y si te parece que es un buen regalo, empapélalo y pásaselo a tus amigos por su cumpleaños.

Hace unos años, a un muy buen amigo le regalé un libro que me cambió la vida y me respondió "¡Coño, mi hermano, gracias! ¡Hacía años que nadie me regalaba un libro por mi cumple!" Desde entonces, es una de mis formas favoritas de sorprender a la gente que quiero, porque la lectura es de los tres mejores hábitos que existen: se discute el primer lugar con la alimentación sana y los ejercicios.

Ojalá este libro te inspire a tomar acción hoy, más que nada por quien quieres ser en unos años. Siento que es lo que me pasa cuando leo un buen libro, de esos que me mueve el piso y te deja después pensando por días. Así que, si lo logré contigo, creo que valió la pena cada segundo del año y medio que me llevó escribir este. Algunos libros te cambian la vida, otros te ayudan a comprender las cosas desde la perspectiva de los demás y otros te abren nuevos horizontes al brindar nuevas herramientas que sirven para acercarte más a las metas con las que sueñas.

Solo espero que, en tu caso, *Inversiones Simples, Grandes Resultado*s clasifique, como mínimo, en alguna de esas tres categorías.

Con admiración por tu decisión de aprender, respeto por tu esfuerzo al leerme y agradecimiento por acompañarme a lo largo de estas páginas, te mando un saludo.

Jorge

P.D.: Se siente bien raro dejar una posdata luego de más de 300 páginas, pero esta no es, definitivamente, una despedida. Si deseas conectar conmigo, puede encontrarme en Instagram como @jorgediazhav, enviarme un mensaje privado o simplemente conectar a través del sitio oficial del libro: www.crecimientocompuesto.com

Si crees que el mensaje fue muy valioso para ti,
¡Te estaré eternamente agradecido
si me dejas tu review en Amazon! →

TOMA ACCIÓN HOY

Felicitaciones por llegar hasta aquí. Leer sobre inversiones es el primer paso, pero empezar a hacerlo es el que realmente cambia tu vida financiera. Y aunque lo hemos abordado con detalle a lo largo del libro, igual quería darte una página final en la cual, concretamente, te dejara bien resumidos los siguientes pasos y, a la vez, te sirva como un buen empujón:

- **Paso #1 Terminar el libro (Completado).**
- **Paso #2 Abre tu cuenta broker:** Hazlo preferiblemente en tu banco o en un *broker* regulado en tu país. Busca que tenga comisiones muy bajas o nulas para comprar ETF y a la vez evita plataformas complicadas —lo más sencillo posible—.
- **Paso #3 Transfiere dinero a tu cuenta:** No necesitas una gran cantidad, recuerda que con los fondos suficientes para comprar una unidad del ETF en el que quieres invertir estás más que *ready* para empezar.
- **Paso #4 Invierte regularmente:** Compra los mismos ETF diversificados cada mes y no intentes adivinar el mercado. La clave está en la constancia, no en el "timing" y no olvides reinvertir tus dividendos cada tres meses.

Listo, ahí tienes un plan sencillo, directo y sin complicaciones para arrancar. Y, como vimos a lo largo del libro, no necesitas ser experto ni dedicar horas al día. Solo disciplina, constancia y paciencia, por lo que si tomas estos tres pasos hoy, ya estás invirtiendo.

Bienvenido al juego largo.

AGRADECIMIENTOS

Inversiones Simples, Grandes Resultados es un libro que llevo por escribir hace años. De hecho, lo quería hacer desde antes de *Car Leasing Done Right* pero, pensando que me iba a resultar más cómodo escribir en inglés, lo pospuse… ¡Pero que va! Nada como el confort de tu lengua natal.

Aun así, **este libro no se hubiese logrado si no fuese por**:

Lissette, mi esposa y la mejor *partner* que me ha dado la vida. Literalmente en todos los sentidos, incluido también, el de las inversiones. Es muy difícil lograr un buen balance en la vida si uno y su pareja no comparten los mismos sueños. Sin ti hubiese sido imposible este libro.

Mis hijos, en quienes pienso mucho cuando escribo. Muchas veces lo hago imaginando que siempre podrán saber mi opinión para luego formar la suya, aun el día en que ya yo no esté. Me enorgullece saber que desde pequeños conocen ya muchas de las cosas de las que trata este libro y cada vez que vienen a donde estoy y me dicen: “Papá, toma este dinero que separé y pónmelo en el *market*.”

Mi editora, Marty Halley, a quien cada página de este libro le debe muchísimo. Después de pasar por sus manos, es que realmente el manuscrito se convirtió en un libro.

Cameron Passmore, Benjamin Felix y Mark McGrath del podcast “The Rational Reminder”, por la inspiración y la calidad del trabajo que hacen. Es como tener un *meetup* todos los jueves. También al nuevo integrante, Dan Bortolotti, ahora por el podcast y hace años, por el trabajo desde el CanadianCouchPotato.

Mis *beta readers*: Diego, Lissette —que lo leyó en menos de 24 horas—, Eduardo, Daimi, Cristian 1 y Cristian 2. Les tocó masticar la versión “cruda” del libro, incluso antes de ser editado. Sus opiniones fueron oro para lograr los ajustes finales de este proyecto. O, mejor dicho, “sus opiniones fueron un ETF del S&P 500”. (risas) También Jose y Miche.

El golf, el deporte con más física aplicada y más original jamás creado. Una de mis grandes pasiones y el lugar donde tengo la oportunidad de “jugar contra mí mismo”, meditar, fallar y levantarme de nuevo. Gran parte de las secciones y la motivación de escribir este libro nacieron caminando por los campos de golf del área de Montreal, donde amanezco casi todas las mañanas entre abril y noviembre.

Ernesto, Adonys y “las Susel” por motivarme a explorar el mundo de las inversiones hace muchos años. Pienso que eventualmente lo iba a comenzar a hacer por curiosidad, pero gracias a ustedes por el empujón que me llevó a comenzar mucho antes y ganar tiempo.

A “mis *investing buddies*”: Diego, Jimmy, Ernesto, Cristian Ben y Cristian Fernández. Al Fluko, Kike, Miche, Sandor, Dustin, Ieng, el Joaco y el Jose. A Estela, Amalia, Luis, Ernesto, Mandy, Yariel, al Pichy, al Dani, al Rauli, al Rene, a Alejandro D, a Alex, al Yasser de Calgary, a Kiosmi, a Maria, al Carli, a Marien, el Fernan, a Juan, a Roberto y al resto de los socios/socias del chat de WhatsApp donde jodemos bastante con las inversiones hace un montón de años. Muchísimas de las cosas que hemos discutido en ese chat han sido una escuela. Gracias a cada uno de ustedes también.

Y, por último —aunque no menos importante—, a mi yo joven. Durante la última revisión del libro, hubo muchos momentos en los que me emocioné leyéndome, porque ponerme en la posición de aprendiz, mientras lo revisaba, me ayudó a ir aceptando, capítulo por capítulo, que no necesitaba reescribir nada más —sí, reescribí muchísimo—. Sin embargo, ese ejercicio fue también un cuchillo de doble filo, porque intentar “aprender” de mis propias palabras me llevó, una y otra vez, a reencontrarme con mi pasado. De verdad que me hubiese fascinado aprender todo esto hace una década, pero me quedo con el placer de saber que, quien lea estas páginas, podrá empezar su camino con la ventaja que yo nunca tuve.

Gracias, “Jorge acabado de llegar a Canadá”, por siempre buscar tiempo para tu pasión de aprender.

ANEXOS

Durante la redacción de este libro decidí mantener cada capítulo lo más claro y directo posible. Para lograrlo, algunos conceptos técnicos relevantes quedaron reservados para este anexo. A continuación encontrarás información adicional que resulta fundamental para cualquier inversionista responsable.

Principales entidades reguladoras

En el *Capítulo 2, ¿Cómo participar en el Market?*, expliqué la importancia de abrir una cuenta con un *broker* regulado para invertir en el mercado financiero. Sin embargo, en la práctica, es común que plataformas poco conocidas o entidades no reguladas se acerquen ofreciendo servicios, descuentos o promesas de altos retornos.

Por esa razón, es indispensable saber verificar la legitimidad de cualquier institución antes de compartir información personal o depositar fondos. Hacer negocios únicamente con entidades autorizadas es una medida esencial de protección.

A continuación se presentan los principales organismos reguladores en Estados Unidos y Canadá, así como los enlaces oficiales para validar miembros activos.

En los Estados Unidos, por ejemplo, las principales entidades reguladoras de inversiones y productos financieros son las siguientes:

- ***SEC*** *(Securities and Exchange Commission)* supervisa y regula los mercados de valores. Para el listado de miembros, puedes acceder al *"Adviser Public Disclosure Directory"*: https://adviserinfo.sec.gov/

- ***FINRA*** *(Financial Industry Regulatory Authority)* regula a los brokers y firmas de inversión. Para verificar el listado de brokers autorizados, puedes utilizar el *brokerCheck Tool*: https://brokercheck.finra.org/

- ***SIPC*** *(Securities Investor Protection Corporation)* protege a los inversionistas en caso de quiebra del broker. Para conocer la lista de instituciones registradas como miembros, puedes acceder a la página oficial de *"List of Members"* https://www.sipc.org/list-of-members/

• ***FDIC*** *(Federal Deposit Insurance Corporation)* asegura depósitos bancarios en bancos participantes. Para la lista completa de instituciones miembro, accede a *"BankFind Suite: Find Institutions by Name & Location"* https://banks.data.fdic.gov/bankfind-suite/bankfind

En Canadá, además de que la mayoría de los bancos principales tienen subsidiarias registradas en Estados Unidos, existen organismos propios que regulan las actividades financieras en territorio canadiense:

• ***CIRO*** *(Canadian Investment Regulatory Organization)* regula firmas de inversión y asesores. Para una lista completa de instituciones financieras canadienses reguladas, puedes acceder a la página *"Dealers we Regulate"* https://www.ciro.ca/office-investor/dealers-we-regulate

• ***CIPF*** *(Canadian Investor Protection Fund)* protege activos de inversionistas ante insolvencia del broker. Igualmente, para acceder a la lista de miembros, lo puedes hacer a través de la página *"CIPF Investment Dealer Member Firms"* https://www.cipf.ca/member-directory/current-cipf-members

• ***CDIC*** *(Canadian Deposit Insurance Corporation)* asegura depósitos bancarios locales. Para la lista de instituciones que pertenecen a esta, puedes acceder a la página *"List of member institutions"* https://www.cdic.ca/depositors/list-of-members/

GLOSARIO DE TÉRMINOS Y ABREVIATURAS

Este glosario reúne los conceptos y términos más importantes que aparecen a lo largo del libro. Su propósito es servir como una guía rápida y práctica para consultar cualquier palabra que pueda ayudarte a comprender mejor cómo funciona el mundo de las inversiones. Si en algún momento necesitas aclarar una idea o reforzar un concepto, aquí encontrarás una referencia sencilla y directa.

Posteriormente, luego de los términos, te adiciono una pequeña sección con las abreviaturas utilizadas también a lo largo del libro, y ordenadas alfabéticamente, de forma tal de que no necesites hojear aleatoriamente para encontrar su significado.

Glosario de términos

Bolsa de valores (*stock market*): Lugar global —físico o digital— donde se compran y venden activos financieros como acciones, bonos y ETF.

Stock exchange: Plataforma o mercado específico donde se realizan las transacciones. Al conjunto de todos los *exchanges* se les conoce como la bolsa de valores. Ejemplos de *stock exchanges*: NYSE, NASDAQ, Toronto Stock Exchange.

Acciones (*stock*): Propiedades legales que representan porciones de propiedad en una empresa. Pueden ser privadas o públicas y en el caso de las segundas, sus acciones se comercializan en la bolsa de valores.

Tamaño capital (*market cap*): Valor total de una empresa calculado al multiplicar el precio de una acción por el número total de acciones existentes.

Cuenta broker: Cuenta bancaria de inversión en una institución regulada que permite comprar y vender activos en los mercados financieros.

Dividendos/distribuciones: Pagos que una empresa entrega periódicamente a sus accionistas como parte de sus ganancias.

Retorno de inversión: Porcentaje que indica cuánto ha crecido o disminuido una inversión respecto a su valor inicial. Generalmente, es el resultado de combinar la apreciación capital más los dividendos.

Índice bursátil: Valor numérico que agrupa y resume el comportamiento de un conjunto de acciones, permitiendo ver cómo evoluciona un segmento del mercado a medida que transcurre el tiempo.

Dow Jones (DJIA): Índice compuesto por 30 grandes empresas estadounidenses usado como referencia histórica del desempeño del mercado. El peso de cada compañía dentro del índice está dado por el precio de cada acción individual.

Bono: Instrumento de deuda a través del cual un gobierno o empresa pide prestado dinero y paga intereses a cambio. Los bonos de deuda pública se comercializan en la bolsa de valores.

S&P 500: Índice que reúne a las 500 empresas más grandes de Estados Unidos. El peso de cada compañía dentro del índice está dado por su *market cap*.

Interés compuesto: Crecimiento exponencial que ocurre cuando las ganancias generadas por una inversión comienzan también a generar más ganancias.

ETF: Fondo que puede agrupar múltiples activos (acciones, bonos, etc.) y se compra igual que una acción a través de un *stock exchange*. Permite diversificar de manera sencilla.

Diversificación: Estrategia que consiste en repartir una inversión entre distintas acciones, sectores o países para reducir el riesgo y evitar que el desempeño de un único elemento afecte de forma significativa el resultado total.

Holdings: Todos los activos que conforman un ETF o portafolio de inversión.

Mercado total (*total market*): Expresión usada para referirse a un fondo o índice que cubre prácticamente todas las empresas de un país.

Mercado global: Fondo o índice que incluye empresas de todo el mundo, tanto de economías desarrolladas como emergentes.

Fee anual (MER): Costo anual de administración de un ETF, expresado como porcentaje del monto invertido.

Teoría del mercado eficiente (EMH): Propuesta que sugiere que los precios de las acciones ya reflejan toda la información disponible, haciendo muy difícil "vencer al mercado" de manera consistente.

Dollar cost average (DCA): Estrategia de invertir cantidades fijas de dinero en intervalos regulares para incrementar las probabilidades de obtener un mayor crecimiento compuesto. Promueve la disciplina y la regularidad de la inversión.

Cuenta registrada: Cuenta de broker reconocida y regulada por un gobierno, a la vez que esta ofrece beneficios fiscales al propietario de la cuenta, según cada país. Ejemplos: 401k, IRA, RRSP.

Abreviaturas

401k: Cuenta registrada de retiro estadounidense
AAPL: Apple Inc.
AGG: iShares Core U.S. Aggregate Bond ETF
AWS: Amazon Web Services
AUM: Assets Under Management (total de activos del ETF)
BND: Vanguard Total Bond Market ETF
BNDX: Vanguard Total International Bond ETF
BTC: Bitcoin
CAD: Dollar canadiense
CDIC: Canadian Deposit Insurance Corporation (Canadá)
CEO: Chief Executive Officer
CIPF: Canadian Investor Protection Fund (Canadá)
CIRO: Canadian Investment Regulatory Organization (Canadá)
CSPX: iShares Core S&P 500 UCITS ETF (Europa)
CSPXX: iShares S&P 500 Accumulating ETF (Mexico)
CRSP: Center for Research in Security Prices
DCA: Dollar Cost Average
DJCA: Índice Dow Jones Composite Average
DJIA: Índice Dow Jones Industrial Average
DJTA: Índice Dow Jones Transportation Average
DJUA: Índice Dow Jones Utility Average
DTCC: Depository Trust & Clearing Corporation
EMH: Efficient Market Hypothesis
ETF: Exchange-Traded Fund
EUR: Euro
FDIC: Federal Deposit Insurance Corporation (Estados Unidos)
FINRA: Financial Industry Regulatory Authority (Estados Unidos)
FOMO: Fear of missing out (miedo a quedarse fuera)

FTSE: Financial Times Stock Exchange
GPS: Global Position System.
IEFA: iShares Core MSCI EAFE ETF
INDEXDJX: Identificador de índices Dow Jones en Google Finance
IRS: Internal Revenue Service (Estados Unidos)
ITOT: iShares Core S&P Total U.S. Stock Market ETF
IVV: iShares Core S&P 500 ETF
IVVPESO: iShares S&P 500 Peso Hedged ETF (Mexico)
MER: Management Expense Ratio (costo anual)
MSCI: Morgan Stanley Capital International
NAV: Net Asset Value (precio en la bolsa)
NYSE: New York Stock Exchange
NYSEARCA: New York Stock Exchange ETF Market
REIT: Real Estate Investment Trust
ROI: Return on Investment (retorno de inversión)
RRSP: Registered Retirement Savings Plan (Canadá)
S&P: Standard & Poor's
S&P 500: Índice Standard & Poor's 500
SEC: Securities and Exchange Commission (Estados Unidos)
SIPC: Securities Investor Protection Corporation (Estados Unidos)
SPY: SPDR S&P 500 ETF Trust
USD: Dollar estadounidense
VFV: Vanguard S&P 500 Index ETF (Canadá)
VTI: Vanguard Total Stock Market ETF
VT: Vanguard Total World Stock ETF
VUAG: Vanguard S&P 500 UCITS ETF (Europa)
VUAAN: Vanguard UCITS ETF (Mexico)
VUN: Vanguard U.S. Total Market Index ETF (Canadá)
VOO: Vanguard S&P 500 ETF
VOC: Vereenigde Oostindische Compagnie (Compañía Neerlandesa de las Indias Orientales)
VWO: Vanguard FTSE Emerging Markets ETF
XUS: iShares Core S&P U.S. Total Market Index ETF (Canadá)
XUU: iShares Core S&P U.S. Total Market ETF (Canadá)
YoY: Year over Year (crecimiento año tras año)

ÍNDICE

NOTAS FINALES

Como mencioné en la introducción de este libro, todas y cada una de las fuentes utilizadas han sido citadas al final de cada oración y debidamente linkeadas en las notas correspondientes.

---

[1] Canadians and their money: Key findings from the 2019 Canadian financial capability survey. (2019). Statistics Canada. https://www.canada.ca/en/financial-consumer-agency/programs/research/canadian-financial-capability-survey-2019.html

[2] Flynn, J. (16 de agosto de 2023). 20+ compelling financial literacy statistics. Zippia. https://www.zippia.com/advice/financial-literacy-statistics

[3] Klapper, L., Lusardi, A., & van Oudheusden, P. (2015). Financial literacy around the world: Insights from the Standard & Poor's Ratings Services Global Financial Literacy Survey. Global Financial Literacy Excellence Center (GFLEC). https://gflec.org/wp-content/uploads/2015/11/3313-Finlit_Report_FINAL-5.11.16.pdf

[4] Measom, C. (25 de marzo de 2024). Warren Buffett warns Gen Z investors to remember this 'one fact of financial life'. GOBankingRates. https://www.nasdaq.com/articles/warren-buffett-warns-gen-z-investors-to-remember-this-one-fact-of-financial-life

[5] Capgemini. (2025). World wealth report 2025. https://www.capgemini.com/us-en/insights/research-library/world-wealth-report

[6] Taylor, B. (2013). The rise and fall of the largest corporation in history. Global Financial Data / Business Insider. https://www.businessinsider.com/rise-and-fall-of-united-east-india-2013-11

[7] VOC – United Dutch East India Company. (s.f.). Western Australian Museum. https://museum.wa.gov.au/explore/dirk-hartog/voc-united-dutch-east-india-company

[8] Chen, J. (2022). Buttonwood agreement: What it is, history, signers. Investopedia. https://www.investopedia.com/terms/b/buttonwoodagreement.asp

[9] Speyer, J. (s.f.). Bank of the Manhattan Company chartered 1799: A progressive commercial bank. Project Gutenberg. https://www.gutenberg.org/files/17374/17374-h/17374-h.htm

[10] CPI inflation calculator from 1799 to 2024. (2024). OfficialData.org. https://www.officialdata.org/us/inflation/1799?amount=1000

[11] Lake, M. (2023). Consumer & community banking 2023 report. JPMorgan Chase & Co. https://www.jpmorganchase.com/content/dam/jpmc/jpmorgan-chase-and-co/investor-relations/documents/line-of-business-ceo-letters-to-shareholders-2023.pdf

[12] New York Stock Exchange. (s.f.). The history of New York Stock Exchange. https://www.nyse.com/history-of-nyse

[13] Public.com. (2023). The 2023 retail investor report. https://public.com/research/2023-retail-investor-report

[14] Financial Industry Regulatory Authority. (s.f.). Statistics. https://www.finra.org/media-center/statistics

[15] Google. (s.f.). "apple stock" — Google search results. https://www.google.com/search?q=apple+stock

[16] Nasdaq. (s.f.). 1971: Nasdaq's founding. NASDAQ 50. https://www.nasdaq50.com/

[17] TradingHours.com. (s.f.). List of stock markets. https://www.tradinghours.com/markets

[18] Hirschmann, R. (19 de noviembre de 2025). Largest stock exchange operators worldwide in 2025, by market capitalization of listed companies. Statista. https://www.statista.com/statistics/270126/largest-stock-exchange-operators-by-market-capitalization-of-listed-companies/

[19] CompaniesMarketCap. (s.f.). Largest companies by market cap. https://companiesmarketcap.com/

[20] WFE Research Team. (2022, May). Number of listed companies. World Federation of Exchanges (WFE). https://focus.world-exchanges.org/articles/number-listed-companies

[21] Publix Super Markets. (s.f.). Company overview. Forbes. https://www.forbes.com/companies/publix-super-markets/

[22] Huawei. (s.f.). Company overview. Forbes. https://www.forbes.com/companies/huawei/

[23] Nasdaq. (s.f.). Apple Inc. common stock (AAPL). https://www.nasdaq.com/market-activity/stocks/aapl

[24] Gordon, E. (27 de octubre de 2022). Elon Musk takes Twitter private – Here's what that means for the company and its future success. Ross School of Business, University of Michigan, para The Conversation. https://michiganross.umich.edu/news/elon-musk-takes-twitter-private-here-s-what-means-company-and-its-future-success

[25] Nasdaq. (s.f.). Apple Inc. common stock (AAPL). https://www.nasdaq.com/market-activity/stocks/aapl

[26] Nasdaq. (s.f.). Apple Inc. common stock (AAPL). https://www.nasdaq.com/market-activity/stocks/aapl

[27] Largest Companies by Marketcap | CompaniesMarketCap https://companiesmarketcap.com

[28] WFE Statistics Team. (octubre de 2024). Market statistics – November 2024. World Federation of Exchanges. https://focus.world-exchanges.org/issue/november-2024/market-statistics

[29] CoreLogic. (s.f.). Residential real estate: Largest U.S. asset class but not biggest economic driver. https://www.corelogic.com/intelligence/why-the-uss-largest-asset-class-residential-real-estate-does-not-substantially-contribute-to-the-economic-output/

[30] U.S. Bureau of Economic Analysis. (2025). Gross domestic product (GDP). Federal Reserve Bank of St. Louis. https://fred.stlouisfed.org/series/GDP

[31] Time Magazine. (18 de diciembre de 1995). Death and the maven. Autora: Sharon E. Epperson. https://time.com/archive/6728312/death-and-the-maven/

[32] Glassman, J. K. (10 de diciembre de 2020). An old lady's lesson: Patience usually pays. The Washington Post. https://www.washingtonpost.com/archive/business/1995/12/17/an-old-ladys-lesson-patience-usually-pays/ec000053-d7bf-4014-b841-546bd5847a80/

[33] Lalli, F. (1 de enero de 1996). How she turned $5,000 into $22 million (and how you might too). CNN Money Magazine. https://money.cnn.com/magazines/moneymag/moneymag_archive/1996/01/01/207651/index.htm

[34] Rational Reminder. (s.f.). Episode 128: Morgan Housel: The psychology of money. https://rationalreminder.ca/podcast/128

[35] Zillow. (s.f.). Florida housing market. https://www.zillow.com/home-values/14/fl/

[36] DeMarco, J. (21 de diciembre de 2021). 25 largest banks in the U.S. — And the 25 most popular. MagnifyMoney. (Revisado por D. Shepard & P. Huang). https://www.magnifymoney.com/news/largest-banks-in-the-us/

[37] Statista Research Department. (27 de noviembre de 2025). Number of customers of the largest banks in Canada 2025. https://www.statista.com/statistics/1290308/customers-of-largest-banks-in-canada/

[38] Kilroy, A. (14 de agosto de 2025). Robinhood vs. Vanguard vs. Fidelity. SmartAsset. (Editado por M. White, CEPF®). https://smartasset.com/investing/robinhood-vs-vanguard-vs-fidelity

[39] Brown, J. (4 de diciembre de 2025). 7 best Canadian brokerage firms. Money.ca. https://money.ca/investing/ultimate-guide-to-canadas-discount-brokerages

[40] Depository Trust & Clearing Corporation. (s.f.). The Depository Trust Company (DTC). https://www.dtcc.com/about/businesses-and-subsidiaries/dtc

[41] Berkin, A. L., & Pozharny, J. (s.f.). An all-time high. Bridgeway. https://bridgeway.com/perspectives/an-all-time-high

[42] SimplyWise. (18 de octubre de 2018). The 1929 stock market crash: A comprehensive guide. https://www.simplywise.com/blog/1929-stock-market-crash

[43] Burris, D., & Blikre, J. (1 de enero de 2022). Roaring '20s vs. now: GE, GM, Coca-Cola, U.S. Steel and Sears. Yahoo Finance. https://finance.yahoo.com/news/roaring-20s-vs-now-ge-gm-coca-cola-us-steel-and-sears-135843168.html

[44] Sorkin, A. R. (2025). 1929: Inside the greatest crash in Wall Street history—and how it shattered a nation. Edición en tapa dura publicada el 14 de octubre de 2025.

[45] Social Security Administration. (s.f.). Social Security history: The Depression. https://www.ssa.gov/history/bank.html

[46] *Terkel, S. (2005). Hard times: An oral history of the Great Depression. p.84 Edición en rústica publicada el 7 de julio de 2005.*

[47] Couture, L., & Macdonald, R. (2013). The Great U.S. recession and Canadian forest products. Contenido archivado. Statistics Canada. https://www150.statcan.gc.ca/n1/pub/11-626-x/11-626-x2013028-eng.htm

[48] Franklin D. Roosevelt Presidential Library & Museum. (s.f.). Great Depression facts. https://www.fdrlibrary.org/great-depression-facts

[49] U.S. Bureau of Labor Statistics. (s.f.). Unemployment rate (UNRATE). Federal Reserve Bank of St. Louis. Recuperado el 9 de diciembre de 2025 de https://fred.stlouisfed.org/series/UNRATE

[50] Struthers, J., & Foot, R. (13 de agosto de 2021). The Great Depression in Canada. Publicado originalmente el 11 de julio de 2013. The Canadian Encyclopedia. https://www.thecanadianencyclopedia.ca/en/article/great-depression

[51] Salvemini, G. (agosto de 1934). Italian unemployment statistics. Social Research, 1(3), 343–357. Publicado por The Johns Hopkins University Press. https://www.jstor.org/stable/40981385

[52] Statistische Beilage zum Reichsarbeitsblatt. (1928–1939). Unemployment in Germany. Reimpreso en Silverman, D. P. Harvard University Press. https://pages.uoregon.edu/dluebke/NaziGermany443/410Unemployment1928-1938.html

[53] Wall, W. (s.f.). Anti-communism in the 1950s. The Gilder Lehrman Institute of American History. https://www.gilderlehrman.org/history-resources/essays/anti-communism-1950s

[54] Choudhary, N. (s.f.). Data analysis: Forbes billionaires. Kaggle. https://www.kaggle.com/code/nitinchoudhary012/data-analysis-forbes-billionaires-detailed-eda

[55] Forbes. (s.f.). Warren Buffett. https://www.forbes.com/profile/warren-buffett/

[56] Berkshire Hathaway Inc. (2024). Schedule 14A: Proxy statement pursuant to Section 14(a) of the Securities Exchange Act of 1934. U.S. Securities and Exchange Commission. https://www.sec.gov/ix?doc=/Archives/edgar/data/1067983/000119312524069107/d512828ddef14a.htm

[57] Berkshire Hathaway. (2018). 2018 letter to shareholders. https://www.berkshirehathaway.com/letters/2018ltr.pdf

[58] Nasdaq. (s.f.). Apple Inc. common stock (AAPL) dividend history. https://www.nasdaq.com/market-activity/stocks/aapl/dividend-history

[59] Nasdaq. (s.f.). Apple Inc. common stock (AAPL) dividend history. https://www.nasdaq.com/market-activity/stocks/aapl/dividend-history

[60] Salvucci, J. (16 de octubre de 2025). Tim Cook's net worth: The Apple CEO's stock and wealth in 2025. The Street. https://www.thestreet.com/investing/tim-cook-net-worth-apple-ceo

[61] Dividend Channel. (s.f.). DRIP returns calculator. https://www.dividendchannel.com/drip-returns-calculator/

[62] Berkshire Hathaway. (s.f.). Berkshire Hathaway Inc. https://www.berkshirehathaway.com

[63] Felix, B. (30 de septiembre de 2019). The irrelevance of dividends: Still a non-starter. Rational Reminder. https://rationalreminder.ca/blog/2019/9/17/the-irrelevance-of-dividends-still-a-non-starter

[64] Berkshire Hathaway. (1985). 1985 shareholder letter. https://www.berkshirehathaway.com/letters/1985.html

[65] Morrow, T. (29 de septiembre de 2022). Historically speaking: When Mr. Dow met Mr. Jones. North Coast Current. https://www.northcoastcurrent.com/columnists/2022/09/historically-speaking-when-mr-dow-met-mr-jones/
[66] Business Insider. (s.f.). The Dow Jones Industrial Average. https://markets.businessinsider.com/index/dow_jones
[67] Underwood, A. (13 de noviembre de 2019). 12 original companies in the Dow Jones Industrial Average (and what happened to them). Stacker. https://stacker.com/business-economy/12-original-companies-dow-jones-industrial-average-and-what-happened-them
[68] Kenton, W. (8 de mayo de 2023). Dow Jones Transportation Average (DJTA): History. Revisado por S. G. Anderson y verificado por K. Rohrs Schmitt. Investopedia. https://www.investopedia.com/terms/d/djta.asp
[69] Hayes, A. (26 de junio de 2022). Dow Jones 65 composite average: What it is, how it works. Revisado por A. Ganti. Investopedia. https://www.investopedia.com/terms/d/dow_jones_65.asp
[70] Stern, G. H. (1 de enero de 1988). Achieving economic stability: Lessons from the crash of 1929. Federal Reserve Bank of Minneapolis. https://www.minneapolisfed.org/article/1988/achieving-economic-stability-lessons-from-the-crash-of-1929
[71] Macrotrends. (s.f.). Dow Jones (DJIA) 100-year historical chart. https://www.macrotrends.net/1319/dow-jones-100-year-historical-chart
[72] Williamson, S. H. (2025). Daily closing values of the DJA in the United States, 1885 to present. MeasuringWorth. http://www.measuringworth.com/DJA/
[73] Macrotrends. (s.f.). Dow Jones (DJIA) 100-year historical chart. https://www.macrotrends.net/1319/dow-jones-100-year-historical-chart
[74] News Corporation. (13 de diciembre de 2007). News Corporation completes Dow Jones & Co. acquisition. https://www.sec.gov/Archives/edgar/data/1308161/000118143107075377/rrd182432_22610.htm
[75] State Street Investment Management. (s.f.). SPDR Dow Jones Industrial Average ETF Trust (DIA). https://www.ssga.com/us/en/intermediary/etfs/spdr-dow-jones-industrial-average-etf-trust-dia
[76] Neufeld, D. (19 de marzo de 2025). *Charted: How Amazon makes its billions*. Visual Capitalist. https://www.visualcapitalist.com/how-amazon-makes-its-billions/
[77] State Street Investment Management. (s.f.). SPDR Dow Jones Industrial Average ETF Trust (DIA). https://www.ssga.com/us/en/intermediary/etfs/spdr-dow-jones-industrial-average-etf-trust-dia
[78] ABC News. (24 de junio de 2016). Dow plunges more than 600 points on Brexit vote, estimated $2.1T in losses. https://abcnews.go.com/US/brexit-vote-stuns-investors-sends-global-markets-free/story?id=40099406
[79] Imbert, F. (15 de marzo de 2020). Dow drops nearly 3,000 points, as coronavirus collapse continues; worst day since '87. CNBC. https://www.cnbc.com/2020/03/15/traders-await-futures-open-after-fed-cuts-rates-launches-easing-program.html
[80] Samuel, J. (24 de febrero de 2022). Stock market today: Dow Jones, S&P 500 tumbles after Russia attacks Ukraine; Alibaba stock down after earnings report. StockMarket.com. https://www.nasdaq.com/articles/stock-market-today:-dow-jones-sp-500-tumbles-after-russia-attacks-ukraine-alibaba-stock
[81] MarketWatch. (6 de noviembre de 2024). Dow scores 3.6% gain after Trump election win, stocks close at records and bond yields soar. https://www.marketwatch.com/livecoverage/stock-market-today-dow-futures-soar-800-bitcoin-rockets-yields-jump-on-trump-victory
[82] Evans, B., Melloy, J., & Singh, P. (3 de abril de 2025). Dow nosedives 1,600 points, S&P 500 and Nasdaq drop the most since 2020 after Trump's tariff onslaught. CNBC. https://www.cnbc.com/2025/04/02/stock-market-today-live-updates-trump-tariffs.html
https://www.cnbc.com/2025/04/02/stock-market-today-live-updates-trump-tariffs.html
[83] CNN. Goldman, D., & Towfighi, J. (4 de abril de 2025). Dow plunges 2,200 points as tariff tumult rocks markets. https://www.cnn.com/2025/04/04/investing/stock-market-dow-tariffs/index.html
[84] Encyclopaedia Britannica. (s.f.). Manhattan borough, New York City. https://www.britannica.com/place/Manhattan-New-York-City
[85] Exchange History NL. (s.f.). The Netherlands finances the U.S. https://www.beursgeschiedenis.nl/en/moment/the-netherlands-finances-the-us/
[86] Tuder, S. (15 de abril de 2019). City Winery lands a huge new home on the Hudson River. Eater New York. https://ny.eater.com/2019/4/15/18311564/city-winery-pier-57-moving-nyc
[87] S&P Global. (s.f.). Our legacy is built on delivering essential intelligence. https://www.spglobal.com/en/our-history
[88] Securities Industry and Financial Markets Association. (28 de julio de 2025). *Capital markets fact book*. https://www.sifma.org/research/statistics/fact-book
[89] S&P Global. (s.f.). Expansion and Transparency: Our legacy is built on delivering essential intelligence. https://www.spglobal.com/en/our-history
[90] S&P Global. (s.f.). Embracing Partnership: Our legacy is built on delivering essential intelligence. https://www.spglobal.com/en/our-history
https://www.spglobal.com/en/our-history
[91] U.S. Securities and Exchange Commission. (1957). 23rd annual report of the Securities and Exchange Commission. https://www.sec.gov/about/annual_report/1957.pdf
[92] Fenske, C. (16 de noviembre de 2020). Daily global market summary – 16 November 2020. S&P Global Market Intelligence. https://www.spglobal.com/marketintelligence/en/mi/research-analysis/daily-global-market-summary-16-november-2020.html
[93] Siegel, J. J., & Schwartz, J. D. (s.f.). The long-term returns on the original S&P 500 firms. Rodney L. White Center for Financial Research. https://rodneywhitecenter.wharton.upenn.edu/wp-content/uploads/2014/04/0429.pdf

[94] Preston, H., & Soe, A. M. (s.f.). What happened to the index effect? A look at three decades of S&P 500 adds and drops. S&P Dow Jones Indices. https://www.spglobal.com/spdji/en/documents/research/research-what-happened-to-the-index-effect.pdf
[95] Garelli, S. (8 de julio de 2021). Why you will probably live longer than most big companies. International Institute for Management Development. https://www.imd.org/research-knowledge/disruption/articles/why-you-will-probably-live-longer-than-most-big-companies
[96] Rational Reminder. (s.f.). Episode 157: Rob Arnott: Dissecting smart beta, investing in disruption, and momentum. https://rationalreminder.ca/podcast/157
[97] Dividend Growth Investor. (7 de agosto de 2024). Evolution of the top 10 companies in S&P 500 1980–2022. https://www.dividendgrowthinvestor.com/2024/08/evolution-of-top-10-companies-in-s-500.html
[98] Dividend Growth Investor. (7 de agosto de 2024). Evolution of the top 10 companies in S&P 500 1980–2022. https://www.dividendgrowthinvestor.com/2024/08/evolution-of-top-10-companies-in-s-500.html
[99] Dividend Growth Investor. (7 de agosto de 2024). Evolution of the top 10 companies in S&P 500 1980–2022. https://www.dividendgrowthinvestor.com/2024/08/evolution-of-top-10-companies-in-s-500.html
[100] Laidley, C. (26 de julio de 2024). What the tech bubble in 2000 may tell us about the stock market today. Investopedia. https://www.investopedia.com/what-2000-tech-bubble-tells-us-about-the-stock-market-today-8684561
[101] Dividend Growth Investor. (7 de agosto de 2024). Evolution of the top 10 companies in S&P 500 1980–2022. https://www.dividendgrowthinvestor.com/2024/08/evolution-of-top-10-companies-in-s-500.html
[102] Dividend Growth Investor. (7 de agosto de 2024). Evolution of the top 10 companies in S&P 500 1980–2022. https://www.dividendgrowthinvestor.com/2024/08/evolution-of-top-10-companies-in-s-500.html
[103] S&P Global. (s.f.). S&P 500 data. https://www.spglobal.com/spdji/en/indices/equity/sp-500/#data
[104] iShares. (s.f.). iShares Core S&P 500 ETF. https://www.ishares.com/us/products/239726/ishares-core-sp-500-etf
[105] iShares. (s.f.). iShares Core S&P 500 ETF. https://www.ishares.com/us/products/239726/ishares-core-sp-500-etf
[106] Franklin Templeton. (s.f.). 16 rules for investment success by Sir John Templeton. https://www.franklintempleton.com/tools-and-resources/literature/info/TL-R16
[107] Bessembinder, H. (2018). Do stocks outperform Treasury bills? Journal of Financial Economics. https://www.sciencedirect.com/science/article/abs/pii/S0304405X18301521
[108] S&P Global. (s.f.). Custom indices: FAQ. https://www.spglobal.com/spdji/en/documents/custom-indices/custom_indices_faq.pdf
[109] S&P Global. (s.f.). S&P Total Market Index (TMI). https://www.spglobal.com/spdji/en/indices/equity/sp-total-market-index-tmi
[110] MSCI. (s.f.). MSCI World Index. https://www.msci.com/indexes/index/990100
[111] MSCI. (s.f.). MSCI Emerging Markets Index. https://www.msci.com/indexes/index/891800
[112] MSCI. (s.f.). MSCI EAFE Value Index. https://www.msci.com/indexes/index/891800
[113] Center for Research in Security Prices. (s.f.). CRSP US Total Market Index. https://www.crsp.org/indexes/crsp-us-total-market-index/
[114] London Stock Exchange. (s.f.). FTSE 100. https://www.londonstockexchange.com/indices/ftse-100
[115] London Stock Exchange. (s.f.). FTSE All-Share. https://www.londonstockexchange.com/indices/ftse-all-share
[116] Russell Investments. (s.f.). Our history. https://russellinvestments.com/ca/about-us/where-we-began
[117] FTSE Russell. (s.f.). Russell 1000. https://www.lseg.com/en/ftse-russell/indices/russell-us/russell-1000
[118] FTSE Russell. (s.f.). Russell 2000. https://www.lseg.com/en/ftse-russell/indices/russell-us#t-russell-2000
[119] FTSE Russell. (s.f.). Russell 3000. https://www.lseg.com/en/ftse-russell/indices/russell-us#t-russell-3000
[120] Northwestern Mutual. (3 de diciembre de 2014). Northwestern Mutual sells Russell for $2.7 billion. https://news.northwesternmutual.com/2014-12-03-Northwestern-Mutual-sells-Russell-for-2-7-billion
[121] The House of Staunton. (s.f.). How many people play chess? A guide to the numbers. https://www.houseofstaunton.com/chess-blog/how-many-people-play-chess-a-guide-to-the-numbers
[122] White, P. (23 de noviembre de 2020). 'The Queen's Gambit' becomes Netflix's biggest scripted limited series with 62M checking chess drama. Deadline. https://deadline.com/2020/11/queens-gambit-62m-viewers-netflix-1234620378/
[123] Karimi, F. (6 de diciembre de 2020). 'The Queen's Gambit' is sparking a surge of interest in chess. CNN. https://edition.cnn.com/2020/12/06/us/queens-gambit-chess-popularity-trnd/index.html
[124] Housel, M. (2020). The psychology of money. p.51 HarperCollins.
[125] Housel, M. (2023). Same as ever: A guide to what never changes. Portfolio.
[126] U.S. Securities and Exchange Commission. (s.f.). Compound interest calculator. Investor.gov. https://www.investor.gov/financial-tools-calculators/calculators/compound-interest-calculator
[127] Berkshire Hathaway. (2023). Letter to the shareholders of Berkshire Hathaway Inc. https://www.berkshirehathaway.com/letters/2023ltr.pdf
[128] Morgan, R. (16 de septiembre de 2025). The power of compounding and the 'secret' of building long-term wealth. Charles Stanley. https://www.charles-stanley.co.uk/insights/commentary/the-power-of-compounding
[129] Housel, M. (2020). The psychology of money. HarperCollins.
[130] Stice, K., & Stice, J. (s.f.). Business math. LinkedIn Learning. https://www.linkedin.com/learning/business-math
[131] Forbes. (2024). World's billionaires list: The richest in 2024. https://www.forbes.com/billionaires/
[132] New York University Stern School of Business. (enero de 2025). Historical returns on stocks, bonds and bills: 1928–2024. https://pages.stern.nyu.edu/~adamodar/New_Home_Page/datafile/histretSP.html
[133] Time Magazine. (1954). Sport: Business in 1954. https://time.com/archive/6798571/sport-business-in-1954/

[134] Hartford Funds. (s.f.). The power of dividends: Past, present, and future (WP106). https://www.hartfordfunds.com/dam/en/docs/pub/whitepapers/WP106.pdf

[135] Shiller, R. (s.f.). Online data. Yale University. https://www.econ.yale.edu/~shiller/data.htm

[136] Feroldi, B. (2022). *Why does the stock market go up? Everything you should have been taught about investing in school, but weren't.* Choose FI Media.

[137] The Boeing Company. (s.f.). Boeing history chronology. https://www.boeing.com/content/dam/boeing/boeingdotcom/history/pdf/Boeing-Chronology.pdf

[138] Our World in Data. (s.f.). Global GDP over the long run. https://ourworldindata.org/grapher/global-gdp-over-the-long-run?time=1900..latest

[139] Exchange History NL. (s.f.). The world's first investment fund. https://www.beursgeschiedenis.nl/en/moment/the-worlds-first-investment-fund/

[140] Investor Amnesia. (s.f.). First mutual fund: Eendragt Maakt Magt. https://investoramnesia.com/timeline/first-mutual-fund-eendragt-maakt-magt/

[141] Graham, B. (2003). The intelligent investor. Harper Business.

[142] Massachusetts Financial Services Company. (12 de abril de 2024). A century of wealth creation for all [Video]. https://www.mfs.com/en-us/individual-investor/about-mfs/our-history.html

[143] Liu, B., & Sinha, G. (2021). SPIVA® U.S. Scorecard: Year-end 2021. S&P Dow Jones Indices. https://www.spglobal.com/spdji/en/documents/spiva/spiva-us-year-end-2021.pdf

[144] Bogle, J. C. (2007). The Little Book of Common Sense Investing: The Only Way to Guarantee Your Fair Share of Stock Market Returns. Wiley.

[145] Rational Reminder Podcast. (3 de abril de 2025). Episode 351: DFA vs. Vanguard [Audio podcast episode]. https://rationalreminder.ca/podcast/351

[146] Vanguard. (s.f.). Our history: Serving investors for nearly five decades. https://corporate.vanguard.com/content/corporatesite/us/en/corp/who-we-are/sets-us-apart/our-history.html

[147] Bogle, J. C. (s.f.). First Index Investment Trust. https://johncbogle.com/speeches/JCB_first_index_mf.pdf

[148] FinancingLife. (s.f.). John C. Bogle quotes. https://financinglife.org/bogle-quotes

[149] Simpson, S. D. (s.f.). A brief history of exchange-traded funds. Investopedia. https://www.investopedia.com/articles/exchangetradedfunds/12/brief-history-exchange-traded-funds.asp

[150] State Street Global Advisors. (s.f.). SPDR® S&P 500® ETF Trust. https://www.ssga.com/us/en/intermediary/etfs/spdr-sp-500-etf-trust-spy

[151] State Street Global Advisors. (s.f.). SPDR® S&P 500® ETF Trust. https://www.ssga.com/us/en/intermediary/etfs/spdr-sp-500-etf-trust-spy

[152] State Street Global Advisors. (s.f.). ETF dividend distributions. https://www.ssga.com/us/en/intermediary/resources/documents/etf-dividend-distributions

[153] Business Wire. (26 de enero de 2023). State Street Global Advisors' SPDR® S&P 500® ETF Trust celebrates its 30-year anniversary. https://www.businesswire.com/news/home/20230126005604/en/State-Street-Global-Advisors-SPDR-SP-500-ETF-Trust-Celebrates-its-30-Year-Anniversary

[154] State Street Global Advisors. (s.f.). SPDR® S&P 500® ETF Trust. https://www.ssga.com/us/en/intermediary/etfs/spdr-sp-500-etf-trust-spy

[155] State Street Global Advisors. (s.f.). SPDR® S&P 500® ETF Trust. https://www.ssga.com/us/en/intermediary/etfs/spdr-sp-500-etf-trust-spy

[156] State Street Global Advisors. (s.f.). SPDR® S&P 500® ETF Trust. https://www.ssga.com/us/en/intermediary/etfs/spdr-sp-500-etf-trust-spy

[157] CNBC. (16 de enero de 2019). Warren Buffett says Jack Bogle did more for the individual investor than anyone he's ever known. Publicado el 16 de enero de 2019 y actualizado el 17 de enero de 2019. https://www.cnbc.com/2019/01/16/warren-buffett-says-jack-bogle-did-more-for-the-individual-investor-than-anyone-hes-ever-known.html

[158] Field Museum of Chicago. (22 de noviembre de 2016). The amazing journey of maize. https://www.fieldmuseum.org/blog/amazing-journey-maize

[159] Statista Research Department. (29 de noviembre de 2025). Total consumption of corn worldwide from 2014/2015 to 2023/2024. https://www.statista.com/statistics/821222/corn-consumption-worldwide/

[160] Statista Research Department. (29 de noviembre de 2025). Global corn production share 2024/25, by country. https://www.statista.com/statistics/254294/distribution-of-global-corn-production-by-country-2012/

[161] Lyons, R. D. (16 de agosto de 1970). Blight epidemic perils corn crop. The New York Times. https://www.nytimes.com/1970/08/16/archives/blight-epidemic-perils-corn-crop-agriculture-aides-estimate-10-of.html

[162] Liu, B., & Sinha, G. (2021). SPIVA® U.S. Scorecard: Year-end 2021. S&P Dow Jones Indices. https://www.spglobal.com/spdji/en/documents/spiva/spiva-us-year-end-2021.pdf

[163] Liu, B., & Sinha, G. (2021). SPIVA® U.S. Scorecard: Year-end 2021. S&P Dow Jones Indices. https://www.spglobal.com/spdji/en/documents/spiva/spiva-us-year-end-2021.pdf

[164] Radio Canada International (RCI). (8 de octubre de 2024). B.C. man sues RBC after earning then losing $415M on Tesla stocks. https://ici.radio-canada.ca/rci/en/news/2110436/b-c-man-sues-rbc-after-earning-then-losing-415m-on-tesla-stocks

[165] Rajput, S., Gulammustufa, M., & Vidani, J. (2024). Why 90% of stock market traders are in loss? Journal of Advanced Research in Accounting and Finance Management. https://www.researchgate.net/publication/380733162_Why_90_of_Stock_Market_Traders_are_in_Loss

[166] Rational Reminder Podcast. (s.f.). Episode 55: Jonathan Clements: Being frugal: The crux of financial happiness. https://rationalreminder.ca/podcast/55

[167] HumbleDollar. (22 de septiembre de 2025). Farewell friends. Autor: Jonathan Clements. https://humbledollar.com/forum/farewell-friends/

[168] NYSE. (s.f.). NYSE Arca Equities. https://www.nyse.com/markets/nyse-arca

[169] Segal, T. (29 de abril de 2022). Pacific Exchange (PCX): Meaning, history. Investopedia. Revisado por Charlene Rhinehart. https://www.investopedia.com/terms/p/pacificexchange.asp

[170] VettaFi. (s.f.). Largest ETFs: Top 100 ETFs by assets. https://etfdb.com/compare/market-cap/

[171] State Street Global Advisors. (s.f.). SPDR® S&P 500® ETF Trust. https://www.ssga.com/us/en/intermediary/etfs/spdr-sp-500-etf-trust-spy

[172] Vanguard Group. (s.f.). VOO Vanguard S&P 500 ETF. https://investor.vanguard.com/investment-products/etfs/profile/voo#portfolio-composition

[173] iShares. (s.f.). iShares Core S&P 500 ETF. https://www.ishares.com/us/products/239726/ishares-core-sp-500-etf

[174] State Street Global Advisors. (s.f.). SPDR S&P 500 ETF Trust. https://www.ssga.com/us/en/intermediary/etfs/spdr-sp-500-etf-trust-spy

[175] State Street Global Advisors. (s.f.). SPDR® S&P 500® ETF Trust. https://www.ssga.com/us/en/intermediary/etfs/spdr-sp-500-etf-trust-spy

[176] Vanguard Group. (s.f.). VOO Vanguard S&P 500 ETF. https://investor.vanguard.com/investment-products/etfs/profile/voo#portfolio-composition

[177] Vanguard Group. (s.f.). VOO Vanguard S&P 500 ETF. https://investor.vanguard.com/investment-products/etfs/profile/voo#portfolio-composition

[178] iShares. (s.f.). iShares Core S&P 500 ETF. https://www.ishares.com/us/products/239726/ishares-core-sp-500-etf

[179] iShares. (s.f.). iShares Core S&P 500 ETF. https://www.ishares.com/us/products/239726/ishares-core-sp-500-etf

[180] ETF Research Center. (s.f.). ETF research & analysis for serious investors. https://www.etfrc.com/funds/overlap.php

[181] Vanguard Group. (s.f.). VTI Vanguard Total Stock Market ETF. https://investor.vanguard.com/investment-products/etfs/profile/vti

[182] Vanguard Group. (s.f.). VTI Vanguard Total Stock Market ETF. https://investor.vanguard.com/investment-products/etfs/profile/vti

[183] BlackRock. (s.f.). ITOT iShares Core S&P Total U.S. Stock Market ETF. https://www.ishares.com/us/products/239724/ishares-core-sp-total-us-stock-market-etf

[184] BlackRock. (s.f.). ITOT iShares Core S&P Total U.S. Stock Market ETF. https://www.ishares.com/us/products/239724/ishares-core-sp-total-us-stock-market-etf

[185] BlackRock. (s.f.). IEFA iShares Core MSCI EAFE ETF. https://www.ishares.com/us/products/244049/ishares-core-msci-eafe-etf

[186] ETF Research Center. (s.f.). ETF research & analysis for serious investors. https://www.etfrc.com/funds/overlap.php

[187] Vanguard Group. (s.f.). VT Vanguard Total World Stock ETF. https://investor.vanguard.com/investment-products/etfs/profile/vt

[188] Vanguard Group. (s.f.). VT Vanguard Total World Stock ETF. https://investor.vanguard.com/investment-products/etfs/profile/vt

[189] BlackRock. (s.f.). IEFA iShares Core MSCI EAFE ETF. https://www.ishares.com/us/products/244049/ishares-core-msci-eafe-etf

[190] Vanguard Group. (s.f.). VWO Vanguard FTSE Emerging Markets ETF. https://investor.vanguard.com/investment-products/etfs/profile/vwo

[191] BlackRock. (s.f.). AGG iShares Core U.S. Aggregate Bond ETF. https://www.ishares.com/us/products/239458/ishares-core-total-us-bond-market-etf

[192] BlackRock. (s.f.). AGG iShares Core U.S. Aggregate Bond ETF. https://www.ishares.com/us/products/239458/ishares-core-total-us-bond-market-etf

[193] BlackRock. (s.f.). AGG iShares Core U.S. Aggregate Bond ETF. https://www.ishares.com/us/products/239458/ishares-core-total-us-bond-market-etf

[194] Vanguard Group. (s.f.). BND Vanguard Total Bond Market ETF. https://investor.vanguard.com/investment-products/etfs/profile/bnd

[195] Vanguard Group. (s.f.). BND Vanguard Total Bond Market ETF. https://investor.vanguard.com/investment-products/etfs/profile/bnd

[196] Vanguard Group. (s.f.). BNDX Vanguard Total International Bond ETF. https://investor.vanguard.com/investment-products/etfs/profile/bndx

[197] U.S. Department of the Treasury, Federal Reserve Bank of New York, & Board of Governors of the Federal Reserve System. (abril de 2024). Foreign portfolio holdings of U.S. securities: As of June 30, 2023. https://ticdata.treasury.gov/resource-center/data-chart-center/tic/Documents/shla2023r.pdf

[198] Vanguard Group. (s.f.). (VFV) Vanguard S&P 500 Index ETF. https://www.vanguard.ca/en/product/etf/equity/9563/vanguard-sp-500-index-etf

[199] BlackRock Canada. (s.f.). XUS iShares Core S&P 500 Index ETF. https://www.blackrock.com/ca/investors/en/products/251422/ishares-sp-500-index-etf

[200] BMO Global Asset Management. (s.f.). ZSP BMO S&P 500 Index ETF. https://bmogam.com/ca-en/products/exchange-traded-fund/bmo-sp-500-index-etf-zsp

[201] Vanguard Group. (s.f.). VUN Vanguard U.S. Total Market Index ETF. https://www.vanguard.ca/en/product/etf/equity/9557/vanguard-us-total-market-index-etf

[202] BlackRock Canada. (s.f.). XUU iShares Core S&P U.S. Total Market Index ETF. https://www.blackrock.com/ca/investors/en/products/272104/ishares-core-sp-us-total-market-index-etf
[203] Vanguard Group. (s.f.). VUAA Vanguard S&P 500 UCITS ETF (USD) Accumulating. https://www.vanguardmexico.com/en/product/etf/equity/9694/vanguard-sp-500-ucits-etf-usd-accumulating
[204] BlackRock. (s.f.). IVVPESO iShares S&P 500 Peso Hedged TRAC. https://www.blackrock.com/mx/intermediarios/productos/268675/ishares-sp-500-peso-hedged-trac-fund
[205] BlackRock. (s.f.). CSPXX iShares Core S&P 500 UCITS ETF. https://www.ishares.com/uk/individual/en/products/311863/ishares-core-s-p-500-ucits-etf
[206] Bolsa Mexicana de Valores. (s.f.). Mercado Global. https://www.bmv.com.mx/es/mercados/mercado-global
[207] BlackRock. (s.f.). Productos de inversión | BlackRock México. https://www.blackrock.com/mx/intermediarios/productos/lista-de-producto#/?productView=ishares&pageNumber=1&sortColumn=totalNetAssetsFund&sortDirection=desc&dataView=perfNav&pageSize=100
[208] Vanguard Group. (s.f.). ETF disponibles | Vanguard México. https://www.vanguardmexico.com/es/producto
[209] El Economista. (2018). MiFID II deja al inversor particular sin acceso a algunos de los ETF más líquidos del mercado García, C., Palomares, A., & Rubio, A. https://www.eleconomista.es/mercados-cotizaciones/noticias/8999700/03/18/Mifid-II-deja-al-particular-sin-acceso-a-los-ETFs-mas-liquidos-del-mercado.html
[210] BlackRock. (s.f.). CSPX iShares Core S&P 500 UCITS ETF. https://www.ishares.com/uk/individual/en/products/253743/ishares-sp-500-b-ucits-etf-acc-fund
[211] Vanguard Group. (s.f.). S&P 500 UCITS ETF (VUAG). https://www.vanguardinvestor.co.uk/investments/vanguard-s-and-p-500-ucits-etf-usd-accumulating/overview
[212] BlackRock. (s.f.). Productos de inversión | BlackRock Chile. https://www.blackrock.com/cl/productos/lista-de-producto#/?productView=all&pageNumber=1&sortColumn=totalNetAssetsFund&sortDirection=desc&tab=overview&dataView=perfNav
[213] Vanguard Group. (s.f.). ETF y productos indexados | Vanguard Chile. https://www.vanguardsouthamerica.com/es/producto/sobre-nuestros-productos/etf-indizados
[214] Bolsa de Valores de Colombia. (s.f.). Mercado Global Colombiano. https://www.bvc.com.co/mercado-global-colombiano
[215] Bolsa de Valores de Lima. (s.f.). Valores extranjeros. https://www.bvl.com.pe/emisores/valores-extranjeros
[216] B3 – Brasil, Bolsa, Balcão. (s.f.). BDR – Brazilian Depositary Receipt. https://bancob3.com.br/en/bdr-on-etf/program
[217] Cedears | Caja de Valores Argentina https://cajadevalores.com.ar/Servicios/Cedears
[218] TradingView. (s.f.). SPDR S&P 500 ETF Trust CEDEAR (BCBA: SPY). https://es.tradingview.com/symbols/BCBA-SPY/?timeframe=ALL
[219] Tardi, C. (30 de abril de 2025). Financial portfolio: What it is and how to create and manage one. Investopedia. https://www.investopedia.com/terms/p/portfolio.asp
[220] Castillo, M. (23 de mayo de 2017). Reed Hastings' story about the founding of Netflix has changed several times. CNBC. https://www.cnbc.com/2017/05/23/netflix-ceo-reed-hastings-on-how-the-company-was-born.html
[221] Priestley, J. (22 de enero de 2025). Netflix smashes through 300 million worldwide subscribers. TVB Europe. https://www.tvbeurope.com/media-consumption/netflix-smashes-through-300-million-worldwide-subscribers
[222] Chague, F., De-Losso, R., & Giovannetti, B. (11 de junio de 2020). Day trading for a living? SSRN. https://ssrn.com/abstract=3423101
[223] Hayes, A. (20 de septiembre de 2025). Understanding SEC's Rule 10b5-1: Insider trading plan explained. Investopedia. https://www.investopedia.com/terms/r/rule-10b5-1.asp
[224] U.S. Securities and Exchange Commission. (s.f.). Code of ethics (Exhibit (p)(2)). https://www.sec.gov/Archives/edgar/data/1415995/000089109209000514/e33444ex23p2.htm
[225] Logue, A. C. (s.f.). Are markets efficient? How Eugene Fama kicked off a controversy. Encyclopaedia Britannica. https://www.britannica.com/money/what-is-the-efficient-market-hypothesis
[226] Duffy, C. (30 de septiembre de 2024). The iPhone 16 isn't selling as well as Apple may have hoped. CNN. https://www.cnn.com/2024/09/30/tech/iphone-16-presales-apple-intelligence/index.html
[227] Nobel Prize. (2025). Eugene F. Fama – Facts. Nobel Prize Outreach. https://www.nobelprize.org/prizes/economic-sciences/2013/fama/facts
[228] Lu, D., McCann, A., Wu, J., & Lai, K. K. R. (13 de marzo de 2019). From 8,600 flights to zero: Grounding the Boeing 737 Max 8. The New York Times. https://www.nytimes.com/interactive/2019/03/11/world/boeing-737-max-which-airlines.html
[229] YCharts. (17 de julio de 2024). How 3 stocks drove 49% of the S&P 500's gains in 1H 2024. https://get.ycharts.com/resources/blog/how-3-stocks-drove-half-of-the-us-market-gains-in-1h-2024/
[230] Richter, F. (20 de noviembre de 2025). Nvidia carried the S&P 500 to new highs in 2024. Statista. https://www.statista.com/chart/32015/contributors-to-the-sp500-return/
[231] YCharts. (7 de enero de 2025). The best performing stocks of 2024. https://get.ycharts.com/resources/blog/the-best-performing-stocks-of-2024/
[232] Macrotrends. (s.f.). NVIDIA – 26 year stock price history. https://www.macrotrends.net/stocks/charts/NVDA/nvidia/stock-price-history
[233] Ross, J. (11 de julio de 2023). The 50 best one-year returns on the S&P 500 (1980–2022). Visual Capitalist. https://www.visualcapitalist.com/top-sp-500-stocks-by-annual-returns/

[234] Lovett, C. (1997). Olympic marathon: A centennial history of the Games' most storied race. Praeger.
[235] S&P Dow Jones Indices. (2021). SPIVA® U.S. scorecard: Year-end 2021.
https://www.spglobal.com/spdji/en/documents/spiva/spiva-us-year-end-2021.pdf
[236] Nobel Prize. (2025). Eugene F. Fama – Facts. Nobel Prize Outreach.
https://www.nobelprize.org/prizes/economic-sciences/2013/fama/facts
[237] U.S. Securities and Exchange Commission. (s.f.). Compound interest calculator.
https://www.investor.gov/financial-tools-calculators/calculators/compound-interest-calculator
[238] Robbins, T. (1991). Awaken the giant within. Simon & Schuster.
[239] U.S. Securities and Exchange Commission. (s.f.). Compound interest calculator.
https://www.investor.gov/financial-tools-calculators/calculators/compound-interest-calculator
[240] U.S. Securities and Exchange Commission. (s.f.). Compound interest calculator.
https://www.investor.gov/financial-tools-calculators/calculators/compound-interest-calculator
[241] *Bogle, J. C. (2007). The little book of common sense investing. John Wiley & Sons.*
[242] U.S. Securities and Exchange Commission. (s.f.). Compound interest calculator.
https://www.investor.gov/financial-tools-calculators/calculators/compound-interest-calculator
[243] Social Security Administration. (s.f.). National average wage index. https://www.ssa.gov/oact/cola/AWI.html
[244] Statistics Canada. (5 de diciembre de 2025). Employee wages by industry, monthly, unadjusted for seasonality (Tabla 14-10-0063-01). https://www150.statcan.gc.ca/t1/tbl1/en/tv.action?pid=1410006301
[245] McRae Ngo, S., Subitch, R., & Nyame, E. (29 de mayo de 2025). How much should I save each month? Bankrate.
https://www.bankrate.com/banking/savings/how-much-money-should-i-save-each-month/
[246] U.S. Securities and Exchange Commission. (s.f.). Compound interest calculator.
https://www.investor.gov/financial-tools-calculators/calculators/compound-interest-calculator
[247] U.S. Securities and Exchange Commission. (s.f.). Compound interest calculator.
https://www.investor.gov/financial-tools-calculators/calculators/compound-interest-calculator
[248] Historical Returns on Stocks, Bonds and Bills: 1928-2024 | New York Stern University
https://pages.stern.nyu.edu/~adamodar/New_Home_Page/datafile/histretSP.html
[249] U.S. Securities and Exchange Commission. (s.f.). Compound interest calculator.
https://www.investor.gov/financial-tools-calculators/calculators/compound-interest-calculator
[250] Rational Reminder Podcast. (10 de diciembre de 2020). Episode 128: Morgan Housel: The psychology of money [Episodio de pódcast]. https://rationalreminder.ca/podcast/128
[251] Maggiulli, N. (5 de febrero de 2019). Even God couldn't beat dollar-cost averaging. Of Dollars and Data.
https://ofdollarsanddata.com/even-god-couldnt-beat-dollar-cost-averaging/
[252] York, E. (13 de marzo de 2024). Summary of the latest federal income tax data, 2024 update. Tax Foundation.
https://taxfoundation.org/data/all/federal/latest-federal-income-tax-data-2024/
[253] Tax Foundation. (2022). *State and local tax burdens, calendar year 2022.*
https://taxfoundation.org/data/all/state/tax-burden-by-state-2022
[254] Organisation for Economic Co-operation and Development. (2025). Taxing wages 2025: Decomposition of personal income taxes and the role of tax reliefs. OECD Publishing.
https://doi.org/10.1787/b3a95829-en
[255] U.S. Securities and Exchange Commission. (s.f.). Compound interest calculator.
https://www.investor.gov/financial-tools-calculators/calculators/compound-interest-calculator
[256] Internal Revenue Service. (s.f.). Retirement plans. https://www.irs.gov/retirement-plans
[257] Internal Revenue Service. (s.f.). Retirement plans. https://www.irs.gov/retirement-plans
[258] Government of Canada. (s.f.). Registered retirement savings plan (RRSP).
https://www.canada.ca/en/revenue-agency/services/tax/individuals/topics/rrsps-related-plans/registered-retirement-savings-plan-rrsp.html
[259] Northwestern Mutual. (22 de junio de 2023). Americans believe they will need $1.27 million to retire comfortably, according to Northwestern Mutual Planning & Progress Study.
https://news.northwesternmutual.com/2023-06-22-Americans-Believe-They-Will-Need-1-27-Million-to-Retire-Comfortably,-According-to-Northwestern-Mutual-Planning-Progress-Study
[260] Bank of Montreal. (7 de febrero de 2023). BMO annual retirement study: Canadians believe they need $1.7M to retire – Up 20 per cent from 2020.
https://newsroom.bmo.com/2023-02-07-BMO-Annual-Retirement-Study-Canadians-Believe-They-Need-1-7M-to-Retire-Up-20-Per-Cent-from-2020
[261] Vanguard Group. (2024). How America saves 2024.
https://institutional.vanguard.com/content/dam/inst/iig-transformation/insights/pdf/2024/has/how_america_saves_report_2024.pdf
[262] Vanguard Group. (2024). How America saves 2024.
https://institutional.vanguard.com/content/dam/inst/iig-transformation/insights/pdf/2024/has/how_america_saves_report_2024.pdf
[263] Statistics Canada. (s.f.). Assets and debts held by economic family type, by age group, Canada.
https://www150.statcan.gc.ca/t1/tbl1/en/tv.action?pid=1110001601
[264] Don't Quit Your Day Job…. (s.f.). S&P 500 periodic reinvestment calculator (with dividends).
https://dqydj.com/sp-500-periodic-reinvestment-calculator-dividends/
[265] Don't Quit Your Day Job…. (s.f.). S&P 500 periodic reinvestment calculator (with dividends).

https://dqydj.com/sp-500-periodic-reinvestment-calculator-dividends/

[266] Maggiulli, N. (2022). Just keep buying: Proven ways to save money and build your wealth. Harriman House.

[267] WOWA. (s.f.). Vancouver housing market report. https://wowa.ca/vancouver-housing-market

[268] Nesto. (24 de noviembre de 2025). Montreal housing market outlook 2025. https://www.nesto.ca/mortgage-basics/montreal-housing-market-outlook/

[269] Chapman University & Demographia. (s.f.). International housing affordability. https://www.demographia.com/dhi.pdf

[270] Canada Mortgage and Housing Corporation. (s.f.). Housing market information portal. https://www03.cmhc-schl.gc.ca/hmip-pimh/en/TableMapChart/Table?TableId=1.10.1&GeographyId=2410&GeographyTypeId=3&DisplayAs=Table

[271] Maggiulli, N. (s.f.). S&P 500 historical return calculator (with dividends). Of Dollars and Data. https://ofdollarsanddata.com/sp500-calculator/

[272] Home Advantage Team. (s.f.). Vancouver real estate history prices – 1977 to 2018. https://jamiehooper.com/vancouver-real-estate-history-prices-1977-to-2018/

[273] Bankrate. (2024). Homeowner data and statistics 2024. https://www.bankrate.com/homeownership/home-ownership-statistics/

[274] World Population Review. (2024). Home ownership by country 2024. https://worldpopulationreview.com/country-rankings/home-ownership-by-country

[275] The New York Times. (14 de abril de 2013). Why home prices change (or don't). https://www.nytimes.com/2013/04/14/business/why-home-prices-change-or-dont.html

[276] Bell, L., & Segal, T. (9 de junio de 2025). Study: Owning a home costs over $21,000 a year in hidden expenses. Bankrate. https://www.bankrate.com/home-equity/hidden-costs-of-homeownership-study/

[277] Redfin. (s.f.). United States housing market. https://www.redfin.com/us-housing-market

[278] WOWA. (26 de octubre de 2025). Vancouver property tax calculator. https://wowa.ca/taxes/vancouver-property-tax

[279] Ho, J. (10 de julio de 2024). The average cost of home insurance in BC. Ratehub. https://www.ratehub.ca/blog/average-home-insurance-cost-bc/

[280] CompaniesMarketCap. (s.f.). Largest real estate investment trusts by market capitalization. https://companiesmarketcap.com/cad/reit/largest-reits-by-market-cap/

[281] Nareit. (s.f.). REITs by the numbers. https://www.reit.com/data-research/data/reits-numbers

[282] Vanguard Group. (s.f.). Vanguard Real Estate ETF (VNQ). https://investor.vanguard.com/investment-products/etfs/profile/vnq#performance-fees

[283] Rodini, L., & Meyer, J. (21 de noviembre de 2025). History of Nike: Company timeline and facts. The Street. https://www.thestreet.com/lifestyle/history-of-nike-15057083

[284] Nestlé. (s.f.). How Henri Nestlé started the Nestlé we know today. https://www.nestle.com/about/history/company-founder-henri-nestle

[285] Toyota Motor Corporation. (s.f.). History of Toyota. Toyota Motor Manufacturing UK. https://www.toyotauk.com/about-toyota/history-of-toyota

[286] U.S. Small Business Administration. (2023). 2023 small business profile. https://advocacy.sba.gov/wp-content/uploads/2023/11/2023-Small-Business-Economic-Profile-US.pdf

[287] Garelli, S. (diciembre de 2016). Why you will probably live longer than most big companies. International Institute for Management Development. https://www.imd.org/research-knowledge/disruption/articles/why-you-will-probably-live-longer-than-most-big-companies

[288] U.S. Bureau of Labor Statistics. (s.f.). Table 7. Survival of private sector establishments by opening year. https://www.bls.gov/bdm/us_age_naics_00_table7.txt

[289] State Street Global Advisors. (s.f.). SPDR® Gold Shares (GLD). https://www.ssga.com/us/en/intermediary/etfs/spdr-gold-shares-gld

[290] World Gold Council. (2 de diciembre de 2025). Gold reserves by country. https://www.gold.org/goldhub/data/gold-reserves-by-country

[291] Erb, C. B., & Harvey, C. R. (2013). The golden dilemma (Working Paper No. 18706). National Bureau of Economic Research. http://www.nber.org/papers/w18706

[292] Hayes, A. (18 de octubre de 2025). Gold price history: Highs and lows. Investopedia. https://www.investopedia.com/gold-price-history-highs-and-lows-7375273

[293] Harvey, C. R. (14 de octubre de 2021). Episode 171: The past and future of finance [Podcast episode]. Rational Reminder Podcast. https://rationalreminder.ca/podcast/171

[294] Erb, C. B., & Harvey, C. R. (2013). The golden dilemma (Working Paper No. 18706). National Bureau of Economic Research. http://www.nber.org/papers/w18706

[295] Top 500 artists by auction revenue in 2023 | Artprice.com https://www.artprice.com/artprice-reports/the-art-market-in-2023/top-500-artists-by-auction-revenue-in-2023

[296] McAndrew, C. (2024). The Art Basel and UBS global art market report 2024. Art Basel & UBS. https://theartmarket.artbasel.com/download/The-Art-Basel-and-UBS-Art-Market-Report-2024.pdf

[297] Wong, K. (9 de noviembre de 2023). Picasso's portrait of his golden muse sells for US$139m in New York, the artist's second highest at auction. The Value. https://en.thevalue.com/articles/sothebys-new-york-emily-fisher-landau-collection-sales-result-autumn-2023

[298] Heather James Fine Art. (marzo de 2023). Claude Monet recently sold works. https://www.heatherjames.com/claude-monet-recently-sold-works/

[299] Heather James Fine Art. (marzo de 2023). Claude Monet recently sold works. https://www.heatherjames.com/claude-monet-recently-sold-works/

[300] Calculator Academy. (9 de septiembre de 2025). Reverse compound interest calculator. https://calculator.academy/reverse-interest-calculator/

[301] University of Missouri Libraries. (s.f.). Prices and wages by decade: 1900–1909. https://libraryguides.missouri.edu/pricesandwages/1900-1909

[302] University of Missouri Libraries. (s.f.). Prices and wages by decade: 1900–1909. https://libraryguides.missouri.edu/pricesandwages/1900-1909

[303] Korteweg, A., Kräussl, R., & Verwijmeren, P. (21 de octubre de 2013). Research: Is art a good investment? Stanford Graduate School of Business. https://www.gsb.stanford.edu/insights/research-art-good-investment

[304] Sotheby's. (17 de febrero de 2025). Buyer's premium chart. https://www.sothebys.com/en/docs/pdf/242021320-buyers-premium-chart-dec24.pdf

[305] Rockefeller, David. *Memoirs*. New York: Random House, 2002.

[306] BitcoinTalk Forum. (18 de mayo de 2010). Pizza for bitcoins? https://bitcointalk.org/index.php?topic=137.msg1195#msg1195

[307] Kaloudis, G. (22 de mayo de 2023). Celebrating Bitcoin Pizza Day: The time a Bitcoin user bought 2 pizzas for 10,000 BTC. Yahoo Finance. https://finance.yahoo.com/news/celebrating-bitcoin-pizza-day-time-163536216.html

[308] Castrodale, J. (22 de mayo de 2017). Remembering that time a dude unknowingly spent $20 million on two pizzas. Vice. https://www.vice.com/en/article/remembering-that-time-a-dude-unknowingly-spent-dollar20-million-on-two-pizzas/

[309] CoinMarketCap. (s.f.). Today's cryptocurrency prices by market cap. https://coinmarketcap.com/

[310] CoinMarketCap. (s.f.). Today's cryptocurrency prices by market cap. https://coinmarketcap.com/

[311] Yahoo Finance. (s.f.). 7 of the biggest Bitcoin crashes in history. https://finance.yahoo.com/news/7-biggest-bitcoin-crashes-history-180038282.html

[312] Evans, J. R. (30 de enero de 2023). Tales from the crypto crypt: 38% of investors have lost more money than made it. LendingTree. https://www.lendingtree.com/debt-consolidation/crypto-investors-survey/

[313] Planet Compliance. (2 de abril de 2024). The 10 biggest scandals that rocked the blockchain world. https://www.planetcompliance.com/top-10-scandals-rocked-blockchain-world/

[314] Lewis Bamboo. (s.f.). Growth chart of bamboo. https://lewisbamboo.com/pages/growth-chart-of-bamboo

Made in the USA
Monee, IL
18 October 2026

66039190R00236